KB039433

탐정학 시리즈 1

한국탐정학회
집필대표 강동욱

박영사

머 리 말

최근 우리 사회에서 탐정의 역할과 기능에 대하여 많은 논란이 제기되고 있다. 이미 15대 국회에서부터 탐정관련 법률안들이 제출되었지만 19대 국회에 이르기까지 제대로 된 논의조차 되지 않은 채 폐기되었다. 하지만 20대 국회에 들어와서 다시 탐정관련 입법안들이 제출되어 있고, 전문가들에 의한 학술세미나의 개최를 통해 탐정관련 법률의 제정이 촉구되고 있다. 뿐만 아니라 새로운 일자리 창출의 필요성과 4차 산업혁명의 물결 속에 정부를 비롯하여 사회 각계각층에서는 물론, 언론 등도 탐정제도에 대하여 많은 관심을 보여주고 있다. 따라서 탐정제도의 도입에 관해 사생활침해의 우려 등 다소 논란의 여지가 없는 것은 아니지만 빠른 시일 내에 탐정관련 법률안이 제정되고, 선진 외국에서와 마찬가지로 우리나라에서도 탐정이 제도화된 직업으로 정착될 수 있을 것으로 기대된다. 하지만 우리나라에서는 아직 탐정제도에 대한 학문적·이론적 연구가 충분히 되어 있지 않다. 따라서 탐정(법)학에 대한 연구와 학문적 체계의 정립을 통해 탐정제도가 우리 사회에 유익한 직업으로 정착할 수 있는 제도적 기반을 마련하는 것이 시급한 과제로 대두하게 되었다. 이에 동국대학교 법무대학원에서는 2018년 3월부터 '탐정법무전공'과정을 개설하여 운영 중에 있으며, 탐정(법)학에 대한 열정을 가진 많은 사람들이 연구에 매진하고 있다. 탐정(법)에 관해 배우고자 하는 열정에도 불구하고 관련 교재들이 제대로 마련되어 있지 않아서 탐정(법)학 연구 및 전문가 양성에 있어서 어려움을 겪고 있다. 따라서 한국탐정학회에서는 동국대학교 법무대학원과 협력 하에 탐정관련 법률의 제정과 탐정제도의 도입에 대비하여 탐정(법)학에 관한 기초 교재들을 개발하기로 하였다. 그 첫 번째 결실이 본서인 '탐정과 법'이며, 앞으로 탐정관련 교재들을 계속해서 '탐정(법)학 시리즈'로 하여 출간할 예정이다.

본서는 법학 기초 및 기초법에 관한 지식이 갖추어져 있다는 것을 전제로 하여 적법한 탐정활동을 위해 알아두어야 할 필요가 있는 법률들 중에서 중요하다고 인정되는 12개 법률을 선정하여 그 주요내용에 대해 정리하였으며, 관련 판례들을 부가하였다. 특히 본서의 집필은 현재 탐정법무과정의 지도교수인 본인의 지도하에 동 대학원과정에서 연구하고 있는 대학원생들의 노력과 열정에 의하여 이루어졌다는 점에서 상당한 의미가 있다. 아직 학문적 기초가 충분하지 않은 상태에서도 형설지공의 힘든 과정을 견디고 본서의 출간을 위해 노력해준 집필진 모두에게 이 자리를 빌어 감사드린다. 아울러 본인을 포함한 집필진은 앞으로 관련 법률들의 개정에 따라 그 내용과 관련 판례들을 보완해 나가면서 본서의 수준을 높이는 작업을 게을리 하지 않을 것을 약속드리며, 본서에 대해 탐정(법)학 연구자들과 탐정실무자들의 많은 격려와 조언을 기대한다.

끝으로 본서의 출판에 있어서 교정의 수고를 해 준 동국대학교 대학원 박사과정에 있는 선영화 군과 김민영 양에게 감사의 뜻을 전하며, 어려운 여건 속에서도 이 책을 출간하게 해 주신 박영사 안종만 회장님과 편집부 임직원 여러분들에게 큰 고마움을 전하는 바이다.

2018년 겨울

목멱산 자락 연구실에서

집필대표 강동욱 드림

차 례

제1장 신용정보의 이용 및 보호에 관한 법률

제2장 개인정보 보호법

제 3 장 통신비밀보호법

제 4 장 디엔에이신원확인정보의 이용 및 보호에 관한 법률

제5장 위치정보의 보호 및 이용 등에 관한 법률

제6장 실종아동 등의 보호 및 지원에 관한 법률

제7장 채권의 공정한 추심에 관한 법률

제 8 장 유실물법

제 9 장 부정경쟁방지 및 영업비밀보호에 관한 법률

제10장 공익신고자 보호법

제11장 변호사법

제12장 소방기본법

제 1 장

신용정보의 이용 및 보호에 관한 법률

제 1 장 신용정보의 이용 및 보호에 관한 법률

동법은 1995년 1월 5일 제정(법률 제4866호, 1995.7.6. 시행)된 후, 수차례의 개정을 거쳐 현재에 이르고 있다.[1)]

제1장	총칙		제1조 – 제3조
제2장	신용정보업의 허가 등		제4조 – 제14조
제3장	신용정보의 수집 · 조사 및 처리		제15조 – 제17조
제4장	신용정보의 유통 · 이용 및 관리		제18조 – 제21조
제5장	신용정보업	제1절 신용조회업 등	제22조 – 제26조의2
		제2절 신용조사업 및 채권추심업	제27조 – 제27조의2 (제28조 – 제30조 삭제)
제6장	신용정보주체의 보호		제31조 – 제44조
제7장	보칙		제45조 – 제52조
부칙			제1조 – 제17조

제 1 절 총 칙

1. 목 적

이 법은 신용정보업을 건전하게 육성하고 신용정보의 효율적 이용과 체계적 관리를 도모하며 신용정보의 오용·남용으로부터 사생활의 비밀 등을 적절히 보호함으로써 건전한 신용질서의 확립에 이바지함을 목적으로 한다(제1조).

1) 법률 제16188호, 2018.12.31., 일부개정, 시행 2018.12.31.

2. 용어의 정의

이 법에서 사용하는 용어의 뜻은 다음과 같다(제2조).

용 어	정 의
신용정보 (제1호)	금융거래 등 상거래에 있어서 거래 상대방의 신용을 판단할 때 필요한 다음 각 목의 정보로서 대통령령으로 정하는 정보를 말한다. 가. 특정 신용정보주체를 식별할 수 있는 정보 나. 신용정보주체의 거래내용을 판단할 수 있는 정보 다. 신용정보주체의 신용도를 판단할 수 있는 정보 라. 신용정보주체의 신용거래능력을 판단할 수 있는 정보 마. 그 밖에 가목부터 라목까지와 유사한 정보
개인신용정보 (제2호)	신용정보 중 개인의 신용도와 신용거래능력 등을 판단할 때 필요한 정보로서 대통령령으로 정하는 정보를 말한다.
신용정보주체 (제3호)	처리된 신용정보로 식별되는 자로서 그 신용정보의 주체가 되는 자를 말한다.
신용정보업 (제4호)	제4조 제1항 각 호에 따른 업무의 전부 또는 일부를 업(業)으로 하는 것을 말한다.
신용정보회사 (제5호)	신용정보업을 할 목적으로 제4조에 따라 금융위원회의 허가를 받은 자를 말한다.
신용정보집중기관 (제6호)	신용정보를 집중하여 관리 · 활용하는 자로서 제25조제1항에 따라 금융위원회로부터 허가받은 자를 말한다.
신용정보제공 · 이용자 (제7호)	고객과의 금융거래 등 상거래를 위하여 본인의 영업과 관련하여 얻거나 만들어 낸 신용정보를 타인에게 제공하거나 타인으로부터 신용정보를 제공받아 본인의 영업에 이용하는 자와 그 밖에 이에 준하는 자로서 대통령령으로 정하는 자를 말한다.
신용조회업무 (제8호)	신용정보를 수집 · 처리하는 행위, 신용정보주체의 신용도 · 신용거래능력 등을 나타내는 신용정보를 만들어 내는 행위 및 의뢰인의 조회에 따라 신용정보를 제공하는 행위를 말한다.
신용조사업무 (제9호)	타인의 의뢰를 받아 신용정보를 조사하고, 그 신용정보를 그 의뢰인에게 제공하는 행위를 말한다.
채권추심업무 (제10호)	채권자의 위임을 받아 변제하기로 약정한 날까지 채무를 변제하지 아니한 자에 대한 재산조사, 변제의 촉구 또는 채무자로부터의 변제금 수령을 통하여 채권자를 대신하여 추심채권을 행사하는 행위를 말한다.
채권추심의 대상이 되는	「상법」에 따른 상행위로 생긴 금전채권, 판결 등에 따라 권원(權原)이 인정된 민사채권으로서 대통령령으로 정하는 채권, 특별법에 따라 설립된

채권 (제11호)	조합 · 공제조합 · 금고 및 그 중앙회 · 연합회 등의 조합원 · 회원 등에 대한 대출 · 보증, 그 밖의 여신 및 보험 업무에 따른 금전채권 및 다른 법률에서 신용정보회사에 대한 채권추심의 위탁을 허용한 채권을 말한다.
삭제(제12호)	
처리(제13호)	다음 각 목의 어느 하나에 해당하는 행위를 말한다. 가. 컴퓨터를 이용하여 신용정보를 입력 · 저장 · 가공 · 편집 · 검색 · 삭제 또는 출력하는 행위 나. 신용정보를 배달 · 우송 또는 전송 등의 방법으로 타인에게 제공하는 행위 다. 그 밖에 가목 또는 나목과 비슷한 행위

※ 법 제2조 제1호 각 목 외의 부분에서 "대통령령으로 정하는 정보"란 다음 각 호의 어느 하나에 해당하는 정보를 말한다. 다만, 다른 법령에 따라 공시(公示) 또는 공개된 정보나 다른 법령에 위반됨이 없이 출판물 또는 방송매체나 국가·지방자치단체 또는 공공기관(「공공기관의 정보공개에 관한 법률」 제2조 제3호의 기관 중 국가기관 및 지방자치단체를 제외한 기관을 말한다. 이하 이 조에서 같다)의 인터넷 홈페이지 등의 공공매체를 통하여 공시 또는 공개된 정보는 제외한다(시행령 제2조 제1항).

1. 법 제2조 제1호 가목의 특정 신용정보주체를 식별할 수 있는 정보: 생존하는 개인의 성명, 연락처(주소·전화번호 등을 말한다. 이하 같다), 개인식별번호(제29조 각 호의 번호를 말한다. 이하 같다), 성별, 국적 및 그 밖에 이와 비슷한 정보와 기업(사업을 경영하는 개인 및 법인과 이들의 단체를 말한다. 이하 같다) 및 법인의 상호 및 명칭, 법인등록번호·사업자등록번호 및 고유번호, 본점·영업소 및 기관의 소재지, 설립연월일, 종목, 대표자의 성명·개인식별번호 및 그 밖에 이와 비슷한 정보(제2호부터 제5호까지의 규정의 어느 하나에 해당하는 정보와 결합되는 경우만 해당한다)
2. 법 제2조 제1호 나목의 신용정보주체의 거래내용을 판단할 수 있는 정보: 대출, 보증, 담보제공, 당좌거래(가계당좌거래를 포함한다), 신용카드, 할부금융, 시설대여와 금융거래 등 상거래와 관련하여 그 거래의 종류, 기간, 금액 및 한도 등에 관한 사항
3. 법 제2조 제1호 다목의 신용정보주체의 신용도를 판단할 수 있는 정보: 금융거래 등 상거래와 관련하여 발생한 연체, 부도, 대위변제, 대지급과 거짓, 속임수, 그 밖의 부정한 방법에 의한 신용질서 문란행위와 관련된 금액 및 발생·해소의 시기 등에 관한 사항. 이 경우 신용정보주체가 기업인 경우에는 다음 각 목의 어느 하나에 해당하는 자를 포함한다.
   가. 「국세기본법」 제39조 제2호에 따른 과점주주로서 최다출자자인 자
   나. 「국세기본법」 제39조 제2호에 따른 과점주주인 동시에 해당 기업의 이사 또는 감사로서 그 기업의 채무에 연대보증을 한 자

다. 해당 기업의 의결권 있는 발행주식 총수 또는 지분총액의 100분의 30 이상을 소유하고 있는 자로서 최다출자자인 자

라. 해당 기업의 무한책임사원

4. 법 제2조 제1호 라목의 신용정보주체의 신용거래능력을 판단할 수 있는 정보: 금융거래 등 상거래에서 신용거래능력을 판단할 수 있는 다음 각 목의 어느 하나에 해당하는 정보

가. 개인의 직업·재산·채무·소득의 총액 및 납세실적

나. 기업 및 법인의 연혁·목적·영업실태·주식 또는 지분보유 현황 등 기업 및 법인의 개황(槪況), 대표자 및 임원에 관한 사항, 판매명세·수주실적 또는 경영상의 주요 계약 등 사업의 내용, 재무제표(연결재무제표를 작성하는 기업의 경우에는 연결재무제표를 포함한다. 이하 같다) 등 재무에 관한 사항과 감사인(「주식회사의 외부감사에 관한 법률」 제3조에 따른 감사인을 말한다. 이하 같다)의 감사의견 및 납세실적

5. 법 제2조 제1호 마목에 따른 정보로서 다음 각 목의 어느 하나에 해당하는 정보:

가. 법원의 성년후견·한정후견·특정후견과 관련된 심판, 실종선고와 관련된 심판, 회생·간이회생·개인회생과 관련된 결정, 파산선고·면책·복권과 관련된 결정, 채무불이행자명부의 등재·말소 결정 및 경매개시결정·경락허가결정 등 경매와 관련된 결정에 관한 정보

나. 국세·지방세·관세 또는 국가채권의 체납 관련 정보

다. 벌금·과태료·과징금 또는 추징금 등의 체납 관련 정보

라. 사회보험료·공공요금 또는 수수료 등 관련 정보

마. 기업의 영업에 관한 정보로서 정부조달 실적 또는 수출·수입액 등의 관련 정보

바. 개인의 주민등록 관련 정보로서 출생·사망·이민·부재에 관한 정보, 주민등록번호·성명의 변경 등에 관한 정보

사. 기업등록 관련 정보로서 설립, 휴업·폐업, 양도·양수, 분할·합병, 주식 또는 지분 변동 등에 관한 정보

아. 다른 법령에 따라 국가, 지방자치단체 또는 공공기관으로부터 받은 행정처분에 관한 정보 중에서 금융거래 등 상거래와 관련된 정보

자. 신용조회회사의 신용정보 제공기록 또는 신용정보주체의 신용회복 등에 관한 사항으로서 금융위원회가 정하여 고시하는 정보

차. 그 밖에 법 제2조 제1호 가목부터 라목까지의 규정에 따른 정보 및 이 호 가목부터 자목까지의 규정에 따른 정보와 비슷한 정보로서 금융위원회가 정하여 고시하는 정보

카. 신용정보주체가 개인인 경우 그 신용을 판단하기 위하여 법 제2조 제1호 가목부터 라목까지의 규정에 따른 정보 및 이 호 가목부터 차목까지의 규정에 따른 정보를 활용함으로써 새로이 만들어지는 정보로서 금융위원회가 정하여 고시하는 정보

타. 신용정보주체가 기업 및 법인인 경우 그 신용을 판단하기 위하여 법 제2조 제1호 가목부터 라목까지의 규정에 따른 정보 및 이 호 가목부터 카목까지의 규정에 따른 정보를 활용함으로써 새로이 만들어지는 정보로서 금융위원회가 정하여 고시하는 정보

파. 신용정보주체가 기업 및 법인인 경우 그 신용을 판단하기 위하여 해당 기업 및 법인의 기술(「기술의 이전 및 사업화 촉진에 관한 법률」 제2조 제1호에 따른 기술을 말한다. 이하 같다)과 관련된 기술성·시장성·사업성 등을 종합적으로 평가하고 법 제2조 제1호 가목부터 라목까지의 규정에 따른 정보 및 이 호 가목부터 타목까지의 규정에 따른 정보와 해당 기술에 관한 정보를 활용함으로써 새로이 만들어지는 정보로서 금융위원회가 정하여 고시하는 정보(이하 "기술신용정보"라 한다)

※ 법 제2조 제2호에서 "대통령령으로 정하는 정보"란 제1항에 따른 신용정보 중 기업 및 법인에 관한 정보를 제외한 살아 있는 개인에 관한 정보로서 성명·주민등록번호 등을 통하여 개인을 알아볼 수 있는 정보(해당 정보만으로는 특정 개인을 알아볼 수 없더라도 다른 정보와 쉽게 결합하여 알아볼 수 있는 정보를 포함한다)를 말한다(동조 제2항).

※ 법 제2조 제7호에서 "대통령령으로 정하는 자"란 다음 각 호의 어느 하나에 해당하는 자를 말한다(동조 제3항).

1. 「우체국예금·보험에 관한 법률」에 따른 체신관서
2. 「상호저축은행법」에 따른 상호저축은행중앙회
3. 「중소기업창업 지원법」에 따른 중소기업창업투자회사 및 중소기업창업투자조합
4. 「국채법」 및 「공사채등록법」에 따른 채권등록기관
5. 특별법에 따라 설립된 조합·금고 및 그 중앙회·연합회
6. 특별법에 따라 설립된 공사·공단·은행·보증기금·보증재단 및 그 중앙회·연합회

6의2. 특별법에 따라 설립된 법인 또는 단체로서 다음 각 목의 어느 하나에 해당하는 자

가. 공제조합

나. 공제회

다. 그 밖에 이와 비슷한 법인 또는 단체로서 같은 직장·직종에 종사하거나 같은 지역에 거주하는 구성원의 상호부조, 복리증진 등을 목적으로 구성되어 공제사업을 하는 법인 또는 단체

7. 감사인
8. 그 밖에 금융위원회가 정하여 고시하는 자

※ 법 제2조 제11호에서 "대통령령으로 정하는 채권"이란 「민사집행법」 제24조·제26조 또는 제56조에 따라 강제집행을 할 수 있는 금전채권을 말한다(동조 제4항).

* 신용정보업자 등 이외의 자의 본법 적용 여부

(사안) A씨는 2008년 6월 모캐피탈 회사의 직원으로 근무했다. 그는 지인으로부터 소개받은 B씨에게서 대출업체 3곳의 1만 5,922명의 개인신용정보를 이메일로 제공받았다. 신용정보는 엑셀파일 형태로 이름과 주민등록번호, 휴대전화번호, 직장명, 대출내역 등이 기재돼 있었다. A씨는 개인신용정보를 이용해 텔레마케팅의 형태로 대출알선영업을 하였다.

(판결) "신용정보업자 등이 아닌 자의 경우에도 개인신용정보를 신용정보법 제24조 제1항 소정의 목적 외로 사용한다면 해당 정보가 오용, 남용돼 사생활의 비밀 등이 침해될 우려가 높다"고 하고, 또 "신용정보업자 등이 아닌 자의 위반행위를 처벌대상에서 제외한다면 신용정보법의 입법목적을 달성하기 어려울 것"이라고 하면서, 이를 처벌대상에서 제외하려고 한 것은 입법자의 의도였다고 보기 어렵다고 하였다. 따라서 "이 사건 조항들의 적용대상에는 신용정보업자 등 이외의 자도 포함된다고 보는 것이 체계적이고도 논리적인 해석이라 할 것이고, 그와 같은 해석이 죄형법정주의에 위배된다고 볼 수는 없다"라고 판시하였다(2009도13542).

3. 신용정보업의 육성

금융위원회는 신용정보회사의 신용정보 제공능력의 향상과 신용정보의 원활한 이용에 필요하다고 인정하면 신용정보업의 육성에 관한 계획을 세울 수 있다(제3조 제1항). 또한 금융위원회는 이 계획을 원활하게 추진하기 위하여 필요하면 관계 행정기관의 장에게 협조를 요청할 수 있으며, 그 요청을 받은 관계 행정기관의 장은 정당한 사유가 없으면 그 요청에 따라야 한다(동조 제2항).

4. 다른 법률과의 관계

신용정보의 이용 및 보호에 관하여 다른 법률에 특별한 규정이 있는 경우를 제외하고는 이 법에서 정하는 바에 따른다(제3조의2 제1항). 또한 개인정보의 보호에 관하여 이 법에 특별한 규정이 있는 경우를 제외하고는 「개인정보 보호법」에서 정하는 바에 따른다(동조 제2항).

제 2 절 신용정보업의 허가 등

1. 신용정보업의 허가

(1) 신용정보업의 종류 및 영업의 허가

신용정보업의 종류 및 그 업무는 다음 각 호와 같다. 이 경우 제2호 및 제3호의 딸린 업무는 대통령령으로 정한다(제4조 제1항).

1. 신용조회업: 신용조회업무 및 다음 각 목의 업무 가. 본인인증 및 신용정보주체의 식별확인업무로서 금융위원회가 승인한 업무 나. 신용평가모형 및 위험관리모형의 개발 및 판매 업무 2. 신용조사업: 신용조사업무 및 그에 딸린 업무 3. 채권추심업: 채권추심업무 및 그에 딸린 업무 4. 삭제

※ 법 제4조 제1항에 따른 신용조사업 및 채권추심업에 딸린 업무는 해당 업(業)을 경영하는 과정에서 발생하는 업무로서 다음 각 호의 업무로 한다(시행령 제3조).
1. 부동산 및 동산의 임대차 현황 및 가격조사업무
2. 채권자 등에 대한 채권관리시스템 제공 및 구축 관련 자문업무(채권추심업의 경우로 한정한다)
3. 그 밖에 금융위원회가 정하여 고시하는 업무

이때 신용정보업을 하려는 자는 각 호에 따른 업무의 종류별로 금융위원회의 허가를 받아야 한다(동조 제2항).[2][3] 이때 허가를 받으려는 자는 대통령령(시행령

---

2) 허가 또는 인가를 받지 아니하고 각 호의 업무를 한 자(제50조 제2항 제1호) 또는 거짓이나 그 밖의 부정한 방법으로 허가 또는 인가를 받은 자는 5년 이하의 징역 또는 5천만원 이하의 벌금에 처한다(동항 제2호).

3) 법인의 대표자나 법인 또는 개인의 대리인, 사용인, 그 밖의 종업원이 그 법인 또는 개인의 업무에 관하여 제50조의 위반행위를 하면 그 행위자를 벌하는 외에 그 법인 또는 개인에게도 해당 조문의 벌금형을 과(科)한다. 다만, 법인 또는 개인이 그 위반행위를 방지하기 위하여 해당 업무에 관하여 상당한 주의와 감독을 게을리하지 아니한 경우에는 그러하지 아니하다(제51조).

제4조 참조)으로 정하는 바에 따라 금융위원회에 신청서를 제출하여야 하며(동조 제3항), 금융위원회는 허가에 조건을 붙일 수 있다(동조 제4항). 허가와 관련된 허가신청서의 작성 방법 등 허가신청에 관한 사항, 허가심사의 절차 및 기준에 관한 사항, 그 밖에 필요한 사항은 총리령(시행규칙 제3조 참조)으로 정한다(동조 제5항).

▪ **판례** ▪ 동 규정에서 '법인의 업무에 관하여' 행한 것으로 보기 위해서는 객관적으로 법인의 업무를 위하여 하는 것으로 인정할 수 있는 행위가 있어야 하고, 주관적으로는 피용자 등이 법인의 업무를 위하여 한다는 의사를 가지고 행위함을 요한다(2004도1639).

(2) 신용정보업별 허가 대상

신용조회업, 신용조사업 및 채권추심업 허가를 받을 수 있는 자는 다음 각 호의 자로 제한한다(제5조 제1항).

1. 대통령령으로 정하는 금융기관 등이 100분의 50 이상을 출자한 법인
2. 「신용보증기금법」에 따른 신용보증기금
3. 「기술보증기금법」에 따른 기술보증기금
4. 「지역신용보증재단법」에 따라 설립된 신용보증재단
5. 「무역보험법」에 따라 설립된 한국무역보험공사
6. 제4조 제1항 제1호부터 제3호까지의 규정에 따른 업무의 전부 또는 일부를 허가받은 자가 100분의 50 이상을 출자한 법인. 다만, 출자자가 출자를 받은 법인과 같은 종류의 업무를 하는 경우는 제외한다.

※ 법 제5조 제1항 제1호에서 "대통령령으로 정하는 금융기관"이란 다음 각 호의 어느 하나에 해당하는 기관을 말한다. 다만, 제9호부터 제14호까지의 경우에는 그 연합회 또는 중앙회만 말한다(시행령 제5조).

1. 「은행법」에 따라 인가를 받아 설립된 은행(같은 법 제59조에 따라 은행으로 보는 자를 포함한다)
2. 「금융지주회사법」에 따른 금융지주회사
3. 「한국산업은행법」에 따른 한국산업은행
4. 「한국수출입은행법」에 따른 한국수출입은행
5. 「농업협동조합법」 제161조의11에 따른 농협은행

5의2. 「수산업협동조합법」에 따른 수협은행

6. 「중소기업은행법」에 따른 중소기업은행

7. 「한국주택금융공사법」에 따른 한국주택금융공사
8. 「자본시장과 금융투자업에 관한 법률」에 따른 금융투자업자·증권금융회사·종합금융회사·자금중개회사 및 명의개서대행회사
9. 「상호저축은행법」에 따른 상호저축은행과 그 중앙회
10. 「농업협동조합법」에 따른 농업협동조합과 그 중앙회
11. 「수산업협동조합법」에 따른 수산업협동조합과 그 중앙회
12. 「산림조합법」에 따른 산림조합과 그 중앙회
13. 「신용협동조합법」에 따른 신용협동조합과 그 중앙회
14. 「새마을금고법」에 따른 새마을금고와 그 연합회
15. 「보험업법」에 따른 보험회사
16. 「여신전문금융업법」에 따른 여신전문금융회사(「여신전문금융업법」 제3조 제3항 제1호에 따라 허가를 받거나 등록을 한 자를 포함한다)
17. 「기술보증기금법」에 따른 기술보증기금
18. 「신용보증기금법」에 따른 신용보증기금
19. 「지역신용보증재단법」에 따른 신용보증재단과 그 중앙회
20. 「무역보험법」에 따른 한국무역보험공사
21. 「예금자보호법」에 따른 예금보험공사 및 정리금융회사
22. 외국에서 제1호부터 제20호까지의 금융기관과 유사한 금융업을 경영하는 금융기관
23. 외국 법령에 따라 설립되어 외국에서 법 제4조 제1항 제1호부터 제3호까지의 업무 중 어느 하나에 해당하는 업무를 수행하는 자

(3) 허가의 요건

신용정보업의 허가를 받으려는 자는 다음 각 호의 요건을 갖추어야 한다(제6조 제1항). 허가의 세부요건에 관하여 필요한 사항은 대통령령으로 정한다(동조 제3항).

1. 신용정보업을 하기에 충분한 인력과 전산설비 등 물적 시설을 갖출 것
2. 사업계획이 타당하고 건전할 것
3. 대통령령으로 정하는 주요출자자가 충분한 출자능력, 건전한 재무상태 및 사회적 신용을 갖출 것
4. 신용정보업을 하기에 충분한 전문성을 갖출 것

※ 법 제6조 제1항 제3호에서 "대통령령으로 정하는 주요출자자"란 다음 각 호의 어느 하나에 해당하는 자를 말하며, 이때 주요출자자는 별표 1의 요건에 적합하여야 한다(시행령 제6조 제3항, 제4항).

1. 의결권 있는 발행주식 총수 또는 출자총액을 기준으로 본인 및 그와 「금융회사의 지배구조에 관한 법률 시행령」 제3조 제1항 각 호의 어느 하나에 해당하는 관계에 있는 자(이하 “특수관계인”이라 한다)가 누구의 명의로 하든지 자기의 계산으로 소유하는 주식의 수 또는 출자지분이 가장 많은 경우의 그 본인(이하 “최대주주”라 한다)
2. 최대주주가 법인인 경우에는 다음 각 목의 어느 하나에 해당하는 자
   가. 최대주주인 법인의 최대주주(최대주주인 법인을 사실상 지배하는 자가 그 법인의 최대주주와 다른 경우에는 그 사실상 지배하는 자를 포함한다)
   나. 최대주주인 법인의 대표자
3. 최대주주의 특수관계인인 주주 또는 출자자
4. 누구의 명의로 하든지 자기의 계산으로 소유한 주식 또는 출자지분의 합계액이 의결권 있는 발행주식 총수 또는 출자총액의 100분의 10 이상에 해당하는 자
5. 임원의 임면 등 해당 법인의 주요 경영사항에 대하여 사실상 영향력을 행사하고 있는 주주 또는 출자자로서 다음 각 목의 어느 하나에 해당하는 자
   가. 단독으로 또는 다른 주주나 출자자와의 합의·계약 등에 따라 대표이사 또는 이사의 과반수를 선임한 주주 또는 출자자
   나. 경영전략, 조직 변경 등 주요 의사 결정이나 업무 집행에 지배적인 영향력을 행사한다고 인정되는 자로서 금융위원회가 정하는 주주 또는 출자자

〈참고〉 시행령 제6조(허가의 세부요건 등) ① 법 제6조 제1항 및 제3항에 따라 신용정보업의 허가를 받으려는 자가 갖추어야 할 인력 및 물적 시설의 세부요건은 다음 각 호의 구분에 따른다.

1. 신용조회업을 하는 경우 다음 각 목의 세부요건을 갖출 것
   가. 상시고용인력에는 공인회계사 또는 3년 이상 신용조회업무(신용정보의 분석에 관한 업무를 포함한다)에 종사하였거나 신용정보집중기관에 근무한 경력이 있는 사람 10명 이상이 포함될 것
   나. 신용정보의 처리를 적정하게 수행할 수 있다고 금융위원회가 정하여 고시하는 정보처리·정보통신설비를 갖출 것
2. 신용조사업과 채권추심업을 각각 또는 함께하는 경우에는 20명 이상의 상시고용인력을 갖출 것

② 법 제6조 제1항 제2호에 따른 사업계획은 다음 각 호의 요건에 적합하여야 한다.

1. 수입·지출 전망이 타당하고 실현 가능성이 있을 것
2. 사업계획상의 조직구조 및 관리·운용체계가 사업계획의 추진에 적합하고 이해상충 및 불공정 행위 등 신용정보업을 건전하게 하는 데에 지장을 주지 아니할 것

또한 신용정보업의 허가를 받으려는 자는 다음 각 호의 구분에 따른 자본금 또는 기본재산을 갖추어야 한다(동조 제2항).

1. 신용조회업을 하려는 경우에는 50억원 이상 2. 신용조사업 및 채권추심업을 각각 또는 함께 하려는 경우에는 50억원 이내에서 대통령령으로 정하는 금액 이상

※ 법 제6조 제2항에서 "대통령령으로 정하는 금액"이란 30억원을 말한다(시행령 제7조).

신용정보회사는 신용정보업을 하는 동안에는 허가 요건을 계속 유지하여야 한다(동조 제4항).

(4) 허가 등의 공고

금융위원회는 허가를 하거나 허가 또는 인가를 취소한 경우에는 지체 없이 그 내용을 관보에 공고하고 인터넷 홈페이지 등을 이용하여 일반인에게 알려야 한다(제7조).

(5) 신고 및 보고 사항

신용정보회사가 허가받은 사항 중 대통령령으로 정하는 사항을 변경하려면 미리 금융위원회에 신고하여야 한다. 다만, 대통령령으로 정하는 경미한 사항을 변경하려면 그 사유가 발생한 날부터 7일 이내에 그 사실을 금융위원회에 보고하여야 한다(제8조 제1항).[4] 금융위원회는 신고(제1항 본문)를 받은 경우 그 내용을 검토하여 이 법에 적합하면 신고를 수리하여야 한다(동조 제2항).

※ 법 제8조 제1항 본문에서 "대통령령으로 정하는 사항"이란 다음 각 호의 사항을 말한다(시행령 제8조 제1항).

1. 자본금 또는 기본재산의 감소
2. 상호 등 정관의 변경

---

4) 이를 위반한 자에게는 1천만원 이하의 과태료를 부과한다(제52조 제4항 제1호). 한편, 동법에 따른 과태료는 대통령령(시행령 제38조 참조)으로 정하는 바에 따라 금융위원회가 부과·징수한다(동조 제5항).

※ 법 제8조 단서에서 "대통령령으로 정하는 경미한 사항"이란 다음 각 호의 사항을 말한다(동조 제2항)
1. 대표자 및 임원의 변경
2. 법령의 개정 내용을 반영하거나 법령에 따라 인가·허가받은 내용을 반영하는 사람
3. 정관의 실질적인 내용이 변경되지 아니하는 조문체계의 변경, 자구(字句) 수정 등에 관한 사항

2. 지배주주의 변경승인 등

신용정보회사의 주식(출자지분을 포함한다. 이하 이 조에서 같다)을 취득하여 대통령령으로 정하는 지배주주가 되려는 자는 주요출자자 요건(제6조 제1항 제3호) 중 건전한 경영을 위하여 대통령령(시행령 제9조 참조)으로 정하는 요건을 갖추어 미리 금융위원회의 승인을 받아야 한다(제9조 제1항).[5]

이때 금융위원회는 6개월 이내의 기간을 정하여 승인 없이 취득한 주식을 처분할 것을 명할 수 있으며(동조 제2항), 승인 없이 주식을 취득한 자는 그 취득분에 대하여 의결권을 행사할 수 없다(동조 제3항). 승인(제1항) 및 처분명령(제2항)의 세부요건에 관하여 필요한 사항은 대통령령(시행령 제9조 참조)으로 정한다(동조 제4항).

※ 법 제9조 제1항에서 "대통령령으로 정하는 지배주주"란 다음 각 호의 자를 말한다. 다만, 국가, 「예금자보호법」에 따른 예금보험공사 및 의결권 있는 주식의 100분의 1 미만 보유자는 제외한다(시행령 제9조 제1항).
1. 신용조사회사(법 제4조에 따라 신용조사업의 허가를 받은 자를 말한다. 이하 같다), 채권추심회사(법 제4조에 따라 채권추심업의 허가를 받은 자를 말한다. 이하 같다), 신용조회회사(법 제4조에 따라 신용조회업의 허가를 받은 자를 말한다. 이하 같다)의 경우에는 다음 각 목의 자
   가. 제6조 제3항 제1호 및 제3호 또는 제5호에 해당하는 주요출자자
   나. 누구의 명의로 하든지 자기의 계산으로 소유한 주식 또는 출자지분의 합계액이 의결권 있는 발행주식 총수 또는 출자총액의 100분의 30 이상에 해당하는 자
2. 삭제

---

5) 승인 없이 주식을 취득한 자(제50조 제4항 제1호) 또는 명령을 위반하여 승인 없이 취득한 주식을 처분하지 아니한 자(동항 제2호)는 1년 이하의 징역 또는 1천만원 이하의 벌금에 처한다.

※ 법 제9조 제1항에서 "대통령령으로 정하는 요건"이란 별표 1에 따른 주요출자자 요건을 말한다(동조 제2항).

3. 신용정보업의 양도·양수 등의 인가 등

신용정보회사가 그 사업의 전부 또는 일부를 양도·양수 또는 분할하거나, 다른 법인과 합병(「상법」 제530조의2에 따른 분할합병을 포함한다. 이하 같다)하려는 경우에는 대통령령(시행령 제10조 참조)으로 정하는 바에 따라 금융위원회의 인가를 받아야 한다(제10조 제1항).[6)]

신용정보회사가 위의 인가를 받아 그 사업을 양도 또는 분할하거나 다른 법인과 합병한 경우에는 양수인, 분할 후 설립되는 법인 또는 합병 후 존속하는 법인(신용정보회사인 법인이 신용정보회사가 아닌 법인을 흡수합병하는 경우는 제외한다)이나 합병에 따라 설립되는 법인은 양도인, 분할 전의 법인 또는 합병 전의 법인의 신용정보회사로서의 지위를 승계한다. 이 경우 종전의 신용정보회사에 대한 허가는 그 효력(일부 양도 또는 분할의 경우에는 그 양도 또는 분할한 사업의 범위로 제한한다)을 잃는다(동조 제2항). 이때 양수인, 합병 후 존속하는 법인 및 분할 또는 합병에 따라 설립되는 법인에 대하여는 제5조, 제6조, 제22조 제1항 및 제27조 제1항부터 제7항까지의 규정을 준용한다(동조 제3항).

또한 신용정보회사가 영업의 전부 또는 일부를 일시적으로 중단하거나 폐업하려면 총리령으로 정하는 바에 따라 미리 금융위원회에 신고하여야 한다(동조 제4항). 금융위원회는 신고를 받은 경우 그 내용을 검토하여 이 법에 적합하면 신고를 수리하여야 한다(동조 제5항).

4. 겸 업

신용정보회사는 다음 각 호의 업무 외에는 총리령(시행규칙 제5조 참조)으로 정하는 바에 따라 금융위원회에 미리 신고하고 허가받은 업무와 관련된 업무를

6) 허가 또는 인가를 받지 아니하고 각 호의 업무를 한 자 또는 거짓이나 그 밖의 부정한 방법으로 허가 또는 인가를 받은 자는 5년 이하의 징역 또는 5천만원 이하의 벌금에 처한다(제50조 제2항 제1호, 제2호).

겸업할 수 있다. 이 경우 개별 법률에 따라 행정관청의 인가·허가·등록 및 승인 등의 조치가 필요한 업무는 해당 개별 법률에 따라 인가·허가·등록 및 승인 등을 미리 받아야 할 수 있다(제11조 제1항). 금융위원회는 위 각 호 외의 전단에 따른 신고를 받은 경우 그 내용을 검토하여 이 법에 적합하면 신고를 수리하여야 한다(동조 제3항).

1. 개인에 대하여 타인의 신용정보 및 신용정보를 가공(加工)한 신용정보를 제공하는 업무
2. 다른 회사 채권에 대한 부채증명서 발급 대행 업무(대통령령으로 정하는 경우를 제외한다)
3. 부실채권 매입, 채권추심 등 타인의 권리실행을 위한 소송사건 등의 대리업무 등 신용정보회사의 업무 범위를 벗어난 업무
4. 그 밖에 신용정보주체 또는 사회에 명백하게 해악을 끼칠 수 있는 업무로서 대통령령으로 정하는 업무

※ 법 제11조 제1항 제2호에서 "대통령령으로 정하는 경우"란 다음 각 호의 어느 하나에 해당하는 경우를 말한다(시행령 제11조).

1. 「자산유동화에 관한 법률」 제10조에 따라 자산관리자가 부채증명서의 발급 대행을 채권추심회사에 의뢰한 경우 등 관계 법령에서 허용한 경우
2. 외국인인 채권자가 부채증명서의 발급 대행을 채권추심회사에 의뢰한 경우

그러나 신용조회회사는 영리를 목적으로 신용정보업 외의 다른 업무를 겸업하여서는 아니 된다. 다만, 국가·지방자치단체 및 대통령령으로 정하는 공공단체의 의뢰에 따른 공공 목적의 조사·분석 등의 업무로서 금융위원회가 승인하는 경우에는 그러하지 아니하다(동조 제2항).[7]

※ 법 제11조 제2항 단서에서 "대통령령으로 정하는 공공단체"란 다음 각 호의 어느 하나에 해당하는 기관을 말한다(시행령 제11조의2).

1. 「공공기관의 운영에 관한 법률」 제4조에 따른 공공기관
2. 국가 또는 지방자치단체가 자본금·기금 또는 경비를 투자·출연 또는 보조하는 기관으로서 금융위원회가 정하여 고시하는 기관
3. 특별법에 따라 설립된 특수법인

7) 제1항과 제2항을 위반한 자에게는 1천만원 이하의 과태료를 부과한다(제52조 제4항 제2호).

4. 「어음법」 및 「수표법」에 따라 지정된 어음교환소와 「전자어음의 발행 및 유통에 관한 법률」 제3조에 따라 지정된 전자어음관리기관
5. 「초·중등교육법」, 「고등교육법」 또는 그 밖에 다른 법률에 따라 설치된 각급 학교와 「산업교육진흥 및 산학연협력촉진에 관한 법률」 제25조에 따라 설립된 산학협력단
6. 「보험업법」에 따른 보험요율 산출기관
7. 「서민의 금융생활 지원에 관한 법률」 제56조에 따른 신용회복위원회
8. 법 제25조에 따라 금융위원회로부터 허가를 받은 신용정보집중기관
9. 그 밖에 금융위원회가 정하여 고시하는 기관

5. 유사명칭의 사용 금지

이 법에 따라 허가받은 신용정보회사가 아닌 자는 상호 중에 신용정보·신용조사 또는 이와 비슷한 명칭을 사용하지 못한다(제12조).[8)]

6. 임원의 겸직 금지

신용정보회사의 상임 임원은 금융위원회의 승인 없이 다른 영리법인의 상무(常務)에 종사할 수 없다(제13조).[9)]

7. 허가 등의 취소와 업무의 정지

금융위원회는 신용정보회사가 다음 각 호의 어느 하나에 해당하는 경우에는 허가 또는 인가를 취소할 수 있다. 다만, 금융위원회는 신용정보회사가 다음 각 호의 어느 하나에 해당하더라도 대통령령으로 정하는 사유에 해당하면 6개월 이내의 기간을 정하여 허가 또는 인가를 취소하기 전에 시정명령을 할 수 있다(제14조 제1항).

---

8) 허가받은 신용정보회사가 아님에도 불구하고 상호 중에 신용정보·신용조사 또는 이와 비슷한 명칭을 사용한 자에게는 5천만원 이하의 과태료를 부과한다(제52조 제1항 제1호).
9) 이를 위반한 자에게는 1천만원 이하의 과태료를 부과한다(제52조 제4항 제2호).

1. 거짓이나 그 밖의 부정한 방법으로 제4조 제2항에 따른 허가를 받거나 제10조 제1항에 따른 인가를 받은 경우
2. 제5조 제1항 제1호에 따른 금융기관 등의 출자요건을 위반한 경우. 다만, 신용정보회사의 주식이 「자본시장과 금융투자업에 관한 법률」 제8조의2 제4항 제1호에 따른 증권시장에 상장되어 있는 경우로서 제5조 제1항 제1호에 따른 금융기관 등이 100분의 33 이상을 출자한 경우에는 제외한다.
3. 삭제
4. 신용정보회사[허가를 받은 날부터 3개 사업연도(신용조회업이 포함된 경우에는 5개 사업연도)가 지나지 아니한 경우는 제외한다]의 자기자본(최근 사업연도 말 현재 대차대조표상 자산총액에서 부채총액을 뺀 금액을 말한다. 이하 같다)이 제6조 제2항에 따른 자본금 또는 기본재산의 요건에 미치지 못한 경우
5. 업무정지명령을 위반하거나 업무정지에 해당하는 행위를 한 자가 그 사유발생일 전 3년 이내에 업무정지처분을 받은 사실이 있는 경우
6. 제40조 제1호부터 제4호까지의 어느 하나를 위반한 경우
7. 삭제
8. 「채권의 공정한 추심에 관한 법률」 제9조 각 호의 어느 하나를 위반하여 채권추심행위를 한 경우(채권추심업만 해당한다)
9. 허가 또는 인가의 내용이나 조건을 위반한 경우
10. 정당한 사유 없이 1년 이상 계속하여 허가받은 영업을 하지 아니한 경우
11. 제41조 제1항을 위반하여 채권추심행위를 한 경우(채권추심업만 해당한다)

※ 법 제14조 제1항 단서에서 "대통령령으로 정하는 사유"란 신용정보회사가 법 제14조 제1항 제2호부터 제4호까지 또는 같은 항 제9호에 따른 허가 또는 인가의 취소사유에 해당하는 경우를 말한다. 다만, 취소사유가 해소될 가능성이 매우 적거나 공익을 해칠 우려가 있는 등 시정명령의 실익(實益)이 없다고 인정되는 경우는 제외한다(시행령 제12조).

또한 금융위원회는 신용정보회사가 다음 각 호의 어느 하나에 해당하는 경우에는 6개월의 범위에서 기간을 정하여 그 업무의 전부 또는 일부의 정지를 명할 수 있다(동조 제2항).[10]

1. 제6조 제4항을 위반한 경우
2. 제11조 제1항·제2항을 위반한 경우
3. 제16조에 따른 수집·조사 등의 제한 사항을 위반한 경우

10) 업무정지 기간에 업무를 한 자는 3년 이하의 징역 또는 3천만원 이하의 벌금에 처한다(제50조 제3항 제1호).

4. 제17조 제4항 또는 제19조를 위반하여 신용정보를 분실·도난·유출·변조 또는 훼손당한 경우
5. 제22조 제1항 및 제27조 제1항을 위반한 경우
6. 신용조회회사가 제22조의3을 위반하여 계열회사 등에 개인신용정보를 제공한 경우
7. 제40조 제5호를 위반한 경우
8. 제42조 제1항·제3항 또는 제4항을 위반한 경우
9. 별표에 규정된 처분 사유에 해당하는 경우
10. 「채권의 공정한 추심에 관한 법률」 제12조 제2호·제5호를 위반하여 채권추심행위를 한 경우(채권추심업만 해당한다)
11. 그 밖에 법령 또는 정관을 위반하거나 경영상태가 건전하지 못하여 공익을 심각하게 해치거나 해칠 우려가 있는 경우

제 3 절 신용정보의 수집·조사 및 처리

1. 수집·조사 및 처리의 원칙

신용정보회사, 신용정보집중기관 및 신용정보제공·이용자(이하 "신용정보회사등"이라 한다)는 신용정보를 수집·조사 및 처리할 수 있다. 이 경우 이 법 또는 정관으로 정한 업무 범위에서 수집·조사 및 처리의 목적을 명확히 하여야 하며, 이 법 및 「개인정보 보호법」에 따라 그 목적 달성에 필요한 최소한의 범위에서 합리적이고 공정한 수단을 사용하여 신용정보를 수집·조사 및 처리하여야 한다(제15조 제1항).

이때 신용정보회사 등이 개인신용정보를 수집하는 때에는 해당 신용정보주체의 동의를 받아야 한다. 다만, 다음 각 호의 어느 하나에 해당하는 경우에는 그러하지 아니하다(동조 제2항).[11]

1. 법률에 특별한 규정이 있거나 법령상 의무를 준수하기 위하여 불가피한 경우
2. 신용정보주체와의 금융거래 등 상거래계약의 체결 및 이행을 위하여 불가피하게 필요한 경우
3. 신용정보주체 또는 그 법정대리인이 의사표시를 할 수 없는 상태에 있거나 주소불명 등으로 사전 동의를 받을 수 없는 경우로서 명백히 신용정보주체 또는 제3자의

11) 이를 위반한 자에게는 5천만원 이하의 과태료를 부과한다(제52조 제1항 제2호).

급박한 생명, 신체, 재산의 이익을 위하여 필요하다고 인정되는 경우
4. 신용정보제공·이용자의 정당한 이익을 달성하기 위하여 필요한 경우로서 명백하게 신용정보주체의 권리보다 우선하는 경우. 이 경우 신용정보제공·이용자의 정당한 이익과 상당한 관련이 있고 합리적인 범위를 초과하지 아니하는 경우에 한정한다.

▪ **판례** ▪ 법 제15조의 '개인신용정보'는 '금융거래 등 상거래에 있어서 거래상대방에 대한 식별·신용도·신용거래능력 등의 판단을 위하여 필요로 하는 정보로서 식별정보, 신용거래정보, 신용능력정보, 공공기록정보, 신용등급정보, 신용조회정보 등'을 말하고, '개인의 성명·주소·주민등록번호(외국인의 경우 외국인등록번호 또는 여권번호)·성별·국적 및 직업등 특정 신용정보주체를 식별할 수 있는 정보'로서의 이른바 '식별정보'는 나머지 신용정보와 결합되는 경우에 한하여 개인신용정보에 해당한다. 따라서 신용카드회사 직원이 회원을 유치하기 위하여 신용카드모집 대행업자로부터 인터넷 업체 회원들의 성명, 주민등록번호 등의 식별정보가 수록된 콤팩트디스크를 건네받은 것만으로는 개인신용정보 수집행위에 해당하지 않는다(2004도1639).

2. 수집·조사 및 처리의 제한

신용정보회사 등은 다음 각 호의 정보를 수집·조사하여서는 아니 된다(제16조 제1항).[12]

1. 국가의 안보 및 기밀에 관한 정보
2. 기업의 영업비밀 또는 독창적인 연구개발 정보
3. 개인의 정치적 사상, 종교적 신념, 그 밖에 신용정보와 관계없는 사생활에 관한 정보
4. 확실하지 아니한 개인신용정보
5. 다른 법률에 따라 수집이 금지된 정보
6. 그 밖에 대통령령으로 정하는 정보

따라서 신용정보회사 등이 개인의 질병에 관한 정보를 수집·조사하거나 타인에게 제공하려면 미리 제32조 제1항에 따른 해당 개인의 동의를 받아야 하며 대통령령으로 정하는 목적으로만 그 정보를 이용하여야 한다(동조 제2항).[13]

12) 이를 위반한 자는 5년 이하의 징역 또는 5천만원 이하의 벌금에 처한다(제50조 제2항 제3호).
13) 이를 위반한 자는 5년 이하의 징역 또는 5천만원 이하의 벌금에 처한다(제50조 제2항 제3호).

※ 법 제16조 제2항에서 "대통령령으로 정하는 목적"이란 다음 각 호의 어느 하나에 해당하는 업무를 수행하기 위하여 필요한 경우 해당 각 호의 자가 개인의 질병에 관한 정보를 그 업무와 관련하여 이용하는 것을 말한다.

1. 「보험업법」에 따라 보험회사가 수행하는 보험업
2. 「여신전문금융업법」에 따른 신용카드업자가 수행하는 같은 법 제46조 제1항 제7호에 따른 부수업무로서 신용카드회원으로부터 수수료를 받고 신용카드회원에게 사망 또는 질병 등 특정 사고 발생 시 신용카드회원의 채무(같은 법 제2조 제2호 나목과 관련된 채무에 한정한다)를 면제하거나 그 채무의 상환을 유예하는 업무
3. 「우체국예금·보험에 관한 법률」에 따라 체신관서가 수행하는 보험업무
4. 특별법에 따라 설립된 법인 또는 단체로서 다음 각 목의 어느 하나에 해당하는 자가 수행하는 공제사업
   가. 공제조합
   나. 공제회
   다. 그 밖에 이와 비슷한 법인 또는 단체로서 같은 직장·직종에 종사하거나 같은 지역에 거주하는 구성원의 상호부조, 복리증진 등을 목적으로 구성되어 공제사업을 하는 법인 또는 단체
5. 제1호부터 제4호까지에서 규정한 업무 외에 제21조 제2항에 따른 금융기관이 금융소비자에게 경제적 혜택을 제공하거나 금융소비자의 피해를 방지하기 위하여 수행하는 업무로서 총리령으로 정하는 업무

3. 수집·조사 및 처리의 위탁

신용정보회사 등은 그 업무 범위에서 의뢰인의 동의를 받아 다른 신용정보회사 등에 신용정보의 수집·조사를 위탁할 수 있다(제17조 제1항). 이때 신용정보회사 등은 수집된 신용정보의 처리를 일정한 금액 이상의 자본금 등 대통령령(시행령 제14조 제1항 참조)으로 정하는 일정한 요건을 갖춘 자에게 위탁할 수 있으며 이에 따라 위탁을 받은 자(이하 "수탁자"라 한다)의 위탁받은 업무의 처리에 관하여는 제19조부터 제21조까지, 제40조, 제43조, 제43조의2 및 제45조(해당 조문에 대한 벌칙 및 과태료규정을 포함한다)를 적용한다(동조 제2항).[14]

한편, 신용정보의 처리를 위탁하려는 신용정보회사 등으로서 대통령령(시행령

14) 의뢰인의 동의 없이 신용정보의 수집·조사를 위탁한 자에게는 1천만원 이하의 과태료를 부과하며(제52조 제4항 제3호), 일정한 요건을 갖추지 아니한 자에게 신용정보의 처리를 위탁한 자 및 그 위탁을 받은 자는 1년 이하의 징역 또는 1천만원 이하의 벌금에 처한다(제50조 제4항 제3호).

제14조 제2항 참조)으로 정하는 자는 제공하는 신용정보의 범위 등을 대통령령(시행령 제14조 제3항 참조)으로 정하는 바에 따라 금융위원회에 알려야 한다(동조 제3항). 또한 신용정보회사 등은 신용정보의 처리를 위탁하기 위하여 수탁자에게 개인신용정보를 제공하는 경우 특정 신용정보주체를 식별할 수 있는 정보는 대통령령(시행령 제14조 제4항 참조)으로 정하는 바에 따라 암호화 등의 보호 조치를 하여야 한다(동조 제 4항).[15]

또한 신용정보회사 등은 수탁자에게 신용정보를 제공한 경우 신용정보를 분실·도난·유출·변조 또는 훼손당하지 아니하도록 대통령령(시행령 제14조 제5항 참조)으로 정하는 바에 따라 수탁자를 교육하여야 하고 수탁자의 안전한 신용정보 처리에 관한 사항을 위탁계약에 반영하여야 한다(동조 제5항).[16] 이때 수탁자는 위탁받은 업무 범위를 초과하여 제공받은 신용정보를 이용하여서는 아니 된다(동조 제6항).[17]

이때 수탁자는 위탁받은 업무를 제3자에게 재위탁하여서는 아니 된다. 다만, 신용정보의 보호 및 안전한 처리를 저해하지 아니하는 범위에서 금융위원회가 인정하는 경우에는 그러하지 아니하다(동조 제7항).[18]

제 4 절 신용정보의 유통·이용 및 관리

1. 신용정보의 정확성 및 최신성의 유지

신용정보회사 등은 신용정보의 정확성과 최신성이 유지될 수 있도록 대통령령으로 정하는 바에 따라 신용정보의 등록·변경 및 관리 등을 하여야 한다(제18조 제1항).[19] 또한 신용정보회사 등은 신용정보주체에게 불이익을 줄 수 있는 신용정

15) 이를 위반한 자에게는 3천만원 이하의 과태료를 부과한다(제52조 제2항 제1호).
16) 이를 위반한 자에게는 1천만원 이하의 과태료를 부과한다(제52조 제4항 제4호).
17) 이를 위반한 자는 5년 이하의 징역 또는 5천만원 이하의 벌금에 처한다(제50조 제2항 제4호).
18) 이를 위반한 자에게는 2천만원 이하의 과태료를 부과한다(제52조 제3항).
19) 이를 위반한 자에게는 1천만원 이하의 과태료를 부과한다(제52조 제4항 제5호).

보를 그 불이익을 초래하게 된 사유가 해소된 날부터 최장 5년 이내에 등록·관리 대상에서 삭제하여야 한다(동조 제2항).[20] 이때 해당 신용정보의 구체적인 종류, 기록보존 및 활용기간 등은 대통령령으로 정한다(동조 제3항).

〈**참고**〉 시행령 제15조(신용정보의 정확성 및 최신성의 유지) ① 법 제18조 제1항에 따라 신용정보제공·이용자는 신용정보를 신용정보집중기관 또는 신용조회회사에 제공하려는 경우에는 그 정보의 정확성을 확인하여 사실과 다른 정보를 등록해서는 아니 된다.

② 신용정보집중기관과 신용조회회사는 등록되는 신용정보의 정확성을 점검할 수 있는 기준 및 절차를 마련하고 이에 따라 등록되는 신용정보의 정확성을 점검·관리하여야 한다.

③ 신용정보회사, 신용정보집중기관 및 신용정보제공·이용자(이하 "신용정보회사 등"이라 한다)는 신용정보의 정확성과 최신성이 유지될 수 있도록 금융위원회가 정하여 고시하는 기준과 절차에 따라 신용정보를 등록·변경·관리하여야 한다.

④ 법 제18조 제2항에 따라 등록·관리 대상에서 삭제하여야 하는 신용정보의 종류는 다음 각 호와 같다.

1. 제2조 제1항 제3호에 따른 신용정보 중 연체, 부도, 대위변제 및 대지급과 관련된 정보
2. 제2조 제1항 제3호에 따른 신용정보 중 신용질서 문란행위와 관련된 정보
3. 제2조 제1항 제5호 가목에 따른 신용정보 중 법원의 파산선고·면책·복권 결정 및 회생·간이회생·개인회생의 결정과 관련된 정보
4. 제2조 제1항 제5호 나목 및 다목에 따른 체납 관련 정보
5. 제2조 제1항 제5호 라목에 따른 신용정보 중 체납 관련 정보
6. 그 밖에 제1호부터 제5호까지의 정보와 유사한 형태의 불이익정보로서 금융위원회가 정하여 고시하는 신용정보

⑤ 제4항 각 호에 따른 신용정보의 활용기간 및 보존기간은 3년 이상 5년 이내의 범위에서 금융위원회가 정하여 고시한다. 다만, 금융위원회는 신용정보의 특성, 활용용도 및 활용빈도 등을 고려하여 그 활용기간 및 보존기간을 단축할 수 있다.

⑥ 제4항 각 호에 따른 신용정보의 삭제 방법, 기준 및 절차 등에 관하여 필요한 세부사항은 금융위원회가 정하여 고시한다.

2. 신용정보전산시스템의 안전보호

신용정보회사 등은 신용정보전산시스템(제25조 제6항에 따른 신용정보공동전산

20) 이를 위반한 자는 1년 이하의 징역 또는 1천만원 이하의 벌금에 처한다(제50조 제4항 제4호).

망을 포함한다. 이하 같다)에 대한 제3자의 불법적인 접근, 입력된 정보의 변경·훼손 및 파괴, 그 밖의 위험에 대하여 대통령령으로 정하는 바에 따라 기술적·물리적·관리적 보안대책을 수립·시행하여야 한다(제19조 제1항).[21]

〈참고〉 시행령 제16조(기술적·물리적·관리적 보안대책의 수립) ① 법 제19조 제1항에 따라 신용정보회사 등은 신용정보전산시스템의 안전보호를 위하여 다음 각 호의 사항이 포함된 기술적·물리적·관리적 보안대책을 세워야 한다.

1. 신용정보에 제3자가 불법적으로 접근하는 것을 차단하기 위한 침입차단시스템 등 접근통제장치의 설치·운영에 관한 사항
2. 신용정보전산시스템에 입력된 정보의 변경·훼손 및 파괴를 방지하기 위한 사항
3. 신용정보 취급·조회 권한을 직급별·업무별로 차등 부여하는 데에 관한 사항 및 신용정보 조회기록의 주기적인 점검에 관한 사항
4. 그 밖에 신용정보의 안정성 확보를 위하여 필요한 사항

② 금융위원회는 제1항 각 호에 따른 사항의 구체적인 내용을 정하여 고시할 수 있다.

또한 신용정보제공·이용자가 다른 신용정보제공·이용자 또는 신용조회회사와 서로 이 법에 따라 신용정보를 제공하는 경우에는 금융위원회가 정하여 고시하는 바에 따라 신용정보 보안관리 대책을 포함한 계약을 체결하여야 한다(동조 제2항).[22]

3. 신용정보 관리책임의 명확화 및 업무처리기록의 보존

신용정보회사 등은 신용정보의 수집·처리·이용 및 보호 등에 대하여 금융위원회가 정하는 신용정보 관리기준을 준수하여야 한다(제20조 제1항).[23] 또한 신용정보회사 등은 다음 각 호의 사항에 대한 기록을 3년간 보존하여야 한다(동조 제2항).[24]

21) 권한 없이 신용정보전산시스템의 정보를 변경·삭제하거나 그 밖의 방법으로 이용할 수 없게 한 자 또는 권한 없이 신용정보를 검색·복제하거나 그 밖의 방법으로 이용한 자는 5년 이하의 징역 또는 5천만원 이하의 벌금에 처한다(제50조 제2항 제5호).

22) 동조를 위반한 자는 5천만원 이하의 과태료를 부과한다(제52조 제1항 제3호).

23) 이를 위반한 자에게는 3천만원 이하의 과태료를 부과한다(제52조 제2항 제2호).

24) 이를 위반한 자는 1년 이하의 징역 또는 1천만원 이하의 벌금에 처한다(제50조 제4항 제5호).

1. 의뢰인의 주소와 성명 또는 정보제공·교환기관의 주소와 이름
2. 의뢰받은 업무 내용 및 의뢰받은 날짜
3. 의뢰받은 업무의 처리 내용 또는 제공한 신용정보의 내용과 제공한 날짜
4. 그 밖에 대통령령으로 정하는 사항

〈참고〉 시행령 제16조의2(신용정보회사 등의 기록보존) 신용정보회사 등은 법 제20조 제2항에 따라 다음 각 호의 구분에 따른 사항에 대한 기록을 3년간 보존하여야 한다.

1. 개인신용정보를 수집·이용한 경우: 그 정보를 수집·이용한 자, 수집·이용한 날짜, 수집·이용한 정보의 내용 및 수집·이용한 사유와 근거
2. 개인신용정보를 제공한 경우: 그 정보를 제공한 자, 제공한 날짜, 제공한 정보의 내용 및 제공한 사유와 근거
3. 개인신용정보를 폐기한 경우: 그 정보를 폐기한 자, 폐기한 날짜, 폐기한 정보의 내용 및 폐기한 사유와 근거

한편, 신용정보회사, 신용정보집중기관 및 대통령령으로 정하는 신용정보제공·이용자는 신용정보관리·보호인을 1명 이상 지정하여야 한다. 다만, 총자산, 종업원 수 등을 감안하여 대통령령으로 정하는 자는 신용정보관리·보호인을 임원으로 하여야 한다(동조 제3항).[25] 이때 신용정보관리·보호인의 자격요건과 그 밖에 지정에 필요한 사항은 대통령령으로 정하며(동조 제6항), 「금융지주회사법」 제48조의2 제6항에 따라 선임된 고객정보관리인이 제6항의 자격요건에 해당하면 제3항에 따라 지정된 신용정보관리·보호인으로 본다(동조 제7항).

※ 법 제20조 제3항 본문에서 “대통령령으로 정하는 신용정보제공·이용자”란 제5조 제1항 제1호부터 제21호까지 및 제21조 제2항 제1호부터 제21호까지의 규정에 해당하는 자를 말한다(시행령 제17조 제1항).

※ 법 제20조 제3항 단서에서 “총자산, 종업원 수 등을 감안하여 대통령령으로 정하는 자”란 다음 각 호의 어느 하나에 해당하는 자를 말한다(동조 제2항).

1. 법 제25조 제2항 제1호에 따른 종합신용정보집중기관(이하 “종합신용정보집중기관”이라 한다)
2. 신용조회회사
3. 신용조사회사, 채권추심회사 및 제1항에서 정하는 자로서 직전 사업연도 말 기준으로 총자산이 2조원 이상이고 상시 종업원 수가 300명 이상인 자. 이 경우 상시 종업원 수의 산정방식은 금융위원회가 정하여 고시한다.

25) 이를 위반한 자는 3천만원 이하의 과태료를 부과한다(제52조 제2항 제2호).

〈참고〉 시행령 제17조(신용정보관리·보호인의 지정 등) ③ 법 제20조 제3항 본문에 따라 지정하는 신용정보관리·보호인은 다음 각 호의 어느 하나에 해당하는 사람으로 하여야 한다.

1. 사내이사
2. 집행임원(「상법」 제408조의2에 따라 집행임원을 둔 경우로 한정한다)
3. 「상법」 제401조의2 제1항 제3호에 해당하는 자로서 신용정보의 제공·활용·보호 및 관리 등에 관한 업무집행 권한이 있는 사람
4. 그 밖에 신용정보의 제공·활용·보호 및 관리 등을 총괄하는 위치에 있는 직원

④ 법 제20조 제3항 단서에 따라 지정하는 신용정보관리·보호인은 제3항 제1호부터 제3호까지의 규정의 어느 하나에 해당하는 사람으로 하여야 한다.

⑤ 제3항 및 제4항에도 불구하고 신용정보회사 등은 다른 법령에 따라 준법감시인을 두는 경우에는 그를 신용정보관리·보호인으로 지정할 수 있다. 다만, 법 제20조 제3항 단서에 해당하는 경우 신용정보관리·보호인으로 지정될 수 있는 준법감시인은 제3항 제1호부터 제3호까지의 규정의 어느 하나에 해당하는 사람으로 하여야 한다.

⑥ 제5항에 따라 준법감시인을 신용정보관리·보호인으로 지정한 경우에는 법 제20조 제4항 각 호의 업무에 관한 사항을 준법감시인 선임의 근거가 된 법령에 따른 내부통제기준에 반영하여야 한다.

신용정보관리·보호인은 다음 각 호의 업무를 수행하고(동조 제4항), 각 호의 업무에 관하여 금융위원회가 정하는 바에 따라 주기적으로 보고서를 작성하여야 하며, 이를 대표이사 및 이사회에 보고하고 금융위원회에 제출하여야 한다(동조 제5항).[26)]

1. 신용정보의 수집·보유·제공·삭제 등 관리 및 보호 계획의 수립 및 시행
2. 신용정보의 수집·보유·제공·삭제 등 관리 및 보호 실태와 관행에 대한 정기적인 조사 및 개선
3. 신용정보 열람 및 정정청구 등 신용정보주체의 권리행사 및 피해구제
4. 신용정보 유출 등을 방지하기 위한 내부통제시스템의 구축 및 운영
5. 임직원 및 전속 모집인 등에 대한 신용정보보호교육계획의 수립 및 시행
6. 임직원 및 전속 모집인 등의 신용정보보호 관련 법령 및 규정 준수 여부 점검
7. 그 밖에 신용정보의 관리 및 보호를 위하여 대통령령으로 정하는 업무

26) 이를 위반한 자에게는 5천만원 이하의 과태료를 부과한다(제52조 제1항 제4호).

4. 개인신용정보의 보유기간 등

신용정보제공·이용자는 금융거래 등 상거래관계(고용관계는 제외한다. 이하 같다)가 종료된 날부터 금융위원회가 정하여 고시하는 기한까지 해당 신용정보주체의 개인신용정보가 안전하게 보호될 수 있도록 접근권한을 강화하는 등 대통령령으로 정하는 바에 따라 관리하여야 한다(제20조의2 제1항).[27)]

> **〈참고〉** 시행령 제17조의2(개인신용정보의 관리방법 등) ① 신용정보제공·이용자는 법 제20조의2 제1항에 따라 다음 각 호의 구분에 따른 방법으로 금융거래 등 상거래관계(고용관계는 제외한다. 이하 같다)가 종료된 신용정보주체의 개인신용정보를 관리하여야 한다.
>
> 1. 금융거래 등 상거래관계의 설정 및 유지 등에 필수적인 개인신용정보의 경우: 다음 각 목의 방법
>   가. 상거래관계가 종료되지 아니한 다른 신용정보주체의 정보와 별도로 분리하는 방법
>   나. 금융위원회가 정하여 고시하는 절차에 따라 신용정보제공·이용자의 임직원 중에서 해당 개인신용정보에 접근할 수 있는 사람을 지정하는 방법
>   다. 그 밖에 해당 신용정보주체의 개인신용정보가 안전하게 보호될 수 있는 방법으로서 금융위원회가 정하여 고시하는 방법
> 2. 제1호 외의 개인신용정보의 경우: 그 정보를 모두 삭제하는 방법
>
> ② 신용정보제공·이용자는 금융거래 등 상거래관계가 종료된 경우 제1항 각 호의 구분에 따른 필수적인 개인신용정보와 그 밖의 개인신용정보로 구분한 때에는 다음 각 호의 사항 등을 고려하여야 한다.
>
> 1. 해당 개인신용정보가 없었다면 그 종료된 상거래관계가 설정·유지되지 아니하였을 것인지 여부
> 2. 해당 개인신용정보가 그 종료된 상거래관계에 따라 신용정보주체에게 제공된 재화 또는 서비스(신용정보주체가 그 신용정보제공·이용자에게 신청한 상거래관계에서 제공하기로 한 재화 또는 서비스를 그 신용정보제공·이용자와 별도의 계약 또는 약정 등을 체결한 제3자가 신용정보주체에게 제공한 경우를 포함한다)와 직접적으로 관련되어 있는지 여부
> 3. 해당 개인신용정보를 삭제하는 경우 법 또는 다른 법령에 따른 의무를 이행할 수 없는지 여부
>
> ④ 법 제20조의2 제1항 및 제2항에 따른 금융거래 등 상거래관계가 종료된 날은 신용정보제공·이용자와 신용정보주체 간의 상거래관계가 관계 법령, 약관 또는 합의 등에 따라 계약기간의 만료, 해지권·해제권·취소권의 행사, 소멸시효의 완성, 변제 등

27) 이를 위반한 자에게는 1천만원 이하의 과태료를 부과한다(제52조 제4항 제6호).

으로 인한 채권의 소멸, 그 밖의 사유로 종료된 날로 한다.
⑤ 신용정보제공·이용자는 법 제15조 제2항 각 호 외의 부분 본문 및 법 제32조 제2항 전단에 따른 동의를 받을 때 제4항에 따른 금융거래 등 상거래관계가 종료된 날을 신용정보주체에게 알려야 한다.
⑥ 신용정보제공·이용자는 제1항 제2호 및 법 제20조의2 제2항 각 호 외의 부분 본문에 따라 신용정보주체의 개인신용정보를 삭제하는 경우 그 삭제된 개인신용정보가 복구 또는 재생되지 아니하도록 조치하여야 한다.
⑦ 법 제20조의2 제3항에 따라 신용정보제공·이용자가 개인신용정보를 관리하는 경우에는 제1항 제1호 각 목의 방법에 따른다.

또한 신용정보제공·이용자는 금융거래 등 상거래관계가 종료된 날부터 최장 5년 이내(해당 기간 이전에 정보 수집·제공 등의 목적이 달성된 경우에는 그 목적이 달성된 날부터 3개월 이내)에 해당 신용정보주체의 개인신용정보를 관리대상에서 삭제하여야 한다. 다만, 다음 각 호의 경우에는 그러하지 아니하다(동조 제2항).[28]

1. 다른 법률에 따른 의무를 이행하기 위하여 불가피한 경우
2. 개인의 급박한 생명·신체·재산의 이익을 위하여 필요하다고 인정되는 경우
3. 그 밖에 예금·보험금의 지급, 보험사기자의 재가입 방지를 위한 경우 등 개인신용정보를 보존할 필요가 있는 경우로서 대통령령으로 정하는 경우

※ 법 제20조의2 제2항 제3호에서 "대통령령으로 정하는 경우"란 다음 각 호의 어느 하나에 해당하는 경우를 말한다(시행령 제17조의2 제3항).
1. 휴면예금(「서민의 금융생활 지원에 관한 법률」 제2조 제3호에 따른 휴면예금을 말한다)의 지급을 위하여 필요한 경우
2. 대출사기, 보험사기, 거짓이나 부정한 방법으로 알아낸 타인의 신용카드 정보를 이용한 거래, 그 밖에 건전한 신용질서를 저해하는 행위를 방지하기 위하여 그 행위와 관련된 신용정보주체의 개인신용정보가 필요한 경우
3. 위험관리체제의 구축과 법 제4조 제1항 제1호 나목에 따른 신용평가모형 및 위험관리모형의 개발을 위하여 필요한 경우. 이 경우 다른 법률에 따른 의무를 이행하기 위하여 불가피한 경우 등을 제외하고 개인인 신용정보주체를 식별할 수 없도록 조치하여야 한다.
4. 신용정보제공·이용자 또는 제3자의 정당한 이익을 달성하기 위하여 필요한 경우로서 명백하게 신용정보주체의 권리보다 우선하는 경우. 이 경우 신용정보제공·이용자 또는 제3자의 정당한 이익과 상당한 관련이 있고 합리적인 범위를 초과하지 아니하는 경우로 한정한다.

28) 이를 위반한 자에게는 3천만원 이하의 과태료를 부과한다(제52조 제2항 제3호).

5. 신용정보주체가 개인신용정보(제15조 제4항 각 호의 개인신용정보는 제외한 다)의 삭제 전에 그 삭제를 원하지 아니한다는 의사를 명백히 표시한 경우

그러나 신용정보제공·이용자가 개인신용정보를 삭제하지 아니하고 보존하는 경우에는 현재 거래 중인 신용정보주체의 개인신용정보와 분리하는 등 대통령령으로 정하는 바에 따라 관리하여야 한다(동조 제3항).[29] 이때 신용정보제공·이용자가 분리하여 보존하는 개인신용정보를 활용하는 경우에는 신용정보주체에게 통지하여야 한다(동조 제4항).[30] 기타 개인신용정보의 종류, 관리기간, 삭제의 방법·절차 및 금융거래 등 상거래관계가 종료된 날의 기준 등은 대통령령으로 정한다(동조 제5항).

5. 폐업 시 보유정보의 처리

신용정보회사나 신용정보집중기관이 폐업하려는 경우에는 금융위원회가 정하여 고시하는 바에 따라 보유정보를 처분하거나 폐기하여야 한다(제21조).[31]

제 5 절 신용정보업

Ⅰ. 신용조회업 등

1. 신용조회업 종사자

신용조회회사(신용조회업 허가를 받은 자를 말한다. 이하 같다)는 다음 각 호의 어느 하나에 해당하는 자를 임원으로 채용하거나 고용하여서는 아니 된다(제22조 제1항).

29) 이를 각각 위반한 자에게는 1천만원 이하의 과태료를 부과한다(제52조 제4항 제6호).
30) 이를 각각 위반한 자에게는 1천만원 이하의 과태료를 부과한다(제52조 제4항 제6호).
31) 이를 위반한 자에게는 3천만원 이하의 과태료를 부과한다(제52조 제2항 제4호).

1. 미성년자
2. 피성년후견인 또는 피한정후견인
3. 파산선고를 받고 복권되지 아니한 자
4. 금고 이상의 실형을 선고받고 그 집행이 끝나거나(집행이 끝난 것으로 보는 경우를 포함한다) 집행이 면제된 날부터 3년이 지나지 아니한 자
5. 금고 이상의 형의 집행유예를 선고받고 그 유예기간 중에 있는 자
6. 이 법 또는 그 밖의 법령에 따라 해임되거나 면직된 후 5년이 지나지 아니한 자
7. 이 법 또는 그 밖의 법령에 따라 영업의 허가·인가 등이 취소된 법인이나 회사의 임직원이었던 자(그 취소사유의 발생에 직접 또는 이에 상응하는 책임이 있는 자로서 대통령령으로 정하는 자만 해당한다)로서 그 법인이나 회사에 대한 취소가 있었던 날부터 5년이 지나지 아니한 자
8. 재임 또는 재직 중이었더라면 이 법 또는 그 밖의 법령에 따라 해임권고(해임요구를 포함한다) 또는 면직요구의 조치를 받았을 것으로 통보된 퇴임한 임원 또는 퇴직한 직원으로서 그 통보가 있었던 날부터 5년(통보가 있었던 날부터 5년이 퇴임 또는 퇴직한 날부터 7년을 초과한 경우에는 퇴임 또는 퇴직한 날부터 7년으로 한다)이 지나지 아니한 사람

※ 법 제22조 제1항 제7호에서 “대통령령으로 정하는 자”란 허가·인가 등의 취소 원인이 되는 사유가 발생하였을 당시의 임직원(「금융산업의 구조개선에 관한 법률」 제14조에 따라 허가·인가 등이 취소된 법인 또는 회사의 경우에는 같은 법 제10조에 따른 적기시정조치의 원인이 되는 사유 발생 당시의 임직원)으로서 다음 각 호의 어느 하나에 해당하는 사람을 말한다(시행령 제18조 제1항).

1. 감사 또는 감사위원회의 위원
2. 허가·인가 등의 취소 원인이 되는 사유의 발생과 관련하여 위법 또는 부당한 행위로 금융위원회 또는 금융감독원(「금융위원회의 설치 등에 관한 법률」에 따른 금융감독원을 말한다. 이하 같다)의 원장으로부터 주의, 경고, 문책, 직무정지, 해임요구 또는 그 밖의 조치를 받은 임원
3. 허가·인가 등의 취소 원인이 되는 사유의 발생과 관련하여 위법 또는 부당한 행위로 금융위원회 또는 금융감독원의 원장(이하 “금융감독원장”이라 한다)으로부터 정직요구 이상에 해당하는 조치를 받은 직원
4. 제2호 또는 제3호에 따른 제재 대상자로서 그 제재를 받기 전에 사임하거나 사직한 사람

이때 신용조회업에 종사하는 임직원이 신용정보를 수집하려는 경우에는 신용조회업에 종사하고 있음을 나타내는 증표를 지니고 이를 관계인에게 내보여야 한다(동조 제2항).

2. 신용정보 등의 보고

신용조회회사는 신용정보의 활용범위, 활용기간, 제공 대상자 등을 대통령령으로 정하는 바에 따라 금융위원회에 보고하여야 한다(제22조의2).[32)]

3. 계열회사 등에 대한 개인신용정보 제공 금지

신용조회회사는 제32조 제2항에도 불구하고 제9조 제1항에 따른 지배주주 및 「독점규제 및 공정거래에 관한 법률」 제2조 제3호에 따른 계열회사에 개인신용정보를 제공할 수 없다. 다만, 다음 각 호의 어느 하나에 해당하는 경우에는 그러하지 아니하다(제22조의3).

1. 신용조회회사가 제4조 제1항 제1호에 따른 업무수행을 위하여 제공하는 경우
2. 제32조 제6항 제4호에 따라 제공하는 경우

4. 공공기관에 대한 신용정보의 제공 요청 등

신용정보집중기관이 국가·지방자치단체 또는 대통령령으로 정하는 공공단체(이하 "공공기관"이라 한다)의 장에게 신용정보주체의 신용도·신용거래능력 등의 판단에 필요한 신용정보로서 대통령령으로 정하는 신용정보의 제공을 요청하면 그 요청을 받은 공공기관의 장은 다음 각 호의 법률에도 불구하고 해당 신용정보집중기관에 정보를 제공할 수 있다. 이 경우 정보를 제공하는 기준과 절차 등은 대통령령으로 정한다(제23조 제2항). 신용정보의 제공을 요청하는 자는 관계 법령에 따라 열람료 또는 수수료 등을 내야 한다(동조 제6항).

1. 「공공기관의 정보공개에 관한 법률」
2. 「개인정보 보호법」
3. 「국민건강보험법」

32) 이를 위반하여 금융위원회에 보고를 하지 아니한 자에게는 1천만원 이하의 과태료를 부과한다(제52조 제4항 제7호).

4. 「국민연금법」
5. 「한국전력공사법」
6. 「주민등록법」

※ 법 제23조 제2항 각 호 외의 부분 전단에서 "대통령령으로 정하는 공공단체"란 다음 각 호의 어느 하나에 해당하는 기관을 말한다(시행령 제19조 제1항).

1. 「공공기관의 운영에 관한 법률」 제4조에 따른 공공기관으로서 금융위원회가 정하여 고시하는 기관
2. 국가 또는 지방자치단체가 자본금·기금 또는 경비를 투자·출연 또는 보조하는 기관으로서 금융위원회가 정하여 고시하는 기관
3. 특별법에 따라 설립된 특수법인으로서 금융위원회가 정하여 고시하는 기관
4. 「어음법」 및 「수표법」에 따라 지정된 어음교환소와 「전자어음의 발행 및 유통에 관한 법률」 제3조에 따라 지정된 전자어음관리기관
5. 「초·중등교육법」, 「고등교육법」 및 그 밖의 다른 법률에 따라 설치된 각급 학교
6. 「보험업법」에 따른 보험요율산출기관
7. 「서민의 금융생활 지원에 관한 법률」 제56조에 따른 신용회복위원회

※ 법 제23조 제2항 각 호 외의 부분 전단에서 "대통령령으로 정하는 신용정보"란 다음 각 호의 신용정보를 말한다. 이 경우 신용정보의 구체적인 제공 범위는 공공기관(국가·지방자치단체 또는 제1항에 따른 공공단체를 말한다. 이하 이 조에서 같다)의 장과 신용정보집중기관이 협의하여 결정한다(동조 제2항).

1. 고용보험, 산업재해보상보험, 국민건강보험 및 국민연금에 관한 정보로서 보험료 납부 정보
2. 전기사용에 관한 정보로서 전력사용량 및 전기요금 납부 정보
3. 정부 납품 실적 및 납품액
4. 사망자 정보, 주민등록번호 및 성명 변경 정보
5. 국외 이주신고 및 이주포기신고의 정보
6. 공공기관이 보유하고 있는 신용정보로서 관계 법령에 따라 신용정보집중기관에 제공할 수 있는 신용정보

〈참고〉 시행령 제19조(공공기관에 대한 신용정보의 제공 요청 등) ③ 법 제23조 제2항에 따라 제2항 각 호의 정보를 제공받으려는 신용정보집중기관은 공공기관의 장에게 신용정보의 제공을 문서로 요청하여야 하며, 공공기관의 장은 그 신용정보를 제공하려는 경우에는 문서 또는 주기적 파일로 제공하거나 「전자정부법」 제37조 제1항에 따른 행정정보공동이용센터 등을 통하여 제공하여야 한다.

④ 금융위원회는 공공기관의 장이 제공하는 정보의 활용 필요성 등을 고려하여 해당 정보의 등록 및 이용기준 등을 정하여 고시하여야 한다.

⑤ 법 제23조 제3항에서 "대통령령으로 정하는 신용정보의 이용자"란 다음 각 호의 어

느 하나에 해당하는 자를 말한다.
1. 제5조 제1항 제1호부터 제20호까지의 규정에 따른 금융기관
2. 제21조 제2항 각 호의 어느 하나에 해당하는 자
3. 신용조회회사

이때 신용정보집중기관은 공공기관으로부터 제공받은 신용정보를 대통령령으로 정하는 신용정보의 이용자에게 제공할 수 있다(동조 제3항). 다만, 신용정보집중기관 또는 신용정보의 이용자가 신용정보제공·이용자에게 공공기관으로부터 제공받은 개인신용정보를 제공하는 경우에는 제32조 제3항에서 정하는 바에 따라 신용정보제공·이용자가 해당 개인으로부터 신용정보 제공·이용에 대한 동의를 받았는지를 확인하여야 한다(동조 제4항). 그러나 신용정보를 제공받은 신용정보의 이용자는 그 정보를 타인에게 제공하여서는 아니 된다(동조 제5항).[33]

한편, 신용정보회사 등은 공공기관의 장이 관계 법령에서 정하는 공무상 목적으로 이용하기 위하여 신용정보의 제공을 문서로 요청한 경우에는 그 신용정보를 제공할 수 있다(동조 제7항).

5. 주민등록전산정보자료의 이용

신용정보집중기관 및 대통령령으로 정하는 신용정보제공·이용자는 다음 각 호의 어느 하나에 해당하는 경우에는 행정안전부장관에게 「주민등록법」 제30조 제1항에 따른 주민등록전산정보자료의 제공을 요청할 수 있다. 이 경우 요청을 받은 행정안전부장관은 특별한 사유가 없으면 그 요청에 따라야 한다(제24조 제1항).

1. 「상법」 제64조 등 다른 법률에 따라 소멸시효가 완성된 예금 및 보험금 등의 지급을 위한 경우로서 해당 예금 및 보험금 등의 원권리자에게 관련 사항을 알리기 위한 경우
2. 금융거래계약의 만기 도래, 실효(失效), 해지 등 계약의 변경사유 발생 등 거래 상대방의 권리·의무에 영향을 미치는 사항을 알리기 위한 경우

이때 주민등록전산정보자료를 요청하는 경우에는 금융위원회위원장의 심사를

33) 이를 위반한 자에게는 3천만원 이하의 과태료를 부과한다(제52조 제2항 제5호).

받아야 하며(동조 제2항), 금융위원회위원장의 심사를 받은 경우에는 「주민등록법」 제30조 제1항에 따른 관계 중앙행정기관의 장의 심사를 거친 것으로 본다. 처리절차, 사용료 또는 수수료 등에 관한 사항은 「주민등록법」에 따른다(동조 제3항).

6. 신용정보집중기관

(1) 신용정보집중기관의 허가

신용정보를 집중하여 수집·보관함으로써 체계적·종합적으로 관리하고, 신용정보회사 등 상호 간에 신용정보를 교환·활용(이하 "집중관리·활용"이라 한다)하려는 자는 금융위원회로부터 신용정보집중기관으로 허가를 받아야 한다(제25조 제1항). 이때 신용정보집중기관은 다음 각 호의 구분에 따라 허가를 받아야 한다(동조 제2항).

1. 종합신용정보집중기관: 대통령령(시행령 제21조 제2항 참조)으로 정하는 금융기관 전체로부터의 신용정보를 집중관리·활용하는 신용정보집중기관
2. 개별신용정보집중기관: 제1호에 따른 금융기관 외의 같은 종류의 사업자가 설립한 협회 등의 협약 등에 따라 신용정보를 집중관리·활용하는 신용정보집중기관

다만, 신용정보집중기관으로 허가를 받으려는 자는 다음 각 호의 요건을 갖추어야 한다(동조 제3항).

1. 「민법」 제32조에 따라 설립된 비영리법인일 것
2. 신용정보를 집중관리·활용하는 데 있어서 대통령령(시행령 제21조 제5항 참조)으로 정하는 바에 따라 공공성과 중립성을 갖출 것
3. 대통령령(시행령 제21조 제6항 참조)으로 정하는 시설·설비 및 인력을 갖출 것

위의 허가 및 그 취소 등에 필요한 사항과 집중관리·활용되는 신용정보의 내용·범위 및 교환 대상자는 대통령령(시행령 제21조 제4항 참조)으로 정한다. 다만, 신용정보집중기관과 신용조회회사 사이의 신용정보 교환 및 이용은 신용조회회사의 의뢰에 따라 신용정보집중기관이 신용조회회사에 신용정보를 제공하는 방식으로 한다(동조 제4항). 이때 제1호에 따른 종합신용정보집중기관(이하 "종합신용정보

집중기관"이라 한다)은 집중되는 신용정보의 정확성·신속성을 확보하기 위하여 제26조에 따른 신용정보집중관리위원회가 정하는 바에 따라 신용정보를 제공하는 금융기관의 신용정보 제공의무 이행 실태를 조사할 수 있다(동조 제5항).

한편, 신용정보집중기관은 대통령령(시행령 제21조 제11항 참조)으로 정하는 바에 따라 신용정보공동전산망(이하 "공동전산망"이라 한다)을 구축할 수 있으며, 공동전산망에 참여하는 자는 그 유지·관리 등에 필요한 협조를 하여야 한다. 이 경우 신용정보집중기관은 「전기통신사업법」 제2조 제1항 제1호에 따른 전기통신사업자이어야 한다(동조 제6항).[34]

(2) 종합신용정보집중기관의 업무

종합신용정보집중기관은 다음 각 호의 업무를 수행한다(제25조의2).

1. 신용정보의 집중관리 및 활용
2. 공공 목적의 조사 및 분석 업무
3. 신용정보의 가공·분석 및 제공 등과 관련하여 대통령령(시행령 제21조의2 제1항 참조)으로 정하는 업무
4. 신용정보주체 주소변경의 통보대행 업무
5. 다른 법령에서 종합신용정보집중기관이 할 수 있도록 정한 업무
6. 그 밖에 제1호부터 제5호까지에 준하는 업무로서 대통령령(시행령 제21조의2 제2항 참조)으로 정하는 업무

(3) 신용정보집중관리위원회

다음 각 호의 업무를 수행하기 위하여 종합신용정보집중기관에 신용정보집중관리위원회(이하 "위원회"라 한다)를 두며(제26조 제1항), 위원회는 각 호의 사항을 결정한 경우 금융위원회가 정하는 바에 따라 금융위원회에 보고하여야 한다(동조 제3항).

1. 제25조의2 각 호의 업무와 관련한 중요 사안에 대한 심의
2. 신용정보의 집중관리·활용에 드는 경상경비, 신규사업의 투자비 등의 분담에 관한 사항

34) 신용정보집중기관이 아니면서 공동전산망을 구축한 자는 3년 이하의 징역 또는 3천만원 이하의 벌금에 처한다(제50조 제3항 제2호).

3. 제25조 제2항 제1호에 따른 금융기관의 신용정보제공의무 이행 실태에 관한 조사 및 대통령령(시행령 제22조 제1항 참조)으로 정하는 바에 따른 제재를 부과하는 사항
4. 신용정보의 업무목적 외 누설 또는 이용의 방지대책에 관한 사항
5. 그 밖에 신용정보의 집중관리·활용에 필요한 사항

위원회는 위원장 1명을 포함한 15명 이내의 위원으로 구성하되(제26조의2 제1항), 위원회의 위원장은 종합신용정보집중기관의 장으로 하며, 위원은 공익성, 중립성, 업권별 대표성, 신용정보에 관한 전문지식 등을 고려하여 구성한다(동조 제2항). 그 밖에 위원회의 구성 및 운영 등에 필요한 사항은 대통령령(시행령 제22조의2 참조)으로 정한다(동조 제3항).

Ⅱ. 신용조사업 및 채권추심업

1. 종사자 및 위임직채권추심인 등

(1) 자격과 등록 및 업무

신용조사회사(신용조사업 허가를 받은 자를 말한다. 이하 같다) 또는 채권추심회사(채권추심업 허가를 받은 자를 말한다. 이하 같다)는 다음 각 호의 어느 하나에 해당하는 자를 임직원으로 채용하거나 고용하여서는 아니 되며, 위임 또는 그에 준하는 방법으로 채권추심업무를 하여서는 아니 된다(제27조 제1항).

1. 미성년자. 다만, 금융위원회가 정하여 고시하는 업무에 채용하거나 고용하는 경우는 제외한다.
2. 피성년후견인 또는 피한정후견인
3. 파산선고를 받고 복권되지 아니한 자
4. 금고 이상의 실형을 선고받고 그 집행이 끝나거나(집행이 끝난 것으로 보는 경우를 포함한다) 집행이 면제된 날부터 3년이 지나지 아니한 자
5. 금고 이상의 형의 집행유예를 선고받고 그 유예기간 중에 있는 자
6. 이 법 또는 그 밖의 법령에 따라 해임되거나 면직된 후 5년이 지나지 아니한 자
7. 이 법 또는 그 밖의 법령에 따라 영업의 허가·인가 등이 취소된 법인이나 회사의 임직원이었던 자(그 취소사유의 발생에 직접 또는 이에 상응하는 책임이 있는 자

로서 대통령령으로 정하는 자(시행령 제18조의 각호에서 정하는 자)만 해당한다) 로서 그 법인 또는 회사에 대한 취소가 있은 날부터 5년이 지나지 아니한 자
8. 제2항 제2호에 따른 위임직채권추심인이었던 자로서 등록이 취소된 지 5년이 지나지 아니한 자
9. 재임 또는 재직 중이었더라면 이 법 또는 그 밖의 법령에 따라 해임권고(해임요구를 포함한다) 또는 면직요구의 조치를 받았을 것으로 통보된 퇴임한 임원 또는 퇴직한 직원으로서 그 통보가 있었던 날부터 5년(통보가 있었던 날부터 5년이 퇴임 또는 퇴직한 날부터 7년을 초과한 경우에는 퇴임 또는 퇴직한 날부터 7년으로 한다)이 지나지 아니한 사람

채권추심회사는 다음 각 호의 어느 하나에 해당하는 자를 통하여 추심업무를 하여야 한다(동조 제2항).[35)]

1. 채권추심회사의 임직원
2. 채권추심회사가 위임 또는 그에 준하는 방법으로 채권추심업무를 하도록 한 자(이하 "위임직채권추심인"이라 한다)

이때 채권추심회사는 그 소속 위임직채권추심인이 되려는 자를 금융위원회에 등록하여야 한다(동조 제3항). 위임직채권추심인의 자격요건 및 등록절차는 대통령령으로 정하며(동조 제10항), 위임직채권추심인이 되고자 하는 자가 등록을 신청한 때에는 총리령으로 정하는 바에 따라 수수료를 내야 한다(동조 제11항). 그러나 위임직채권추심인은 소속 채권추심회사 외의 자를 위하여 채권추심업무를 할 수 없다(동조 제4항).

〈참고〉 시행령 제24조(위임직채권추심인의 자격요건 및 등록절차) ① 법 제27조 제10항에 따른 위임직채권추심인으로 등록할 수 있는 사람은 다음 각 호의 어느 하나에 해당하는 사람으로 한다.
1. 다음 각 목의 어느 하나에 해당하는 기관에서 채권추심업무에 관한 연수과정을 이수한 사람
   가. 법 제44조에 따른 신용정보협회(이하 "신용정보협회"라 한다)
   나. 신용정보협회가 지정하는 채권추심회사
   다. 그 밖에 금융위원회가 정하여 고시하는 기관

35) 채권추심회사 외의 자에게 채권추심업무를 위탁한 자는 5년 이하의 징역 또는 5천만원 이하의 벌금에 처한다(제50조 제2항 제5호의2).

2. 삭제
3. 그 밖에 제1호에 준하는 자격이 있다고 금융위원회가 인정한 사람

② 채권추심회사가 그 소속 위임직채권추심인이 되려는 자를 등록하는 경우에는 금융위원회가 정하여 고시하는 신청서에 그 위임직채권추심인이 제1항의 자격요건을 갖추었는지를 확인할 수 있는 서류를 첨부하여 금융위원회에 제출하여야 한다.

또한 채권추심회사는 추심채권이 아닌 채권을 추심할 수 없으며, 다음 각 호의 어느 하나에 해당하는 위임직채권추심인을 통하여 채권추심업무를 하여서는 아니 된다(동조 제5항).[36)]

1. 제3항에 따라 등록되지 아니한 위임직채권추심인
2. 다른 채권추심회사의 소속으로 등록된 위임직채권추심인
3. 제7항에 따라 업무정지 중에 있는 위임직채권추심인

(2) 등록 취소 등

금융위원회는 위임직채권추심인이 다음 각 호의 어느 하나에 해당하면 그 등록을 취소할 수 있다(동조 제6항).

1. 거짓이나 그 밖의 부정한 방법으로 제3항에 따른 등록을 한 경우
2. 제7항에 따른 업무정지명령을 위반하거나 업무정지에 해당하는 행위를 한 자가 그 사유발생일 전 1년 이내에 업무정지처분을 받은 사실이 있는 경우
3. 제40조 제1호부터 제4호까지의 어느 하나를 위반한 경우
4. 「채권의 공정한 추심에 관한 법률」 제9조 각 호의 어느 하나를 위반하여 채권추심행위를 한 경우
5. 등록의 내용이나 조건을 위반한 경우
6. 정당한 사유 없이 1년 이상 계속하여 등록한 영업을 하지 아니한 경우

또한 금융위원회는 위임직채권추심인이 다음 각 호의 어느 하나에 해당하면

36) 위임직채권추심인으로 금융위원회에 등록하지 아니하고 채권추심업무를 한 자(제50조 제4항 제6호) 또는 위임직채권추심인은 소속 채권추심회사 외의 자를 위하여 채권추심업무를 한 자(동항 제7호) 및 추심채권이 아닌 채권을 추심하거나 등록되지 아니한 위임직채권추심인, 다른 채권추심회사의 소속으로 등록된 위임직채권추심인 또는 업무정지 중인 위임직채권추심인을 통하여 채권추심업무를 한 자(동항 제8호)는 1년 이하의 징역 또는 1천만원 이하의 벌금에 처한다.

6개월의 범위에서 기간을 정하여 그 업무의 전부 또는 일부의 정지를 명할 수 있다(동조 제7항).[37]

1. 동조 제4항을 위반한 경우 2. 제16조에 따른 수집·조사 등의 제한 사항을 위반한 경우 3. 제40조 제5호의 행위를 한 경우 4. 「채권의 공정한 추심에 관한 법률」 제12조 제2호·제5호를 위반한 경우 5. 그 밖에 법령 또는 소속 채권추심회사의 정관을 위반하여 공익을 심각하게 해치거나 해칠 우려가 있는 경우

(3) 절차 등

신용조사업 또는 채권추심업에 종사하는 임직원이나 위임직채권추심인이 신용정보의 수집·조사 또는 채권추심업무를 하려는 경우에는 신용조사업 또는 채권추심업에 종사함을 나타내는 증표를 지니고 이를 관계인에게 내보여야 한다(동조 제8항).[38]

또한 채권추심회사는 그 소속 위임직채권추심인이 채권추심업무를 함에 있어 법령을 준수하고 건전한 거래질서를 해하는 일이 없도록 성실히 관리하여야 한다. 이 경우 그 소속 위임직채권추심인이 다음 각 호의 구분에 따른 위반행위를 하지 아니하도록 하여야 한다(동조 제9항).[39]

---

37) 업무정지 중에 채권추심업무를 한 자는 1년 이하의 징역 또는 1천만원 이하의 벌금에 처한다(제50조 제4항 제9호).

38) 채권추심업무를 할 때 증표를 내보이지 아니한 자는 1천만원 이하의 과태료를 부과한다(제52조 제4항 제8호).

39) 채권추심회사 소속 위임직채권추심인이 제1호의 위반행위를 한 경우 해당 채권추심회사에게는 5천만원 이하의 과태료를 부과한다. 다만, 채권추심회사가 그 위반행위를 방지하기 위하여 해당 업무에 관한 관리에 상당한 주의를 게을리하지 아니한 경우는 제외한다(제52조 제1항 제4호의2). 이때 채권추심회사가 「채권의 공정한 추심에 관한 법률」에 따라 형사처벌을 받은 경우에는 과태료를 부과하지 아니하며, 과태료를 부과한 후 형사처벌을 받은 경우에는 그 과태료 부과를 취소한다(동조 제5항). 또한 채권추심회사 소속 위임직채권추심인이 제2호의 위반행위를 한 경우 해당 채권추심회사에게는 3천만원 이하의 과태료를 부과한다. 다만, 채권추심회사가 그 위반행위를 방지하기 위하여 해당 업무에 관한 관리에 상당한 주의를 게을리하지 아니한 경우는 제외한다(동조 제2항 제5호의2).

1. 「채권의 공정한 추심에 관한 법률」 제8조의3 제1항, 제9조, 제10조 제1항, 제11조 제1호 또는 제2호를 위반하는 행위
2. 「채권의 공정한 추심에 관한 법률」 제8조의3 제2항, 제11조 제3호부터 제5호까지, 제12조, 제13조 또는 제13조의2 제2항을 위반하는 행위

2. 무허가 채권추심업자에 대한 업무위탁의 금지

대통령령으로 정하는 여신금융기관, 대부업자 등 신용정보제공·이용자는 채권추심회사 외의 자에게 채권추심업무를 위탁하여서는 아니 된다(제27조의2).

※ 법 제27조의2에서 "대통령령으로 정하는 여신금융기관, 대부업자 등 신용정보제공·이용자"란 다음 각 호의 어느 하나에 해당하는 자를 말한다(시행령 제24조의2).

1. 「농업협동조합법」에 따른 농협은행, 농업협동조합과 그 중앙회
2. 「대부업 등의 등록 및 금융이용자 보호에 관한 법률」에 따른 대부업자
3. 「보험업법」에 따른 보험회사
4. 「산림조합법」에 따른 산림조합과 그 중앙회
5. 「상호저축은행법」에 따른 상호저축은행과 그 중앙회
6. 「새마을금고법」에 따른 새마을금고와 그 연합회
7. 「수산업협동조합법」에 따른 수협은행, 수산업협동조합과 그 중앙회
8. 「신용협동조합법」에 따른 신용협동조합과 그 중앙회
9. 「은행법」에 따른 은행(같은 법 제59조에 따라 은행으로 보는 자를 포함한다)
10. 「여신전문금융업법」에 따른 여신전문금융회사(같은 법 제3조 제3항 제1호에 따라 허가를 받거나 등록을 한 자를 포함한다)
11. 「자본시장과 금융투자업에 관한 법률」에 따른 금융투자업자·증권금융회사·종합금융회사
12. 「중소기업은행법」에 따른 중소기업은행
13. 「한국산업은행법」에 따른 한국산업은행
14. 「한국수출입은행법」에 따른 한국수출입은행

Ⅲ. 삭제(제28조~제30조 삭제)

제 6 절 신용정보주체의 보호

1. 신용정보활용체제의 공시

신용정보회사, 신용정보집중기관 및 대통령령으로 정하는 신용정보제공·이용자는 관리하는 신용정보의 종류, 이용 목적, 제공 대상 및 신용정보주체의 권리 등에 관한 사항을 대통령령으로 정하는 바에 따라 공시하여야 한다(제31조).[40]

※ 법 제31조에서 "대통령령으로 정하는 신용정보제공·이용자"란 제5조 제1항 제1호부터 제21호까지 및 제21조 제2항 제1호부터 제21호까지의 규정의 어느 하나에 해당하는 기관을 말한다(시행령 제27조 제1항).

〈참고〉 시행령 제27조(신용정보활용체제의 공시) ② 신용정보회사, 신용정보집중기관 및 제1항에 해당하는 자는 법 제31조에 따라 다음 각 호의 사항을 공시하여야 한다.

1. 관리하는 신용정보의 종류 및 이용 목적
2. 신용정보를 제3자에게 제공하는 경우 제공하는 신용정보의 종류, 제공 대상, 제공받는 자의 이용 목적(제1항에 해당하는 자로 한정한다)
3. 신용정보의 보유 기간 및 이용 기간이 있는 경우 해당 기간, 신용정보 파기의 절차 및 방법(제1항에 해당하는 자로 한정한다)
4. 법 제17조에 따라 신용정보의 처리를 위탁하는 경우 그 업무의 내용 및 수탁자
5. 신용정보주체의 권리와 그 행사방법
6. 법 제20조 제3항에 따른 신용정보관리·보호인 또는 신용정보 관리·보호 관련 고충을 처리하는 사람의 성명, 부서 및 연락처
7. 신용등급 산정에 반영되는 신용정보의 종류, 반영비중 및 반영기간(신용조회회사만 해당한다)

③ 신용정보회사, 신용정보집중기관 및 제1항에 해당하는 자는 제2항 각 호의 사항을 공시하는 경우에는 다음 각 호의 어느 하나에 해당하는 방법으로 하여야 한다.

1. 점포·사무소 안의 보기 쉬운 장소에 갖춰 두고 열람하게 하는 방법
2. 해당 기관의 인터넷 홈페이지를 통하여 해당 신용정보주체가 열람할 수 있게 하는 방법

---

40) 이를 위반한 자에게는 1천만원 이하의 과태료를 부과한다(제52조 제4항 제9호).

2. 개인신용정보의 제공·활용에 대한 동의

신용정보제공·이용자가 개인신용정보를 타인에게 제공하려는 경우에는 대통령령으로 정하는 바에 따라 해당 신용정보주체로부터 다음 각 호의 어느 하나에 해당하는 방식으로 개인신용정보를 제공할 때마다 미리 개별적으로 동의를 받아야 한다. 다만, 기존에 동의한 목적 또는 이용 범위에서 개인신용정보의 정확성·최신성을 유지하기 위한 경우에는 그러하지 아니하다(제32조 제1항). 이때 개인신용정보를 제공한 신용정보제공·이용자는 미리 개별적 동의를 받았는지 여부 등에 대한 다툼이 있는 경우 이를 증명하여야 한다(동조 제11항).[41]

> 1. 서면
> 2. 「전자서명법」 제2조 제3호에 따른 공인전자서명이 있는 전자문서(「전자문서 및 전자거래기본법」 제2조 제1호에 따른 전자문서를 말한다)
> 3. 개인신용정보의 제공 내용 및 제공 목적 등을 고려하여 정보 제공 동의의 안정성과 신뢰성이 확보될 수 있는 유무선 통신으로 개인비밀번호를 입력하는 방식
> 4. 유무선 통신으로 동의 내용을 해당 개인에게 알리고 동의를 받는 방법. 이 경우 본인 여부 및 동의 내용, 그에 대한 해당 개인의 답변을 음성녹음하는 등 증거자료를 확보·유지하여야 하며, 대통령령으로 정하는 바에 따른 사후 고지절차를 거친다.
> 5. 그 밖에 대통령령으로 정하는 방식

※ 법 제32조 제1항 제5호에서 “대통령령으로 정하는 방식”이란 정보 제공 동의의 안전성과 신뢰성이 확보될 수 있는 수단을 활용함으로써 해당 신용정보주체에게 동의 내용을 알리고 동의의 의사표시를 확인하여 동의를 받는 방식을 말한다(시행령 제28조 제4항).

> **〈참고〉** 시행령 제28조(개인신용정보의 제공·활용에 대한 동의) ② 신용정보제공·이용자는 법 제32조 제1항 각 호 외의 부분 본문에 따라 해당 신용정보주체로부터 동의를 받으려면 다음 각 호의 사항을 미리 알려야 한다. 다만, 동의 방식의 특성상 동의 내용을 전부 표시하거나 알리기 어려운 경우에는 해당 기관의 인터넷 홈페이지 주소나 사업장 전화번호 등 동의 내용을 확인할 수 있는 방법을 안내하고 동의를 받을 수 있다.
> 1. 개인신용정보를 제공받는 자

41) 이를 위반한 자는 5년 이하의 징역 또는 5천만원 이하의 벌금에 처한다(제50조 제2항 제6호).

2. 개인신용정보를 제공받는 자의 이용 목적
3. 제공하는 개인신용정보의 내용
4. 개인신용정보를 제공받는 자(신용조회회사 및 신용정보집중기관은 제외한다)의 정보 보유 기간 및 이용 기간

③ 신용정보제공·이용자는 법 제32조 제1항 제4호에 따라 유무선 통신을 통하여 동의를 받은 경우에는 1개월 이내에 서면, 전자우편, 휴대전화 문자메시지, 그 밖에 금융위원회가 정하여 고시하는 방법으로 제2항 각 호의 사항을 고지하여야 한다.

* 개인동의의 필요 여부

(사안) A씨(원고)는 '09.4.20일 S은행(피고)에서 5천만원 대출을 받았는데, '10.3.21. 이자 25만원 연체하였고, 열흘 후 3.31. S은행은 (구)한국신용정보에 그 연체정보를 등록하였다. 그 후 B카드사는 한신정으로부터 A에 대한 대출 연체정보를 알게 되어 신용카드 사용을 일시 정지시켰다. 이에 원고 A는 S은행이 연체정보를 카드회사에 제공한 행위는 불법행위라고 주장, 위자료 3천만원을 청구하는 소송 제기, 청구취지는 신용정보집중기관 또는 신용조회회사가 아닌 다른 금융회사에 연체정보를 제공할 때는 원고로부터 제공동의를 받았어야 했었다고 주장하였다.

(판결) 대법원은 S은행은 카드회사가 아닌 한국신용정보에 연체정보를 제공했고, 카드회사는 S은행이 아닌 한신정으로부터 제공받은 것일 뿐이라고 판시하였고, 신용정보법 및 시행령에 따르면 금융회사가 타인에게 개인의 신용정보를 제공하려면 미리 해당 개인으로부터 동의를 받아야 하지만, 신용정보법 제32조 제1항에 근거하여 신용정보집중기관 또는 신용조회회사에 개인의 연체에 관한 정보를 제공하는 경우에는 해당 개인의 동의 없이 제공할 수 있다고 판시하였다(2011다31546).

또한 신용조회회사 또는 신용정보집중기관으로부터 개인신용정보를 제공받으려는 자는 대통령령(시행령 제28조 제6항 참조)으로 정하는 바에 따라 해당 신용정보주체로부터 각 호의 어느 하나에 해당하는 방식으로 개인신용정보를 제공받을 때마다 개별적으로 동의(기존에 동의한 목적 또는 이용 범위에서 개인신용정보의 정확성·최신성을 유지하기 위한 경우는 제외한다)를 받아야 한다. 이 경우 개인신용정보를 제공받으려는 자는 개인신용정보의 조회 시 신용등급이 하락할 수 있는 때에는 해당 신용정보주체에게 이를 고지하여야 한다(동조 제2항).[42]

42) 이를 위반한 자는 5년 이하의 징역 또는 5천만원 이하의 벌금에 처한다(제50조 제2항 제6호).

▪ **판례** ▪ 구 신용정보의 이용 및 보호에 관한 법률(2009.4.1. 법률 제9617호로 전부 개정되기 전의 것, 이하 '구 신용정보법'이라고 한다) 제23조 제1항, 개정신용정보의 이용 및 보호에 관한 법률(2009.4.1. 법률 제9617호로 전부 개정되어 2009.10.2. 시행된 것, 이하 '개정 신용정보법'이라고 한다) 제32조 제1항·제2항, 개정 신용정보법 부칙 제3조의 규정을 종합하면, 신용정보제공·이용자가 개정 신용정보법이 2009.10.2. 시행되기 전에 개인인 신용정보주체로부터 구 신용정보법 제23조 제1항에 따라 개인신용정보를 신용정보업자 등에게 제공하기 위한 서면 등의 방식에 의한 동의를 받아 해당 개인과 금융거래 등 상거래관계를 설정하였다면 개정 신용정보법이 시행된 이후에도 그 상거래관계의 유지·관리를 위한 목적으로 해당 신용정보주체에 관한 개인신용정보를 제공받으려는 경우에는 추가로 개정 신용정보법 제32조 제2항에 따른 동의를 받지 않아도 된다(2015다1178).

이때 신용조회회사 또는 신용정보집중기관이 개인신용정보를 제공하는 경우에는 해당 개인신용정보를 제공받으려는 자가 동의를 받았는지를 대통령령으로 정하는 바에 따라 확인하여야 한다(동조 제3항).[43] 즉, 신용조회회사 또는 신용정보집중기관은 개인신용정보를 제공받으려는 자가 해당 신용정보주체로부터 동의를 받았는지를 서면, 전자적 기록 등으로 확인하고, 확인한 사항의 진위 여부를 주기적으로 점검하여야 한다(시행령 제28조 제7항).

그리고 신용정보회사 등은 개인신용정보의 제공 및 활용과 관련하여 동의를 받을 때에는 대통령령(시행령 제28조 제8항, 제9항 참조)으로 정하는 바에 따라 서비스 제공을 위하여 필수적 동의사항과 그 밖의 선택적 동의사항을 구분하여 설명한 후 각각 동의를 받아야 한다. 이 경우 필수적 동의사항은 서비스 제공과의 관련성을 설명하여야 하며, 선택적 동의사항은 정보제공에 동의하지 아니할 수 있다는 사실을 고지하여야 한다(동조 제4항).[44] 이때 신용정보회사 등은 신용정보주체가 선택적 동의사항에 동의하지 아니한다는 이유로 신용정보주체에게 서비스의 제공을 거부하여서는 아니 된다(동조 제5항).[45]

한편, 신용정보회사 등이 개인신용정보를 제공하는 경우로서 다음 각 호의 어

43) 이를 위반한 자(제34조에 따라 준용하는 경우를 포함한다)에게는 1천만원 이하의 과태료를 부과한다(제52조 제4항 제10호).

44) 이를 각각 위반한 자(제34조에 따라 준용하는 경우를 포함한다)에게는 5천만원 이하의 과태료를 부과한다(제52조 제1항 제5호).

45) 이를 각각 위반한 자(제34조에 따라 준용하는 경우를 포함한다)에게는 5천만원 이하의 과태료를 부과한다(제52조 제1항 제5호).

느 하나에 해당하는 경우에는 위의 제32조 제1항부터 제5항까지를 적용하지 아니한다(동조 제6항).

1. 신용정보회사가 다른 신용정보회사 또는 신용정보집중기관과 서로 집중관리·활용하기 위하여 제공하는 경우
2. 계약의 이행에 필요한 경우로서 제17조 제2항에 따라 신용정보의 처리를 위탁하기 위하여 제공하는 경우
3. 영업양도·분할·합병 등의 이유로 권리·의무의 전부 또는 일부를 이전하면서 그와 관련된 개인신용정보를 제공하는 경우
4. 채권추심(추심채권을 추심하는 경우만 해당한다), 인가·허가의 목적, 기업의 신용도 판단, 유가증권의 양수 등 대통령령(시행령 제28조 제10항 참조)으로 정하는 목적으로 사용하는 자에게 제공하는 경우
5. 법원의 제출명령 또는 법관이 발부한 영장에 따라 제공하는 경우
6. 범죄 때문에 피해자의 생명이나 신체에 심각한 위험 발생이 예상되는 등 긴급한 상황에서 제5호에 따른 법관의 영장을 발부받을 시간적 여유가 없는 경우로서 검사 또는 사법경찰관의 요구에 따라 제공하는 경우. 이 경우 개인신용정보를 제공받은 검사는 지체 없이 법관에게 영장을 청구하여야 하고, 사법경찰관은 검사에게 신청하여 검사의 청구로 영장을 청구하여야 하며, 개인신용정보를 제공받은 때부터 36시간 이내에 영장을 발부받지 못하면 지체 없이 제공받은 개인신용정보를 폐기하여야 한다.
7. 조세에 관한 법률에 따른 질문·검사 또는 조사를 위하여 관할 관서의 장이 서면으로 요구하거나 조세에 관한 법률에 따라 제출의무가 있는 과세자료의 제공을 요구함에 따라 제공하는 경우
8. 국제협약 등에 따라 외국의 금융감독기구에 금융회사가 가지고 있는 개인신용정보를 제공하는 경우
9. 대통령령(시행령 제28조 제11항 참조)으로 정하는 금융질서문란행위자 및 기업의 과점주주, 최다출자자 등 관련인의 신용도를 판단할 수 있는 정보를 제공하는 경우
10. 그 밖에 다른 법률에 따라 제공하는 경우

이때 각 호에 따라 개인신용정보를 타인에게 제공하려는 자 또는 제공받은 자는 대통령령(시행령 제28조 제2항 참조)으로 정하는 바에 따라 개인신용정보의 제공 사실 및 이유 등을 사전에 해당 신용정보주체에게 알려야 한다. 다만, 대통령령(시행령 제28조 제12항 참조)으로 정하는 불가피한 사유가 있는 경우에는 인터넷 홈페이지 게재 또는 그 밖에 유사한 방법을 통하여 사후에 알리거나 공시할 수 있다(동조 제7항).[46] 다만, 제3호에 따라 개인신용정보를 타인에게 제공하는 신용정

보제공·이용자로서 대통령령(시행령 제28조 제13항 참조)으로 정하는 자는 제공하는 신용정보의 범위 등 대통령령(시행령 제28조 제14항 참조)으로 정하는 사항에 관하여 금융위원회의 승인을 받아야 한다(동조 제8항).[47] 이때 승인을 받아 개인신용정보를 제공받은 자는 해당 개인신용정보를 금융위원회가 정하는 바에 따라 현재 거래 중인 신용정보주체의 개인신용정보와 분리하여 관리하여야 한다(동조 제9항).[48]

또한 신용정보회사 등이 개인신용정보를 제공하는 경우에는 금융위원회가 정하여 고시하는 바에 따라 개인신용정보를 제공받는 자의 신원(身元)과 이용 목적을 확인하여야 한다(동조 제10항).[49]

3. 개인신용정보의 이용

개인신용정보는 해당 신용정보주체가 신청한 금융거래 등 상거래관계의 설정 및 유지 여부 등을 판단하기 위한 목적으로만 이용하여야 한다. 다만, 다음 각 호의 어느 하나에 해당하는 경우에는 그러하지 아니하다(제33조).[50]

1. 개인이 제32조 제1항 각 호의 방식으로 이 조 각 호 외의 부분 본문에서 정한 목적 외의 다른 목적에의 이용에 동의한 경우
2. 개인이 직접 제공한 개인신용정보(그 개인과의 상거래에서 생긴 신용정보를 포함한다)를 제공받은 목적으로 이용하는 경우(상품과 서비스를 소개하거나 그 구매를 권유할 목적으로 이용하는 경우는 제외한다)
3. 제32조 제6항 각 호의 경우
4. 그 밖에 제1호부터 제3호까지의 규정에 준하는 경우로서 대통령령으로 정하는 경우

46) 이를 위반한 자(제34조에 따라 준용하는 경우를 포함한다)에게는 1천만원 이하의 과태료를 부과한다(제52조 제4항 제10호).

47) 이를 각각 위반한 자(제34조에 따라 준용하는 경우를 포함한다)에게는 3천만원 이하의 과태료를 부과한다(제52조 제2항 제6호).

48) 이를 각각 위반한 자(제34조에 따라 준용하는 경우를 포함한다)에게는 3천만원 이하의 과태료를 부과한다(제52조 제2항 제6호).

49) 이를 위반한 자(제34조에 따라 준용하는 경우를 포함한다)에게는 1천만원 이하의 과태료를 부과한다(제52조 제4항 제10호).

50) 이를 위반한 자(제34조에 따라 준용하는 경우를 포함한다)는 5년 이하의 징역 또는 5천만원 이하의 벌금에 처한다(제50조 제2항 제7호).

4. 개인식별정보의 제공·이용

신용정보제공·이용자가 개인을 식별하기 위하여 필요로 하는 정보로서 대통령령으로 정하는 정보를 제공·이용하는 경우에는 제32조 및 제33조를 준용한다(제34조).

※ 법 제34조에서 "대통령령으로 정하는 정보"란 생존하는 개인의 성명, 주소, 다음 각 호의 번호, 성별, 국적 등 개인을 식별할 수 있는 정보를 말한다(시행령 제29조).

1. 「주민등록법」 제7조의2 제1항에 따른 주민등록번호
2. 「여권법」 제7조 제1항 제1호에 따른 여권번호
3. 「도로교통법」 제80조에 따른 운전면허의 면허번호
4. 「출입국관리법」 제31조 제4항에 따른 외국인등록번호
5. 「재외동포의 출입국과 법적 지위에 관한 법률」 제7조 제1항에 따른 국내거소신고번호

5. 신용정보 이용 및 제공사실의 조회

신용정보회사 등은 개인신용정보를 이용하거나 제공한 경우 대통령령으로 정하는 바에 따라 다음 각 호의 구분에 따른 사항을 신용정보주체가 조회할 수 있도록 하여야 한다. 다만, 내부 경영관리의 목적으로 이용하거나 반복적인 업무위탁을 위하여 제공하는 경우 등 대통령령으로 정하는 경우에는 그러하지 아니하다(제35조 제1항).

1. 개인신용정보를 이용한 경우: 이용 주체, 이용 목적, 이용 날짜, 이용한 신용정보의 내용, 그 밖에 대통령령으로 정하는 사항
2. 개인신용정보를 제공한 경우: 제공 주체, 제공받은 자, 제공 목적, 제공한 날짜, 제공한 신용정보의 내용, 그 밖에 대통령령으로 정하는 사항

※ 법 제35조 제1항 단서에서 "내부 경영관리의 목적으로 이용하거나 반복적인 업무위탁을 위하여 제공하는 경우 등 대통령령으로 정하는 경우"란 다음 각 호의 어느 하나에 해당하는 목적으로 이용하거나 제공하는 경우를 말한다. 다만, 상품 및 서비스를 소개하거나 구매를 권유할 목적으로 이용하거나 제공하는 경우는 제외한다(시행령 제30조 제4항).

1. 신용위험관리 등 위험관리와 내부통제
2. 고객분석과 상품 및 서비스의 개발
3. 성과관리
4. 위탁업무의 수행
5. 업무와 재산상태에 대한 검사
6. 그 밖에 다른 법령에서 정하는 바에 따른 국가 또는 지방자치단체에 대한 자료 제공

※ 법 제35조 제1항 제1호에서 "대통령령으로 정하는 사항"이란 해당 개인신용정보의 보유기간 및 이용기간을 말한다(동조 제5항).

※ 법 제35조 제1항 제2호에서 "대통령령으로 정하는 사항"이란 해당 개인신용정보를 제공받은 자의 보유기간 및 이용기간을 말한다(동조 제6항).

〈참고〉 시행령 제30조(신용정보 이용 및 제공사실의 조회 등) ① 신용정보회사 등은 법 제35조 제1항 각 호 외의 부분 본문에 따라 다음 각 호의 구분에 따른 방법으로 개인신용정보를 이용하거나 제공한 날부터 금융위원회가 정하여 고시하는 기간 이내에 신용정보주체에게 조회사항(같은 항 각 호의 구분에 따른 사항을 말한다. 이하 이 조에서 같다)을 조회할 수 있도록 하여야 한다. 다만, 법 제32조 제7항 단서에 따른 불가피한 사유가 있는 경우에는 별표 2의2에 따라 알리거나 공시하는 시기에 조회할 수 있도록 하여야 한다.

1. 신용정보회사 등으로서 다음 각 목의 어느 하나에 해당하는 자의 경우: 신용정보주체가 조회사항을 편리하게 확인할 수 있도록 하기 위한 개인신용정보조회시스템을 구축하고, 인터넷 홈페이지 등에 그 개인신용정보조회시스템을 이용하는 방법 및 절차 등을 게시하는 방법
   가. 신용정보집중기관
   나. 신용정보회사
   다. 제5조 제1항 제1호부터 제20호까지의 규정에 따른 기관(개인신용정보를 관리하는 전산시스템이 없는 기관으로서 1만명 미만의 신용정보주체에 관한 개인신용정보를 보유한 기관은 제외한다)
   라. 제21조 제2항 제1호부터 제21호까지의 규정에 따른 기관(개인신용정보를 관리하는 전산시스템이 없는 기관으로서 1만명 미만의 신용정보주체에 관한 개인신용정보를 보유한 기관은 제외한다)
2. 신용정보회사 등으로서 제1호에서 정하는 자 외의 자의 경우: 제1호에서 정하는 방법 또는 사무소·점포 등에서 신용정보주체가 조회사항을 열람하게 하는 방법

② 제1항에 따라 신용정보회사 등이 신용정보주체에게 조회할 수 있도록 하여야 하는 조회사항은 그 조회가 의뢰된 날을 기준으로 최근 3년간의 조회사항으로 한다.

③ 신용정보회사 등은 제1항에 따라 조회사항을 신용정보주체가 조회할 수 있도록 하는 경우에는 그 조회를 요구하는 사람이 그 조회사항에 관한 신용정보주체 본인인지

여부를 확인하여야 한다. 이 경우 신용정보회사 등은 금융거래 등 상거래관계의 유형·특성·위험도 등을 고려하여 본인 확인의 안전성과 신뢰성이 확보될 수 있는 수단을 채택하여 활용할 수 있다.
⑦ 신용정보회사 등은 법 제35조 제2항에 따라 신용정보주체로부터 통지의 요청을 받으면 금융위원회가 정하여 고시하는 서식 및 방법에 따라 그 요청을 받은 때부터 정기적으로 해당 신용정보주체에게 조회사항을 통지하여야 한다.
⑧ 신용정보회사 등은 제1항에 따른 조회나 제7항에 따른 통지에 직접 드는 비용을 그 신용정보주체에게 부담하게 할 수 있다. 다만, 제1항에 따른 개인신용정보조회시스템을 통하여 조회사항을 조회할 수 있도록 한 경우에는 신용정보주체가 1년에 1회 이상 무료로 조회할 수 있도록 하여야 한다.
⑨ 신용정보회사 등은 제1항에 따라 신용정보주체가 조회한 내용과 제7항에 따라 신용정보주체에게 통지한 내용을 3년간 보존하여야 한다.

이때 신용정보회사 등은 조회를 한 신용정보주체의 요청이 있는 경우 개인신용정보를 이용하거나 제공하는 때에 각 호의 구분에 따른 사항을 대통령령으로 정하는 바에 따라 신용정보주체에게 통지하여야 한다(동조 제2항). 이때 신용정보회사 등은 신용정보주체에게 통지를 요청할 수 있음을 알려주어야 한다(동조 제3항).[51]

6. 상거래 거절 근거 신용정보의 고지 등

신용정보제공·이용자가 신용조회회사 및 신용정보집중기관으로부터 제공받은 개인신용정보로서 대통령령으로 정하는 정보에 근거하여 상대방과의 상거래관계 설정을 거절하거나 중지한 경우에는 해당 신용정보주체의 요구가 있으면 그 거절 또는 중지의 근거가 된 정보 등 대통령령으로 정하는 사항을 본인에게 고지하여야 한다(제36조 제1항).[52]

※ 법 제36조 제1항에서 “대통령령으로 정하는 정보”란 다음 각 호의 신용정보를 말한다(시행령 제31조 제1항).
1. 제2조 제1항 제3호에 따른 신용정보
2. 제2조 제1항 제5호 각 목의 신용정보. 이 경우 같은 호 마목, 사목, 카목, 타목

51) 동조를 위반한 자에게는 1천만원 이하의 과태료를 부과한다(제52조 제4항 제11호).
52) 이를 위반한 자에게는 3천만원 이하의 과태료를 부과한다(제52조 제2항 제7호).

및 파목의 신용정보는 제외하며, 같은 호 라목의 경우에는 체납 관련 정보만 해당하고, 같은 호 자목 및 차목의 경우에는 신용회복정보 및 이와 비슷한 정보로서 금융위원회가 정하여 고시하는 정보만 해당한다.

※ 법 제36조 제1항에서 "거절 또는 중지의 근거가 된 정보 등 대통령령으로 정하는 사항"이란 다음 각 호의 사항을 말한다(동조 제2항).

1. 상거래관계 설정의 거절이나 중지의 근거가 된 신용정보
2. 제1호의 정보를 제공한 신용조회회사 및 신용정보집중기관의 명칭, 주소, 연락처
3. 신용조회회사 및 신용정보집중기관이 상거래관계의 설정을 거절하거나 중지하도록 결정한 것이 아니라는 사실 및 신용조회회사 또는 신용정보집중기관으로부터 제공받은 정보 외에 다른 정보를 함께 사용하였을 경우에는 그 사실과 그 다른 정보

이때 신용정보주체는 고지받은 본인정보의 내용에 이의가 있으면 고지를 받은 날부터 60일 이내에 해당 신용정보를 수집·제공한 신용조회회사 및 신용정보집중기관에게 그 신용정보의 정확성을 확인하도록 요청할 수 있다(동조 제2항). 이 확인절차 등에 관하여는 제38조를 준용한다(동조 제3항).[53]

7. 개인신용정보 제공·이용 동의 철회권 등

개인인 신용정보주체는 제32조 제1항 각 호의 방식으로 동의를 받은 신용정보제공·이용자에게 신용조회회사 또는 신용정보집중기관에 제공하여 개인의 신용도 등을 평가하기 위한 목적 외의 목적으로 행한 개인신용정보 제공 동의를 대통령령으로 정하는 바에 따라 철회할 수 있다. 다만, 동의를 받은 신용정보제공·이용자 외의 신용정보제공·이용자에게 해당 개인신용정보를 제공하지 아니하면 해당 신용정보주체와 약정한 용역의 제공을 하지 못하게 되는 등 계약 이행이 어려워지거나 제33조 각 호 외의 부분 본문에 따른 목적을 달성할 수 없는 경우에는 고객이 동의를 철회하려면 그 용역의 제공을 받지 아니할 의사를 명확하게 밝혀야 한다(제37조 제1항). 또한 개인인 신용정보주체는 대통령령으로 정하는 바에 따라 신용정보제공·이용자에 대하여 상품이나 용역을 소개하거나 구매를 권유할 목적으로 본인에게 연락하는 것을 중지하도록 청구할 수 있다(동조 제2항).

53) 이를 위반한 자에게는 3천만원 이하의 과태료를 부과한다(제52조 제2항 제7호).

이때 신용정보제공·이용자는 서면, 전자문서 또는 구두에 의한 방법으로 위의 권리의 내용, 행사방법 등을 거래 상대방인 개인에게 고지하고, 거래 상대방이 위의 요구를 하면 즉시 이에 따라야 한다. 다만, 구두에 의한 방법으로 이를 고지한 경우 대통령령으로 정하는 바에 따른 추가적인 사후 고지절차를 거쳐야 한다(동조 제3항).[54]

또한 신용정보제공·이용자는 대통령령으로 정하는 바에 따라 위의 의무(제3항)를 이행하기 위한 절차를 갖추어야 하며(동조 제4항), 위의 청구(제2항)에 따라 발생하는 전화요금 등 금전적 비용을 개인인 신용정보주체가 부담하지 아니하도록 대통령령으로 정하는 바에 따라 필요한 조치를 하여야 한다(동조 제5항).

〈참고〉 시행령 제32조(개인신용정보 제공·이용 동의 철회권 등) ① 법 제37조 제1항에 따라 개인인 신용정보주체는 동의 철회의 대상 및 내용 등을 특정하여 해당 기관의 인터넷 홈페이지, 유무선 통신, 서면, 그 밖에 금융위원회가 정하여 고시하는 방법으로 동의를 철회할 수 있다.
② 법 제37조 제2항에 따라 개인인 신용정보주체는 상품이나 용역을 소개하거나 구매를 권유할 목적으로 연락하는 신용정보제공·이용자에 대하여 연락중지 청구의 대상 및 내용을 특정하여 제1항의 방법으로 본인에게 연락하는 것을 중지할 것을 청구할 수 있다.
③ 제1항 및 제2항에 따른 청구를 받은 신용정보제공·이용자는 청구를 받은 날부터 1개월 이내에 그에 따른 조치를 완료하여야 한다.
④ 법 제37조 제3항에 따라 신용정보제공·이용자가 거래 상대방인 개인에게 구두에 의한 방법으로 고지한 경우에는 고지한 날부터 1개월 이내에 고지 내용을 서면, 전자우편, 휴대전화 문자메시지, 인터넷 홈페이지 및 그 밖에 금융위원회가 정하는 방법으로 추가 고지하여야 한다.
⑤ 법 제37조 제4항 및 제5항에 따라 신용정보제공·이용자는 수신자 부담 전화, 수취인 부담 우편 등의 조치를 마련하여야 한다.

8. 신용정보의 열람 및 정정청구 등

신용정보주체는 신용정보회사 등에 본인의 신분을 나타내는 증표를 내보이거나 전화, 인터넷 홈페이지의 이용 등 대통령령으로 정하는 방법으로 본인임을 확

54) 고지의무 등을 위반한 자에게는 3천만원 이하의 과태료를 부과한다(제52조 제2항 제8호).

인받아 신용정보회사 등이 가지고 있는 본인정보의 제공 또는 열람을 청구할 수 있으며, 본인정보가 사실과 다른 경우에는 금융위원회가 정하여 고시하는 바에 따라 정정을 청구할 수 있다(제38조 제1항).

※ 법 제38조 제1항에서 "본인의 신분을 나타내는 증표를 내보이거나 전화, 인터넷 홈페이지의 이용 등 대통령령으로 정하는 방법"이란 다음 각 호의 방법을 말한다(시행령 제33조 제1항).

1. 본인의 신분을 나타내는 증표를 내보이는 방법
2. 전화, 인터넷 홈페이지를 이용하는 방법
3. 제1호 및 제2호의 방법 외의 방법으로서 본인 확인의 안전성과 신뢰성이 확보될 수 있는 수단을 활용하여 본인정보의 제공·열람을 청구하는 자가 신용정보주체 본인임을 확인하는 방법. 이 경우 신용정보회사 등은 금융거래 등 상거래관계의 유형·특성·위험도 등을 고려하여 본인 확인의 안전성과 신뢰성이 확보될 수 있는 수단을 채택하여 활용할 수 있다.

〈참고〉 시행령 제32조(개인신용정보 제공·이용 동의 철회권 등) ① 법 제37조 제1항에 따라 개인인 신용정보주체는 동의 철회의 대상 및 내용 등을 특정하여 해당 기관의 인터넷 홈페이지, 유무선 통신, 서면, 그 밖에 금융위원회가 정하여 고시하는 방법으로 동의를 철회할 수 있다.

② 법 제37조 제2항에 따라 개인인 신용정보주체는 상품이나 용역을 소개하거나 구매를 권유할 목적으로 연락하는 신용정보제공·이용자에 대하여 연락중지 청구의 대상 및 내용을 특정하여 제1항의 방법으로 본인에게 연락하는 것을 중지할 것을 청구할 수 있다.

③ 제1항 및 제2항에 따른 청구를 받은 신용정보제공·이용자는 청구를 받은 날부터 1개월 이내에 그에 따른 조치를 완료하여야 한다.

④ 법 제37조 제3항에 따라 신용정보제공·이용자가 거래 상대방인 개인에게 구두에 의한 방법으로 고지한 경우에는 고지한 날부터 1개월 이내에 고지 내용을 서면, 전자우편, 휴대전화 문자메시지, 인터넷 홈페이지 및 그 밖에 금융위원회가 정하는 방법으로 추가 고지하여야 한다.

⑤ 법 제37조 제4항 및 제5항에 따라 신용정보제공·이용자는 수신자 부담 전화, 수취인 부담 우편 등의 조치를 마련하여야 한다.

이에 따라 정정청구를 받은 신용정보회사 등은 정정청구에 정당한 사유가 있다고 인정하면 즉시 문제가 된 신용정보에 대하여 정정청구 중 또는 사실조회 중임을 기입하고, 지체 없이 해당 신용정보의 제공·이용을 중단한 후 사실인지를 조사하여 사실과 다르거나 확인할 수 없는 신용정보는 삭제하거나 정정하여야 한다(동조 제2항). 이때 신용정보를 삭제하거나 정정한 신용정보회사 등은 해당 신용정보를 최근 6개월 이내에 제공받은 자와 해당 신용정보주체가 요구하는 자에게 해당 신용정보에서 삭제하거나 정정한 내용을 알려야 한다(동조 제3항). 또한 신용정보회사 등은 이 처리결과를 7일 이내에 해당 신용정보주체에게 알려야 하며, 해당 신용정보주체는 처리결과에 이의가 있으면 대통령령으로 정하는 바에 따라 금융위원회에 그 시정을 요청할 수 있다(동조 제4항). 금융위원회는 제4항에 따른 시정을 요청받으면 「금융위원회의 설치 등에 관한 법률」 제24조에 따라 설립된 금융감독원의 원장(이하 "금융감독원장"이라 한다)으로 하여금 그 사실 여부를 조사하게 하고, 조사결과에 따라 신용정보회사 등에 대하여 시정을 명하거나 그 밖에 필요한 조치를 할 수 있다(동조 제5항). 이때 조사를 하는 자는 그 권한을 표시하는 증표를 지니고 이를 관계인에게 내보여야 한다(동조 제6항). 그리고 신용정보회사 등이 금융위원회의 시정명령에 따라 시정조치를 한 경우에는 그 결과를 금융위원회에 보고하여야 한다(동조 제7항).[55]

9. 신용조회사실의 통지 요청

신용정보주체는 신용조회회사에 본인의 개인신용정보가 조회되는 사실을 통지하여 줄 것을 요청할 수 있다. 이 경우 신용정보주체는 금융위원회가 정하는 방식에 따라 본인임을 확인받아야 한다(제38조의2 제1항). 이 요청을 받은 신용조회회사는 명의도용 가능성 등 대통령령으로 정하는 경우의 조회가 발생한 때에는 해당 조회에 따른 정보제공을 중지하고 그 사실을 지체 없이 해당 신용정보주체에게 통지하여야 한다(동조 제2항). 이때 정보제공 중지 및 통지 방법, 통지에 따른 비용 부담 등에 필요한 사항은 대통령령으로 정한다(동조 제3항).[56]

〈참고〉 시행령 제33조의2(신용조회회사의 정보제공 중지의 요건 및 신용정보주체에 대한 통지사항 등) ① 신용조회회사는 법 제38조의2 제2항에 따라 신용정보주체로

55) 동조 제2항에서 제5항까지 및 제7항을 위반한 자에게는 3천만원 이하의 과태료를 부과한다(제52조 제2항 제9호).

56) 동조를 위반한 자에게는 3천만원 이하의 과태료를 부과한다(제52조 제2항 제10호).

부터 같은 조 제1항의 요청을 받은 경우로서 다음 각 호의 어느 하나에 해당하는 사실이 발생함에 따라 그 요청을 받은 것으로 인정되는 경우에 그 사실로 인하여 그 신용정보주체의 개인신용정보가 도용됨으로써 신용정보제공·이용자, 그 밖의 이용자(이하 이 조에서 "정보제공의뢰자"라 한다)로부터 개인신용정보의 제공을 의뢰받은 것으로 의심되면 지체 없이 해당 신용정보주체의 개인신용정보를 정보제공의뢰자에게 제공하는 행위를 중지하여야 한다.

1. 해당 신용정보주체의 개인신용정보가 누설된 사실
2. 해당 신용정보주체가 신분증을 분실한 사실
3. 제1호 또는 제2호와 비슷한 사실로서 금융위원회가 정하여 고시하는 사실

② 법 제38조의2 제1항 전단 및 제2항에 따라 신용조회회사가 신용정보주체에게 통지하여야 할 사항은 다음 각 호의 구분에 따른다.

1. 정보제공의뢰자에게 해당 신용정보주체의 개인신용정보를 제공하여 법 제38조의2 제1항에 따라 통지한 경우: 개인신용정보를 제공받은 자, 제공의 목적, 제공한 내용, 제공한 날짜
2. 정보제공의뢰자에게 해당 신용정보주체의 개인신용정보를 제공하지 아니하고 법 제38조의2 제2항에 따라 통지한 경우: 정보제공의뢰자, 의뢰의 목적, 의뢰된 날짜

③ 신용조회회사는 법 제38조의2 제3항에 따라 다음 각 호의 어느 하나에 해당하는 방법으로 해당 신용정보주체에게 제2항 각 호의 구분에 따른 사항을 통지하여야 한다.

1. 서면
2. 전화
3. 전자우편
4. 휴대전화 문자메시지
5. 제1호부터 제4호까지의 규정에 따른 방법과 비슷한 방법

④ 신용조회회사는 법 제38조의2 제3항에 따라 해당 신용정보주체에게 제2항 및 제3항에 따른 통지에 드는 비용을 부담하게 할 수 있다. 다만, 제1항 제1호에 해당하는 사실이 발생한 경우로서 신용정보회사 등에 책임 있는 사유로 그 사실이 발생함에 따라 그 통지를 하게 된 경우에는 그 신용정보회사 등에 그 비용을 부담하게 하여야 한다.

10. 개인신용정보의 삭제 요구

신용정보주체는 금융거래 등 상거래관계가 종료되고 대통령령으로 정하는 기간이 경과한 경우 신용정보제공·이용자에게 본인의 개인신용정보의 삭제를 요구할 수 있다. 다만, 제20조의2 제2항 각 호의 어느 하나에 해당하는 경우에는 그러하지 아니하다(제38조의3 제1항).

※ 법 제38조의3 제1항 본문에 따른 "대통령령으로 정하는 기간"은 다음 각 호의 구분에 따른 기간으로 한다(시행령 제33조의3 제1항).
1. 제17조의2 제1항 제1호에 따른 개인신용정보의 경우: 5년
2. 제17조의2 제1항 제2호에 따른 개인신용정보의 경우: 3개월

〈참고〉 시행령 제33조의3(개인신용정보의 삭제 요구) ② 법 제38조의3 제1항 본문에 따른 삭제요구에 따라 신용정보제공·이용자가 개인신용정보를 삭제함으로써 해당 신용정보주체에게 불이익이 발생하는 경우에는 그 정보를 삭제하기 전에 그러한 불이익이 발생할 수 있다는 것을 해당 신용정보주체에게 알려야 한다.
③ 법 제38조의3 제3항에 따라 신용정보제공·이용자가 개인신용정보를 관리하는 경우에는 제17조의2 제1항 제1호 각 목의 방법에 따라 관리한다.

이때 신용정보제공·이용자가 이 요구를 받았을 때에는 지체 없이 해당 개인신용정보를 삭제하고 그 결과를 신용정보주체에게 통지하여야 한다(동조 제2항). 다만, 이 요구가 제1항 단서에 해당될 때에는 다른 개인신용정보와 분리하는 등 대통령령으로 정하는 바에 따라 관리하여야 하며, 그 결과를 신용정보주체에게 통지하여야 한다(동조 제3항). 이때의 통지의 방법은 금융위원회가 정하여 고시한다(동조 제4항).[57]

11. 무료 열람권

신용조회회사는 1년 이내로서 대통령령으로 정하는 일정한 기간마다 개인인 신용정보주체가 본인정보를 1회 이상 무료로 제공받거나 열람할 수 있도록 하여야 한다(제39조).[58]

12. 신용정보 누설통지 등

신용정보회사 등은 신용정보가 업무 목적 외로 누설되었음을 알게 된 때에는 지체 없이 해당 신용정보주체에게 다음 각 호의 사실을 통지하여야 한다(제39조의2 제1항).[59]

57) 동조를 위반한 자에게는 3천만원 이하의 과태료를 부과한다(제52조 제2항 제11호).
58) 이를 위반한 자에게는 3천만원 이하의 과태료를 부과한다(제52조 제2항 제12호).

1. 누설된 신용정보의 항목
2. 누설된 시점과 그 경위
3. 누설로 인하여 발생할 수 있는 피해를 최소화하기 위하여 신용정보주체가 할 수 있는 방법 등에 관한 정보
4. 신용정보회사 등의 대응조치 및 피해 구제절차
5. 신용정보주체에게 피해가 발생한 경우 신고 등을 접수할 수 있는 담당부서 및 연락처

또한 신용정보회사 등은 신용정보가 누설된 경우 그 피해를 최소화하기 위한 대책을 마련하고 필요한 조치를 하여야 한다(동조 제2항). 신용정보회사 등은 대통령령으로 정하는 규모 이상의 신용정보가 누설된 경우 위의 통지(제1항) 및 조치결과(제2항)를 지체 없이 금융위원회 또는 대통령령으로 정하는 전문기관(시행령 제34조의2 제5항)(이하 이 조에서 "금융위원회 등"이라 한다)에 신고하여야 한다. 이 경우 금융위원회 등은 피해 확산 방지, 피해 복구 등을 위한 기술을 지원할 수 있다(동조 제3항).[60]

※ 법 제39조의2 제3항 전단에서 "대통령령으로 정하는 규모 이상의 신용정보"란 1만 명 이상의 신용정보주체에 관한 개인신용정보를 말하며(시행령 제34조의2 제4항), "대통령령으로 정하는 전문기관"이란 금융감독원을 말한다(동조 제5항).

한편, 금융위원회 등은 위의 신고(제3항)를 받은 때에는 이를 행정안전부장관에게 알려야 한다(동조 제4항). 또한 금융위원회 등은 신용정보회사 등이 행한 조치(제2항)에 대하여 조사할 수 있으며, 그 조치가 미흡하다고 판단되는 경우 금융위원회는 시정을 요구할 수 있다(동조 제5항). 이 통지의 시기, 방법 및 절차 등에 필요한 사항은 대통령령으로 정한다(동조 제6항).

〈참고〉 시행령 제34조의2(신용정보의 누설사실의 통지 등) ① 신용정보회사 등이 법 제39조의2 제1항에 따라 통지하려는 경우에는 제33조의2 제3항 각 호의 어느 하나에 해당하는 방법으로 개별 신용정보주체에게 신용정보가 누설되었다는 사실을 통

59) 신용정보주체에게 각 호의 사실을 알리지 아니한 자에게는 3천만원 이하의 과태료를 부과한다(제52조 제2항 제13호).

60) 조치결과를 신고하지 아니한 자에게는 3천만원 이하의 과태료를 부과한다(제52조 제2항 제14호).

지하여야 한다.

② 신용정보회사 등은 법 제39조의2 제3항 전단에 해당하는 경우에는 제1항에 따른 방법 외에 다음 각 호의 어느 하나에 해당하는 방법으로 금융위원회가 정하여 고시하는 기간 동안 신용정보가 누설되었다는 사실을 널리 알려야 한다.

1. 인터넷 홈페이지에 그 사실을 게시하는 방법
2. 사무실이나 점포 등에서 해당 신용정보주체로 하여금 그 사실을 열람하게 하는 방법
3. 주된 사무소가 있는 특별시·광역시·특별자치시·도 또는 특별자치도 이상의 지역을 보급지역으로 하는 일반일간신문, 일반주간신문 또는 인터넷신문(「신문 등의 진흥에 관한 법률」 제2조 제1호 가목·다목 또는 같은 조 제2호에 따른 일반일간신문, 일반주간신문 또는 인터넷신문을 말한다)에 그 사실을 게재하는 방법

③ 제1항에도 불구하고 신용정보 누설에 따른 피해가 없는 것이 명백하고 법 제39조의2 제2항에 따라 누설된 신용정보의 확산 및 추가 유출을 방지하기 위한 조치가 긴급히 필요하다고 인정되는 경우에는 해당 조치를 취한 후 지체 없이 신용정보주체에게 알릴 수 있다. 이 경우 그 조치의 내용을 함께 알려야 한다.

⑥ 법 제39조의2 제3항 전단에 따라 신고하여야 하는 신용정보회사 등은 그 신용정보가 누설되었음을 알게 된 때 지체 없이 금융위원회가 정하여 고시하는 신고서를 금융위원회 또는 금융감독원에 제출하여야 한다.

⑦ 제6항에도 불구하고 제3항 전단에 해당하는 경우에는 우선 금융위원회 또는 금융감독원에 그 신용정보가 누설된 사실을 알리고 추가 유출을 방지하기 위한 조치를 취한 후 지체 없이 제6항에 따른 신고서를 제출할 수 있다. 이 경우 그 조치의 내용을 함께 제출하여야 한다.

13. 신용정보회사 등의 금지사항

신용정보회사 등은 다음 각 호의 행위를 하여서는 아니 되며, 신용정보회사 등이 아니면 제4호 본문의 행위를 업으로 하거나 제5호의 행위를 하여서는 아니 된다(제40조).[61]

1. 의뢰인에게 허위 사실을 알리는 일
2. 신용정보에 관한 조사 의뢰를 강요하는 일
3. 신용정보 조사 대상자에게 조사자료 제공과 답변을 강요하는 일

61) 제1호부터 제5호까지의 어느 하나를 위반한 자는 3년 이하의 징역 또는 3천만원 이하의 벌금에 처하며(제50조 제3항 제3호), 제7호를 위반한 자에게는 3천만원 이하의 과태료를 부과한다(제52조 제2항 제15호).

4. 특정인의 소재 및 연락처(이하 "소재 등"이라 한다)를 알아내거나 금융거래 등 상거래관계 외의 사생활 등을 조사하는 일. 다만, 채권추심업을 허가받은 신용정보회사가 그 업무를 하기 위하여 특정인의 소재 등을 알아내는 경우 또는 다른 법령에 따라 특정인의 소재 등을 알아내는 것이 허용되는 경우에는 그러하지 아니하다.
5. <u>정보원, 탐정, 그 밖에 이와 비슷한 명칭을 사용하는 일</u>
6. 삭제
7. 개인신용정보 또는 개인식별정보를 대통령령으로 정하는 전자적 매체나 방식을 이용하여 영리목적의 광고성 정보를 전송하는 행위에 이용하는 일. 다만, 다음 각 목의 어느 하나에 해당하는 경우는 제외한다.
   가. 신용정보주체로부터 별도의 동의를 받은 경우
   나. 기존에 체결한 금융거래의 유지 및 관리를 위하여 필요한 경우
   다. 그 밖에 대통령령으로 정하는 경우

※ 법 제40조 제7호에 따른 "대통령령으로 정하는 전자적 매체나 방식"이란 다음 각 호의 어느 하나에 해당하는 매체나 방식을 말한다(시행령 제34조의3).
1. 전화
2. 전자우편
3. 휴대전화 문자메시지
4. 그 밖에 정보통신망을 통하여 수신자에게 부호·문자·화상 또는 영상을 전자적 형태로 전송하는 매체나 방식

* 사실조사자의 범죄성립 여부

(사안) 甲은 ' ○○○ ○○○'라는 상호의 흥신소를 운영하는 乙에게 A주식회사가 입찰에 참여한 건설공사의 설계심의 평가위원 등의 행적을 감시해 달라고 의뢰하고, 이에 乙은 丙 등 위 흥신소의 종업원과 함께 위 설계심사 평가위원 등의 주거지, 근무처를 따라 다니면서 그들의 행적을 조사·감시한 사실로 의뢰인 甲과 함께 기소되었다.

〈판결〉 사생활 조사 등을 업으로 한다는 것은 그러한 행위를 계속하여 반복하는 것을 의미하고, 이에 해당하는지 여부는 사생활 조사 등 행위의 반복·계속성 여부, 영업성의 유무, 그 목적이나 규모, 횟수, 기간, 태양 등의 여러 사정을 종합적으로 고려하여 사회통념에 따라 판단할 것으로 반드시 영리의 목적이 요구되는 것은 아니라 할 것이므로, 사생활 조사 등을 업으로 하는 행위에 그러한 행위를 의뢰하는 대향된 행위의 존재가 반드시 필요하다거나 의뢰인의 관여행위가 당연히 예상된다고 볼 수 없고, 따라서 사생활 조사 등을 업으로 하는 행위와 그 의뢰행위는 대향범의 관계에 있다고 할 수 없다. 이는 대법원이 사생활조사를 의뢰한 자와 의뢰받은 자에 대하여 공범이 성립하므로 처벌할 수 있다는 논지로 볼 수 있다(2012도5525).

* 동법 제40조 제5호 등의 위헌성 여부

(사안) 이 사건은 청구인이 '신용정보의 이용 및 보호에 관한 법률 제40조 제4호, 제5호 등'이 신용정보업자 이외에는 미아, 가출인, 실종자, 사기꾼 등 사람 찾기를 업으로 하거나 탐정 또는 이와 유사한 명칭을 사용하지 못하게 함으로써 청구인의 직업선택의 자유와 평등권 등을 침해한다고 주장하며, 2016.6.13. 이 사건 헌법소원심판을 청구한 것이다.

(결정) [1] 사생활 등 조사업 금지조항은 특정인의 소재·연락처 및 사생활 등 조사의 과정에서 자행되는 불법행위를 막고 개인정보 등의 오용·남용으로부터 개인의 사생활의 비밀과 평온을 보호하기 위하여 마련되었다. 현재 국내에서 타인의 의뢰를 받아 사건, 사고에 대한 사실관계를 조사하고 누구나 접근 가능한 정보를 수집하여 그 조사결과 등을 제공하는 업체들이 자유업의 형태로 운영되고 있으나, 정확한 실태 파악은 어려운 실정이다. 최근에는 일부 업체들이 몰래카메라 또는 차량위치추적기 등을 사용하여 불법적으로 사생활 정보를 수집·제공하다가 수사기관에 단속되어 사회문제로 대두되기도 하였다. 이러한 국내 현실을 고려할 때, 특정인의 소재·연락처 및 사생활 등의 조사업을 금지하는 것 외에 달리 위 조항의 입법목적을 동일한 정도로 실현할 수 있는 방법을 찾기 어렵다. 청구인은 탐정업의 업무영역에 속하지만 위 조항에 의해 금지되지 않는 업무를 수행하는 것이 불가능하지 않다. 예를 들어, 청구인은 현재에도 도난·분실 등으로 소재를 알 수 없는 물건 등을 찾아주는 일을 직업으로 삼을 수 있고, 개별 법률이 정한 요건을 갖추어 신용조사업, 경비업, 손해사정사 등 법이 특별히 허용하는 범위에서 탐정업 유사직역에 종사할 수 있다. 따라서 위 조항은 과잉금지원칙을 위반하여 직업선택의 자유를 침해하지 아니한다.

[2] 탐정 등 명칭사용 금지조항은 탐정 유사 명칭을 수단으로 이용하여 개인정보 등을 취득함으로써 발생하는 사생활의 비밀 침해를 예방하고, 개별 법률에 따라 허용되는 개인정보 조사업무에 대한 신용질서를 확립하고자 마련되었다. 우리나라에서는 '특정인의 소재 및 연락처를 알아내거나 사생활 등을 조사하는 일을 업으로 하는 행위'가 금지되어 있다. 그럼에도 불구하고 탐정 유사 명칭의 사용을 허용하게 되면, 일반인들은 그 명칭 사용자가 위와 같이 금지된 행위를 적법하게 할 수 있는 권한을 보유한 사람 내지 국내법상 그러한 행위를 할 수 있는 자격요건을 갖춘 사람이라고 오인하여 특정인의 사생활 등에 관한 개인정보의 조사를 의뢰하거나 개인정보를 제공함으로써 개인의 사생활의 비밀이 침해될 우려가 크다. 외국에서 인정되는 이른바 탐정업 분야 중 일부 조사관련 업무가 이미 우리나라에도 개별 법률을 통하여 신용조사업, 경비업, 손해사정사 등 다른 명칭으로 도입되어 있으므로, 탐정 유사 명칭의 사용을 제한 없이 허용하게 되면 탐정업 유사직종 사이의 업무 범위에 혼란을 일으켜 개별 법률에 의해 허용되는 정보조사업무에 대한 신용질서를 저해할 우려도 있다.

우리 입법자는 사생활 등 조사업의 금지만으로는 탐정 등 명칭사용의 금지를 부가한 경우와 동일한 정도로 위와 같은 부작용 발생을 억제하여 입법목적을 달성할 수 있다고 보기 어렵다고 판단하여 위 조항을 별도로 마련한 것이고, 그러한 입법자의 판단이 명백히 잘못되었다고 볼 수는 없다. 탐정 등 명칭사용 금지조항에 의해 청구

> 인이 입는 불이익은 탐정업 유사직역에 종사하면서 탐정 명칭을 사용하지 못하는 것인데, 이 경우 신용정보업자와 같이 다른 명칭을 사용하는 것이 오히려 청구인이 수행하는 업무를 더 잘 드러내면서 불필요한 혼란을 줄여주므로 탐정 등 명칭사용 금지조항이 달성하는 공익이 그로 인해 청구인이 입게 되는 불이익에 비해 작지 아니하다. 따라서 위 조항은 과잉금지원칙을 위반하여 직업수행의 자유를 침해하지 아니한다(헌재결 2016헌마473).[62]

14. 채권추심회사의 금지 사항

채권추심회사는 자기의 명의를 빌려주어 타인으로 하여금 채권추심업을 하게 하여서는 아니 된다(제41조 제1항).[63]

또한 채권추심회사는 다른 법령에서 허용된 경우 외에는 상호 중에 "신용정보"라는 표현이 포함된 명칭 이외의 명칭을 사용하여서는 아니 된다. 다만, 채권추심회사가 신용조회업 또는 「자본시장과 금융투자업에 관한 법률」 제335조의3 제1항에 따라 신용평가업인가를 받아 신용평가업을 함께하는 경우에는 그러하지 아니하다(동조 제2항).

> **〈참고〉** 시행령 제35조(채권추심회사 등의 금지사항) 채권추심회사 및 소속 위임직채권추심인은 채권추심행위를 하는 과정에서 「채권의 공정한 추심에 관한 법률」 제5조, 제6조 및 제8조를 준수하여야 하며, 같은 법 제9조부터 제13조까지의 규정을 위반하여 채권추심을 해서는 아니 된다.

15. 모집업무수탁자의 모집경로 확인 등

신용정보제공·이용자는 본인의 영업을 영위할 목적으로 모집업무(그 명칭과 상관없이 본인의 영업과 관련한 계약체결을 대리하거나 중개하는 업무를 말한다. 이하 같

---

62) 헌법재판소의 판단은 탐정업도 입법이 마련되어 있지 않기 때문에 허용되지 않는다는 의미이므로 탐정업 자체를 부정한 것은 아니며, '탐정 등'의 명칭을 사용하지 못할 뿐 '특정인의 소재 및 연락처를 알아내거나 사생활 등을 조사하는 일을 업으로 하는 행위' 외에는 탐정업무에 속하는 사실조사활동이 현행법하에서도 폭넓게 허용되고 있음을 인정하고 있다.

63) 이를 위반한 자는 3년 이하의 징역 또는 3천만원 이하의 벌금에 처한다(제50조 제3항 제4호).

다)를 제3자에게 위탁하는 경우 그 모집업무를 위탁받은 자로서 대통령령으로 정하는 자(이하 "모집업무수탁자"라 한다)에 대하여 다음 각 호의 사항을 확인하여야 한다(제41조의2 제1항).[64)]

1. 거짓이나 그 밖의 부정한 수단이나 방법으로 취득하거나 제공받은 신용정보(이하 "불법취득신용정보"라 한다)를 모집업무에 이용하였는지 여부 2. 모집업무에 이용한 개인신용정보 등을 취득한 경로 3. 그 밖에 대통령령으로 정하는 사항

이때 신용정보제공·이용자는 모집업무수탁자가 불법취득신용정보를 모집업무에 이용한 사실을 확인한 경우 해당 모집업무수탁자와의 위탁계약을 해지하여야 하며(동조 제2항), 모집업무수탁자와의 위탁계약을 해지한 경우 이를 금융위원회 또는 대통령령으로 정하는 등록기관에 알려야 한다(동조 제3항). 이때 제1항에 따른 확인, 제3항의 보고의 시기·방법 등에 필요한 사항은 대통령령으로 정한다(동조 제4항).[65)]

※ 법 제41조의2 제1항 제3호에서 "대통령령으로 정하는 사항"이란 다음 각 호의 사항을 말한다(시행령 제35조의2 제2항).
  1. 모집업무에 이용한 개인신용정보를 안전하게 보관하고 있지 아니한지 여부 및 그 이용 목적을 달성하였거나 이용기간이 종료되었음에도 불구하고 아직 그 정보를 파기하지 아니하였는지 여부
  2. 제1호의 개인신용정보를 모집업무 목적 외에 이용하였거나 제3자에게 제공하였는지 여부

※ 법 제41조의2 제3항에서 "대통령령으로 정하는 등록기관"이란 제1항 각 호의 어느 하나에 해당하는 자가 신용정보제공·이용자로부터 위탁받은 모집업무에 관한 법령 등에 따라 등록·등재한 기관(이하 이 조에서 "등록기관"이라 한다)을 말한다(동조 제3항).

64) 이를 위반한 자는 3년 이하의 징역 또는 3천만원 이하의 벌금에 처한다(제50조 제3항 제5호).

65) 모집업무수탁업자와 위탁계약을 해지하지 아니한 자에게는 5천만원 이하의 과태료를 부과하며(제52조 제1항 제6호), 위탁계약 해지에 관한 사항을 알리지 아니한 자에게는 1천만원 이하의 과태료를 부과한다(동조 제4항 제12호).

〈**참고**〉 시행령 제35조의2(모집업무수탁자의 모집경로 확인 등) ① 법 제41조의2 제1항에 따른 모집업무수탁자는 다음 각 호의 어느 하나에 해당하는 자로 한다.

1. 「여신전문금융업법」 제14조의2 제1항 제2호 또는 제3호에 따라 신용카드회원을 모집할 수 있는 자
2. 「여신전문금융업법」에 따른 가맹점모집인
3. 「보험업법」에 따른 보험설계사
4. 「보험업법」에 따른 보험대리점
5. 「자본시장과 금융투자업에 관한 법률」 제51조 제9항에 따른 투자권유대행인
6. 「대부업 등의 등록 및 금융이용자 보호에 관한 법률」 제3조 제1항 단서에 따른 대출모집인

④ 신용정보제공·이용자는 법 제41조의2 제1항 각 호의 사항을 매 분기마다 1회 이상 확인하여야 한다.

⑤ 신용정보제공·이용자는 제4항에 따라 확인한 사항을 다음 각 호의 구분에 따른 기한까지 등록기관에 알려야 한다.

1. 모집업무수탁자가 법 제41조의2 제1항 제1호에 따른 불법취득 신용정보를 모집업무에 이용한 사실을 확인한 경우: 그 확인한 날부터 7일 이내
2. 제1호에서 정하는 사항 외의 사항을 확인한 경우: 매 분기의 말일을 기준으로 해당 분기의 말일부터 1개월 이내

⑥ 신용정보제공·이용자는 제5항 제1호의 경우에 제4항에 따라 확인한 사실을 금융위원회에도 알려야 한다.

⑦ 등록기관은 제5항에 따라 신용정보제공·이용자가 알린 사항을 매 분기의 말일을 기준으로 해당 분기의 말일부터 2개월 이내에 금융위원회에 보고하여야 한다.

16. 업무 목적 외 누설금지 등

신용정보회사 등과 제17조 제2항에 따라 신용정보의 처리를 위탁받은 자의 임직원이거나 임직원이었던 자(이하 "신용정보업관련자"라 한다)는 업무상 알게 된 타인의 신용정보 및 사생활 등 개인적 비밀(이하 "개인비밀"이라 한다)을 업무 목적 외에 누설하거나 이용하여서는 아니 된다(제42조 제1항).[66] 다만, 신용정보회사 등과 신용정보업관련자가 이 법에 따라 신용정보회사 등에 신용정보를 제공하는 행위는 업무 목적 외의 누설이나 이용으로 보지 아니한다(동조 제2항). 또한 이를 위반하여 누설된 개인비밀을 취득한 자(그로부터 누설된 개인비밀을 다시 취득한 자를

66) 이를 각각 위반한 자는 10년 이하의 징역 또는 1억원 이하의 벌금에 처한다(제50조 제1항).

포함한다)는 그 개인비밀이 이를 위반하여 누설된 것임을 알게 된 경우 그 개인비밀을 타인에게 제공하거나 이용하여서는 아니 된다(동조 제3항).[67)]

또한 신용정보회사 등과 신용정보업관련자로부터 개인신용정보를 제공받은 자는 그 개인신용정보를 타인에게 제공하여서는 아니 된다. 다만, 이 법 또는 다른 법률에 따라 제공이 허용되는 경우에는 그러하지 아니하다(동조 제4항).[68)]

17. 과징금의 부과 등

(1) 과징금의 부과와 산정

금융위원회는 다음 각 호의 어느 하나에 해당하는 행위가 있는 경우에는 해당 신용정보회사 등에게 대통령령으로 정하는 위반행위와 관련한 매출액의 100분의 3 이하에 해당하는 금액을 과징금으로 부과할 수 있다. 다만, 제1호에 해당하는 행위가 있는 경우에는 50억원 이하의 과징금을 부과할 수 있다(제42조의2 제1항). 이때 신용정보제공·이용자가 위탁계약을 맺고 거래하는 모집인(「여신전문금융업법」 제14조의2 제2호에 따른 모집인을 말한다) 등 대통령령으로 정하는 자가 각 호에 해당하는 경우에는 그 위반행위의 범위에서 해당 신용정보제공·이용자의 직원으로 본다. 다만, 그 신용정보제공·이용자가 그 모집인 등의 위반행위를 방지하기 위하여 상당한 주의와 감독을 다한 경우에는 그러하지 아니하다(동조 제8항).

1. 제19조 제1항을 위반하여 개인비밀을 분실·도난·누출·변조 또는 훼손당한 경우
2. 제42조 제1항을 위반하여 개인비밀을 업무 목적 외에 누설하거나 이용한 경우
3. 제42조 제3항을 위반하여 불법 누설된 개인비밀임을 알고 있음에도 그 개인비밀을 타인에게 제공하거나 이용한 경우

그러나 과징금을 부과하는 경우 신용정보회사 등이 매출액 산정자료의 제출을 거부하거나 거짓의 자료를 제출한 때에는 해당 신용정보회사 등과 비슷한 규

67) 이를 각각 위반한 자는 10년 이하의 징역 또는 1억원 이하의 벌금에 처한다(제50조 제1항).

68) 이를 위반한 자는 5년 이하의 징역 또는 5천만원 이하의 벌금에 처한다(제50조 제2항 제8호).

모의 신용정보회사 등의 재무제표나 그 밖의 회계자료 등의 자료에 근거하여 매출액을 추정할 수 있다. 다만, 매출액이 없거나 매출액의 산정이 곤란한 경우로서 대통령령으로 정하는 경우에는 200억원 이하의 과징금을 부과할 수 있다(동조 제2항). 다만, 금융위원회는 과징금을 부과하려면 다음 각 호의 사항을 고려하여 산정하여야 하며(동조 제3항), 구체적인 산정기준과 산정절차는 대통령령으로 정한다(동조 제4항).

1. 위반행위의 내용 및 정도
2. 위반행위의 기간 및 횟수
3. 위반행위로 인하여 취득한 이익의 규모

〈참고〉 시행령 제35조의3(과징금의 산정기준 등) ① 법 제42조의2 제1항 본문에서 "대통령령으로 정하는 위반행위와 관련한 매출액"이란 해당 신용정보회사 등이 위반행위와 관련된 개인신용정보를 이용한 사업부문의 직전 3개 사업연도의 연평균 매출액(이하 이 조에서 "연평균 매출액"이라 한다)을 말한다. 다만, 다음 각 호의 구분에 따른 경우에는 그 금액을 연평균 매출액으로 한다.

1. 해당 사업연도 첫날을 기준으로 사업을 개시한지 3년이 되지 아니한 경우: 그 사업개시 후 직전 사업연도 말일까지의 매출액을 연평균 매출액으로 환산한 금액
2. 해당 사업연도에 사업을 개시한 경우: 사업개시일부터 위반행위일까지의 매출액을 연평균 매출액으로 환산한 금액

② 법 제42조의2 제2항 단서에서 "대통령령으로 정하는 경우"란 다음 각 호의 어느 하나에 해당하는 경우를 말한다.

1. 영업을 개시하지 아니하거나 영업을 중단하는 등의 사유로 영업실적이 없는 경우
2. 재해 등으로 인하여 매출액 산정자료가 소멸되거나 훼손되는 등 객관적인 매출액의 산정이 곤란한 경우

③ 법 제42조의2에 따른 과징금의 산정기준은 별표 2의3과 같다.

④ 법 제42조의2 제2항 단서에 해당하는 경우에는 다음 각 호의 금액 중 가장 적은 금액을 과징금 부과의 최고한도 금액으로 한다.

1. 해당 신용정보회사 등과 비슷한 규모의 신용정보회사 등의 연평균 매출액의 100분의 3
2. 해당 신용정보회사 등과 같은 종류의 신용정보회사 등의 연평균 매출액의 100분의 3
3. 200억원

⑤ 삭제
⑥ 금융위원회는 제1항에 따른 매출액 산정을 위하여 재무제표 등 자료가 필요한 경우 20일 이내의 기간을 정하여 해당 신용정보회사 등에 관련 자료의 제출을 요청할 수 있다.
⑦ 법 제42조의2 제8항에서 "대통령령으로 정하는 자"란 제35조의2 제1항 각 호의 어느 하나에 해당하는 자를 말한다.

〈참고〉 시행령 제35조의4(의견제출) ① 금융위원회는 법 제42조의2에 따른 과징금을 부과하기 전에 당사자 또는 이해관계인 등에게 의견을 제출할 기회를 주어야 한다.
② 제1항에 따른 당사자 또는 이해관계인 등은 금융위원회의 회의에 출석하여 의견을 진술하거나 필요한 자료를 제출할 수 있다.
③ 당사자 또는 이해관계인 등은 제2항에 따른 의견 진술 또는 자료 제출을 하는 경우 변호인의 도움을 받거나 그를 대리인으로 지정할 수 있다.

(2) 과징금의 징수

금융위원회는 과징금을 내야 할 자가 납부기한까지 이를 내지 아니하면 납부기한의 다음 날부터 내지 아니한 과징금의 연 100분의 6에 해당하는 가산금을 징수한다. 이 경우 가산금을 징수하는 기간은 60개월을 초과하지 못한다(동조 제5항). 이때 금융위원회는 과징금을 내야 할 자가 납부기한까지 이를 내지 아니한 경우에는 기간을 정하여 독촉을 하고, 그 지정된 기간에 과징금과 제5항에 따른 가산금을 내지 아니하면 국세 체납처분의 예에 따라 징수한다(동조 제6항). 그러나 법원의 판결 등의 사유로 부과된 과징금을 환급하는 경우에는 과징금을 낸 날부터 환급하는 날까지 연 100분의 6에 해당하는 환급가산금을 지급하여야 한다(동조 제7항). 그 밖에 과징금의 부과·징수에 관하여 필요한 사항은 대통령령으로 정한다(동조 제9항).

〈참고〉 시행령 제35조의5(과징금의 부과 및 납부절차 등) ① 금융위원회는 법 제42조의2에 따른 과징금을 부과하려는 경우에는 위반사실, 부과금액, 이의제기 방법 및 이의제기 기간 등을 구체적으로 밝혀 과징금을 낼 것을 서면으로 통지하여야 한다.
② 제1항에 따라 통지를 받은 자는 통지받은 날부터 60일 이내에 금융위원회가 정하는 수납기관에 과징금을 내야 한다.
③ 제1항 및 제2항에서 정하는 사항 외에 과징금의 부과에 필요한 세부사항은 금융위원회가 정하여 고시한다.

18. 손해배상의 책임

첫째, 신용정보회사 등과 그 밖의 신용정보 이용자가 이 법을 위반하여 신용정보주체에게 피해를 입힌 경우에는 해당 신용정보주체에 대하여 손해배상의 책임을 진다. 다만, 신용정보회사 등과 그 밖의 신용정보 이용자가 고의 또는 과실이 없음을 증명한 경우에는 그러하지 아니하다(제43조 제1항).

둘째, 신용정보회사 등이나 그 밖의 신용정보 이용자(수탁자를 포함한다. 이하 이 조에서 같다)가 고의 또는 중대한 과실로 이 법을 위반하여 개인신용정보가 누설되거나 분실·도난·누출·변조 또는 훼손되어 신용정보주체에게 피해를 입힌 경우에는 해당 신용정보주체에 대하여 그 손해의 3배를 넘지 아니하는 범위에서 배상할 책임이 있다. 다만, 신용정보회사 등이나 그 밖의 신용정보 이용자가 고의 또는 중대한 과실이 없음을 증명한 경우에는 그러하지 아니하다(동조 제2항). 이때 법원은 배상액을 정할 때에는 다음 각 호의 사항을 고려하여야 한다(동조 제3항).

1. 고의 또는 손해 발생의 우려를 인식한 정도
2. 위반행위로 인하여 입은 피해 규모
3. 위반행위로 인하여 신용정보회사 등이나 그 밖의 신용정보 이용자가 취득한 경제적 이익
4. 위반행위에 따른 벌금 및 과징금
5. 위반행위의 기간·횟수 등
6. 신용정보회사 등이나 그 밖의 신용정보 이용자의 재산상태
7. 신용정보회사 등이나 그 밖의 신용정보 이용자의 개인신용정보 분실·도난·누출 후 해당 개인신용정보 회수 노력의 정도
8. 신용정보회사 등이나 그 밖의 신용정보 이용자의 피해구제 노력의 정도

셋째, 채권추심회사 또는 위임직채권추심인이 이 법을 위반하여 채무자 및 그 관계인에게 손해를 입힌 경우에는 그 손해를 배상하여야 한다. 다만, 채권추심회사 또는 위임직채권추심인이 자신에게 고의 또는 과실이 없음을 증명한 경우에는 그러하지 아니하다(동조 제4항).

넷째, 제4조 제1항의 업무를 의뢰받은 신용정보회사가 자신에게 책임 있는 사유로 의뢰인에게 손해를 입힌 경우에는 그 손해를 배상하여야 한다(동조 제5항).

다섯째, 제17조 제2항에 따라 신용정보의 처리를 위탁받은 자가 이 법을 위반하여 신용정보주체에게 피해를 입힌 경우에는 위탁자는 수탁자와 연대하여 손해배상책임을 진다(동조 제6항).

여섯째, 위임직채권추심인이 이 법 또는 「채권의 공정한 추심에 관한 법률」을 위반하여 채무자나 채무자의 관계인에게 손해를 입힌 경우 채권추심회사는 위임직채권추심인과 연대하여 손해배상책임을 진다. 다만, 채권추심회사가 자신에게 고의 또는 과실이 없음을 증명한 경우에는 그러하지 아니하다(동조 제7항).

19. 법정손해배상의 청구

신용정보주체는 다음 각 호의 모두에 해당하는 경우에는 대통령령으로 정하는 기간 내에 신용정보회사 등이나 그 밖의 신용정보 이용자(수탁자를 포함한다. 이하 이 조에서 같다)에게 제43조에 따른 손해배상을 청구하는 대신 300만원 이하의 범위에서 상당한 금액을 손해액으로 하여 배상을 청구할 수 있다. 이 경우 해당 신용정보회사 등이나 그 밖의 신용정보 이용자는 고의 또는 과실이 없음을 입증하지 아니하면 책임을 면할 수 없다(제43조의2 제1항).

1. 신용정보회사 등이나 그 밖의 신용정보 이용자가 고의 또는 과실로 이 법의 규정을 위반한 경우
2. 개인신용정보가 분실·도난·누출·변조 또는 훼손된 경우

이때 법원은 이 청구가 있는 경우에 변론 전체의 취지와 증거조사의 결과를 고려하여 위(제1항)의 범위에서 상당한 손해액을 인정할 수 있다(동조 제2항). 다만, 제43조에 따른 청구를 한 자는 법원이 변론을 종결할 때까지 그 청구를 이 청구로 변경할 수 있다(동조 제3항).

〈참고〉 시행령 제35조의8(법정손해배상의 청구기간) ① 신용정보주체는 법 제43조의2 제1항에 따라 같은 항 각 호의 모두에 해당하는 행위가 있었던 사실을 안 날부터 3년 이내에 신용정보회사 등이나 그 밖의 신용정보 이용자(수탁자를 포함한다)에게 손해액의 배상을 청구할 수 있다.

② 제1항에 따른 손해액의 배상은 그 행위가 있었던 날부터 10년이 지나면 청구하지 못한다.

20. 손해배상의 보장

대통령령으로 정하는 신용정보회사 등은 제43조에 따른 손해배상책임(제43조)의 이행을 위하여 금융위원회가 정하는 기준에 따라 보험 또는 공제에 가입하거나 준비금을 적립하는 등 필요한 조치를 하여야 한다(제43조의3).

※ 법 제43조의3에서 "대통령령으로 정하는 신용정보회사 등"이란 다음 각 호의 자 중에서 금융위원회가 정하여 고시하는 자를 말한다(시행령 제35조의9).

1. 신용정보집중기관
2. 신용정보회사
3. 제5조 제1항 제1호부터 제21호까지의 규정의 어느 하나에 해당하는 자
4. 제21조 제2항 각 호의 어느 하나에 해당하는 자

21. 신용정보협회

신용정보회사는 신용정보업의 건전한 발전을 도모하고 신용정보회사들 사이의 업무질서를 유지하기 위하여 신용정보협회를 설립할 수 있다(제44조 제1항). 신용정보협회는 법인으로 하며(동조 제2항), 신용정보협회는 정관으로 정하는 바에 따라 다음 각 호의 업무를 한다(동조 제3항).

1. 신용정보회사 간의 건전한 업무질서를 유지하기 위한 업무
2. 신용정보업의 발전을 위한 조사·연구 업무
3. 신용정보업 이용자 민원의 상담·처리
4. 그 밖에 대통령령으로 정하는 업무

신용정보협회에 대하여 이 법에서 정한 것을 제외하고는 「민법」 중 사단법인에 관한 규정을 준용한다(동조 제4항).

제7절 보 칙

1. 감독·검사 등

금융위원회는 신용정보회사 등에 대하여 이 법 또는 이 법에 따른 명령의 준수 여부를 감독한다(제45조 제1항). 이때 금융위원회는 이 감독에 필요하면 신용정보회사 등에 대하여 그 업무 및 재산상황에 관한 보고 등 필요한 명령을 할 수 있다(동조 제2항). 또한 금융감독원장은 그 소속 직원으로 하여금 이 법에 따른 신용정보회사 등의 업무와 재산상황을 검사하도록 할 수 있다(동조 제3항). 이때 금융감독원장은 이 검사에 필요하다고 인정하면 자료의 제출, 관계자의 출석 및 의견의 진술을 신용정보회사 등에 요구할 수 있다(동조 제4항).[69]

한편, 이 검사를 하는 자는 그 권한을 표시하는 증표를 지니고 이를 관계인에게 내보여야 하며(동조 제5항), 금융감독원장은 이 검사를 마치면 그 결과를 금융위원회가 정하는 바에 따라 금융위원회에 보고하여야 한다(동조 제6항). 이때 금융위원회는 신용정보회사 등이 이 법 또는 이 법에 따른 명령을 위반하여 신용정보업의 건전한 경영과 신용정보주체의 권익을 해칠 우려가 있다고 인정하면 다음 각 호의 어느 하나에 해당하는 조치를 하거나, 금융감독원장으로 하여금 제1호부터 제3호까지의 규정에 해당하는 조치를 하게 할 수 있다(동조 제7항).

1. 신용정보회사 등에 대한 주의 또는 경고
2. 임원에 대한 주의 또는 경고
3. 직원에 대한 주의 및 정직, 감봉, 견책 등의 문책 요구
4. 임원에 대한 해임권고, 직무정지 또는 직원에 대한 면직 요구
5. 위반행위에 대한 시정명령
6. 신용정보제공의 중지

69) 이 명령에 따르지 아니하거나 검사 및 요구를 거부·방해 또는 기피한 자에게는 5천만원 이하의 과태료를 부과한다(제52조 제1항 제7호).

2. 퇴임한 임원 등에 대한 조치 내용의 통보

금융위원회(제45조 제7항에 따라 조치를 할 수 있는 금융감독원장을 포함한다)는 신용정보회사 등에서 퇴임한 임원 또는 퇴직한 직원이 재임 또는 재직 중이었더라면 제45조 제7항 제2호부터 제4호까지의 규정에 따른 조치 중 어느 하나에 해당하는 조치를 받았을 것으로 인정되는 경우에는 그 조치의 내용을 해당 신용정보회사 등의 장에게 통보할 수 있다(제46조 제1항). 이때 이 통보를 받은 신용정보회사 등의 장은 이를 퇴임·퇴직한 해당 임직원에게 통보하고, 그 내용을 기록·유지하여야 한다(동조 제2항).

3. 업무보고서의 제출

신용정보회사 및 신용정보집중기관은 매 분기의 업무보고서를 매 분기 마지막 달의 다음 달 말일까지 금융감독원장이 정하는 서식에 따라 작성하여 금융감독원장에게 제출하여야 한다(제47조 제1항). 이 보고서에는 대표자, 담당 책임자 또는 그 대리인이 서명·날인하여야 한다(동조 제2항). 이때 업무보고서를 작성하기 위한 세부 사항과 그 밖에 필요한 사항은 금융감독원장이 정한다(동조 제3항).[70]

4. 청 문

금융위원회는 제14조 제1항에 따라 신용정보회사의 허가 또는 인가를 취소하거나 제27조 제6항에 따라 위임직채권추심인의 등록을 취소하려면 청문을 하여야 한다(제48조).

5. 권한의 위임·위탁

이 법에 따른 금융위원회의 권한 중 대통령령으로 정하는 권한은 대통령령으

70) 보고서를 제출하지 아니하거나 사실과 다른 내용의 보고서를 제출한 자는 5천만원 이하의 과태료를 부과한다(제52조 제1항 제8호).

로 정하는 바에 따라 특별시장·광역시장·도지사·특별자치도지사, 금융감독원장, 신용정보협회, 그 밖에 대통령령으로 정하는 자에게 위임하거나 위탁할 수 있다(제49조).

〈참고〉 시행령 제37조(권한의 위임 또는 위탁) ① 금융위원회는 법 제49조에 따라 별표 3에 따른 권한을 금융감독원장에게 위탁하고, 법 제27조 제3항에 따른 위임직채권추심인의 등록업무를 신용정보협회에 위탁한다.
② 금융감독원장 및 신용정보협회는 제1항에 따라 위탁받은 업무의 처리 내용을 6개월마다 금융위원회에 보고하여야 한다.

〈참고〉 시행령 제37조의2(민감정보 및 고유식별정보의 처리) ① 금융위원회(제37조에 따라 금융위원회의 업무를 위탁받은 자를 포함한다), 금융감독원장은 다음 각 호의 사무를 수행하기 위하여 불가피한 경우 「개인정보 보호법 시행령」 제18조 제2호에 따른 범죄경력자료에 해당하는 정보, 개인식별번호가 포함된 자료를 처리할 수 있다.

1. 법 제4조에 따른 신용정보업 허가 및 법 제8조에 따른 신고 또는 보고에 관한 사무
2. 법 제9조에 따른 지배주주 변경승인에 관한 사무
3. 법 제10조에 따른 신용정보업의 양도·양수 등의 인가 등에 관한 사무
4. 법 제11조 제1항에 따른 겸업 신고 수리 및 같은 조 제2항 단서에 따른 겸업 승인에 관한 사무
5. 법 제13조에 따른 임원 겸직 승인에 관한 사무
6. 법 제14조에 따른 허가 등의 취소와 업무의 정지에 관한 사무
7. 법 제27조에 따른 위임직채권추심인의 등록에 관한 사무
8. 법 제38조 제4항·제5항·제7항에 따른 시정요청 처리에 관한 사무
9. 법 제45조에 따른 감독·검사에 관한 사무 및 이에 따른 사후조치 등에 관한 사무
10. 법 제48조에 따른 청문에 관한 사무
11. 법 제41조의2 제1항에 따른 모집업무수탁자에 대한 확인에 관한 사무 및 같은 조 제3항에 따른 보고에 관한 사무
12. 법 제42조의2에 따른 과징금의 부과 및 징수 등에 관한 사무

② 신용정보회사는 다음 각 호의 사무를 수행하기 위하여 불가피한 경우 「개인정보 보호법 시행령」 제18조 제2호에 따른 범죄경력자료에 해당하는 정보, 개인식별번호가 포함된 자료를 수집·처리할 수 있다. 다만, 개인식별번호를 개인으로부터 직접 수집할 경우에는 그 개인의 동의를 받아야 한다.

1. 법 제4조 제1항에 따른 신용조회업, 신용조사업 및 금융거래와 관련하여 수행하는 채권추심업에 관한 사무
2. 법 제11조에 따른 겸업 업무 중 금융거래와 관련된 사무

3. 법 제22조 제1항 및 제27조 제1항에 따른 임직원 채용·고용 시 결격사유 확인에 관한 사무

③ 신용정보집중기관 및 법 제25조 제4항에 따른 교환 대상자는 법 제25조 제1항 및 제25조의2 각 호에 따른 업무를 수행하기 위해 불가피한 경우 개인식별번호를 수집·처리할 수 있다. 다만, 개인식별번호를 개인으로부터 직접 수집할 경우에는 그 개인의 동의를 받아야 한다.

④ 제21조 제2항에 따른 기관은 금융거래를 위하여 신용정보를 이용하는 사무를 수행하기 위하여 불가피한 경우 개인식별번호가 포함된 자료를 수집·처리할 수 있다. 다만, 개인식별번호를 개인으로부터 직접 수집할 경우에는 그 개인의 동의를 받아야 한다.

[탐정으로서 고려할 점]

1. 탐정이라는 용어의 사용금지 : 신용정보업자가 아니면 '탐정' 등의 용어를 사용하지 못하도록 하고 있는 점을 고려하여 탐정업에 대한 입법이 마련되기 전까지는 탐정업무에 종사하는 경우에 신용정보업법의 위반이 되지 않도록 명칭을 정함에 있어서 유의할 필요가 있다.
2. 신용정보업법에 따른 탐정업무의 한계 : 사실조사업무가 신용정보업법(제40조)에 대한 위반으로 되지 않기 위해서는 신용정보업법에서 금지하는 행위와 신용정보사업무와 탐정업무의 경계를 정확하게 이해할 필요가 있다. 또한 탐정은 타인의 사생활을 조사하는 업무를 하는 것은 불법이므로 현행법상 적법한 탐정의 업무영역에 대하여 정확하게 이해하는 것이 필요하다.
3. 탐정업의 입법화에 대비한 신용정보업에 대한 올바른 이해 : 탐정업이 입법화될 경우 신용정보업의 내용이 그 바탕이 될 수 있으므로 신용정보업 전반에 대하여 충분히 이해할 필요가 있다.

제 2 장

개인정보 보호법

제 2 장 개인정보 보호법

동법은 2011년 3월 29일 제정(법률 제10465호, 2011.9.30. 시행)된 후, 수차례의 개정을 거쳐 현재에 이르고 있다.[1)]

제1장	총칙		제1조－제6조
제2장	개인정보 보호정책의 수립 등		제7조－제14조
제3장	개인정보의 처리	제1절 개인정보의 수집,이용,제공 등	제15조－제22조
		제2절 개인정보의 처리 제한	제23조－제28조
제4장	개인정보의 안전한 관리		제29조－제34조
제5장	정보주체의 권리 보장		제35조－제39조
제6장	개인정보 분쟁조정위원회		제40조－제50조
제7장	개인정보 단체소송		제51조－제57조
제8장	보칙		제58조－제69조
제9장	벌칙		제70조－제76조
부칙			제1조－제6조

제 1 절 총 칙

1. 목 적

이 법은 개인정보의 처리 및 보호에 관한 사항을 정함으로써 개인의 자유와 권리를 보호하고, 나아가 개인의 존엄과 가치를 구현함을 목적으로 한다(제1조).

1) 법률 제14839호, 2017.7.26. 타법개정, 시행 2017.10.19.

2. 용어의 정의

이 법에서 사용하는 용어의 뜻은 다음과 같다(제2조).

용 어	정 의
개인정보 (제1호)	살아 있는 개인에 관한 정보로서 성명, 주민등록번호 및 영상 등을 통하여 개인을 알아볼 수 있는 정보(해당 정보만으로는 특정 개인을 알아볼 수 없더라도 다른 정보와 쉽게 결합하여 알아볼 수 있는 것을 포함한다)를 말한다.
처리 (제2호)	개인정보의 수집, 생성, 연계, 연동, 기록, 저장, 보유, 가공, 편집, 검색, 출력, 정정(訂正), 복구, 이용, 제공, 공개, 파기(破棄), 그 밖에 이와 유사한 행위를 말한다.
정보주체 (제3호)	처리되는 정보에 의하여 알아볼 수 있는 사람으로서 그 정보의 주체가 되는 사람을 말한다.
개인정보파일 (제4호)	개인정보를 쉽게 검색할 수 있도록 일정한 규칙에 따라 체계적으로 배열하거나 구성한 개인정보의 집합물(集合物)을 말한다.
개인정보 처리자 (제5호)	업무를 목적으로 개인정보파일을 운용하기 위하여 스스로 또는 다른 사람을 통하여 개인정보를 처리하는 공공기관, 법인, 단체 및 개인 등을 말한다.
공공기관 (제6호)	가. 국회, 법원, 헌법재판소, 중앙선거관리위원회의 행정사무를 처리하는 기관, 중앙행정기관(대통령 소속 기관과 국무총리 소속 기관을 포함한다) 및 그 소속 기관, 지방자치단체 나. 그 밖의 국가기관 및 공공단체 중 대통령령으로 정하는 기관
영상정보 처리기기 (제7호)	일정한 공간에 지속적으로 설치되어 사람 또는 사물의 영상 등을 촬영하거나 이를 유 · 무선망을 통하여 전송하는 장치로서 대통령령으로 정하는 장치를 말한다.

※ 법 제2조 제6호 나목에서 “대통령령으로 정하는 기관”이란 다음 각 호의 기관을 말한다(시행령 제2조).

1. 「국가인권위원회법」 제3조에 따른 국가인권위원회
2. 「공공기관의 운영에 관한 법률」 제4조에 따른 공공기관
3. 「지방공기업법」에 따른 지방공사와 지방공단
4. 특별법에 따라 설립된 특수법인
5. 「초·중등교육법」, 「고등교육법」, 그 밖의 다른 법률에 따라 설치된 각급 학교

※ 법 제2조 제7호에서 “대통령령으로 정하는 장치”란 다음 각 호의 장치를 말한다(시행령 제3조).

1. 폐쇄회로 텔레비전: 다음 각 목의 어느 하나에 해당하는 장치

가. 일정한 공간에 지속적으로 설치된 카메라를 통하여 영상 등을 촬영하거나 촬영한 영상정보를 유무선 폐쇄회로 등의 전송로를 통하여 특정 장소에 전송하는 장치
나. 가목에 따라 촬영되거나 전송된 영상정보를 녹화·기록할 수 있도록 하는 장치
2. 네트워크 카메라: 일정한 공간에 지속적으로 설치된 기기로 촬영한 영상정보를 그 기기를 설치·관리하는 자가 유무선 인터넷을 통하여 어느 곳에서나 수집·저장 등의 처리를 할 수 있도록 하는 장치

* 개인정보의 의미

▪ **판례** ▪ 경찰공무원인 피고인 甲이 피해자 乙의 신고에 따라 피고인 丙 등의 도박 현장을 단속한 다음 훈방 조치하였는데, 그 후 피고인 丙으로부터 신고자의 전화번호를 알려 달라는 부탁을 받고 '乙의 휴대전화번호 뒷자리 4자'를 알려 주었다. 이에 대하여 법원은 "휴대전화 사용이 보편화되면서 휴대전화번호 뒷자리 4자에 전화번호 사용자의 정체성이 담기는 현상이 심화되고 있어 휴대전화번호 뒷자리 4자만으로도 전화번호 사용자가 누구인지 식별할 수 있는 점 등을 종합할 때, 피고인 甲이 피고인 丙에게 제공한 乙의 휴대전화번호 뒷자리 4자는 살아있는 개인인 乙에 관한 정보로서 乙임을 알아볼 수 있는 정보이거나, 적어도 다른 정보와 쉽게 결합하여 乙임을 알아볼 수 있는 정보여서 개인정보 보호법 제2조 제1호에 규정된 '개인정보'에 해당한다"는 이유로 피고인들에게 유죄를 선고하였다(대전지법 논산지원 2013.8.9. 선고 2013고단17 판결).

* 개인정보처리자의 범위

▪ **판례 1** ▪ 개인정보 보호법 제71조 제5호의 적용대상자로서 제59조 제2호의 의무주체인 '개인정보를 처리하거나 처리하였던 자'는 제2조 제5호의 '개인정보처리자' 즉 업무를 목적으로 개인정보파일을 운용하기 위하여 스스로 또는 다른 사람을 통하여 개인정보를 처리하는 공공기관, 법인, 단체 및 개인 등에 한정되지 않고, 업무상 알게 된 제2조 제1호의 '개인정보'를 제2조 제2호의 방법으로 '처리'하거나 '처리'하였던 자를 포함한다(2015도8766).

▪ **판례 2** ▪ 인터넷 신문 기자인 피고인이 뉴스 사이트에 甲에 관한 기사를 게재하면서 취재 활동 중에 알게 된 甲의 성명,지위,주소 등의 개인정보를 누설하였다고 하여 개인정보보호법(이하 '법'이라 한다) 제71조 제5호, 제59조 위반으로 기소된 사안에서, 법 제2조 제5호에서는 개인정보처리자에 대하여 '개인정보파일을 운영하기 위함'이라는 요건을 부과하고 있는데, 이는 개인정보파일을 운용하기 위한 목적 없이 개인정보를 처리하는 자와 구별되어야 하는 점(법 제2조 제1호, 제2호에서 '개인정보'와 '처리'에 대하여도 별도로 정의하고 있다), 법 제59조에서는 개인정보처리자와 구별하여 '개인정보를 처리하거나 처리하였던 자'를 의무주체로 규정하고 있는 점, 법

제71조 제1호에서는 개인정보처리자가 정보주체의 동의를 받지 아니하고 개인정보를 제3자에게 제공한 경우를 처벌하고, 법 제71조 제2호, 제19조에서는 개인정보처리자에게서 정보를 제공받은 제3자가 이를 이용한 경우를 처벌하는 등 개인정보처리자가 제3자에게 개인정보를 제공한 경우를 별도로 처벌하고 있는 점 등을 종합할 때 법 제71조 제5호, 제59조의 '개인정보를 처리하거나 처리하였던 자'를 법 제2조 제5호의 '개인정보처리자'라 할 수 없다(서울서부지방법원 2015.12.18. 선고 2015고정1144 판결).

3. 개인정보 보호 원칙

첫째, 개인정보처리자는 개인정보의 처리 목적을 명확하게 하여야 하고 그 목적에 필요한 범위에서 최소한의 개인정보만을 적법하고 정당하게 수집하여야 한다(제3조 제1항).

둘째, 개인정보처리자는 개인정보의 처리 목적에 필요한 범위에서 적합하게 개인정보를 처리하여야 하며, 그 목적 외의 용도로 활용하여서는 아니 된다(동조 제2항).

셋째, 개인정보처리자는 개인정보의 처리 목적에 필요한 범위에서 개인정보의 정확성, 완전성 및 최신성이 보장되도록 하여야 한다(동조 제3항).

넷째, 개인정보처리자는 개인정보의 처리 방법 및 종류 등에 따라 정보주체의 권리가 침해받을 가능성과 그 위험 정도를 고려하여 개인정보를 안전하게 관리하여야 한다(동조 제4항).

다섯째, 개인정보처리자는 개인정보 처리방침 등 개인정보의 처리에 관한 사항을 공개하여야 하며, 열람청구권 등 정보주체의 권리를 보장하여야 한다(동조 제5항).

여섯째, 개인정보처리자는 정보주체의 사생활 침해를 최소화하는 방법으로 개인정보를 처리하여야 한다(동조 제6항).

일곱째, 개인정보처리자는 개인정보의 익명처리가 가능한 경우에는 익명에 의하여 처리될 수 있도록 하여야 한다(동조 제7항).

여덟째, 개인정보처리자는 이 법 및 관계 법령에서 규정하고 있는 책임과 의무를 준수하고 실천함으로써 정보주체의 신뢰를 얻기 위하여 노력하여야 한다(동조 제8항).

4. 정보주체의 권리

정보주체는 자신의 개인정보 처리와 관련하여 다음 각 호의 권리를 가진다(제4조).

> 1. 개인정보의 처리에 관한 정보를 제공받을 권리
> 2. 개인정보의 처리에 관한 동의 여부, 동의 범위 등을 선택하고 결정할 권리
> 3. 개인정보의 처리 여부를 확인하고 개인정보에 대하여 열람(사본의 발급을 포함한다. 이하 같다)을 요구할 권리
> 4. 개인정보의 처리 정지, 정정·삭제 및 파기를 요구할 권리
> 5. 개인정보의 처리로 인하여 발생한 피해를 신속하고 공정한 절차에 따라 구제받을 권리

5. 국가 등의 책무

첫째, 국가와 지방자치단체는 개인정보의 목적 외 수집, 오용·남용 및 무분별한 감시·추적 등에 따른 폐해를 방지하여 인간의 존엄과 개인의 사생활 보호를 도모하기 위한 시책을 강구하여야 한다(제5조 제1항).

둘째, 국가와 지방자치단체는 정보주체의 권리를 보호하기 위하여 법령의 개선 등 필요한 시책을 마련하여야 한다(동조 제2항).

셋째, 국가와 지방자치단체는 개인정보의 처리에 관한 불합리한 사회적 관행을 개선하기 위하여 개인정보처리자의 자율적인 개인정보 보호활동을 존중하고 촉진·지원하여야 한다(동조 제3항).

넷째, 국가와 지방자치단체는 개인정보의 처리에 관한 법령 또는 조례를 제정하거나 개정하는 경우에는 이 법의 목적에 부합되도록 하여야 한다(동조 제4항).

6. 다른 법률과의 관계

개인정보 보호에 관하여는 다른 법률에 특별한 규정이 있는 경우를 제외하고는 이 법에서 정하는 바에 따른다(제6조).

제 2 절 개인정보 보호정책의 수립 등

1. 개인정보 보호위원회의 설치·운영

(1) 위원회의 설치

개인정보 보호에 관한 사항을 심의·의결하기 위하여 대통령 소속으로 개인정보 보호위원회(이하 "보호위원회"라 한다)를 둔다. 보호위원회는 그 권한에 속하는 업무를 독립하여 수행한다(제7조 제1항).

(2) 위원회의 구성 및 임기

보호위원회는 위원장 1명, 상임위원 1명을 포함한 15명 이내의 위원으로 구성하되, 위원장은 위원 중에서 공무원이 아닌 사람으로 대통령이 위촉하며(동조 제3항), 상임위원은 정무직 공무원으로 임명한다(동조 제2항). 위원은 다음 각 호의 어느 하나에 해당하는 사람을 대통령이 임명하거나 위촉한다. 이 경우 위원 중 5명은 국회가 선출하는 자를, 5명은 대법원장이 지명하는 자를 각각 임명하거나 위촉한다(동조 제4항).

1. 개인정보 보호와 관련된 시민사회단체 또는 소비자단체로부터 추천을 받은 사람
2. 개인정보처리자로 구성된 사업자단체로부터 추천을 받은 사람
3. 그 밖에 개인정보에 관한 학식과 경험이 풍부한 사람

위원장과 위원의 임기는 3년으로 하되, 1차에 한하여 연임할 수 있다(동조 제5항).

(3) 회의 및 운영

보호위원회의 회의는 위원장이 필요하다고 인정하거나 재적위원 4분의 1 이상의 요구가 있는 경우에 위원장이 소집한다(동조 제6항). 보호위원회는 재적위원 과반수의 출석과 출석위원 과반수의 찬성으로 의결한다(동조 제7항). 보호위원회의

사무를 지원하기 위하여 보호위원회에 사무국을 둔다(동조 제8항). 이외에 보호위원회의 조직과 운영에 필요한 사항은 대통령령(시행령 제4조－제10조, 「개인정보 보호위원회 규정」 참조)으로 정한다(동조 제9항).

2. 개인정보 보호위원회의 기능

(1) 보호위원회의 업무

보호위원회는 다음 각 호의 사항을 심의·의결한다(제8조 제1항).

1. 제8조의2에 따른 개인정보 침해요인 평가에 관한 사항
1의2. 제9조에 따른 기본계획 및 제10조에 따른 시행계획
2. 개인정보 보호와 관련된 정책, 제도 및 법령의 개선에 관한 사항
3. 개인정보의 처리에 관한 공공기관 간의 의견조정에 관한 사항
4. 개인정보 보호에 관한 법령의 해석·운용에 관한 사항
5. 제18조 제2항 제5호에 따른 개인정보의 이용·제공에 관한 사항
6. 제33조 제3항에 따른 영향평가 결과에 관한 사항
7. 제61조 제1항에 따른 의견제시에 관한 사항
8. 제64조 제4항에 따른 조치의 권고에 관한 사항
9. 제66조에 따른 처리 결과의 공표에 관한 사항
10. 제67조 제1항에 따른 연차보고서의 작성·제출에 관한 사항
11. 개인정보 보호와 관련하여 대통령, 보호위원회의 위원장 또는 위원 2명 이상이 회의에 부치는 사항
12. 그 밖에 이 법 또는 다른 법령에 따라 보호위원회가 심의·의결하는 사항

보호위원회는 위 각 호의 사항을 심의·의결하기 위하여 필요한 경우 다음 각 호의 조치를 할 수 있다(동조 제2항).

1. 관계 공무원, 개인정보 보호에 관한 전문 지식이 있는 사람이나 시민사회단체 및 관련 사업자로부터의 의견 청취
2. 관계 기관 등에 대한 자료제출이나 사실조회 요구

이때 제2호에 따른 요구를 받은 관계 기관 등은 특별한 사정이 없으면 이에 응하여야 한다(동조 제3항). 또한 보호위원회는 제2호의 사항을 심의·의결한 경우

에는 관계 기관에 그 개선을 권고할 수 있으며(동조 제4항), 이 권고 내용의 이행 여부를 점검할 수 있다(동조 제5항).

(2) 개인정보 침해요인 평가

중앙행정기관의 장은 소관 법령의 제정 또는 개정을 통하여 개인정보 처리를 수반하는 정책이나 제도를 도입·변경하는 경우에는 보호위원회에 개인정보 침해요인 평가를 요청하여야 한다(제8조의2 제1항). 보호위원회가 이 요청을 받은 때에는 해당 법령의 개인정보 침해요인을 분석·검토하여 그 법령의 소관기관의 장에게 그 개선을 위하여 필요한 사항을 권고할 수 있다(동조 제2항). 위의 개인정보 침해요인 평가의 절차와 방법에 관하여 필요한 사항은 대통령령(시행령 제9조의3 참조)으로 정한다(동조 제3항).

3. 기본계획의 수립

보호위원회는 개인정보의 보호와 정보주체의 권익 보장을 위하여 3년마다 개인정보 보호 기본계획(이하 "기본계획"이라 한다)을 관계 중앙행정기관의 장과 협의하여 수립한다(제9조 제1항). 이 기본계획에는 다음 각 호의 사항이 포함되어야 한다(동조 제2항).

1. 개인정보 보호의 기본목표와 추진방향
2. 개인정보 보호와 관련된 제도 및 법령의 개선
3. 개인정보 침해 방지를 위한 대책
4. 개인정보 보호 자율규제의 활성화
5. 개인정보 보호 교육·홍보의 활성화
6. 개인정보 보호를 위한 전문인력의 양성
7. 그 밖에 개인정보 보호를 위하여 필요한 사항

또한 국회, 법원, 헌법재판소, 중앙선거관리위원회는 해당 기관(그 소속 기관을 포함한다)의 개인정보 보호를 위한 기본계획을 수립·시행할 수 있다(동조 제3항).

4. 시행계획의 작성·시행

중앙행정기관의 장은 기본계획에 따라 매년 개인정보 보호를 위한 시행계획을 작성하여 보호위원회에 제출하고, 보호위원회의 심의·의결을 거쳐 시행하여야 한다(제10조 제1항). 시행계획의 수립·시행에 필요한 사항은 대통령령(시행령 제12조 참조)으로 정한다(동조 제2항).

5. 자료제출 요구 등

보호위원회는 기본계획을 효율적으로 수립하기 위하여 개인정보처리자, 관계 중앙행정기관의 장, 지방자치단체의 장 및 관계 기관·단체 등에 개인정보처리자의 법규 준수 현황과 개인정보 관리 실태 등에 관한 자료의 제출이나 의견의 진술 등을 요구할 수 있다(제11조 제1항). 중앙행정기관의 장도 시행계획을 효율적으로 수립·추진하기 위하여 소관 분야의 개인정보처리자에게 위 자료제출 등을 요구할 수 있다(동조 제3항). 또한 행정안전부장관은 개인정보 보호 정책 추진, 성과평가 등을 위하여 필요한 경우 개인정보처리자, 관계 중앙행정기관의 장, 지방자치단체의 장 및 관계 기관·단체 등을 대상으로 개인정보관리 수준 및 실태파악 등을 위한 조사를 실시할 수 있다(동조 제2항). 위의 자료제출 등을 요구받은 자는 특별한 사정이 없으면 이에 따라야 하며(동조 제4항), 자료제출 등의 범위와 방법 등 필요한 사항은 대통령령(시행령 제13조 참조)으로 정한다(동조 제5항).

6. 개인정보 보호지침의 마련

행정안전부장관은 개인정보의 처리에 관한 기준, 개인정보 침해의 유형 및 예방조치 등에 관한 표준 개인정보 보호지침(이하 "표준지침"이라 한다)을 정하여 개인정보처리자에게 그 준수를 권장할 수 있다(제12조 제1항). 또한 중앙행정기관의 장은 표준지침에 따라 소관 분야의 개인정보 처리와 관련한 개인정보 보호지침을 정하여 개인정보처리자에게 그 준수를 권장할 수 있다(동조 제2항). 국회, 법원, 헌법재판소 및 중앙선거관리위원회는 해당 기관(그 소속 기관을 포함한다)의 개인정보

보호지침을 정하여 시행할 수 있다(동조 제3항).

7. 자율규제의 촉진 및 지원

행정안전부장관은 개인정보처리자의 자율적인 개인정보 보호활동을 촉진하고 지원하기 위하여 다음 각 호의 필요한 시책을 마련하여야 한다(제13조).

1. 개인정보 보호에 관한 교육·홍보
2. 개인정보 보호와 관련된 기관·단체의 육성 및 지원
3. 개인정보 보호 인증마크의 도입·시행 지원
4. 개인정보처리자의 자율적인 규약의 제정·시행 지원
5. 그 밖에 개인정보처리자의 자율적 개인정보 보호활동을 지원하기 위하여 필요한 사항

8. 국제협력

정부는 국제적 환경에서의 개인정보 보호 수준을 향상시키기 위하여 필요한 시책을 마련하여야 한다(제14조 제1항). 또한 정부는 개인정보 국외 이전으로 인하여 정보주체의 권리가 침해되지 아니하도록 관련 시책을 마련하여야 한다(동조 제2항).

제 3 절 개인정보의 처리

1. 개인정보의 수집·이용·제공

(1) 개인정보의 수집·이용

개인정보처리자는 다음 각 호의 어느 하나에 해당하는 경우에는 개인정보를 수집할 수 있으며 그 수집 목적의 범위에서 이용할 수 있다(제15조 제1항).[2)]

---

2) 이를 위반하여 개인정보를 수집한 자에게는 5천만원 이하의 과태료를 부과한다(제75조

1. 정보주체의 동의를 받은 경우
2. 법률에 특별한 규정이 있거나 법령상 의무를 준수하기 위하여 불가피한 경우
3. 공공기관이 법령 등에서 정하는 소관 업무의 수행을 위하여 불가피한 경우
4. 정보주체와의 계약의 체결 및 이행을 위하여 불가피하게 필요한 경우
5. 정보주체 또는 그 법정대리인이 의사표시를 할 수 없는 상태에 있거나 주소불명 등으로 사전 동의를 받을 수 없는 경우로서 명백히 정보주체 또는 제3자의 급박한 생명, 신체, 재산의 이익을 위하여 필요하다고 인정되는 경우
6. 개인정보처리자의 정당한 이익을 달성하기 위하여 필요한 경우로서 명백하게 정보주체의 권리보다 우선하는 경우. 이 경우 개인정보처리자의 정당한 이익과 상당한 관련이 있고 합리적인 범위를 초과하지 아니하는 경우에 한한다.

▪ 판례 ▪ 정보주체가 직접 또는 제3자를 통하여 이미 공개한 개인정보는 공개 당시 정보주체가 자신의 개인정보에 대한 수집이나 제3자 제공 등의 처리에 대하여 일정한 범위 내에서 동의를 하였다고 할 것이다. 이와 같이 공개된 개인정보를 객관적으로 보아 정보주체가 동의한 범위 내에서 처리하는 것으로 평가할 수 있는 경우에도 동의의 범위가 외부에 표시되지 아니하였다는 이유만으로 또다시 정보주체의 별도의 동의를 받을 것을 요구한다면 이는 정보주체의 공개의사에도 부합하지 아니하거니와 정보주체나 개인정보처리자에게 무의미한 동의절차를 밟기 위한 비용만을 부담시키는 결과가 된다. 다른 한편 개인정보 보호법 제20조는 공개된 개인정보 등을 수집·처리하는 때에는 정보주체의 요구가 있으면 즉시 개인정보의 수집 출처, 개인정보의 처리 목적, 제37조에 따른 개인정보 처리의 정지를 요구할 권리가 있다는 사실을 정보주체에게 알리도록 규정하고 있으므로, 공개된 개인정보에 대한 정보 주체의 개인정보자기결정권은 이러한 사후통제에 의하여 보호받게 된다. 따라서 이미 공개된 개인정보를 정보주체의 동의가 있었다고 객관적으로 인정되는 범위 내에서 수집·이용·제공 등 처리를 할 때는 정보주체의 별도의 동의는 불필요하다고 보아야 하고, 별도의 동의를 받지 아니하였다고 하여 개인정보 보호법 제15조나 제17조를 위반한 것으로 볼 수 없다. 그리고 정보주체의 동의가 있었다고 인정되는 범위 내인지는 공개된 개인정보의 성격, 공개의 형태와 대상 범위, 그로부터 추단되는 정보주체의 공개 의도 내지 목적뿐만 아니라, 정보처리자의 정보제공 등 처리의 형태와 정보제공으로 공개의 대상 범위가 원래의 것과 달라졌는지, 정보제공이 정보주체의 원래의 공개 목적과 상당한 관련성이 있는지 등을 검토하여 객관적으로 판단하여야 한다.

따라서 법률정보 제공 사이트를 운영하는 甲 주식회사가 ○○대학교인 乙대학교

제1항 제1호). 한편, 과태료는 대통령령으로 정하는 바에 따라 행정안전부장관과 관계 중앙행정기관의 장이 부과·징수한다. 이 경우 관계 중앙행정기관의 장은 소관 분야의 개인정보처리자에게 과태료를 부과·징수한다(제75조 제4항). 다만, 제75조의 과태료에 관한 규정을 적용할 때 제34조의2에 따라 과징금을 부과한 행위에 대하여는 과태료를 부과할 수 없다(제76조).

> ○○대학 법학과 교수로 재직중인 乙의 사진, 성명, 성별, 출생연도, 직업, 직장, 학력, 경력 등의 개인정보를 위 법학과 홈페이지 등을 통해 수집하여 위 사이트 내 '법조인' 항목에서 유료로 제공한 사안에서, 甲 회사가 영리 목적으로 乙의 개인정보를 수집하여 제3자에게 제공하였더라도 그에 의하여 얻을 수 있는 법적 이익이 정보처리를 막음으로써 얻을 수 있는 정보주체의 인격적 법익에 비하여 우월하므로, 甲 회사의 행위를 乙의 개인정보자기결정권을 침해하는 위법한 행위로 평가할 수 없고, 甲 회사가 乙의 개인정보를 수집하여 제3자에게 제공한 행위는 乙의 동의가 있었다고 객관적으로 인정되는 범위 내이고, 甲 회사에 영리 목적이 있었다고 하여 달리 볼 수 없으므로, 甲 회사가 乙의 별도의 동의를 받지 아니하였다고 하여 개인정보 보호법 제15조나 제17조를 위반하였다고 볼 수 없다(2014다235080).

한편, 개인정보처리자는 위의 제1호에 따른 동의를 받을 때에는 다음 각 호의 사항을 정보주체에게 알려야 한다. 다음 각 호의 어느 하나의 사항을 변경하는 경우에도 이를 알리고 동의를 받아야 한다(동조 제2항).[3]

> 1. 개인정보의 수집·이용 목적
> 2. 수집하려는 개인정보의 항목
> 3. 개인정보의 보유 및 이용 기간
> 4. 동의를 거부할 권리가 있다는 사실 및 동의 거부에 따른 불이익이 있는 경우에는 그 불이익의 내용

(2) 개인정보의 수집 제한

개인정보처리자는 개인정보를 수집하는 경우에는 그 목적에 필요한 최소한의 개인정보를 수집하여야 한다. 이 경우 최소한의 개인정보 수집이라는 입증책임은 개인정보처리자가 부담한다(제16조 제1항). 개인정보처리자는 정보주체의 동의를 받아 개인정보를 수집하는 경우 필요한 최소한의 정보 외의 개인정보 수집에는 동의하지 아니할 수 있다는 사실을 구체적으로 알리고 개인정보를 수집하여야 한다(동조 제2항). 또한 개인정보처리자는 정보주체가 필요한 최소한의 정보 외의 개인정보 수집에 동의하지 아니한다는 이유로 정보주체에게 재화 또는 서비스의 제공을 거부하여서는 아니 된다(동조 제3항).[4]

---

3) 이를 위반하여 정보주체에게 알려야 할 사항을 알리지 아니한 자에게는 3천만원 이하의 과태료를 부과한다(제75조 제2항 제1호).

4) 재화 또는 서비스의 제공을 거부한 자에게는 3천만원 이하의 과태료를 부과한다(제75조

(3) 개인정보의 제공

개인정보처리자는 다음 각 호의 어느 하나에 해당되는 자에게는 정보주체의 개인정보를 제3자에게 제공(공유를 포함한다. 이하 같다)할 수 있다(제17조 제1항).[5][6]

1. 정보주체의 동의를 받은 경우
2. 제15조 제1항 제2호·제3호 및 제5호에 따라 개인정보를 수집한 목적 범위에서 개인정보를 제공하는 경우

개인정보처리자는 제1항 제1호에 따른 동의를 받을 때에는 다음 각 호의 사항을 정보주체에게 알려야 한다. 다음 각 호의 어느 하나의 사항을 변경하는 경우에도 이를 알리고 동의를 받아야 한다(동조 제2항).[7]

1. 개인정보를 제공받는 자
2. 개인정보를 제공받는 자의 개인정보 이용 목적
3. 제공하는 개인정보의 항목
4. 개인정보를 제공받는 자의 개인정보 보유 및 이용 기간
5. 동의를 거부할 권리가 있다는 사실 및 동의 거부에 따른 불이익이 있는 자에게는 그 불이익의 내용

한편, 개인정보처리자가 개인정보를 국외의 제3자에게 제공할 때에는 위의 각 호(제2항)에 따른 사항을 정보주체에게 알리고 동의를 받아야 하며, 이 법을 위

제2항 제2호).

5) 제2호에 해당하지 아니함에도 제1호를 위반하여 정보주체의 동의를 받지 아니하고 개인정보를 제3자에게 제공한 자 및 그 사정을 알고 개인정보를 제공받은 자는 5년 이하의 징역 또는 5천만원 이하의 벌금에 처한다(제71조 제1호).

6) 법인의 대표자나 법인 또는 개인의 대리인, 사용인, 그 밖의 종업원이 그 법인 또는 개인의 업무에 관하여 제71조부터 제73조까지의 어느 하나에 해당하는 위반행위를 하면 그 행위자를 벌하는 외에 그 법인 또는 개인에게도 해당 조문의 벌금형을 과(科)한다. 다만, 법인 또는 개인이 그 위반행위를 방지하기 위하여 해당 업무에 관하여 상당한 주의와 감독을 게을리 하지 아니한 경우에는 그러하지 아니하다(제74조 제2항).

7) 정보주체에게 알려야 할 사항을 알리지 아니한 자에게는 3천만원 이하의 과태료를 부과한다(제75조 제2항 제1호).

반하는 내용으로 개인정보의 국외 이전에 관한 계약을 체결하여서는 아니 된다(동조 제3항).

▪ **판례** ▪ 개인정보 보호법 제17조와 정보통신망법 제24조의2에서 말하는 개인정보의 '제3자 제공'은 본래의 개인정보 수집·이용 목적의 범위를 넘어 정보를 제공받는 자의 업무처리와 이익을 위하여 개인정보가 이전되는 경우인 반면, 개인정보 보호법 제26조와 정보통신망법 제25조에서 말하는 개인정보의 '처리위탁'은 본래의 개인정보 수집·이용 목적과 관련된 위탁자 본인의 업무 처리와 이익을 위하여 개인정보가 이전되는 경우를 의미한다. 개인정보 처리위탁에 있어 수탁자는 위탁자로부터 위탁사무 처리에 따른 대가를 지급받는 것 외에는 개인정보 처리에 관하여 독자적인 이익을 가지지 않고, 정보제공자의 관리·감독 아래 위탁받은 범위 내에서만 개인정보를 처리하게 되므로, 개인정보 보호법 제17조와 정보통신망법 제24조의2에 정한 '제3자'에 해당하지 않는다.

한편 어떠한 행위가 개인정보의 제공인지 아니면 처리위탁인지는 개인정보의 취득 목적과 방법, 대가 수수 여부, 수탁자에 대한 실질적인 관리·감독 여부, 정보주체 또는 이용자의 개인정보 보호 필요성에 미치는 영향 및 이러한 개인정보를 이용할 필요가 있는 자가 실질적으로 누구인지 등을 종합하여 판단하여야 한다(2016도13263).

(4) 개인정보의 목적 외 이용·제공 제한

개인정보처리자는 개인정보를 제15조 제1항에 따른 범위를 초과하여 이용하거나 제17조 제1항 및 제3항에 따른 범위를 초과하여 제3자에게 제공하여서는 아니 된다(제18조 제1항). 그러나 개인정보처리자는 다음 각 호의 어느 하나에 해당하는 자에게는 정보주체 또는 제3자의 이익을 부당하게 침해할 우려가 있을 때를 제외하고는 개인정보를 목적 외의 용도로 이용하거나 이를 제3자에게 제공할 수 있다. 다만, 제5호부터 제9호까지의 경우는 공공기관의 경우로 한정한다(동조 제2항).[8)]

1. 정보주체로부터 별도의 동의를 받은 경우
2. 다른 법률에 특별한 규정이 있는 경우
3. 정보주체 또는 그 법정대리인이 의사표시를 할 수 없는 상태에 있거나 주소불명

8) 이를 위반하여 개인정보를 이용하거나 제3자에게 제공한 자 및 그 사정을 알고 개인정보를 제공받은 자는 5년 이하의 징역 또는 5천만원 이하의 벌금에 처한다(제71조 제2호).

등으로 사전 동의를 받을 수 없는 경우로서 명백히 정보주체 또는 제3자의 급박한 생명, 신체, 재산의 이익을 위하여 필요하다고 인정되는 경우
4. 통계작성 및 학술연구 등의 목적을 위하여 필요한 경우로서 특정 개인을 알아볼 수 없는 형태로 개인정보를 제공하는 경우
5. 개인정보를 목적 외의 용도로 이용하거나 이를 제3자에게 제공하지 아니하면 다른 법률에서 정하는 소관 업무를 수행할 수 없는 경우로서 보호위원회의 심의·의결을 거친 경우
6. 조약, 그 밖의 국제협정의 이행을 위하여 외국정부 또는 국제기구에 제공하기 위하여 필요한 경우
7. 범죄의 수사와 공소의 제기 및 유지를 위하여 필요한 경우
8. 법원의 재판업무 수행을 위하여 필요한 경우
9. 형(刑) 및 감호, 보호처분의 집행을 위하여 필요한 경우

또한 개인정보처리자는 위의 제1호(제2항)에 따른 동의를 받을 때에는 다음 각 호의 사항을 정보주체에게 알려야 한다. 다음 각 호의 어느 하나의 사항을 변경하는 경우에도 이를 알리고 동의를 받아야 한다(동조 제3항).[9]

1. 개인정보를 제공받는 자
2. 개인정보의 이용 목적(제공 시에는 제공받는 자의 이용 목적을 말한다)
3. 이용 또는 제공하는 개인정보의 항목
4. 개인정보의 보유 및 이용 기간(제공 시에는 제공받는 자의 보유 및 이용 기간을 말한다)
5. 동의를 거부할 권리가 있다는 사실 및 동의 거부에 따른 불이익이 있는 경우에는 그 불이익의 내용

한편, 공공기관은 제1항의 제2호부터 제6호까지, 제8호 및 제9호에 따라 개인정보를 목적 외의 용도로 이용하거나 이를 제3자에게 제공하는 경우에는 그 이용 또는 제공의 법적 근거, 목적 및 범위 등에 관하여 필요한 사항을 행정안전부령으로 정하는 바에 따라 관보 또는 인터넷 홈페이지 등에 게재하여야 한다(동조 제4항). 또한 개인정보처리자는 제2항의 각 호의 어느 하나의 경우에 해당하여 개인정보를 목적 외의 용도로 제3자에게 제공하는 경우에는 개인정보를 제공받는 자에게 이용 목적, 이용 방법, 그 밖에 필요한 사항에 대하여 제한을 하거나, 개인정

9) 정보주체에게 알려야 할 사항을 알리지 아니한 자에게는 3천만원 이하의 과태료를 부과한다(제75조 제2항 제1호).

보의 안전성 확보를 위하여 필요한 조치를 마련하도록 요청하여야 한다. 이 경우 요청을 받은 자는 개인정보의 안전성 확보를 위하여 필요한 조치를 하여야 한다 (동조 제5항).

〈참고〉 동법 시행규칙 제2조(공공기관에 의한 개인정보의 목적 외 이용 또는 제3자 제공의 공고) 공공기관은 개인정보를 목적 외의 용도로 이용하거나 제3자에게 제공(이하 "목적외이용 등"이라 한다)하는 경우에는 법 제18조 제4항에 따라 개인정보를 목적외이용 등을 한 날부터 30일 이내에 다음 각 호의 사항을 관보 또는 인터넷 홈페이지에 게재하여야 한다. 이 경우 인터넷 홈페이지에 게재할 때에는 10일 이상 계속 게재하되, 게재를 시작하는 날은 목적외이용 등을 한 날부터 30일 이내여야 한다.

1. 목적외이용 등을 한 날짜
2. 목적외이용 등의 법적 근거
3. 목적외이용 등의 목적
4. 목적외이용 등을 한 개인정보의 항목

(5) 개인정보를 제공받은 자의 이용·제공 제한

개인정보처리자로부터 개인정보를 제공받은 자는 다음 각 호의 어느 하나에 해당하는 경우를 제외하고는 개인정보를 제공받은 목적 외의 용도로 이용하거나 이를 제3자에게 제공하여서는 아니 된다(제19조).[10)]

1. 정보주체로부터 별도의 동의를 받은 경우
2. 다른 법률에 특별한 규정이 있는 경우

(6) 정보주체 이외로부터 수집한 개인정보의 수집 출처 등 고지

개인정보처리자가 정보주체 이외로부터 수집한 개인정보를 처리하는 때에는 정보주체의 요구가 있으면 즉시 다음 각 호의 모든 사항을 정보주체에게 알려야 한다(제20조 제1항).

10) 이를 위반하여 개인정보를 이용하거나 제3자에게 제공한 자 및 그 사정을 알면서도 영리 또는 부정한 목적으로 개인정보를 제공받은 자에게는 5년 이하의 징역 또는 5천만원 이하의 벌금에 처한다(제71조 제2호).

> 1. 개인정보의 수집 출처
> 2. 개인정보의 처리 목적
> 3. 제37조에 따른 개인정보 처리의 정지를 요구할 권리가 있다는 사실

그러나 처리하는 개인정보의 종류·규모, 종업원 수 및 매출액 규모 등을 고려하여 대통령령으로 정하는 기준에 해당하는 개인정보처리자가 제1호에 따라 정보주체 이외로부터 개인정보를 수집하여 처리하는 때에는 위 각 호의 모든 사항을 정보주체에게 알려야 한다. 다만, 개인정보처리자가 수집한 정보에 연락처 등 정보주체에게 알릴 수 있는 개인정보가 포함되지 아니한 경우에는 그러하지 아니하다(동조 제2항).

※ 법 제20조 제2항 본문에서 "대통령령으로 정하는 기준에 해당하는 개인정보처리자"란 다음 각 호의 어느 하나에 해당하는 개인정보처리자를 말한다(시행령 제15조의2 제1항).
1. 5만명 이상의 정보주체에 관하여 법 제23조에 따른 민감정보(이하 "민감정보"라 한다) 또는 법 제24조 제1항에 따른 고유식별정보(이하 "고유식별정보"라 한다)를 처리하는 자
2. 100만명 이상의 정보주체에 관하여 개인정보를 처리하는 자

이때 정보주체에게 알리는 시기·방법 및 절차 등 필요한 사항은 대통령령으로 정한다(동조 제3항).[11)]

> **〈참고〉** 시행령 제15조의2(개인정보 수집 출처 등 고지 대상·방법·절차) ② 제1항 각 호의 어느 하나에 해당하는 개인정보처리자는 법 제20조 제1항 각 호의 사항을 서면·전화·문자전송·전자우편 등 정보주체가 쉽게 알 수 있는 방법으로 개인정보를 제공받은 날부터 3개월 이내에 정보주체에게 알려야 한다. 다만, 법 제17조 제2항 제1호부터 제4호까지의 사항에 대하여 같은 조 제1항 제1호에 따라 정보주체의 동의를 받은 범위에서 연 2회 이상 주기적으로 개인정보를 제공받아 처리하는 경우에는 개인정보를 제공받은 날부터 3개월 이내에 정보주체에게 알리거나 그 동의를 받은 날부터 기산하여 연 1회 이상 정보주체에게 알려야 한다.
> ③ 제1항 각 호의 어느 하나에 해당하는 개인정보처리자는 제2항에 따라 알린 경우 다음 각 호의 사항을 법 제21조 또는 제37조 제4항에 따라 해당 개인정보를 파기할 때

11) 정보주체에게 위의 각 호의 사실을 알리지 아니한 자에게는 3천만원 이하의 과태료를 부과한다(제75호 제2항 제3호).

까지 보관·관리하여야 한다.
1. 정보주체에게 알린 사실
2. 알린 시기
3. 알린 방법

한편, 제1항과 제2항 본문은 다음 각 호의 어느 하나에 해당하는 경우에는 적용하지 아니한다. 다만, 이 법에 따른 정보주체의 권리보다 명백히 우선하는 경우에 한한다(동조 제4항).

1. 고지를 요구하는 대상이 되는 개인정보가 제32조 제2항 각 호의 어느 하나에 해당하는 개인정보파일에 포함되어 있는 경우
2. 고지로 인하여 다른 사람의 생명·신체를 해할 우려가 있거나 다른 사람의 재산과 그 밖의 이익을 부당하게 침해할 우려가 있는 경우

(7) 개인정보의 파기

개인정보처리자는 보유기간의 경과, 개인정보의 처리 목적 달성 등 그 개인정보가 불필요하게 되었을 때에는 지체 없이 그 개인정보를 파기하여야 한다. 다만, 다른 법령에 따라 보존하여야 하는 경우에는 그러하지 아니하다(제21조 제1항).[12]

이때 개인정보처리자가 개인정보를 파기할 때에는 복구 또는 재생되지 아니하도록 조치하여야 한다(동조 제2항). 다만, 개인정보처리자가 개인정보를 파기하지 아니하고 보존하여야 하는 경우에는 해당 개인정보 또는 개인정보파일을 다른 개인정보와 분리하여서 저장·관리하여야 한다(동조 제3항).[13] 개인정보의 파기방법 및 절차 등에 필요한 사항은 대통령령으로 정한다(동조 제4항).

〈참고〉 시행령 제16조(개인정보의 파기방법) ① 개인정보처리자는 법 제21조에 따라 개인정보를 파기할 때에는 다음 각 호의 구분에 따른 방법으로 하여야 한다.
1. 전자적 파일 형태인 경우: 복원이 불가능한 방법으로 영구 삭제
2. 제1호 외의 기록물, 인쇄물, 서면, 그 밖의 기록매체인 경우: 파쇄 또는 소각

12) 이를 위반하여 개인정보를 파기하지 아니하였을 경우 3천만원 이하의 과태료를 부과한다(제75호 제2항 제4호).
13) 이를 위반하여 개인정보를 분리하여 저장 관리하지 아니한 자에게는 1천만원 이하의 과태료를 부과한다(제75호 제3항 제1호).

(8) 동의를 받는 방법

개인정보처리자는 이 법에 따른 개인정보의 처리에 대하여 정보주체(제6항에 따른 법정대리인을 포함한다. 이하 이 조에서 같다)의 동의를 받을 때에는 각각의 동의 사항을 구분하여 정보주체가 이를 명확하게 인지할 수 있도록 알리고 각각 동의를 받아야 한다(제22조 제1항).[14] 다만, 그리고 개인정보처리자는 만 14세 미만 아동의 개인정보를 처리하기 위하여 이 법에 따른 동의를 받아야 할 때에는 그 법정대리인의 동의를 받아야 한다. 이 경우 법정대리인의 동의를 받기 위하여 필요한 최소한의 정보는 법정대리인의 동의 없이 해당 아동으로부터 직접 수집할 수 있다(동조 제6항).

이때 개인정보처리자는 이 동의를 서면(「전자문서 및 전자거래 기본법」 제2조 제1호에 따른 전자문서를 포함한다)으로 받을 때에는 개인정보의 수집·이용 목적, 수집·이용하려는 개인정보의 항목 등 대통령령으로 정하는 중요한 내용을 행정안전부령으로 정하는 방법에 따라 명확히 표시하여 알아보기 쉽게 하여야 한다(동조 제2항).

※ 법 제22조 제2항에서 "대통령령으로 정하는 중요한 내용"이란 다음 각 호의 사항을 말한다(시행령 제17조 제2항).

1. 개인정보의 수집·이용 목적 중 재화나 서비스의 홍보 또는 판매 권유 등을 위하여 해당 개인정보를 이용하여 정보주체에게 연락할 수 있다는 사실
2. 처리하려는 개인정보의 항목 중 다음 각 목의 사항
   가. 제18조에 따른 민감정보
   나. 제19조 제2호부터 제4호까지의 규정에 따른 여권번호, 운전면허의 면허번호 및 외국인등록번호
3. 개인정보의 보유 및 이용 기간(제공 시에는 제공받는 자의 보유 및 이용 기간을 말한다)
4. 개인정보를 제공받는 자 및 개인정보를 제공받는 자의 개인정보 이용 목적

※ 법 제22조 제2항에서 "행정안전부령으로 정하는 방법"이란 다음 각 호의 방법을 말한다(시행규칙 제4조).

1. 글씨의 크기는 최소한 9포인트 이상으로서 다른 내용보다 20퍼센트 이상 크게

---

14) 법정대리인의 동의를 받지 아니한 경우에는 5천만원 이하의 과태료를 부과한다(제75호 제1항 제2호).

하여 알아보기 쉽게 할 것
2. 글씨의 색깔, 굵기 또는 밑줄 등을 통하여 그 내용이 명확히 표시되도록 할 것
3. 동의 사항이 많아 중요한 내용이 명확히 구분되기 어려운 경우에는 중요한 내용이 쉽게 확인될 수 있도록 그 밖의 내용과 별도로 구분하여 표시할 것

또한 개인정보처리자는 개인정보의 처리에 대하여 정보주체의 동의를 받을 때(제15조 제1항 제1호, 제17조 제1항 제1호, 제23조 제1항 제1호 및 제24조 제1항 제1호)에는 정보주체와의 계약 체결 등을 위하여 정보주체의 동의 없이 처리할 수 있는 개인정보와 정보주체의 동의가 필요한 개인정보를 구분하여야 한다. 이 경우 동의 없이 처리할 수 있는 개인정보라는 입증책임은 개인정보처리자가 부담한다(동조 제3항). 또한 개인정보처리자는 정보주체에게 재화나 서비스를 홍보하거나 판매를 권유하기 위하여 개인정보의 처리에 대한 동의를 받으려는 때에는 정보주체가 이를 명확하게 인지할 수 있도록 알리고 동의를 받아야 한다(동조 제4항).[15)]

그러나 개인정보처리자는 정보주체가 선택적으로 동의할 수 있는 사항(제3항)을 동의하지 아니하거나 제4항 및 제18조 제2항 제1호에 따른 동의를 하지 아니한다는 이유로 정보주체에게 재화 또는 서비스의 제공을 거부하여서는 아니 된다(동조 제5항).[16)] 이외에 정보주체의 동의를 받는 세부적인 방법 및 제6항에 따른 최소한의 정보의 내용에 관하여 필요한 사항은 개인정보의 수집매체 등을 고려하여 대통령령으로 정한다(동조 제7항).

〈참고〉 시행령 제17조(동의를 받는 방법) ① 개인정보처리자는 법 제22조에 따라 개인정보의 처리에 대하여 다음 각 호의 어느 하나에 해당하는 방법으로 정보주체의 동의를 받아야 한다.
1. 동의 내용이 적힌 서면을 정보주체에게 직접 발급하거나 우편 또는 팩스 등의 방법으로 전달하고, 정보주체가 서명하거나 날인한 동의서를 받는 방법
2. 전화를 통하여 동의 내용을 정보주체에게 알리고 동의의 의사표시를 확인하는 방법
3. 전화를 통하여 동의 내용을 정보주체에게 알리고 정보주체에게 인터넷주소 등을 통하여 동의 사항을 확인하도록 한 후 다시 전화를 통하여 그 동의 사항에

15) 동조 제1항부터 제4항까지의 규정을 위반하여 동의를 받은 자에게 1천만원 이하의 과태료를 부과한다(제75호 제3항 제2호).
16) 재화 또는 서비스의 제공을 거부한 자에게는 3천만원 이하의 과태료를 부과한다(제75호 제2항 제2호).

대한 동의의 의사표시를 확인하는 방법
4. 인터넷 홈페이지 등에 동의 내용을 게재하고 정보주체가 동의 여부를 표시하도록 하는 방법
5. 동의 내용이 적힌 전자우편을 발송하여 정보주체로부터 동의의 의사표시가 적힌 전자우편을 받는 방법
6. 그 밖에 제1호부터 제5호까지의 규정에 따른 방법에 준하는 방법으로 동의 내용을 알리고 동의의 의사표시를 확인하는 방법

③ 개인정보처리자가 정보주체로부터 법 제18조 제2항 제1호 및 제22조 제4항에 따른 동의를 받거나 법 제22조 제3항에 따라 선택적으로 동의할 수 있는 사항에 대한 동의를 받으려는 때에는 정보주체가 동의 여부를 선택할 수 있다는 사실을 명확하게 확인할 수 있도록 선택적으로 동의할 수 있는 사항 외의 사항과 구분하여 표시하여야 한다.

④ 개인정보처리자는 법 제22조 제6항에 따라 만 14세 미만 아동의 법정대리인의 동의를 받기 위하여 해당 아동으로부터 직접 법정대리인의 성명·연락처에 관한 정보를 수집할 수 있다.

⑤ 중앙행정기관의 장은 제1항에 따른 동의방법 중 소관 분야의 개인정보처리자별 업무, 업종의 특성 및 정보주체의 수 등을 고려하여 적절한 동의방법에 관한 기준을 법 제12조 제2항에 따른 개인정보 보호지침(이하 "개인정보 보호지침"이라 한다)으로 정하여 그 기준에 따라 동의를 받도록 개인정보처리자에게 권장할 수 있다.

2. 개인정보의 처리 제한

(1) 민감정보의 처리 제한

개인정보처리자는 사상·신념, 노동조합·정당의 가입·탈퇴, 정치적 견해, 건강, 성생활 등에 관한 정보, 그 밖에 정보주체의 사생활을 현저히 침해할 우려가 있는 개인정보로서 대통령령으로 정하는 정보(이하 "민감정보"라 한다)를 처리하여서는 아니 된다. 다만, 다음 각 호의 어느 하나에 해당하는 경우에는 그러하지 아니하다(제23조 제1항).[17]

1. 정보주체에게 제15조 제2항 각 호 또는 제17조 제2항 각 호의 사항을 알리고 다른 개인정보의 처리에 대한 동의와 별도로 동의를 받은 경우
2. 법령에서 민감정보의 처리를 요구하거나 허용하는 경우

17) 이를 위반하여 민감정보를 처리한 자는 5년 이하의 징역 또는 5천만원 이하의 벌금에 처한다(제71조 제3항).

※ 법 제23조 제1항 각 호 외의 부분 본문에서 "대통령령으로 정하는 정보"란 다음 각 호의 어느 하나에 해당하는 정보를 말한다. 다만, 공공기관이 법 제18조 제2항 제5호부터 제9호까지의 규정에 따라 다음 각 호의 어느 하나에 해당하는 정보를 처리하는 경우의 해당 정보는 제외한다(시행령 제18조).
1. 유전자검사 등의 결과로 얻어진 유전정보
2. 「형의 실효 등에 관한 법률」 제2조 제5호에 따른 범죄경력자료에 해당하는 정보

또한 개인정보처리자가 위의 각 호에 따라 민감정보를 처리하는 경우에는 그 민감정보가 분실·도난·유출·위조·변조 또는 훼손되지 아니하도록 안전성 확보에 필요한 조치(제29조)를 하여야 한다(동조 제2항).[18]

(2) 고유식별정보의 처리 제한

개인정보처리자는 다음 각 호의 경우를 제외하고는 법령에 따라 개인을 고유하게 구별하기 위하여 부여된 식별정보로서 대통령령으로 정하는 정보(이하 "고유식별정보"라 한다)를 처리할 수 없다(제24조 제1항).[19]

1. 정보주체에게 제15조 제2항 각 호 또는 제17조 제2항 각 호의 사항을 알리고 다른 개인정보의 처리에 대한 동의와 별도로 동의를 받은 경우 2. 법령에서 구체적으로 고유식별정보의 처리를 요구하거나 허용하는 경우

※ 법 제24조 제1항 각 호 외의 부분에서 "대통령령으로 정하는 정보"란 다음 각 호의 어느 하나에 해당하는 정보를 말한다. 다만, 공공기관이 법 제18조 제2항 제5호부터 제9호까지의 규정에 따라 다음 각 호의 어느 하나에 해당하는 정보를 처리하는 경우의 해당 정보는 제외한다(시행령 제19조).
1. 「주민등록법」 제7조의2 제1항에 따른 주민등록번호
2. 「여권법」 제7조 제1항 제1호에 따른 여권번호
3. 「도로교통법」 제80조에 따른 운전면허의 면허번호
4. 「출입국관리법」 제31조 제4항에 따른 외국인등록번호

18) 이를 위반하여 안전성 확보에 필요한 조치를 하지 아니하여 개인정보를 분실·도난·유출·위조·변조 또는 훼손당한 자는 2년 이하의 징역 또는 2천만원 이하의 벌금에 처한다(제73조 제1호). 또한 이를 위반하여 안전성 확보에 필요한 조치를 하지 아니한 자에게는 3천만원 이하의 과태료를 부과한다(제75조 제2항 제6호).
19) 이를 위반하여 고유식별정보를 처리한 자는 5년 이하의 징역 또는 5천만원 이하의 벌금에 처한다(제71조 제4호).

이때 개인정보처리자가 고유식별정보를 처리하는 경우에는 그 고유식별정보가 분실·도난·유출·위조·변조 또는 훼손되지 아니하도록 대통령령(시행령 제21조 참조)으로 정하는 바에 따라 암호화 등 안전성 확보에 필요한 조치를 하여야 한다(동조 제3항).[20]

한편, 행정안전부장관은 처리하는 개인정보의 종류·규모, 종업원 수 및 매출액 규모 등을 고려하여 대통령령으로 정하는 기준에 해당하는 개인정보처리자가 위의 안전성 확보에 필요한 조치(제3항)를 하였는지에 관하여 대통령령(시행령 제21조 참조)으로 정하는 바(2년마다 1회 이상)에 따라 정기적으로 조사하여야 한다(동조 제4항). 이때 행정안전부장관은 대통령령으로 정하는 전문기관으로 하여금 이 조사를 수행하게 할 수 있다(동조 제5항).

※ 법 제24조 제5항에서 "대통령령으로 정하는 전문기관"이란 다음 각 호의 기관을 말한다(시행령 제21조 제5항).

1. 「정보통신망 이용촉진 및 정보보호 등에 관한 법률」 제52조에 따른 한국인터넷진흥원(이하 "한국인터넷진흥원"이라 한다)
2. 법 제24조 제4항에 따른 조사를 수행할 수 있는 기술적·재정적 능력과 설비를 보유한 것으로 인정되어 행정안전부장관이 정하여 고시하는 법인, 단체 또는 기관

(3) 주민등록번호 처리의 제한

위의 규정(제24조 제1항)에도 불구하고 개인정보처리자는 다음 각 호의 어느 하나에 해당하는 경우를 제외하고는 주민등록번호를 처리할 수 없다(제24조의2 제1항).[21]

1. 법률·대통령령·국회규칙·대법원규칙·헌법재판소규칙·중앙선거관리위원회규칙 및 감사원규칙에서 구체적으로 주민등록번호의 처리를 요구하거나 허용한 경우

20) 안전성 확보에 필요한 조치를 하지 아니하여 개인정보를 분실·도난·유출·위조·변조 또는 훼손당한 자는 2년 이하의 징역 또는 2천만원 이하의 벌금에 처한다(제73조 제1호). 또한 안전성 확보에 필요한 조치를 하지 아니한 자에게는 3천만원 이하의 과태료를 부과한다(제75조 제2항 제6호).

21) 이를 위반하여 주민등록번호를 처리한 자는 3천만원 이하의 과태료를 부과한다(제75조 제2항 제4호의2).

2. 정보주체 또는 제3자의 급박한 생명, 신체, 재산의 이익을 위하여 명백히 필요하다고 인정되는 경우
3. 제1호 및 제2호에 준하여 주민등록번호 처리가 불가피한 경우로서 행정안전부령으로 정하는 경우

이때 개인정보처리자는 주민등록번호가 분실·도난·유출·위조·변조 또는 훼손되지 아니하도록 암호화 조치를 통하여 안전하게 보관하여야 한다. 이 경우 암호화 적용 대상 및 대상별 적용 시기 등에 관하여 필요한 사항은 개인정보의 처리 규모와 유출 시 영향 등을 고려하여 대통령령으로 정한다(동조 제2항).[22]

※ 법 제24조의2 제2항에 따라 암호화 조치를 하여야 하는 암호화 적용 대상은 주민등록번호를 전자적인 방법으로 보관하는 개인정보처리자로 한다(시행령 제21조의2 제1항). 이때 개인정보처리자에 대한 암호화 적용 시기는 다음 각 호와 같다(동조 제2항).

1. 100만명 미만의 정보주체에 관한 주민등록번호를 보관하는 개인정보처리자: 2017년 1월 1일
2. 100만명 이상의 정보주체에 관한 주민등록번호를 보관하는 개인정보처리자: 2018년 1월 1일

개인정보처리자는 위 각 호에 따라 주민등록번호를 처리하는 경우에도 정보주체가 인터넷 홈페이지를 통하여 회원으로 가입하는 단계에서는 주민등록번호를 사용하지 아니하고도 회원으로 가입할 수 있는 방법을 제공하여야 한다(동조 제3항).[23] 이때 행정안전부장관은 개인정보처리자가 이 방법을 제공할 수 있도록 관계 법령의 정비, 계획의 수립, 필요한 시설 및 시스템의 구축 등 제반 조치를 마련·지원할 수 있다(동조 제4항).

(4) 영상정보처리기기의 설치·운영 제한

누구든지 다음 각 호의 경우를 제외하고는 공개된 장소에 영상정보처리기기를 설치·운영하여서는 아니 된다(제25조 제1항).[24]

22) 암호화 조치를 하지 아니한 자는 3천만원 이하의 과태료를 부과한다(제75조 제2항 제4호의3).

23) 정보주체가 주민등록번호를 사용하지 아니할 수 있는 방법을 제공하지 않은 자는 3천만원 이하의 과태료를 부과한다(제75조 제2항 제5호).

1. 법령에서 구체적으로 허용하고 있는 경우
2. 범죄의 예방 및 수사를 위하여 필요한 경우
3. 시설안전 및 화재 예방을 위하여 필요한 경우
4. 교통단속을 위하여 필요한 경우
5. 교통정보의 수집·분석 및 제공을 위하여 필요한 경우

또한 누구든지 불특정 다수가 이용하는 목욕실, 화장실, 발한실(發汗室), 탈의실 등 개인의 사생활을 현저히 침해할 우려가 있는 장소의 내부를 볼 수 있도록 영상정보처리기기를 설치·운영하여서는 아니 된다. 다만, 교도소, 정신보건 시설 등 법령에 근거하여 사람을 구금하거나 보호하는 시설로서 대통령령으로 정하는 시설에 대하여는 그러하지 아니하다(동조 제2항).[25]

※ 법 제25조 제2항 단서에서 "대통령령으로 정하는 시설"이란 다음 각 호의 시설을 말한다(시행령 제22조 제1항).
1. 「형의 집행 및 수용자의 처우에 관한 법률」 제2조 제4호에 따른 교정시설
2. 「정신건강증진 및 정신질환자 복지서비스 지원에 관한 법률」 제3조 제5호부터 제7호까지의 규정에 따른 정신의료기관(수용시설을 갖추고 있는 것만 해당한다), 정신요양시설 및 정신재활시설

다만, 위 제1항 각 호에 따라 영상정보처리기기를 설치·운영하려는 공공기관의 장과 제2항 단서에 따라 영상정보처리기기를 설치·운영하려는 자는 공청회·설명회의 개최 등 대통령령으로 정하는 절차를 거쳐 관계 전문가 및 이해관계인의 의견을 수렴하여야 한다(동조 제3항). 그리고 제1항 각 호에 따라 영상정보처리기기를 설치·운영하는 자(이하 "영상정보처리기기운영자"라 한다)는 정보주체가 쉽게 인식할 수 있도록 다음 각 호의 사항이 포함된 안내판을 설치하는 등 필요한 조치를 하여야 한다. 다만, 「군사기지 및 군사시설 보호법」 제2조 제2호에 따른 군사시설, 「통합방위법」 제2조 제13호에 따른 국가중요시설, 그 밖에 대통령령으로 정하는 시설에 대하여는 그러하지 아니하다(동조 제4항).[26]

---

24) 이를 위반하여 영상정보처리기기를 설치·운영한 자에게는 3천만원 이하의 과태료를 부과한다(제75조 제2항 제7호).

25) 이를 위반하여 영상정보처리기기를 설치·운영한 자에게는 5천만원 이하의 과태료를 부과한다(제75조 제1항 제3호).

1. 설치 목적 및 장소 2. 촬영 범위 및 시간 3. 관리책임자 성명 및 연락처 4. 그 밖에 대통령령으로 정하는 사항

※ 법 제25조 제4항 각 호 외의 부분 단서에서 "대통령령으로 정하는 시설"이란 「보안업무규정」 제32조에 따른 국가보안시설을 말한다(시행령 제24조 제4항).

이때 영상정보처리기기운영자는 영상정보처리기기의 설치 목적과 다른 목적으로 영상정보처리기기를 임의로 조작하거나 다른 곳을 비춰서는 아니 되며, 녹음기능은 사용할 수 없다(동조 제5항).[27] 또한 영상정보처리기기운영자는 개인정보가 분실·도난·유출·위조·변조 또는 훼손되지 아니하도록 안전성 확보에 필요한 조치(제29조)를 하여야 한다(동조 제6항).[28]

한편, 영상정보처리기기운영자는 대통령령(시행령 제25조 참조)으로 정하는 바에 따라 영상정보처리기기 운영·관리 방침을 마련하여야 한다. 이 경우 제30조에 따른 개인정보 처리방침을 정하지 아니할 수 있다(동조 제7항). 그리고 영상정보처리기기운영자는 영상정보처리기기의 설치·운영에 관한 사무를 위탁할 수 있다. 다만, 공공기관이 영상정보처리기기 설치·운영에 관한 사무를 위탁하는 경우에는 대통령령(시행령 제26조 참조)으로 정하는 절차 및 요건에 따라야 한다(동조 제8항).

(5) 업무위탁에 따른 개인정보의 처리 제한

개인정보처리자가 제3자에게 개인정보의 처리 업무를 위탁하는 경우에는 다음 각 호의 내용이 포함된 문서에 의하여야 한다(제26조 제1항).[29]

26) 안내판 설치 등 필요한 조치를 하지 아니한 자에게는 1천만원 이하의 과태료를 부과한다(제75조 제3항 제3호).

27) 영상정보처리기기의 설치 목적과 다른 목적으로 영상정보처리기기를 임의로 조작하거나 다른 곳을 비추는 자 또는 녹음기능을 사용한 자는 3년 이하의 징역 또는 3천만원 이하의 벌금에 처한다(제72조 제1호).

28) 안전성 확보에 필요한 조치를 하지 아니하여 개인정보를 분실·도난·유출·위조·변조 또는 훼손당한 자에게는 2년 이하의 징역 또는 2천만원 이하의 벌금에 처한다(제73조 제1호). 또한 안전상 확보에 필요한 조치를 하지 아니한 자에게는 3천만원 이하의 과태료를 부과한다(제75조 제2항 제6호).

29) 업무 위탁 시 각 호의 내용이 포함된 문서에 의하지 아니한 경우에는 1천만원 이하의

1. 위탁업무 수행 목적 외 개인정보의 처리 금지에 관한 사항 2. 개인정보의 기술적·관리적 보호조치에 관한 사항 3. 그 밖에 개인정보의 안전한 관리를 위하여 대통령령으로 정한 사항

※ 법 제26조 제1항 제3호에서 "대통령령으로 정한 사항"이란 다음 각 호의 사항을 말한다(시행령 제28조 제1항).

1. 위탁업무의 목적 및 범위
2. 재위탁 제한에 관한 사항
3. 개인정보에 대한 접근 제한 등 안전성 확보 조치에 관한 사항
4. 위탁업무와 관련하여 보유하고 있는 개인정보의 관리 현황 점검 등 감독에 관한 사항
5. 법 제26조 제2항에 따른 수탁자(이하 "수탁자"라 한다)가 준수하여야 할 의무를 위반한 경우의 손해배상 등 책임에 관한 사항

이때 개인정보의 처리 업무를 위탁하는 개인정보처리자(이하 "위탁자"라 한다)는 위탁하는 업무의 내용과 개인정보 처리 업무를 위탁받아 처리하는 자(이하 "수탁자"라 한다)를 정보주체가 언제든지 쉽게 확인할 수 있도록 대통령령으로 정하는 방법에 따라 공개하여야 한다(동조 제2항).[30]

※ 법 제26조 제2항에서 "대통령령으로 정하는 방법"이란 개인정보 처리 업무를 위탁하는 개인정보처리자(이하 "위탁자"라 한다)가 위탁자의 인터넷 홈페이지에 위탁하는 업무의 내용과 수탁자를 지속적으로 게재하는 방법을 말한다(시행령 제28조 제2항). 다만, 제2항에 따라 인터넷 홈페이지에 게재할 수 없는 경우에는 다음 각 호의 어느 하나 이상의 방법으로 위탁하는 업무의 내용과 수탁자를 공개하여야 한다(동조 제3항).

1. 위탁자의 사업장 등의 보기 쉬운 장소에 게시하는 방법
2. 관보(위탁자가 공공기관인 경우만 해당한다)나 위탁자의 사업장 등이 있는 시·도 이상의 지역을 주된 보급지역으로 하는 「신문 등의 진흥에 관한 법률」 제2조 제1호 가목·다목 및 같은 조 제2호에 따른 일반일간신문, 일반주간신문 또는 인터넷신문에 싣는 방법
3. 같은 제목으로 연 2회 이상 발행하여 정보주체에게 배포하는 간행물·소식지·홍보지 또는 청구서 등에 지속적으로 싣는 방법

과태료를 부과한다(제75조 제3항 제4호).

30) 위탁하는 업무의 내용과 수탁자를 공개하지 아니한 자에게는 1천만원 이하의 과태료를 부과한다(제75조 제3항 제5호).

4. 재화나 용역을 제공하기 위하여 위탁자와 정보주체가 작성한 계약서 등에 실어 정보주체에게 발급하는 방법

또한 위탁자가 재화 또는 서비스를 홍보하거나 판매를 권유하는 업무를 위탁하는 경우에는 대통령령으로 정하는 방법에 따라 위탁하는 업무의 내용과 수탁자를 정보주체에게 알려야 한다. 위탁하는 업무의 내용이나 수탁자가 변경된 경우에도 또한 같다(동조 제3항).[31]

※ 법 제26조 제3항 전단에서 "대통령령으로 정하는 방법"이란 서면, 전자우편, 팩스, 전화, 문자전송 또는 이에 상당하는 방법(이하 "서면 등의 방법"이라 한다)을 말한다(시행령 제28조 제4항).

그리고 위탁자는 업무 위탁으로 인하여 정보주체의 개인정보가 분실·도난·유출·위조·변조 또는 훼손되지 아니하도록 수탁자를 교육하고, 처리 현황 점검 등 대통령령으로 정하는 바에 따라 수탁자가 개인정보를 안전하게 처리하는지를 감독하여야 한다(동조 제4항).

한편, 수탁자는 개인정보처리자로부터 위탁받은 해당 업무 범위를 초과하여 개인정보를 이용하거나 제3자에게 제공하여서는 아니 된다(동조 제5항).[32] 수탁자가 위탁받은 업무와 관련하여 개인정보를 처리하는 과정에서 이 법을 위반하여 발생한 손해배상책임에 대하여는 수탁자를 개인정보처리자의 소속 직원으로 본다(동조 제6항). 이외에 수탁자에 관하여는 제15조부터 제25조까지, 제27조부터 제31조까지, 제33조부터 제38조까지 및 제59조를 준용한다(동조 제7항).

(6) 영업양도 등에 따른 개인정보의 이전 제한

개인정보처리자는 영업의 전부 또는 일부의 양도·합병 등으로 개인정보를 다른 사람에게 이전하는 경우에는 미리 다음 각 호의 사항을 대통령령으로 정하는

---

31) 이를 위반하여 정보주체에게 알려야 할 사항을 알리지 아니한 경우에는 3천만원 이하의 과태료를 부과한다(제75조 제2항 제1호).

32) 이를 위반하여 개인정보를 이용하거나 제3자에게 제공한 자 및 그 사정을 알면서도 영리 또는 부정한 목적으로 개인정보를 제공받은 자는 5년 이하의 징역 또는 5천만원 이하의 벌금에 처한다(제71조 제2항).

방법에 따라 해당 정보주체에게 알려야 한다(제27조 제1항).

1. 개인정보를 이전하려는 사실
2. 개인정보를 이전받는 자(이하 "영업양수자 등"이라 한다)의 성명(법인의 경우에는 법인의 명칭을 말한다), 주소, 전화번호 및 그 밖의 연락처
3. 정보주체가 개인정보의 이전을 원하지 아니하는 경우 조치할 수 있는 방법 및 절차

※ 법 제27조 제1항 각 호 외의 부분과 같은 조 제2항 본문에서 "대통령령으로 정하는 방법"이란 서면 등의 방법을 말한다(시행령 제29조 제1항). 다만, 법 제27조 제1항에 따라 개인정보를 이전하려는 자(이하 이 항에서 "영업양도자 등"이라 한다)가 과실 없이 제1항에 따른 방법으로 법 제27조 제1항 각 호의 사항을 정보주체에게 알릴 수 없는 경우에는 해당 사항을 인터넷 홈페이지에 30일 이상 게재하여야 한다. 다만, 인터넷 홈페이지를 운영하지 아니하는 영업양도자 등의 경우에는 사업장 등의 보기 쉬운 장소에 30일 이상 게시하여야 한다(동조 제2항).

이때 영업양수자 등은 개인정보를 이전받았을 때에는 지체 없이 그 사실을 대통령령으로 정하는 방법에 따라 정보주체에게 알려야 한다. 다만, 개인정보처리자가 그 이전 사실을 이미 알린 경우에는 그러하지 아니하다(동조 제2항).[33] 또한 영업양수자 등은 영업의 양도·합병 등으로 개인정보를 이전받은 경우에는 이전 당시의 본래 목적으로만 개인정보를 이용하거나 제3자에게 제공할 수 있다. 이 경우 영업양수자 등은 개인정보처리자로 본다(동조 제3항).[34]

(7) 개인정보취급자에 대한 감독

개인정보처리자는 개인정보를 처리함에 있어서 개인정보가 안전하게 관리될 수 있도록 임직원, 파견근로자, 시간제근로자 등 개인정보처리자의 지휘·감독을 받아 개인정보를 처리하는 자(이하 "개인정보취급자"라 한다)에 대하여 적절한 관리·감독을 행하여야 한다(제28조 제1항). 또한 개인정보처리자는 개인정보의 적정한

33) 정보주체에게 개인정보의 이전 사실을 알리지 아니한 자에게는 1천만원 이하의 과태료를 부과한다(제75조 제3항 제6호).

34) 이를 위반하여 개인정보를 이용하거나 제3자에게 제공한 자 및 그 사정을 알면서도 영리 또는 부정한 목적으로 개인정보를 제공받은 자는 5년 이하의 징역 또는 5천만원 이하의 벌금에 처한다(제71조 제2호).

취급을 보장하기 위하여 개인정보취급자에게 정기적으로 필요한 교육을 실시하여야 한다(동조 제2항).

제 4 절 개인정보의 안전한 관리

1. 안전조치의무

개인정보처리자는 개인정보가 분실·도난·유출·위조·변조 또는 훼손되지 아니하도록 내부 관리계획 수립, 접속기록 보관 등 대통령령(시행령 제30조 참조)으로 정하는 바에 따라 안전성 확보에 필요한 기술적·관리적 및 물리적 조치를 하여야 한다(제29조 제1항).[35)]

2. 개인정보 처리방침의 수립 및 공개

개인정보처리자는 다음 각 호의 사항이 포함된 개인정보의 처리 방침(이하 "개인정보 처리방침"이라 한다)을 정하여야 한다. 이 경우 공공기관은 제32조에 따라 등록대상이 되는 개인정보파일에 대하여 개인정보 처리방침을 정한다(제30조 제1항).

1. 개인정보의 처리 목적
2. 개인정보의 처리 및 보유 기간
3. 개인정보의 제3자 제공에 관한 사항(해당되는 경우에만 정한다)
4. 개인정보처리의 위탁에 관한 사항(해당되는 경우에만 정한다)
5. 정보주체와 법정대리인의 권리·의무 및 그 행사방법에 관한 사항
6. 제31조에 따른 개인정보 보호책임자의 성명 또는 개인정보 보호업무 및 관련 고충사항을 처리하는 부서의 명칭과 전화번호 등 연락처

35) 안전성 확보에 필요한 조치를 하지 아니하여 개인정보를 분실·도난·유출·위조·변조 또는 훼손당한 자는 2년 이하의 징역 또는 2천만원 이하의 벌금에 처한다(제73조 제1호). 또한 안전성 확보에 필요한 조치를 하지 아니한 자에게는 3천만원 이하의 과태료를 부과한다(제75조 제2항 제6호).

7. 인터넷 접속정보파일 등 개인정보를 자동으로 수집하는 장치의 설치·운영 및 그 거부에 관한 사항(해당하는 경우에만 정한다)
8. 그 밖에 개인정보의 처리에 관하여 대통령령으로 정한 사항

※ 법 제30조 제1항 제8호에서 "대통령령으로 정한 사항"이란 다음 각 호의 사항을 말한다(시행령 제31조 제1항).
1. 처리하는 개인정보의 항목
2. 개인정보의 파기에 관한 사항
3. 제30조에 따른 개인정보의 안전성 확보 조치에 관한 사항

또한 개인정보처리자가 개인정보 처리방침을 수립하거나 변경하는 경우에는 정보주체가 쉽게 확인할 수 있도록 대통령령으로 정하는 방법에 따라 공개하여야 한다(동조 제2항).[36]

※ 개인정보처리자는 법 제30조 제2항에 따라 수립하거나 변경한 개인정보 처리방침을 개인정보처리자의 인터넷 홈페이지에 지속적으로 게재하여야 한다(시행령 제31조 제2항). 다만, 인터넷 홈페이지에 게재할 수 없는 경우에는 다음 각 호의 어느 하나 이상의 방법으로 수립하거나 변경한 개인정보 처리방침을 공개하여야 한다(동조 제3항).
1. 개인정보처리자의 사업장 등의 보기 쉬운 장소에 게시하는 방법
2. 관보(개인정보처리자가 공공기관인 경우만 해당한다)나 개인정보처리자의 사업장 등이 있는 시·도 이상의 지역을 주된 보급지역으로 하는 「신문 등의 진흥에 관한 법률」 제2조 제1호 가목·다목 및 같은 조 제2호에 따른 일반일간신문, 일반주간신문 또는 인터넷신문에 싣는 방법
3. 같은 제목으로 연 2회 이상 발행하여 정보주체에게 배포하는 간행물·소식지·홍보지 또는 청구서 등에 지속적으로 싣는 방법
4. 재화나 용역을 제공하기 위하여 개인정보처리자와 정보주체가 작성한 계약서 등에 실어 정보주체에게 발급하는 방법

한편, 개인정보 처리방침의 내용과 개인정보처리자와 정보주체 간에 체결한 계약의 내용이 다른 경우에는 정보주체에게 유리한 것을 적용한다(동조 제3항). 다만, 행정안전부장관은 개인정보 처리방침의 작성지침을 정하여 개인정보처리자에게 그 준수를 권장할 수 있다(동조 제4항).

---

36) 이를 위반하여 개인정보처리방침을 정하지 아니하거나 이를 공개하지 아니한 자에게는 1천만원 이하의 과태료를 부과한다(제75조 제3항 제7호).

3. 개인정보 보호책임자

(1) 개인정보 보호책임자의 지정

개인정보처리자는 개인정보의 처리에 관한 업무를 총괄해서 책임질 개인정보 보호책임자를 지정하여야 한다(제31조 제1항).37)

(2) 개인정보 보호책임자의 업무 등

개인정보 보호책임자는 다음 각 호의 업무를 수행한다(동조 제2항)

1. 개인정보 보호 계획의 수립 및 시행 2. 개인정보 처리 실태 및 관행의 정기적인 조사 및 개선 3. 개인정보 처리와 관련한 불만의 처리 및 피해 구제 4. 개인정보 유출 및 오용·남용 방지를 위한 내부통제시스템의 구축 5. 개인정보 보호 교육 계획의 수립 및 시행 6. 개인정보파일의 보호 및 관리·감독 7. 그 밖에 개인정보의 적절한 처리를 위하여 대통령령으로 정한 업무

※ 법 제31조 제2항 제7호에서 "대통령령으로 정한 업무"란 다음 각 호와 같다(시행령 제32조 제1항).
  1. 법 제30조에 따른 개인정보 처리방침의 수립·변경 및 시행
  2. 개인정보 보호 관련 자료의 관리
  3. 처리 목적이 달성되거나 보유기간이 지난 개인정보의 파기

이때 개인정보 보호책임자는 각 호의 업무를 수행함에 있어서 필요한 경우 개인정보의 처리 현황, 처리 체계 등에 대하여 수시로 조사하거나 관계 당사자로부터 보고를 받을 수 있다(동조 제3항). 개인정보처리자는 개인정보 보호책임자가 각 호의 업무를 수행함에 있어서 정당한 이유 없이 불이익을 주거나 받게 하여서는 아니 된다(동조 제5항).

한편, 개인정보 보호책임자는 개인정보 보호와 관련하여 이 법 및 다른 관계 법령의 위반 사실을 알게 된 경우에는 즉시 개선조치를 하여야 하며, 필요하면 소

37) 개인정보 보호책임자를 지정하지 아니한 자에게는 1천만원 이하의 과태료를 부과한다(제75조 제3항 제8호).

속 기관 또는 단체의 장에게 개선조치를 보고하여야 한다(동조 제4항). 개인정보보호책임자의 지정요건, 업무, 자격요건, 그 밖에 필요한 사항은 대통령령(시행령 제32조 참조)으로 정한다(동조 제6항).

4. 개인정보파일의 등록 및 공개

공공기관의 장이 개인정보파일을 운용하는 경우에는 다음 각 호의 사항을 행정안전부장관에게 등록하여야 한다. 등록한 사항이 변경된 경우에도 또한 같다(제32조 제1항).

1. 개인정보파일의 명칭
2. 개인정보파일의 운영 근거 및 목적
3. 개인정보파일에 기록되는 개인정보의 항목
4. 개인정보의 처리방법
5. 개인정보의 보유기간
6. 개인정보를 통상적 또는 반복적으로 제공하는 경우에는 그 제공받는 자
7. 그 밖에 대통령령으로 정하는 사항

※ 법 제32조 제1항 제7호에서 "대통령령으로 정하는 사항"이란 다음 각 호의 사항을 말한다(시행령 제33조).
  1. 개인정보파일을 운용하는 공공기관의 명칭
  2. 개인정보파일로 보유하고 있는 개인정보의 정보주체 수
  3. 해당 공공기관에서 개인정보 처리 관련 업무를 담당하는 부서
  4. 제41조에 따른 개인정보의 열람 요구를 접수·처리하는 부서
  5. 개인정보파일의 개인정보 중 법 제35조 제4항에 따라 열람을 제한하거나 거절할 수 있는 개인정보의 범위 및 제한 또는 거절 사유

다만, 다음 각 호의 어느 하나에 해당하는 개인정보파일에 대하여는 이를 적용하지 아니한다(동조 제2항).

1. 국가 안전, 외교상 비밀, 그 밖에 국가의 중대한 이익에 관한 사항을 기록한 개인정보파일
2. 범죄의 수사, 공소의 제기 및 유지, 형 및 감호의 집행, 교정처분, 보호처분, 보안관

찰처분과 출입국관리에 관한 사항을 기록한 개인정보파일
3. 「조세범처벌법」에 따른 범칙행위 조사 및 「관세법」에 따른 범칙행위 조사에 관한 사항을 기록한 개인정보파일
4. 공공기관의 내부적 업무처리만을 위하여 사용되는 개인정보파일
5. 다른 법령에 따라 비밀로 분류된 개인정보파일

이때 행정안전부장관은 필요하면 개인정보파일의 등록사항과 그 내용을 검토하여 해당 공공기관의 장에게 개선을 권고할 수 있으며(동조 제3항), 개인정보파일의 등록 현황을 누구든지 쉽게 열람할 수 있도록 공개하여야 한다(동조 제4항). 개인정보파일의 등록과 공개의 방법, 범위 및 절차에 관하여 필요한 사항은 대통령령(시행령 제34조 참조)으로 정한다(동조 제5항). 다만, 국회, 법원, 헌법재판소, 중앙선거관리위원회(그 소속 기관을 포함한다)의 개인정보파일 등록 및 공개에 관하여는 국회규칙, 대법원규칙, 헌법재판소규칙 및 중앙선거관리위원회규칙으로 정한다(동조 제6항).

5. 개인정보 보호 인증

행정안전부장관은 개인정보처리자의 개인정보 처리 및 보호와 관련한 일련의 조치가 이 법에 부합하는지 등에 관하여 인증할 수 있다(제32조의2 제1항). 이때 인증의 유효기간은 3년으로 한다(동조 제2항). 다만, 행정안전부장관은 다음 각 호의 어느 하나에 해당하는 경우에는 대통령령(시행령 제34조의4 참조)으로 정하는 바에 따라 인증을 취소할 수 있다. 다만, 제1호에 해당하는 경우에는 취소하여야 한다(동조 제3항).

1. 거짓이나 그 밖의 부정한 방법으로 개인정보 보호 인증을 받은 경우
2. 제4항에 따른 사후관리를 거부 또는 방해한 경우
3. 제8항에 따른 인증기준에 미달하게 된 경우
4. 개인정보 보호 관련 법령을 위반하고 그 위반사유가 중대한 경우

또한 행정안전부장관은 개인정보 보호 인증의 실효성 유지를 위하여 연 1회 이상 사후관리를 실시하여야 한다(동조 제4항). 이때 행정안전부장관은 대통령령으

로 정하는 전문기관으로 하여금 위의 인증, 인증 취소, 사후관리 및 인증 심사원 관리 업무를 수행하게 할 수 있다(동조 제5항).

※ 법 제32조의2 제5항에서 "대통령령으로 정하는 전문기관"이란 다음 각 호의 기관을 말한다(시행령 제34조의6).
1. 한국인터넷진흥원
2. 다음 각 목의 요건을 모두 충족하는 법인, 단체 또는 기관 중에서 행정안전부장관이 지정·고시하는 법인, 단체 또는 기관
가. 제34조의8에 따른 개인정보 보호 인증심사원 5명 이상을 보유할 것
나. 행정안전부장관이 실시하는 업무수행 요건·능력 심사에서 적합하다고 인정받을 것

한편, 위의 인증을 받은 자는 대통령령(시행령 제34조의7 참조)으로 정하는 바에 따라 인증의 내용을 표시하거나 홍보할 수 있다(동조 제6항).[38]이외에 위의 인증을 위하여 필요한 심사를 수행할 심사원의 자격 및 자격 취소 요건 등에 관하여는 전문성과 경력 및 그 밖에 필요한 사항을 고려하여 대통령령(시행령 제34조의8 참조)으로 정한다(동조 제7항). 그 밖에 개인정보 관리체계, 정보주체 권리보장, 안전성 확보조치가 이 법에 부합하는지 여부 등 제1항에 따른 인증의 기준·방법·절차 등 필요한 사항은 대통령령(시행령 제34조의2－제34조의7 참조)으로 정한다(동조 제8항).

6. 개인정보 영향평가

공공기관의 장은 대통령령으로 정하는 기준에 해당하는 개인정보파일의 운용으로 인하여 정보주체의 개인정보 침해가 우려되는 경우에는 그 위험요인의 분석과 개선 사항 도출을 위한 평가(이하 "영향평가"라 한다)를 하고 그 결과를 행정안전부장관에게 제출하여야 한다. 이 경우 공공기관의 장은 영향평가를 행정안전부장관이 지정하는 기관(이하 "평가기관"이라 한다) 중에서 의뢰하여야 한다(제33조 제1항). 이때 평가기관의 지정기준 및 지정취소, 평가기준, 영향평가의 방법·절차

38) 인증을 받지 아니하였음에도 거짓으로 인증의 내용을 표시하거나 홍보한 자에게는 3천만원 이하의 과태료를 부과한다(제75조 제2항 제7호의2).

등에 관하여 필요한 사항은 대통령령(시행령 제37조－제38조 참조)으로 정한다(동조 제6항).

※ 법 제33조 제1항에서 "대통령령으로 정하는 기준에 해당하는 개인정보파일"이란 개인정보를 전자적으로 처리할 수 있는 개인정보파일로서 다음 각 호의 어느 하나에 해당하는 개인정보파일을 말한다(시행령 제35조).

1. 구축·운용 또는 변경하려는 개인정보파일로서 5만명 이상의 정보주체에 관한 민감정보 또는 고유식별정보의 처리가 수반되는 개인정보파일
2. 구축·운용하고 있는 개인정보파일을 해당 공공기관 내부 또는 외부에서 구축·운용하고 있는 다른 개인정보파일과 연계하려는 경우로서 연계 결과 50만명 이상의 정보주체에 관한 개인정보가 포함되는 개인정보파일
3. 구축·운용 또는 변경하려는 개인정보파일로서 100만명 이상의 정보주체에 관한 개인정보파일
4. 법 제33조 제1항에 따른 개인정보 영향평가(이하 "영향평가"라 한다)를 받은 후에 개인정보 검색체계 등 개인정보파일의 운용체계를 변경하려는 경우 그 개인정보파일. 이 경우 영향평가 대상은 변경된 부분으로 한정한다.

영향평가를 하는 경우에는 다음 각 호의 사항을 고려하여야 한다(동조 제2항).

1. 처리하는 개인정보의 수
2. 개인정보의 제3자 제공 여부
3. 정보주체의 권리를 해할 가능성 및 그 위험 정도
4. 그 밖에 대통령령으로 정한 사항

※ 법 제33조 제2항 제4호에서 "대통령령으로 정한 사항"이란 다음 각 호의 사항을 말한다(시행령 제36조).

1. 민감정보 또는 고유식별정보의 처리 여부
2. 개인정보 보유기간

이때 행정안전부장관은 제출받은 영향평가 결과에 대하여 보호위원회의 심의·의결을 거쳐 의견을 제시할 수 있다(동조 제3항). 또한 공공기관의 장은 영향평가를 한 개인정보파일을 제32조 제1항에 따라 등록할 때에는 영향평가 결과를 함께 첨부하여야 한다(동조 제4항). 그리고 행정안전부장관은 영향평가의 활성화를 위하여 관계 전문가의 육성, 영향평가 기준의 개발·보급 등 필요한 조치를 마련

하여야 한다(동조 제5항). 또한 공공기관 외의 개인정보처리자는 개인정보파일 운용으로 인하여 정보주체의 개인정보 침해가 우려되는 경우에는 영향평가를 하기 위하여 적극 노력하여야 한다(동조 제8항).

한편, 국회, 법원, 헌법재판소, 중앙선거관리위원회(그 소속 기관을 포함한다)의 영향평가에 관한 사항은 국회규칙, 대법원규칙, 헌법재판소규칙 및 중앙선거관리위원회규칙으로 정하는 바에 따른다(동조 제7항).

7. 개인정보 유출 통지 등

개인정보처리자는 개인정보가 유출되었음을 알게 되었을 때에는 지체 없이 해당 정보주체에게 다음 각 호의 사실을 알려야 한다(제34조 제1항).[39] 이때 통지의 시기, 방법 및 절차 등에 관하여 필요한 사항은 대통령령(시행령 제40조 참조)으로 정한다(동조 제4항).

1. 유출된 개인정보의 항목
2. 유출된 시점과 그 경위
3. 유출로 인하여 발생할 수 있는 피해를 최소화하기 위하여 정보주체가 할 수 있는 방법 등에 관한 정보
4. 개인정보처리자의 대응조치 및 피해 구제절차
5. 정보주체에게 피해가 발생한 경우 신고 등을 접수할 수 있는 담당부서 및 연락처

또한 개인정보처리자는 개인정보가 유출된 경우 그 피해를 최소화하기 위한 대책을 마련하고 필요한 조치를 하여야 한다(동조 제2항). 이때 개인정보처리자는 대통령령으로 정한 규모 이상의 개인정보가 유출된 경우에는 위의 통지 및 조치 결과를 지체 없이 행정안전부장관 또는 대통령령으로 정하는 전문기관에 신고하여야 한다. 이 경우 행정안전부장관 또는 대통령령으로 정하는 전문기관은 피해 확산방지, 피해 복구 등을 위한 기술을 지원할 수 있다(동조 제3항).[40]

39) 정보주체에게 각 호의 사실을 알리지 아니한 자에게는 3천만원 이하의 과태료를 부과한다(제75조 제2항 제8호).

40) 조치 결과를 신고하지 아니한 자에게는 3천만원 이하의 과태료를 부과한다(제75조 제2항 제9호).

※ 법 제34조 제3항 전단에서 “대통령령으로 정한 규모 이상의 개인정보”란 1천명 이상의 정보주체에 관한 개인정보를 말한다(시행령 제39조 제1항).
※ 법 제34조 제3항 전단 및 후단에서 “대통령령으로 정하는 전문기관”이란 각각 한국인터넷진흥원을 말한다(동조 제2항).

8. 과징금의 부과 등

행정안전부장관은 개인정보처리자가 처리하는 주민등록번호가 분실·도난·유출·위조·변조 또는 훼손된 경우에는 5억원 이하의 과징금을 부과·징수할 수 있다. 다만, 주민등록번호가 분실·도난·유출·위조·변조 또는 훼손되지 아니하도록 개인정보처리자가 안전성 확보에 필요한 조치(제24조 제3항)를 다한 경우에는 그러하지 아니하다(제34조의2 제1항). 이때 행정안전부장관은 이 과징금을 부과하는 경우에는 다음 각 호의 사항을 고려하여야 한다(동조 제2항).

1. 제24조 제3항에 따른 안전성 확보에 필요한 조치 이행 노력 정도
2. 분실·도난·유출·위조·변조 또는 훼손된 주민등록번호의 정도
3. 피해확산 방지를 위한 후속조치 이행 여부

또한 행정안전부장관은 위의 과징금을 내야 할 자가 납부기한까지 내지 아니하면 납부기한의 다음 날부터 과징금을 낸 날의 전날까지의 기간에 대하여 내지 아니한 과징금의 연 100분의 6의 범위에서 대통령령으로 정하는 가산금을 징수한다. 이 경우 가산금을 징수하는 기간은 60개월을 초과하지 못한다(동조 제3항). 그리고 행정안전부장관은 위의 과징금을 내야 할 자가 납부기한까지 내지 아니하면 기간을 정하여 독촉을 하고, 그 지정한 기간 내에 과징금 및 가산금을 내지 아니하면 국세 체납처분의 예에 따라 징수한다(동조 제4항). 과징금의 부과·징수에 관하여 그 밖에 필요한 사항은 대통령령(시행령 제40조의2 참조)으로 정한다(동조 제5항).

제 5 절 정보주체의 권리 보장

1. 열람 등 요구

(1) 개인정보의 열람

정보주체는 개인정보처리자가 처리하는 자신의 개인정보에 대한 열람을 해당 개인정보처리자에게 요구할 수 있다(제35조 제1항). 다만, 정보주체가 자신의 개인정보에 대한 열람을 공공기관에 요구하고자 할 때에는 공공기관에 직접 열람을 요구하거나 대통령령(시행령 제41조 제3항 참조)으로 정하는 바에 따라 행정안전부장관을 통하여 열람을 요구할 수 있다(동조 제2항). 이때 개인정보처리자는 이 열람을 요구받았을 때에는 대통령령으로 정하는 기간 내에 정보주체가 해당 개인정보를 열람할 수 있도록 하여야 한다. 이 경우 해당 기간 내에 열람할 수 없는 정당한 사유가 있을 때에는 정보주체에게 그 사유를 알리고 열람을 연기할 수 있으며, 그 사유가 소멸하면 지체 없이 열람하게 하여야 한다(동조 제3항).[41]

※ 법 제35조 제3항 전단에서 "대통령령으로 정하는 기간"이란 10일을 말한다(시행령 제41조 제4항).

그러나 개인정보처리자는 다음 각 호의 어느 하나에 해당하는 경우에는 정보주체에게 그 사유를 알리고 열람을 제한하거나 거절할 수 있다(동조 제4항).[42]

1. 법률에 따라 열람이 금지되거나 제한되는 경우
2. 다른 사람의 생명·신체를 해할 우려가 있거나 다른 사람의 재산과 그 밖의 이익을 부당하게 침해할 우려가 있는 경우
3. 공공기관이 다음 각 목의 어느 하나에 해당하는 업무를 수행할 때 중대한 지장을

41) 열람을 제한하거나 거절한 자에게는 3천만원 이하의 과태료를 부과한다(제75조 제2항 제10호), 정보주체에게 알려야 할 사항을 알리지 아니한 자에게는 1천만원 이하의 과태료를 부과한다(동조 제3항 제9호).

42) 정보주체에게 알려야 할 사항을 알리지 아니한 자에게는 1천만원 이하의 과태료를 부과한다(제75조 제3항 제9호).

> 초래하는 경우
> 가. 조세의 부과·징수 또는 환급에 관한 업무
> 나. 「초·중등교육법」 및 「고등교육법」에 따른 각급 학교, 「평생교육법」에 따른 평생교육 시설, 그 밖의 다른 법률에 따라 설치된 고등교육기관에서의 성적 평가 또는 입학자 선발에 관한 업무
> 다. 학력·기능 및 채용에 관한 시험, 자격 심사에 관한 업무
> 라. 보상금·급부금 산정 등에 대하여 진행 중인 평가 또는 판단에 관한 업무
> 마. 다른 법률에 따라 진행 중인 감사 및 조사에 관한 업무

위의 열람 요구, 열람 제한, 통지 등의 방법 및 절차에 관하여 필요한 사항은 대통령령(시행령 제41조 참조)으로 정한다(동조 제5항).

(2) 개인정보의 정정·삭제

자신의 개인정보를 열람한 정보주체는 개인정보처리자에게 그 개인정보의 정정 또는 삭제를 요구할 수 있다. 다만, 다른 법령에서 그 개인정보가 수집 대상으로 명시되어 있는 경우에는 그 삭제를 요구할 수 없다(제36조 제1항). 이때 개인정보처리자는 위의 정보주체의 요구를 받았을 때에는 개인정보의 정정 또는 삭제에 관하여 다른 법령에 특별한 절차가 규정되어 있는 경우를 제외하고는 지체 없이 그 개인정보를 조사하여 정보주체의 요구에 따라 정정·삭제 등 필요한 조치를 한 후 그 결과를 정보주체에게 알려야 한다(동조 제2항). 다만, 개인정보처리자는 정보주체의 요구가 위 단서에 해당될 때에는 지체 없이 그 내용을 정보주체에게 알려야 한다(동조 제4항).[43]

또한, 개인정보처리자는 위의 개인정보 조사를 할 때 필요하면 해당 정보주체에게 정정·삭제 요구사항의 확인에 필요한 증거자료를 제출하게 할 수 있으며(동조 제5항), 이에 따라 개인정보를 삭제할 때에는 복구 또는 재생되지 아니하도록 조치하여야 한다(동조 제3항). 위의 개인정보의 정정 또는 삭제 요구, 통지 방법 및 절차 등에 필요한 사항은 대통령령(시행령 제43조 참조)으로 정한다(동조 제6항).

---

43) 정정·삭제 등 필요한 조치를 하지 아니하고 개인정보를 계속 이용하거나 이를 제3자에게 제공한 자는 2년 이하의 징역 또는 2천만원 이하의 벌금에 처한다(제73조 제2호). 또한 정정·삭제 등 필요한 조치를 하지 아니한 자에게는 3천만원 이하의 과태료를 부과한다(제75조 제2항 제11호). 그리고 정보주체에게 알려야 할 사항을 알리지 아니한 자에게는 1천만원 이하의 과태료를 부과한다(동조 제3항 제9호).

▪ **판례** ▪ 甲 등이 관할 행정청에 주민등록번호를 포함한 개인정보가 유출되었다는 이유로 주민등록번호 변경을 요구하는 민원을 제기하였으나 변경이 어렵다는 회신을 받은 사안에서, 주민등록법 시행령 제8조 제1항은 주민등록번호 정정을 할 수 있는 경우를 한정하여 규정하고 있고, 개인정보 보호법을 근거로 주민등록번호 변경을 요구할 수 있는 권리가 도출된다고 보기도 어려우며, 개인정보자기결정권에 주민등록번호를 변경해 줄 권리가 포함된다고 볼 수도 없다는 등의 이유로 甲 등에게 주민등록번호 변경에 관한법규상 또는 조리상 신청권이 있다고 볼 수 없어, 위 회신은 항고소송의 대상이 되는 처분에 해당하지 않는다고 판시하였다(서울행정법원 2014.11.6. 선고 2014구합57867 판결).

(3) 개인정보의 처리정지 등

정보주체는 개인정보처리자에 대하여 자신의 개인정보 처리의 정지를 요구할 수 있다. 이 경우 공공기관에 대하여는 등록 대상이 되는 개인정보파일(제32조) 중 자신의 개인정보에 대한 처리의 정지를 요구할 수 있다(제37조 제1항). 이때 개인정보처리자는 이 요구를 받았을 때에는 지체 없이 정보주체의 요구에 따라 개인정보 처리의 전부를 정지하거나 일부를 정지하여야 한다. 다만, 다음 각 호의 어느 하나에 해당하는 경우에는 정보주체의 처리정지 요구를 거절할 수 있다(동조 제2항). 이때 개인정보처리자는 처리정지 요구를 거절하였을 때에는 정보주체에게 지체 없이 그 사유를 알려야 한다(동조 제3항).[44]

1. 법률에 특별한 규정이 있거나 법령상 의무를 준수하기 위하여 불가피한 경우
2. 다른 사람의 생명·신체를 해할 우려가 있거나 다른 사람의 재산과 그 밖의 이익을 부당하게 침해할 우려가 있는 경우
3. 공공기관이 개인정보를 처리하지 아니하면 다른 법률에서 정하는 소관 업무를 수행할 수 없는 경우
4. 개인정보를 처리하지 아니하면 정보주체와 약정한 서비스를 제공하지 못하는 등 계약의 이행이 곤란한 경우로서 정보주체가 그 계약의 해지 의사를 명확하게 밝히지 아니한 경우

44) 개인정보의 처리를 정지하지 아니하고 계속 이용하거나 제3자에게 제공한 자는 2년 이하의 징역 또는 2천만원 이하의 벌금에 처한다(제73조 제3호). 또한 정보주체에게 알려야 할 사항을 알리지 아니한 자에게는 1천만원 이하의 과태료를 부과한다(제75조 제3항 제9호).

한편, 개인정보처리자는 정보주체의 요구에 따라 처리가 정지된 개인정보에 대하여 지체 없이 해당 개인정보의 파기 등 필요한 조치를 하여야 한다(동조 제4항).[45] 개인정보의 처리정지의 요구, 처리정지의 거절, 통지 등의 방법 및 절차에 필요한 사항은 대통령령(시행령 제44조 참조)으로 정한다(동조 제5항).

2. 권리행사의 방법 및 절차

정보주체는 개인정보의 열람(제35조), 정정·삭제(제36조), 처리정지 등의 요구(제37조)(이하 "열람 등 요구"라 한다)를 문서 등 대통령령(시행령 제46조)으로 정하는 방법·절차에 따라 대리인에게 하게 할 수 있다(제38조 제1항). 다만, 만 14세 미만 아동의 법정대리인은 개인정보처리자에게 그 아동의 개인정보 열람 등 요구를 할 수 있다(동조 제2항). 이때 개인정보처리자는 열람 등 요구를 하는 자에게 대통령령(시행령 제47조 참조)으로 정하는 바에 따라 수수료와 우송료(사본의 우송을 청구하는 경우에 한한다)를 청구할 수 있다(동조 제3항).

※ 법 제38조에 따라 정보주체를 대리할 수 있는 자는 다음 각 호와 같다(시행령 제45조 제1항).
  1. 정보주체의 법정대리인
  2. 정보주체로부터 위임을 받은 자

한편, 개인정보처리자는 정보주체가 열람 등 요구를 할 수 있는 구체적인 방법과 절차를 마련하고, 이를 정보주체가 알 수 있도록 공개하여야 하며(동조 제4항), 정보주체가 열람 등 요구에 대한 거절 등 조치에 대하여 불복이 있는 경우 이의를 제기할 수 있도록 필요한 절차를 마련하고 안내하여야 한다(동조 제5항).

---

45) 처리가 정지된 개인정보에 대하여 파기 등 필요한 조치를 하지 아니한 자에게는 3천만 원 이하의 과태료를 부과한다(제75조 제2항 제12호).

3. 손해배상

(1) 손해배상책임

정보주체는 개인정보처리자가 이 법을 위반한 행위로 손해를 입으면 개인정보처리자에게 손해배상을 청구할 수 있다. 이 경우 그 개인정보처리자는 고의 또는 과실이 없음을 입증하지 아니하면 책임을 면할 수 없다(제39조 제1항). 개인정보처리자의 고의 또는 중대한 과실로 인하여 개인정보가 분실·도난·유출·위조·변조 또는 훼손된 경우로서 정보주체에게 손해가 발생한 때에는 법원은 그 손해액의 3배를 넘지 아니하는 범위에서 손해배상액을 정할 수 있다. 다만, 개인정보처리자가 고의 또는 중대한 과실이 없음을 증명한 경우에는 그러하지 아니하다(동조 제3항). 이때 법원은 배상액을 정할 때에는 다음 각 호의 사항을 고려하여야 한다(동조 제4항).

1. 고의 또는 손해 발생의 우려를 인식한 정도
2. 위반행위로 인하여 입은 피해 규모
3. 위법행위로 인하여 개인정보처리자가 취득한 경제적 이익
4. 위반행위에 따른 벌금 및 과징금
5. 위반행위의 기간·횟수 등
6. 개인정보처리자의 재산상태
7. 개인정보처리자가 정보주체의 개인정보 분실·도난·유출 후 해당 개인정보를 회수하기 위하여 노력한 정도
8. 개인정보처리자가 정보주체의 피해구제를 위하여 노력한 정도

(2) 법정손해배상의 청구

정보주체는 개인정보처리자의 고의 또는 과실로 인하여 개인정보가 분실·도난·유출·위조·변조 또는 훼손된 경우에는 300만원 이하의 범위에서 상당한 금액을 손해액으로 하여 배상을 청구할 수 있다. 이 경우 해당 개인정보처리자는 고의 또는 과실이 없음을 입증하지 아니하면 책임을 면할 수 없다(제39조의2 제1항). 법원은 이 청구가 있는 경우에 변론 전체의 취지와 증거조사의 결과를 고려하여 위 금액의 범위에서 상당한 손해액을 인정할 수 있다(동조 제2항). 이때 제39조에

따라 손해배상을 청구한 정보주체는 사실심(事實審)의 변론이 종결되기 전까지 그 청구를 이 청구로 변경할 수 있다(동조 제3항).

제 6 절 개인정보 분쟁조정위원회

1. 분쟁조정위원회 설치 및 구성

개인정보에 관한 분쟁의 조정(調停)을 위하여 개인정보 분쟁조정위원회(이하 "분쟁조정위원회"라 한다)를 둔다(제40조 제1항).

분쟁조정위원회는 위원장 1명을 포함한 20명 이내의 위원으로 구성하며, 위원은 당연직위원과 위촉위원으로 구성한다(동조 제2항). 위촉위원은 다음 각 호의 어느 하나에 해당하는 사람 중에서 보호위원회 위원장이 위촉하고, 대통령령(시행령 제48조의2 참조)으로 정하는 국가기관 소속 공무원은 당연직위원이 된다(동조 제3항).

1. 개인정보 보호업무를 관장하는 중앙행정기관의 고위공무원단에 속하는 공무원으로 재직하였던 사람 또는 이에 상당하는 공공부문 및 관련 단체의 직에 재직하고 있거나 재직하였던 사람으로서 개인정보 보호업무의 경험이 있는 사람
2. 대학이나 공인된 연구기관에서 부교수 이상 또는 이에 상당하는 직에 재직하고 있거나 재직하였던 사람
3. 판사·검사 또는 변호사로 재직하고 있거나 재직하였던 사람
4. 개인정보 보호와 관련된 시민사회단체 또는 소비자단체로부터 추천을 받은 사람
5. 개인정보처리자로 구성된 사업자단체의 임원으로 재직하고 있거나 재직하였던 사람

위원장은 위원 중에서 공무원이 아닌 사람으로 보호위원회 위원장이 위촉하며(동조 제4항), 위원장과 위촉위원의 임기는 2년으로 하되, 1차에 한하여 연임할 수 있다(동조 제5항).

또한 분쟁조정위원회는 분쟁조정 업무를 효율적으로 수행하기 위하여 필요하면 대통령령으로 정하는 바에 따라 조정사건의 분야별로 5명 이내의 위원으로 구성되는 조정부를 둘 수 있다. 이 경우 조정부가 분쟁조정위원회에서 위임받아 의

결한 사항은 분쟁조정위원회에서 의결한 것으로 본다(동조 제6항). 분쟁조정위원회 또는 조정부는 재적위원 과반수의 출석으로 개의하며 출석위원 과반수의 찬성으로 의결한다(동조 제7항). 한편, 보호위원회는 분쟁조정 접수, 사실 확인 등 분쟁조정에 필요한 사무를 처리할 수 있다(동조 제8항). 이 법에서 정한 사항 외에 분쟁조정위원회 운영에 필요한 사항은 대통령령(시행령 제48조의2－제57조 참조)으로 정한다(동조 제9항).

2. 위원의 신분보장

위원은 자격정지 이상의 형을 선고받거나 심신상의 장애로 직무를 수행할 수 없는 경우를 제외하고는 그의 의사에 반하여 면직되거나 해촉되지 아니한다(제41조).

3. 위원의 제척 · 기피 · 회피

분쟁조정위원회의 위원은 다음 각 호의 어느 하나에 해당하는 경우에는 분쟁조정위원회에 신청된 분쟁조정사건(제43조 제1항, 이하 이 조에서 "사건"이라 한다)의 심의 · 의결에서 제척(除斥)된다(제42조 제1항).

1. 위원 또는 그 배우자나 배우자였던 자가 그 사건의 당사자가 되거나 그 사건에 관하여 공동의 권리자 또는 의무자의 관계에 있는 경우
2. 위원이 그 사건의 당사자와 친족이거나 친족이었던 경우
3. 위원이 그 사건에 관하여 증언, 감정, 법률자문을 한 경우
4. 위원이 그 사건에 관하여 당사자의 대리인으로서 관여하거나 관여하였던 경우

또한 당사자는 위원에게 공정한 심의 · 의결을 기대하기 어려운 사정이 있으면 위원장에게 기피신청을 할 수 있다. 이 경우 위원장은 기피신청에 대하여 분쟁조정위원회의 의결을 거치지 아니하고 결정한다(동조 제2항). 그리고 위원이 제척 또는 기피 사유에 해당하는 경우에는 스스로 그 사건의 심의 · 의결에서 회피할 수 있다(동조 제3항).

4. 조정절차

(1) 조정의 신청

개인정보와 관련한 분쟁의 조정을 원하는 자는 분쟁조정위원회에 분쟁조정을 신청할 수 있다(제43조 제1항). 또한, 분쟁조정위원회는 당사자 일방으로부터 분쟁조정 신청을 받았을 때에는 그 신청내용을 상대방에게 알려야 한다(동조 제2항). 이때 공공기관이 분쟁조정의 통지를 받은 경우에는 특별한 사유가 없으면 분쟁조정에 응하여야 한다(동조 제3항).

(2) 분쟁조정 신청 처리기간

분쟁조정위원회는 분쟁조정 신청을 받은 날부터 60일 이내에 이를 심사하여 조정안을 작성하여야 한다. 다만, 부득이한 사정이 있는 경우에는 분쟁조정위원회의 의결로 처리기간을 연장할 수 있다(제44조 제1항). 이때 분쟁조정위원회는 그 처리기간을 연장한 경우에는 기간연장의 사유와 그 밖의 기간연장에 관한 사항을 신청인에게 알려야 한다(동조 제2항).

(3) 자료의 요청 등

분쟁조정위원회는 분쟁조정 신청을 받았을 때에는 해당 분쟁의 조정을 위하여 필요한 자료를 분쟁당사자에게 요청할 수 있다. 이 경우 분쟁당사자는 정당한 사유가 없으면 요청에 따라야 한다(제45조 제1항). 또한 분쟁조정위원회는 필요하다고 인정하면 분쟁당사자나 참고인을 위원회에 출석하도록 하여 그 의견을 들을 수 있다(동조 제2항).

(4) 조정 전 합의 권고

분쟁조정위원회는 분쟁조정 신청을 받았을 때에는 당사자에게 그 내용을 제시하고 조정 전 합의를 권고할 수 있다(제46조 제1항).

(5) 분쟁의 조정

분쟁조정위원회는 다음 각 호의 어느 하나의 사항을 포함하여 조정안을 작성할 수 있다(제47조 제1항).

1. 조사 대상 침해행위의 중지
2. 원상회복, 손해배상, 그 밖에 필요한 구제조치
3. 같거나 비슷한 침해의 재발을 방지하기 위하여 필요한 조치

이때 분쟁조정위원회는 조정안을 작성하면 지체 없이 각 당사자에게 제시하여야 한다(동조 제2항). 조정안을 제시받은 당사자가 제시받은 날부터 15일 이내에 수락 여부를 알리지 아니하면 조정을 거부한 것으로 본다(동조 제3항). 그러나 당사자가 조정내용을 수락한 경우 분쟁조정위원회는 조정서를 작성하고, 분쟁조정위원회의 위원장과 각 당사자가 기명날인하여야 한다(동조 제4항). 이러한 조정의 내용은 재판상 화해와 동일한 효력을 갖는다(동조 제5항).

(6) 조정의 거부 및 중지

분쟁조정위원회는 분쟁의 성질상 분쟁조정위원회에서 조정하는 것이 적합하지 아니하다고 인정하거나 부정한 목적으로 조정이 신청되었다고 인정하는 경우에는 그 조정을 거부할 수 있다. 이 경우 조정거부의 사유 등을 신청인에게 알려야 한다(제48조 제1항). 또한 분쟁조정위원회는 신청된 조정사건에 대한 처리절차를 진행하던 중에 한 쪽 당사자가 소를 제기하면 그 조정의 처리를 중지하고 이를 당사자에게 알려야 한다(동조 제2항).

(7) 집단분쟁조정 등

1) 집단분쟁조정

국가 및 지방자치단체, 개인정보 보호단체 및 기관, 정보주체, 개인정보처리자는 정보주체의 피해 또는 권리침해가 다수의 정보주체에게 같거나 비슷한 유형으로 발생하는 경우로서 대통령령으로 정하는 사건에 대하여는 분쟁조정위원회에

일괄적인 분쟁조정(이하 "집단분쟁조정"이라 한다)을 의뢰 또는 신청할 수 있다(제49조 제1항).

※ 법 제49조 제1항에서 "대통령령으로 정하는 사건"이란 다음 각 호의 요건을 모두 갖춘 사건을 말한다(시행령 제52조).
  1. 피해 또는 권리침해를 입은 정보주체의 수가 다음 각 목의 정보주체를 제외하고 50명 이상일 것
    가. 개인정보처리자와 분쟁해결이나 피해보상에 관한 합의가 이루어진 정보주체
    나. 같은 사안으로 다른 법령에 따라 설치된 분재조정기구에서 분쟁조정 절차가 진행 중인 정보주체
    다. 해당 개인정보 침해로 인한 피해에 대하여 법원에 소(訴)를 제기한 정보주체
  2. 사건의 중요한 쟁점이 사실상 또는 법률상 공통될 것

이때 집단분쟁조정을 의뢰받거나 신청받은 분쟁조정위원회는 그 의결로써 집단분쟁조정의 절차(제3항에서 제7항까지)를 개시할 수 있다. 이 경우 분쟁조정위원회는 대통령령(시행령 제53조 제1항 참조)으로 정하는 기간(14일 이상의 기간) 동안 그 절차의 개시를 공고하여야 한다(동조 제2항).

2) 집단분쟁조정 절차

분쟁조정위원회는 집단분쟁조정의 당사자가 아닌 정보주체 또는 개인정보처리자로부터 그 분쟁조정의 당사자에 추가로 포함될 수 있도록 하는 신청을 받을 수 있다(동조 제3항). 이때 분쟁조정위원회는 그 의결로써 집단분쟁조정의 당사자 중에서 공동의 이익을 대표하기에 가장 적합한 1인 또는 수인을 대표당사자로 선임할 수 있다(동조 제4항).

한편, 분쟁조정위원회는 개인정보처리자가 분쟁조정위원회의 집단분쟁조정의 내용을 수락한 경우에는 집단분쟁조정의 당사자가 아닌 자로서 피해를 입은 정보주체에 대한 보상계획서를 작성하여 분쟁조정위원회에 제출하도록 권고할 수 있다(동조 제5항). 또한 분쟁조정위원회는 집단분쟁조정의 당사자인 다수의 정보주체 중 일부의 정보주체가 법원에 소를 제기한 경우에는 그 절차를 중지하지 아니하고, 소를 제기한 일부의 정보주체를 그 절차에서 제외한다(동조 제6항).

집단분쟁조정의 기간은 위의 공고가 종료된 날의 다음 날부터 60일 이내로 한다. 다만, 부득이한 사정이 있는 경우에는 분쟁조정위원회의 의결로 처리기간을 연장할 수 있다(동조 제7항). 이외에 집단분쟁조정의 절차 등에 관하여 필요한 사항은 대통령령(시행령 제52조－제55조 참조)으로 정한다(동조 제8항).

(8) 기타 조정절차 등

이외에 분쟁의 조정방법, 조정절차 및 조정업무의 처리 등에 필요한 사항은 대통령령으로 정한다(제50조 제1항). 또한 분쟁조정위원회의 운영 및 분쟁조정 절차에 관하여 이 법에서 규정하지 아니한 사항에 대하여는 「민사조정법」을 준용한다(동조 제2항).

제 7 절 개인정보 단체소송

1. 단체소송의 대상 등

다음 각 호의 어느 하나에 해당하는 단체는 개인정보처리자가 집단분쟁조정(제49조)을 거부하거나 집단분쟁조정의 결과를 수락하지 아니한 경우에는 법원에 권리침해 행위의 금지·중지를 구하는 소송(이하 "단체소송"이라 한다)을 제기할 수 있다(제51조).

1. 「소비자기본법」 제29조에 따라 공정거래위원회에 등록한 소비자단체로서 다음 각 목의 요건을 모두 갖춘 단체
   가. 정관에 따라 상시적으로 정보주체의 권익증진을 주된 목적으로 하는 단체일 것
   나. 단체의 정회원수가 1천명 이상일 것
   다. 「소비자기본법」 제29조에 따른 등록 후 3년이 경과하였을 것
2. 「비영리민간단체 지원법」 제2조에 따른 비영리민간단체로서 다음 각 목의 요건을 모두 갖춘 단체
   가. 법률상 또는 사실상 동일한 침해를 입은 100명 이상의 정보주체로부터 단체소송의 제기를 요청받을 것
   나. 정관에 개인정보 보호를 단체의 목적으로 명시한 후 최근 3년 이상 이를 위

한 활동 실적이 있을 것
다. 단체의 상시 구성원수가 5천명 이상일 것
라. 중앙행정기관에 등록되어 있을 것

2. 전속관할

단체소송의 소는 피고의 주된 사무소 또는 영업소가 있는 곳, 주된 사무소나 영업소가 없는 경우에는 주된 업무담당자의 주소가 있는 곳의 지방법원 본원 합의부의 관할에 전속한다(제52조 제1항). 다만, 외국사업자에 적용하는 경우 대한민국에 있는 이들의 주된 사무소·영업소 또는 업무담당자의 주소에 따라 정한다(동조 제2항).

3. 소송대리인의 선임

단체소송의 원고는 변호사를 소송대리인으로 선임하여야 한다(제53조).

4. 소송허가신청

단체소송을 제기하는 단체는 소장과 함께 다음 각 호의 사항을 기재한 소송허가신청서를 법원에 제출하여야 한다(제54조 제1항).

1. 원고 및 그 소송대리인
2. 피고
3. 정보주체의 침해된 권리의 내용

이 소송허가신청서에는 다음 각 호의 자료를 첨부하여야 한다(동조 제2항).

1. 소제기단체가 제51조 각 호의 어느 하나에 해당하는 요건을 갖추고 있음을 소명하는 자료
2. 개인정보처리자가 조정을 거부하였거나 조정결과를 수락하지 아니하였음을 증명하는 서류

5. 소송허가요건 등

법원은 다음 각 호의 요건을 모두 갖춘 경우에 한하여 결정으로 단체소송을 허가한다(제55조 제1항).

1. 개인정보처리자가 분쟁조정위원회의 조정을 거부하거나 조정결과를 수락하지 아니하였을 것 2. 제54조에 따른 소송허가신청서의 기재사항에 흠결이 없을 것

단체소송을 허가하거나 불허가하는 결정에 대하여는 즉시항고할 수 있다(동조 제2항).

6. 확정판결의 효력

원고의 청구를 기각하는 판결이 확정된 경우 이와 동일한 사안에 관하여는 제51조에 따른 다른 단체는 단체소송을 제기할 수 없다. 다만, 다음 각 호의 어느 하나에 해당하는 경우에는 그러하지 아니하다(제56조).

1. 판결이 확정된 후 그 사안과 관련하여 국가·지방자치단체 또는 국가·지방자치단체가 설립한 기관에 의하여 새로운 증거가 나타난 경우 2. 기각판결이 원고의 고의로 인한 것임이 밝혀진 경우

7. 「민사소송법」의 적용 등

단체소송에 관하여 이 법에 특별한 규정이 없는 경우에는 「민사소송법」을 적용한다(제57조 제1항). 단체소송의 허가결정(제55조)이 있는 경우에는 「민사집행법」 제4편에 따른 보전처분을 할 수 있다(동조 제2항). 단체소송의 절차에 관하여 필요한 사항은 대법원규칙(개인정보 단체소송규칙)으로 정한다(동조 제3항).

제 8 절 보 칙

1. 법 적용의 예외

다음 각 호의 어느 하나에 해당하는 개인정보에 관하여는 제3장부터 제7장까지를 적용하지 아니한다(제58조 제1항). 다만, 개인정보처리자는 각 호에 따라 개인정보를 처리하는 경우에도 그 목적을 위하여 필요한 범위에서 최소한의 기간에 최소한의 개인정보만을 처리하여야 하며, 개인정보의 안전한 관리를 위하여 필요한 기술적·관리적 및 물리적 보호조치, 개인정보의 처리에 관한 고충처리, 그 밖에 개인정보의 적절한 처리를 위하여 필요한 조치를 마련하여야 한다(동조 제4항).

1. 공공기관이 처리하는 개인정보 중 「통계법」에 따라 수집되는 개인정보
2. 국가안전보장과 관련된 정보 분석을 목적으로 수집 또는 제공 요청되는 개인정보
3. 공중위생 등 공공의 안전과 안녕을 위하여 긴급히 필요한 경우로서 일시적으로 처리되는 개인정보
4. 언론, 종교단체, 정당이 각각 취재·보도, 선교, 선거 입후보자 추천 등 고유 목적을 달성하기 위하여 수집·이용하는 개인정보

또한 제25조 제1항 각 호에 따라 공개된 장소에 영상정보처리기기를 설치·운영하여 처리되는 개인정보에 대하여는 제15조, 제22조, 제27조 제1항·제2항, 제34조 및 제37조를 적용하지 아니하며(동조 제2항), 개인정보처리자가 동창회, 동호회 등 친목 도모를 위한 단체를 운영하기 위하여 개인정보를 처리하는 경우에는 제15조, 제30조 및 제31조를 적용하지 아니한다(동조 제3항).

2. 금지행위

개인정보를 처리하거나 처리하였던 자는 다음 각 호의 어느 하나에 해당하는 행위를 하여서는 아니 된다(제59조).[46][47]

46) 공공기관의 개인정보 처리업무를 방해할 목적으로 공공기관에서 처리하고 있는 개인정

1. 거짓이나 그 밖의 부정한 수단이나 방법으로 개인정보를 취득하거나 처리에 관한 동의를 받는 행위[48]
2. 업무상 알게 된 개인정보를 누설하거나 권한 없이 다른 사람이 이용하도록 제공하는 행위[49]
3. 정당한 권한 없이 또는 허용된 권한을 초과하여 다른 사람의 개인정보를 훼손, 멸실, 변경, 위조 또는 유출하는 행위[50]

▪ **판례 1** ▪ ① 구 공공기관의 개인정보보호에 관한 법률(2011.3.29. 법률 제10465호로 제정된 '개인정보 보호법'에 의하여 폐지, 이하 '법'이라고 한다) 제23조 제3항은 "거짓 그 밖의 부정한 방법으로 공공기관으로부터 처리정보를 열람 또는 제공받은 자는 2년 이하의 징역 또는 700만원 이하의 벌금에 처한다."고 규정함으로써 처리정보 보유기관 장의 처리정보의 이용 및 제공의 제한 규정(법 제10조) 또는 개인정보취급자의 누설 등 금지규정(법 제11조) 위반을 전제로 처리정보를 열람 또는 제공받은 자를 처벌한다고 규정하지 아니한 점, ② 오히려 법 제10조, 제11조는 처리정보 보유기관의 장 또는 개인정보취급자에 대한 의무를 규정한 것이고, 법 제23조 제3항은 처리정보 보유기관의 장 또는 개인정보취급자에 대한 법 제10조, 제11조의 의무위반과 관계없이 '거짓 그 밖의 부정한 방법'으로 처리정보를 제공받은 경우에 이를 처벌함으로써 처리정보를 제공받고자 하는 사람에 대하여 '거짓 그 밖의 부정한 방법'

보를 변경하거나 말소하여 공공기관의 업무 수행의 중단·마비 등 심각한 지장을 초래한 자 또는 거짓이나 그 밖의 부정한 수단이나 방법으로 다른 사람이 처리하고 있는 개인정보를 취득한 후 이를 영리 또는 부정한 목적으로 제3자에게 제공한 자와 이를 교사·알선한 자는 10년 이하의 징역 또는 1억원 이하의 벌금에 처한다(제70조).

47) 법인의 대표자나 법인 또는 개인의 대리인, 사용인, 그 밖의 종업원이 그 법인 또는 개인의 업무에 관하여 제70조에 해당하는 위반행위를 하면 그 행위자를 벌하는 외에 그 법인 또는 개인을 7천만원 이하의 벌금에 처한다. 다만, 법인 또는 개인이 그 위반행위를 방지하기 위하여 해당 업무에 관하여 상당한 주의와 감독을 게을리 하지 아니한 경우에는 그러하지 아니하다(제74조 제1항). 또한 제70조부터 제73조까지의 어느 하나에 해당하는 죄를 지은 자가 해당 위반행위와 관련하여 취득한 금품이나 그 밖의 이익은 몰수할 수 있으며, 이를 몰수할 수 없을 때에는 그 가액을 추징할 수 있다. 이 경우 몰수 또는 추징은 다른 벌칙에 부가하여 과할 수 있다(제74조의2).

48) 거짓이나 그 밖의 부정한 수단이나 방법으로 개인정보를 취득하거나 개인정보 처리에 관한 동의를 받는 행위를 한 자 및 그 사정을 알면서도 영리 또는 부정한 목적으로 개인정보를 제공받은 자는 3년 이하의 징역 또는 3천만원 이하의 벌금에 처한다(제72조 제2호).

49) 업무상 알게 된 개인정보를 누설하거나 권한 없이 다른 사람이 이용하도록 제공한 자 및 그 사정을 알면서도 영리 또는 부정한 목적으로 개인정보를 제공받은 자는 5년 이하의 징역 또는 5천만원 이하의 벌금에 처한다(제71조 제5호).

50) 다른 사람의 개인정보를 훼손, 멸실, 변경, 위조 또는 유출한 자는 5년 이하의 징역 또는 5천만원 이하의 벌금에 처한다(제71조 제6호).

을 사용하지 못할 의무를 간접적으로 부과한 규정이라고 볼 수 있는 점, ③ 처리정보 보유기관의 장이 처리정보를 이용하게 하거나 제공할 수 있는 경우(법 제10조 제3항 각 호)와 관련하여 '거짓 그 밖의 부정한 방법'을 사용한 때에만 법 제23조 제3항이 적용되는 것으로 한정하여 해석할 경우 개인정보 보호를 목적으로 한 법의 목적을 충분히 달성하기 어려운 점 등을 고려할 때, 법 제23조 제3항의 "거짓 그 밖의 부정한 방법"이란 법에 따른 절차에 의해서는 처리정보 보유기관으로부터 처리정보를 열람 또는 제공받을 수 없음에도 이를 열람 또는 제공받기 위하여 행하는 위계 기타 사회통념상 부정한 방법이라고 인정되는 것으로서 처리정보 열람 또는 제공에 관한 의사결정에 영향을 미칠 수 있는 적극적 및 소극적 행위를 뜻한다고 봄이 타당하며, 따라서 법 제23조 제3항 위반죄는 처리정보 보유기관의 장이 처리정보를 이용하게 하거나 제공할 수 있는 경우(법 제10조 제3항 각 호)와 관련하여 '거짓 그 밖의 부정한 방법'을 사용하여 처리정보를 열람 또는 제공받은 때에만 성립하는 것은 아니다(2013도10461).

▪ **판례 2** ▪ 개인정보자기결정권의 법적 성질, 개인정보 보호법의 입법 목적, 개인정보 보호법상 개인정보 보호 원칙 및 개인정보처리자가 개인정보를 처리함에 있어서 준수하여야 할 의무의 내용 등을 고려하여 볼 때, 개인정보 보호법 제72조 제2호에 규정된 '거짓이나 그 밖의 부정한 수단이나 방법'이란 개인정보를 취득하거나 또는 그 처리에 관한 동의를 받기 위하여 사용하는 위계 기타 사회통념상 부정한 방법이라고 인정되는 것으로서 개인정보 취득 또는 그 처리에 동의할지에 관한 정보주체의 의사결정에 영향을 미칠 수 있는 적극적 또는 소극적 행위를 뜻한다. 그리고 거짓이나 그 밖의 부정한 수단이나 방법으로 개인정보를 취득하거나 그 처리에 관한 동의를 받았는지를 판단할 때에는 개인정보처리자가 그에 관한 동의를 받는 행위 자체만을 분리하여 개별적으로 판단하여서는 안 되고, 개인정보처리자가 개인정보를 취득하거나 처리에 관한 동의를 받게 된 전 과정을 살펴보아 거기에서 드러난 개인정보 수집 등의 동기와 목적, 수집 목적과 수집 대상인 개인정보의 관련성, 수집 등을 위하여 사용한 구체적인 방법, 개인정보 보호법 등 관련 법령을 준수하였는지 및 취득한 개인정보의 내용과 규모, 특히 민감정보·고유식별정보 등의 포함 여부 등을 종합적으로 고려하여 사회통념에 따라 판단하여야 한다(2016도13263).

3. 비밀유지 등

다음 각 호의 업무에 종사하거나 종사하였던 자는 직무상 알게 된 비밀을 다른 사람에게 누설하거나 직무상 목적 외의 용도로 이용하여서는 아니 된다. 다만, 다른 법률에 특별한 규정이 있는 경우에는 그러하지 아니하다(제60조).[51]

51) 직무상 알게 된 비밀을 누설하거나 직무상 목적 외에 이용한 자는 3년 이하의 징역 또는 3천만원 이하의 벌금에 처한다(제72조 제3호).

1. 제8조에 따른 보호위원회의 업무
2. 제33조에 따른 영향평가 업무
3. 제40조에 따른 분쟁조정위원회의 분쟁조정 업무

4. 의견제시 및 개선권고

첫째, 행정안전부장관은 개인정보 보호에 영향을 미치는 내용이 포함된 법령이나 조례에 대하여 필요하다고 인정하면 보호위원회의 심의·의결을 거쳐 관계 기관에 의견을 제시할 수 있다(제61조 제1항).

둘째, 행정안전부장관은 개인정보 보호를 위하여 필요하다고 인정하면 개인정보처리자에게 개인정보 처리 실태의 개선을 권고할 수 있다. 이 경우 권고를 받은 개인정보처리자는 이를 이행하기 위하여 성실하게 노력하여야 하며, 그 조치 결과를 행정안전부장관에게 알려야 한다(동조 제2항).

셋째, 관계 중앙행정기관의 장은 개인정보 보호를 위하여 필요하다고 인정하면 소관 법률에 따라 개인정보처리자에게 개인정보 처리 실태의 개선을 권고할 수 있다. 이 경우 권고를 받은 개인정보처리자는 이를 이행하기 위하여 성실하게 노력하여야 하며, 그 조치 결과를 관계 중앙행정기관의 장에게 알려야 한다(동조 제3항).

넷째, 중앙행정기관, 지방자치단체, 국회, 법원, 헌법재판소, 중앙선거관리위원회는 그 소속 기관 및 소관 공공기관에 대하여 개인정보 보호에 관한 의견을 제시하거나 지도·점검을 할 수 있다(동조 제4항).

5. 침해 사실의 신고 등

개인정보처리자가 개인정보를 처리할 때 개인정보에 관한 권리 또는 이익을 침해받은 사람은 행정안전부장관에게 그 침해 사실을 신고할 수 있다(제62조 제1항). 이때 행정안전부장관은 이 신고의 접수·처리 등에 관한 업무를 효율적으로 수행하기 위하여 대통령령으로 정하는 바에 따라 전문기관을 지정할 수 있다. 이 경우 전문기관은 개인정보침해 신고센터(이하 "신고센터"라 한다)를 설치·운영하여야 한다(동조 제2항).

신고센터는 다음 각 호의 업무를 수행한다(동조 제3항). 이때 행정안전부장관은 제2호의 사실 조사·확인 등의 업무를 효율적으로 하기 위하여 필요하면 「국가공무원법」 제32조의4에 따라 소속 공무원을 제2항에 따른 전문기관에 파견할 수 있다(동조 제4항).

1. 개인정보 처리와 관련한 신고의 접수·상담
2. 사실의 조사·확인 및 관계자의 의견 청취
3. 제1호 및 제2호에 따른 업무에 딸린 업무

6. 자료제출 요구 및 검사

행정안전부장관은 다음 각 호의 어느 하나에 해당하는 경우에는 개인정보처리자에게 관계 물품·서류 등 자료를 제출하게 할 수 있다(제63조 제1항).[52)]

1. 이 법을 위반하는 사항을 발견하거나 혐의가 있음을 알게 된 경우
2. 이 법 위반에 대한 신고를 받거나 민원이 접수된 경우
3. 그 밖에 정보주체의 개인정보 보호를 위하여 필요한 경우로서 대통령령으로 정하는 경우

※ 법 제63조 제1항 제3호에서 "대통령령으로 정하는 경우"란 개인정보 유출 등 정보주체의 개인정보에 관한 권리 또는 이익을 침해하는 사건·사고 등이 발생하였거나 발생할 가능성이 상당히 있는 경우를 말한다(시행령 제60조).

또한 행정안전부장관은 개인정보처리자가 위 자료를 제출하지 아니하거나 이 법을 위반한 사실이 있다고 인정되면 소속 공무원으로 하여금 개인정보처리자 및 해당 법 위반사실과 관련한 관계인의 사무소나 사업장에 출입하여 업무 상황, 장부 또는 서류 등을 검사하게 할 수 있다. 이 경우 검사를 하는 공무원은 그 권한을 나타내는 증표를 지니고 이를 관계인에게 내보여야 한다(동조 제2항).[53)]

---

52) 관계 물품·서류 등 자료를 제출하지 아니하거나 거짓으로 제출한 자에게는 1천만원 이하의 과태료를 부과한다(제75조 제3항 제10호).

53) 출입·검사를 거부·방해 또는 기피한 자에게는 1천만원 이하의 과태료를 부과한다(제75조 제3항 제11호).

이때 관계 중앙행정기관의 장은 소관 법률에 따라 개인정보처리자에게 위의 자료제출(제1항)을 요구하거나 개인정보처리자 및 해당 법 위반사실과 관련한 관계인에 대하여 검사(제2항)를 할 수 있다(동조 제3항). 또한 보호위원회는 이 법을 위반하는 사항을 발견하거나 혐의가 있음을 알게 된 경우에는 행정안전부장관 또는 관계 중앙행정기관의 장에게 제1항 각 호 외의 부분 또는 제3항에 따른 조치를 하도록 요구할 수 있다. 이 경우 그 요구를 받은 행정안전부장관 또는 관계 중앙행정기관의 장은 특별한 사정이 없으면 이에 응하여야 한다(동조 제4항).

한편, 행정안전부장관과 관계 중앙행정기관의 장은 위에서 제출받거나 수집한 서류·자료 등을 이 법에 따른 경우를 제외하고는 제3자에게 제공하거나 일반에게 공개하여서는 아니 된다(동조 제5항). 아울러 행정안전부장관과 관계 중앙행정기관의 장은 정보통신망을 통하여 자료의 제출 등을 받은 경우나 수집한 자료 등을 전자화한 경우에는 개인정보·영업비밀 등이 유출되지 아니하도록 제도적·기술적 보완조치를 하여야 한다(동조 제6항). 그리고 행정안전부장관은 개인정보 침해사고의 예방과 효과적인 대응을 위하여 관계 중앙행정기관의 장과 합동으로 개인정보 보호실태를 점검할 수 있다(동조 제7항).

7. 시정조치 등

행정안전부장관은 개인정보가 침해되었다고 판단할 상당한 근거가 있고 이를 방치할 경우 회복하기 어려운 피해가 발생할 우려가 있다고 인정되면 이 법을 위반한 자(중앙행정기관, 지방자치단체, 국회, 법원, 헌법재판소, 중앙선거관리위원회는 제외한다)에 대하여 다음 각 호에 해당하는 조치를 명할 수 있다(제64조 제1항).[54]

1. 개인정보 침해행위의 중지
2. 개인정보 처리의 일시적인 정지
3. 그 밖에 개인정보의 보호 및 침해 방지를 위하여 필요한 조치

또한 관계 중앙행정기관의 장은 개인정보가 침해되었다고 판단할 상당한 근거가 있고 이를 방치할 경우 회복하기 어려운 피해가 발생할 우려가 있다고 인정

54) 시정명령에 따르지 아니한 자는 3천만원 이하의 과태료를 부과한다(제75조 제2항 제13호).

되면 소관 법률에 따라 개인정보처리자에 대하여 각 호에 해당하는 조치를 명할 수 있다(동조 제2항). 지방자치단체, 국회, 법원, 헌법재판소, 중앙선거관리위원회는 그 소속 기관 및 소관 공공기관이 이 법을 위반하였을 때에는 각 호에 해당하는 조치를 명할 수 있다(동조 제3항).

그리고 보호위원회는 중앙행정기관, 지방자치단체, 국회, 법원, 헌법재판소, 중앙선거관리위원회가 이 법을 위반하였을 때에는 해당 기관의 장에게 각 호에 해당하는 조치를 하도록 권고할 수 있다. 이 경우 권고를 받은 기관은 특별한 사유가 없으면 이를 존중하여야 한다(동조 제4항).

8. 고발 및 징계권고

행정안전부장관은 개인정보처리자에게 이 법 등 개인정보 보호와 관련된 법규의 위반에 따른 범죄혐의가 있다고 인정될 만한 상당한 이유가 있을 때에는 관할 수사기관에 그 내용을 고발할 수 있다(제65조 제1항). 또한, 행정안전부장관은 이 법 등 개인정보 보호와 관련된 법규의 위반행위가 있다고 인정될 만한 상당한 이유가 있을 때에는 책임이 있는 자(대표자 및 책임있는 임원을 포함한다)를 징계할 것을 해당 개인정보처리자에게 권고할 수 있다. 이 경우 권고를 받은 사람은 이를 존중하여야 하며 그 결과를 행정안전부장관에게 통보하여야 한다(동조 제2항).

한편, 관계 중앙행정기관의 장은 소관 법률에 따라 개인정보처리자에 대하여 제1항에 따른 고발을 하거나 소속 기관·단체 등의 장에게 위의 징계권고를 할 수 있다. 이 경우 징계권고를 받은 사람은 이를 존중하여야 하며 그 결과를 관계 중앙행정기관의 장에게 통보하여야 한다(동조 제3항).

9. 결과의 공표

행정안전부장관은 제61조에 따른 개선권고, 제64조에 따른 시정조치 명령, 제65조에 따른 고발 또는 징계권고 및 제75조에 따른 과태료 부과의 내용 및 결과에 대하여 보호위원회의 심의·의결을 거쳐 공표할 수 있다(제66조 제1항). 이때 관계 중앙행정기관의 장은 소관 법률에 따라 이 공표를 할 수 있다(동조 제2항).

이 공표의 방법, 기준 및 절차 등은 대통령령(시행령 제61조 참조)으로 정한다(동조 제3항).

10. 연차보고

보호위원회는 관계 기관 등으로부터 필요한 자료를 제출받아 매년 개인정보 보호시책의 수립 및 시행에 관한 보고서를 작성하여 정기국회 개회 전까지 국회에 제출(정보통신망에 의한 제출을 포함한다)하여야 한다(제67조 제1항). 이 보고서에는 다음 각 호의 내용이 포함되어야 한다(동조 제2항).

1. 정보주체의 권리침해 및 그 구제현황
2. 개인정보 처리에 관한 실태조사 등의 결과
3. 개인정보 보호시책의 추진현황 및 실적
4. 개인정보 관련 해외의 입법 및 정책 동향
5. 주민등록번호 처리와 관련된 법률·대통령령·국회규칙·대법원규칙·헌법재판소규칙·중앙선거관리위원회규칙 및 감사원규칙의 제정·개정 현황
6. 그 밖에 개인정보 보호시책에 관하여 공개 또는 보고하여야 할 사항

11. 권한의 위임·위탁

이 법에 따른 행정안전부장관 또는 관계 중앙행정기관의 장의 권한은 그 일부를 대통령령으로 정하는 바에 따라 특별시장, 광역시장, 도지사, 특별자치도지사 또는 대통령령으로 정하는 전문기관에 위임하거나 위탁할 수 있다(제68조 제1항). 이때 행정안전부장관은 전문기관에 권한의 일부를 위임하거나 위탁하는 경우 해당 전문기관의 업무 수행을 위하여 필요한 경비를 출연할 수 있다(동조 제3항).

또한 행정안전부장관 또는 관계 중앙행정기관의 장의 권한을 위임 또는 위탁받은 기관은 위임 또는 위탁받은 업무의 처리 결과를 행정안전부장관 또는 관계 중앙행정기관의 장에게 통보하여야 한다(동조 제2항).

12. 벌칙 적용 시의 공무원 의제

행정안전부장관 또는 관계 중앙행정기관의 장의 권한을 위탁한 업무에 종사하는 관계 기관의 임직원은 「형법」 제129조부터 제132조까지의 규정을 적용할 때에는 공무원으로 본다(제69조).

[탐정으로서 고려할 점]

1. 개인정보 보호와 탐정활동의 한계 : 탐정업무란 의뢰인이 의뢰한 사실조사와 정보수집을 주된 업무로 하므로 업무 수행과정에서 개인정보 보호법을 침해할 우려가 크다. 따라서 개인정보 보호법상 보호대상인 정보와 그 제한 및 예외에 대하여 법의 규정내용을 정확히 이해할 필요가 있다.
2. 탐정업무를 함에 있어서 개인정보의 활용방안 모색 : 개인정보 보호법에서는 헌법상 보장된 개인의 사생활보호를 이유로 개인정보에 대한 침해를 방지하고 있으나, 특별한 사정이 있는 경우에는 그 예외를 인정하고 있다. 따라서 탐정업무를 수행함에 있어서 개인정보보호법에 대한 정확한 이해를 바탕으로 법에 위반하지 않는 범위 내에서 개인정보를 활용할 수 있는 방안을 모색해 볼 필요가 있다.

제 3 장

통신비밀보호법

제 3 장 통신비밀보호법

동법은 1993년 12월 27일 제정(법률 제4650호, 1994.6.28. 시행)된 후, 수차례의 개정을 거쳐 현재에 이르고 있다.[1)]

1. 목 적

이 법은 통신 및 대화의 비밀과 자유에 대한 제한은 그 대상을 한정하고 엄격한 법적 절차를 거치도록 함으로써 통신비밀을 보호하고 통신의 자유를 신장함을 목적으로 한다(제1조).

2. 용어의 정의

이 법에서 사용하는 용어의 정의는 다음과 같다(제2조).

용 어	정 의
통신 (제1호)	우편물 및 전기통신을 말한다.
우편물 (제2호)	우편법에 의한 통상우편물과 소포우편물을 말한다.
전기통신 (제3호)	전화 · 전자우편 · 회원제정보서비스 · 모사전송 · 무선호출 등과 같이 유선 · 무선 · 광선 및 기타의 전자적 방식에 의하여 모든 종류의 음향 · 문언 · 부호 또는 영상을 송신하거나 수신하는 것을 말한다.
당사자 (제4호)	우편물의 발송인과 수취인, 전기통신의 송신인과 수신인을 말한다.

1) 법률 제15493호, 2018.3.20. 일부개정, 시행 2018.3.20.

내국인 (제5호)	대한민국의 통치권이 사실상 행사되고 있는 지역에 주소 또는 거소를 두고 있는 대한민국 국민을 말한다.
검열 (제6호)	우편물에 대하여 당사자의 동의 없이 이를 개봉하거나 기타의 방법으로 그 내용을 지득 또는 채록하거나 유치하는 것을 말한다.
감청 (제7호)	전기통신에 대하여 당사자의 동의 없이 전자장치 · 기계장치 등을 사용하여 통신의 음향 · 문언 · 부호 · 영상을 청취 · 공독하여 그 내용을 지득 또는 채록하거나 전기통신의 송 · 수신을 방해하는 것을 말한다.
감청설비 (제8호)	대화 또는 전기통신의 감청에 사용될 수 있는 전자장치 · 기계장치 기타 설비를 말한다. 다만, 전기통신 기기 · 기구 또는 그 부품으로서 일반적으로 사용되는 것 및 청각교정을 위한 보청기 또는 이와 유사한 용도로 일반적으로 사용되는 것 중에서, 대통령령이 정하는 것은 제외한다.
불법감청설비탐지 (제8의2호)	이 법의 규정에 의하지 아니하고 행하는 감청 또는 대화의 청취에 사용되는 설비를 탐지하는 것을 말한다.
전자우편 (제9호)	컴퓨터 통신망을 통해서 메시지를 전송하는 것 또는 전송된 메시지를 말한다.
회원제정보서비스 (제10호)	특정의 회원이나 계약자에게 제공하는 정보서비스 또는 그와 같은 네트워크의 방식을 말한다.
통신사실 확인자료 (제11호)	다음 각 목의 어느 하나에 해당하는 전기통신사실에 관한 자료를 말한다. 가. 가입자의 전기통신일시 나. 전기통신개시 · 종료시간 다. 발 · 착신 통신번호 등 상대방의 가입자번호 라. 사용도수 마. 컴퓨터통신 또는 인터넷의 사용자가 전기통신역무를 이용한 사실에 관한 컴퓨터통신 또는 인터넷의 로그기록자료 바. 정보통신망에 접속된 정보통신기기의 위치를 확인할 수 있는 발신기지국의 위치추적자료 사. 컴퓨터통신 또는 인터넷의 사용자가 정보통신망에 접속하기 위하여 사용하는 정보통신기기의 위치를 확인할 수 있는 접속지의 추적자료
단말기기 고유번호 (제12호)	이동통신사업자와 이용계약이 체결된 개인의 이동전화 단말기기에 부여된 전자적 고유번호를 말한다.

〈참고〉 시행령 제3조(감청설비 제외대상) 법 제2조 제8호 단서에 따라 감청설비에서 제외되는 것은 감청목적으로 제조된 기기·기구가 아닌 것으로서 다음 각 호의 어느 하나에 해당하는 것을 말한다.

1. 「전기통신사업법」 제2조 제4호에 따른 사업용전기통신설비
2. 「전기통신사업법」 제64조에 따라 설치한 자가전기통신설비
3. 삭제
4. 「전파법」 제19조에 따라 개설한 무선국의 무선설비
5. 「전파법」 제58조의2에 따라 적합성평가를 받은 방송통신기자재 등
6. 「전파법」 제49조 및 같은 법 제50조에 따른 전파감시업무에 사용되는 무선설비
7. 「전파법」 제58조에 따라 허가받은 통신용 전파응용설비
8. 「전기용품 및 생활용품 안전관리법」 제2조 제1호에 따른 전기용품 중 오디오·비디오 응용기기(직류전류를 사용하는 것을 포함한다)
9. 보청기 또는 이와 유사한 기기·기구
10. 그 밖에 전기통신 및 전파관리에 일반적으로 사용되는 기기·기구

* 감청의 의미

▪ **판례 1** ▪ 이미 수신이 완료된 통신내용의 지득이 감청에 해당하는지 여부 : 비밀보호법 제2조 제3호 및 제7호에 의하면 같은 법상 '감청'은 전자적 방식에 의하여 모든 종류의 음향·문언·부호 또는 영상을 송신하거나 수신하는 전기통신에 대하여 당사자의 동의 없이 전자장치·기계장치 등을 사용하여 통신의 음향·문언·부호·영상을 청취·공독하여 그 내용을 지득 또는 채록하거나 전기통신의 송·수신을 방해하는 것을 말한다. 그런데 해당 규정의 문언이 송신하거나 수신하는 전기통신행위를 감청의 대상으로 규정하고 있을 뿐 송·수신이 완료되어 보관 중인 전기통신내용은 대상으로 규정하지 않은 점, 일반적으로 감청은 다른 사람의 대화나 통신 내용을 몰래 엿듣는 행위를 의미하는 점 등을 고려하여 보면, 통신비밀보호법상 '감청'이란 대상이 되는 전기통신의 송·수신과 동시에 이루어지는 경우만을 의미하고, 이미 수신이 완료된 전기통신의 내용을 지득하는 등의 행위는 포함되지 않는다(2012도4644).

▪ **판례 2** ▪ 문자메시지의 감청대상 여부 : 통신비밀보호법 제2조 제7호, 제3호의 각 규정을 종합하면, 위 법상 '감청'은 통신행위와 동시에 이루어지는 현재성이 요구되므로, 송·수신이 완료된 전기통신의 내용을 지득·채록하는 것은 감청에 해당하지 않는다. 또한 감청이란 '몰래 엿들음'을 의미한다는 사전적 정의에 비추어 살펴보면, 통신비밀보호법 제2조 제7호에서 정의하고 있는 감청은 '몰래 엿듣는' 행위를 기본관념으로 하여 엿듣는 대상은 '전기통신'으로 국한하고, 엿듣는 수단으로는 '전자장치, 기계장치 등' 일정한 장치를 사용하는 것으로 한정하며, 엿듣는 구체적 내용을 '통신의 음향을 청취하여 내용을 지득하는 것'으로 표현하고 있다. 이러한 법리는 통신비밀보호법 제2조 제3호에서 정한 전기통신에 해당하는 '문자메시지'에도 그대로

적용되므로, 수신하기 전의 문자메시지는 감청의 대상에 해당하지만, 문자메시지가 이미 수신자의 휴대폰에 도달·보관되어 언제든지 열람할 수 있는 상태에 있다면 문자메시지의 송·수신이 완료된 것으로 볼 수 있으므로 현재성이 없어 감청의 대상이 되지 않는다(서울중앙지법 2012.4.5. 선고 2011노3910 판결).

▪ **판례 3** ▪ 무전기를 통한 감청의 해당 여부 : [1] 통신비밀보호법 제2조 제8호 및 구 통신비밀보호법시행령(2002.3.25. 대통령령 제17548호로 개정되기 전의 것) 제3조 제8호의 규정에서 감청설비제외대상으로 하고 있는 것은 수신전용 무선기기임을 전제로 하고 있음은 명백한데, 한국도로공사 상황실과 순찰차간에 순찰상황 보고 등의 통신 목적으로 사용된 송수신이 가능한 무전기는 당초에 수신전용 무선기기로 제작된 것이 아니고, 비록 위 무전기가 설치될 당시 송신이 가능하지 않도록 마이크를 떼어버렸다고 하더라도 언제든지 다시 마이크를 부착하여 송신이 가능한 이상 달리 볼 것이 아니므로 위 무전기는 수신전용 무선기기가 아니라고 할 것이어서 구 통신비밀보호법시행령 제3조 제8호에 규정된 감청설비 제외대상에 해당한다고 할 수 없다.

[2] 통신비밀보호법에서는 그 규율의 대상을 통신과 대화로 분류하고 그 중 통신을 다시 우편물과 전기통신으로 나눈 다음, 그 제2조 제3호로 "전기통신"이라 함은 유선·무선·광선 및 기타의 전자적 방식에 의하여 모든 종류의 음향·문언·부호 또는 영상을 송신하거나 수신하는 것을 말한다고 규정하고 있는바, 무전기와 같은 무선전화기를 이용한 통화가 위 법에서 규정하고 있는 전기통신에 해당함은 전화통화의 성질 및 위 규정 내용에 비추어 명백하므로 이를 같은 법 제3조 제1항 소정의 '타인간의 대화'에 포함된다고 할 수 없다.

[3] 렉카 회사가 무전기를 이용하여 한국도로공사의 상황실과 순찰차간의 무선전화통화를 청취한 경우 무전기를 설치함에 있어 한국도로공사의 정당한 계통을 밟은 결재가 있었던 것이 아닌 이상 전기통신의 당사자인 한국도로공사의 동의가 있었다고는 볼 수 없으므로 통신비밀보호법상의 감청에 해당한다(2001도6213).

3. 통신 및 대화비밀의 보호

누구든지 이 법과 형사소송법 또는 군사법원법의 규정에 의하지 아니하고는 우편물의 검열·전기통신의 감청 또는 통신사실 확인자료의 제공을 하거나 공개되지 아니한 타인 간의 대화를 녹음 또는 청취하지 못한다. 다만, 다음 각 호의 경우에는 당해 법률이 정하는 바에 의한다(제3조 제1항).[2)]

2) 우편물의 검열 또는 전기통신의 감청을 하거나 공개되지 아니한 타인 간의 대화를 녹음 또는 청취한 자와 이에 따라 알게 된 통신 또는 대화의 내용을 공개하거나 누설한 자는 1년 이상 10년 이하의 징역과 5년 이하의 자격정지에 처한다(제16조 제1항).

1. 환부우편물 등의 처리 : 우편법 제28조·제32조·제35조·제36조 등의 규정에 의하여 폭발물 등 우편금제품이 들어 있다고 의심되는 소포우편물(이와 유사한 郵便物을 포함한다)을 개피하는 경우, 수취인에게 배달할 수 없거나 수취인이 수령을 거부한 우편물을 발송인에게 환부하는 경우, 발송인의 주소·성명이 누락된 우편물로서 수취인이 수취를 거부하여 환부하는 때에 그 주소·성명을 알기 위하여 개피하는 경우 또는 유가물이 든 환부불능우편물을 처리하는 경우
2. 수출입우편물에 대한 검사 : 관세법 제256조·제257조 등의 규정에 의한 신서외의 우편물에 대한 통관검사절차
3. 구속 또는 복역중인 사람에 대한 통신 : 형사소송법 제91조, 군사법원법 제131조, 「형의 집행 및 수용자의 처우에 관한 법률」 제41조·제43조·제44조 및 「군에서의 형의 집행 및 군수용자의 처우에 관한 법률」 제42조·제44조 및 제45조에 따른 구속 또는 복역중인 사람에 대한 통신의 관리
4. 파산선고를 받은 자에 대한 통신 : 「채무자 회생 및 파산에 관한 법률」 제484조의 규정에 의하여 파산선고를 받은 자에게 보내온 통신을 파산관재인이 수령하는 경우
5. 혼신제거 등을 위한 전파감시 : 전파법 제49조 내지 제51조의 규정에 의한 혼신제거 등 전파질서유지를 위한 전파감시의 경우

* 불법감청·녹음의 의미

▪ **판례 1** ▪ **전화통화 당사자 일방의 동의를 받고 통화내용을 녹음한 경우** : 전기통신의 감청은 제3자가 전기통신의 당사자인 송신인과 수신인의 동의를 받지 아니하고 전기통신 내용을 녹음하는 등의 행위를 하는 것만을 말한다고 풀이함이 상당하다고 할 것이므로, 전기통신에 해당하는 전화통화 당사자의 일방이 상대방 모르게 통화 내용을 녹음하는 것은 여기의 감청에 해당하지 아니하지만, 제3자의 경우는 설령 전화통화 당사자 일방의 동의를 받고 그 통화 내용을 녹음하였다 하더라도 그 상대방의 동의가 없었던 이상, 이는 여기의 감청에 해당하여 법 제3조 제1항 위반이 되고, 이와 같이 법 제3조 제1항에 위반한 불법감청에 의하여 녹음된 전화통화의 내용은 법 제4조에 의하여 증거능력이 없다. 그리고 사생활 및 통신의 불가침을 국민의 기본권의 하나로 선언하고 있는 헌법규정과 통신비밀의 보호와 통신의 자유 신장을 목적으로 제정된 통신비밀보호법의 취지에 비추어 볼 때 피고인이나 변호인이 이를 증거로 함에 동의하였다고 하더라도 달리 볼 것은 아니다(이 점은 제3자가 공개되지 아니한 타인 간의 대화를 녹음한 경우에도 마찬가지이다)(2010도9016).

▪ **판례 2** ▪ **3인 간의 대화에 있어서 그 중 한 사람이 그 대화를 녹음하는 경우** : 통신비밀보호법 제3조 제1항이 "공개되지 아니한 타인간의 대화를 녹음 또는 청취하지 못한다"라고 정한 것은, 대화에 원래부터 참여하지 않는 제3자가 그 대화를 하는 타인들 간의 발언을 녹음해서는 아니 된다는 취지이다. 3인 간의 대화에 있어서 그 중 한 사람이 그 대화를 녹음하는 경우에 다른 두 사람의 발언은 그 녹음자에 대한 관계에서 '타인 간의 대화'라고 할 수 없으므로, 이와 같은 녹음행위가 통신비밀보호법

제3조 제1항에 위배된다고 볼 수는 없다(2006도4981).

▪ **판례 3** ▪ **타인 간의 대화내용을 녹음한 경우** : 甲은 휴대폰 녹음기능을 작동시킨 상태로 乙과 통화를 한 후 예우 차원에서 바로 전화를 끊지 않고 乙이 전화를 먼저 끊기를 기다렸는데, 乙은 실수로 통화 종료 버튼을 누르지 않고 휴대폰을 탁자에 놓아둔 채 마침 사무실에 들어온 손님들과 대화를 시작했다. 그리고 휴대폰을 통해 대화를 들은 甲은 이를 몰래 청취하면서 녹음했다. 이에 대해 대법원은 甲은 이 사건 대화에 원래부터 참여하지 아니한 제3자이므로, 甲의 행위는 구 통신비밀보호법 제3조의 위반행위로서 통신비밀보호법 제16조 제1항 제1호에 의하여 처벌된다고 판단하였다(2013도15616).

* 대화의 의미

(사안) 甲이 2014년 2월 레스토랑 공동경영 문제로 乙과 갈등을 겪자, 乙을 협박하면서 손을 잡아 비틀고 손을 잡아끌어 벽에 부딪치게 하여 상해를 입힌 혐의로 기소된 사건에서, 이 사건 직전 피해자 乙과 丙은 휴대전화로 통화를 마치고 전화를 끊기 전에 甲이 몸싸움을 벌이면서 폭행을 했기 때문에 丙이 전화가 완전히 끊기기까지 1~2분가량 전화기 너머로 '우당탕'하는 소리와 "악"하는 乙의 비명 소리를 들었다. 검찰은 전화를 통해 비명과 소음을 들었다는 丙의 진술을 A의 혐의를 입증할 증거로 제출하였다. 그러나 甲은 '우당탕'하는 소리와 B의 비명을 들었다는 丙의 진술은 통신비밀보호법이 보호하는 '공개되지 않은 타인 간 대화의 청취'에 해당하고, 이 같은 타인 간의 대화를 청취한 내용은 형사재판에서 증거로 사용할 수 없으므로 증거능력이 없다고 반발했다."

(판결) 대법원은 재판부는 "통신비밀보호법에서 보호하는 타인 간의 '대화'는 원칙적으로 현장에 있는 당사자들이 육성으로 말을 주고받는 의사소통행위를 가리킨다"며, "따라서 사람의 육성이 아닌 사물에서 발생하는 음향은 타인 간의 '대화'에 해당하지 않는다"고 밝혔다. 이어 "또한 사람의 목소리라고 하더라도 단순한 비명소리나 탄식 등은 특별한 사정이 없는 한 타인 간의 '대화'에 해당한다고 볼 수 없다"고 설명했다. "한편 이 같은 소리가 비록 통신비밀보호법에서 말하는 타인 간의 '대화'에는 해당하지 않더라도, 형사절차에서 그러한 증거를 사용할 수 있는지는 개별적인 사안에서 형사절차상 진실발견이라는 공익과 개인의 인격적 이익 등의 보호이익을 비교 형량하여 결정해야 한다"고 하면서, "대화에 속하지 않는 사람의 목소리를 녹음하거나 청취하는 행위가 개인의 사생활의 비밀과 자유 또는 인격권을 중대하게 침해해 사회통념상 허용되는 한도를 벗어난 것이라면, 단지 형사소추에 필요한 증거라는 사정만을 들어 곧바로 형사소송에서 진실발견이라는 공익이 개인의 인격적 이익 등 보호이익보다 우월한 것으로 섣불리 단정해서는 안 되겠지만 그 같은 한도를 벗어난 것이 아니라면 이 같은 목소리를 들었다는 진술을 형사절차에서 증거로 사용할 수 있다"고 하였다. 그러면서 "C씨가 들은 소리와 목소리는 막연히 몸싸움이 있었다는 것 외에 사생활에 관한 다른 정보는 제공하지 않는 점, C씨가 소리를 들은 시간이 길지 않은 점, 소리를 듣게 된 동기와 상황 등에 비춰볼 때 통신비밀보호법에서 보호하는

타인 간의 '대화'에 준하는 것으로 보아 증거능력을 부정할만한 특별한 사정이 있다고 보기도 어려운 점 등을 고려할 때 C씨의 진술 등을 증거로 사용할 수 있다"고 판시하였다(2016도19843).

▪ **참고 판례** ▪ 불법감청한 자료의 기사게재 행위의 적법성 여부 : 불법 감청·녹음 등에 관여하지 아니한 언론기관이, 그 통신 또는 대화의 내용이 불법 감청·녹음 등에 의하여 수집된 것이라는 사정을 알면서도 이를 보도하여 공개하는 행위가 형법 제20조의 정당행위로서 위법성이 조각된다고 하기 위해서는, 첫째 보도의 목적이 불법 감청·녹음 등의 범죄가 저질러졌다는 사실 자체를 고발하기 위한 것으로 그 과정에서 불가피하게 통신 또는 대화의 내용을 공개할 수밖에 없는 경우이거나, 불법 감청·녹음 등에 의하여 수집된 통신 또는 대화의 내용이 이를 공개하지 아니하면 공중의 생명·신체·재산 기타 공익에 대한 중대한 침해가 발생할 가능성이 현저한 경우 등과 같이 비상한 공적 관심의 대상이 되는 경우에 해당하여야 하고, 둘째 언론기관이 불법 감청·녹음 등의 결과물을 취득할 때 위법한 방법을 사용하거나 적극적·주도적으로 관여하여서는 아니 되며, 셋째 보도가 불법 감청·녹음 등의 사실을 고발하거나 비상한 공적 관심사항을 알리기 위한 목적을 달성하는 데 필요한 부분에 한정되는 등 통신비밀의 침해를 최소화하는 방법으로 이루어져야 하고, 넷째 언론이 그 내용을 보도함으로써 얻어지는 이익 및 가치가 통신비밀의 보호에 의하여 달성되는 이익 및 가치를 초과하여야 한다. 여기서 이익의 비교·형량은, 불법 감청·녹음된 타인 간의 통신 또는 대화가 이루어진 경위와 목적, 통신 또는 대화의 내용, 통신 또는 대화 당사자의 지위 내지 공적 인물로서의 성격, 불법 감청·녹음 등의 주체와 그러한 행위의 동기 및 경위, 언론기관이 불법 감청·녹음 등의 결과물을 취득하게 된 경위와 보도의 목적, 보도의 내용 및 보도로 인하여 침해되는 이익 등 제반 사정을 종합적으로 고려하여 정하여야 한다(2006도8839).

또한 우편물의 검열 또는 전기통신의 감청(이하 "통신제한조치"라 한다)은 범죄수사 또는 국가안전보장을 위하여 보충적인 수단으로 이용되어야 하며, 국민의 통신비밀에 대한 침해가 최소한에 그치도록 노력하여야 한다(동조 제2항). 그리고 누구든지 단말기기 고유번호를 제공하거나 제공받아서는 아니된다. 다만, 이동전화단말기 제조업체 또는 이동통신사업자가 단말기의 개통처리 및 수리 등 정당한 업무의 이행을 위하여 제공하거나 제공받는 경우에는 그러하지 아니하다(동조 제3항).[3]

3) 위 규정에 위반하여 단말기기 고유번호를 제공하거나 제공받은 자는 3년 이하의 징역 또는 1천만원 이하의 벌금에 처한다(제17조 제2항 제1호).

4. 불법검열에 의한 우편물의 내용과 불법감청에 의한 전기통신 내용의 증거사용 금지

불법검열에 의하여 취득한 우편물이나 그 내용 및 불법감청에 의하여 지득 또는 채록된 전기통신의 내용은 재판 또는 징계절차에서 증거로 사용할 수 없다(제4조).

▪ **판례 1** ▪ 자유심증주의를 채택하고 있는 우리 민사소송법 하에서 상대방 부지 중 비밀리에 상대방과의 대화를 녹음하였다는 이유만으로 그 녹음테이프나 이를 속기사에 의하여 녹취한 녹취록이 증거능력이 없다고 단정할 수 없고, 그 채증 여부는 사실심 법원의 재량에 속하는 것이다(2009다37138, 37145).

▪ **판례 2** ▪ 피고인이 범행 후 피해자에게 전화를 걸어오자 피해자가 증거를 수집하려고 그 전화내용을 녹음한 경우, 그 녹음테이프가 피고인 모르게 녹음된 것이라 하여 이를 위법하게 수집된 증거라고 할 수 없다(97도240).

* 불법감청 자료의 형사사건에서의 증거능력 문제는 전술 판례 참조

5. 통신제한조치

(1) 범죄수사를 위한 통신제한조치

1) 허가요건

통신제한조치는 다음 각 호의 범죄를 계획 또는 실행하고 있거나 실행하였다고 의심할만한 충분한 이유가 있고 다른 방법으로는 그 범죄의 실행을 저지하거나 범인의 체포 또는 증거의 수집이 어려운 경우에 한하여 허가할 수 있다(제5조 제1항).

1. 형법 제2편 중 제1장 내란의 죄, 제2장 외환의 죄 중 제92조 내지 제101조의 죄, 제4장 국교에 관한 죄 중 제107조, 제108조, 제111조 내지 제113조의 죄, 제5장 공안을 해하는 죄 중 제114조, 제115조의 죄, 제6장 폭발물에 관한 죄, 제7장 공무원의 직무에 관한 죄 중 제127조, 제129조 내지 제133조의 죄, 제9장 도주와 범인은닉의 죄, 제13장 방화와 실화의 죄 중 제164조 내지 제167조·제172조 내지 제173조·제174조 및 제175조의 죄, 제17장 아편에 관한 죄, 제18장 통화에 관한 죄, 제19장 유가증권, 우표와 인지에 관한 죄 중 제214조 내지 제217조, 제223조(제

214조 내지 제217조의 미수범에 한한다) 및 제224조(제214조 및 제215조의 예비·음모에 한한다), 제24장 살인의 죄, 제29장 체포와 감금의 죄, 제30장 협박의 죄 중 제283조 제1항, 제284조, 제285조(제283조 제1항, 제284조의 상습범에 한한다), 제286조[제283조 제1항, 제284조, 제285조(제283조 제1항, 제284조의 상습범에 한한다)의 미수범에 한한다]의 죄, 제31장 약취(略取), 유인(誘引) 및 인신매매의 죄, 제32장 강간과 추행의 죄 중 제297조 내지 제301조의2, 제305조의 죄, 제34장 신용, 업무와 경매에 관한 죄 중 제315조의 죄, 제37장 권리행사를 방해하는 죄 중 제324조의2 내지 제324조의4·제324조의5(제324조의2 내지 제324조의4의 미수범에 한한다)의 죄, 제38장 절도와 강도의 죄 중 제329조 내지 제331조, 제332조(제329조 내지 제331조의 상습범에 한한다), 제333조 내지 제341조, 제342조[제329조 내지 제331조, 제332조(제329조 내지 제331조의 상습범에 한한다), 제333조 내지 제341조의 미수범에 한한다]의 죄, 제39장 사기와 공갈의 죄 중 제350조, 제350조의2, 제351조(제350조, 제350조의2의 상습범에 한정한다), 제352조(제350조, 제350조의2의 미수범에 한정한다)의 죄, 제41장 장물에 관한 죄 중 제363조의 죄

2. 군형법 제2편 중 제1장 반란의 죄, 제2장 이적의 죄, 제3장 지휘권 남용의 죄, 제4장 지휘관의 항복과 도피의 죄, 제5장 수소이탈의 죄, 제7장 군무태만의 죄 중 제42조의 죄, 제8장 항명의 죄, 제9장 폭행·협박·상해와 살인의 죄, 제11장 군용물에 관한 죄, 제12장 위령의 죄 중 제78조·제80조·제81조의 죄
3. 국가보안법에 규정된 범죄
4. 군사기밀보호법에 규정된 범죄
5. 「군사기지 및 군사시설 보호법」에 규정된 범죄
6. 마약류관리에 관한 법률에 규정된 범죄 중 제58조 내지 제62조의 죄
7. 폭력행위 등 처벌에 관한 법률에 규정된 범죄 중 제4조 및 제5조의 죄
8. 「총포·도검·화약류 등의 안전관리에 관한 법률」에 규정된 범죄 중 제70조 및 제71조 제1호 내지 제3호의 죄
9. 「특정범죄 가중처벌 등에 관한 법률」에 규정된 범죄 중 제2조 내지 제8조, 제11조, 제12조의 죄
10. 특정경제범죄가중처벌 등에 관한 법률에 규정된 범죄 중 제3조 내지 제9조의 죄
11. 제1호와 제2호의 죄에 대한 가중처벌을 규정하는 법률에 위반하는 범죄

이때 통신제한조치는 위의 요건에 해당하는 자가 발송·수취하거나 송·수신하는 특정한 우편물이나 전기통신 또는 그 해당자가 일정한 기간에 걸쳐 발송·수취하거나 송·수신하는 우편물이나 전기통신을 대상으로 허가될 수 있다(동조 제2항).

〈**헌재결**〉 통신비밀보호법 제5조 제2항 중 '일정한 기간에 걸쳐 … 송·수신하는 전기통신' 가운데 인터넷회선을 통해 송·수신하는 전기통신에 관한 부분(이하 '이 사건 법률조항'이라 한다)이 헌법에 위반되는지 여부 : ① 이 사건 법률조항은 인터넷회선 감청의 특성을 고려하여 그 집행 단계나 집행 이후에 수사기관의 권한 남용을 통제하고 관련 기본권의 침해를 최소화하기 위한 제도적 조치가 제대로 마련되어 있지 않은 상태에서, 범죄수사목적을 이유로 인터넷회선 감청을 통신제한조치 허가 대상 중 하나로 정하고 있으므로 침해의 최소성 요건을 충족한다고 할 수 없다. ② 이러한 여건 하에서 인터넷회선의 감청을 허용하는 것은 개인의 통신 및 사생활의 비밀과 자유에 심각한 위협을 초래하게 되므로 이 사건 법률조항으로 인하여 달성하려는 공익과 제한되는 사익 사이의 법익 균형성도 인정되지 아니한다. ③ 그러므로 이 사건 법률조항은 과잉금지원칙에 위반하는 것으로 청구인의 기본권을 침해한다. 다만, 위 법률조항은 2020.3.31.을 시한으로 개정될 때까지 계속 적용한다(2016헌마263).

2) 허가절차

검사(군검사를 포함한다. 이하 같다)는 통신제한조치(제5조 제1항)의 요건이 구비된 경우에는 법원(군사법원을 포함한다. 이하 같다)에 대하여 각 피의자별 또는 각 피내사자별로 통신제한조치를 허가하여 줄 것을 청구할 수 있다(제6조 제1항). 또한 사법경찰관(군사법경찰관을 포함한다. 이하 같다)은 통신제한조치의 요건이 구비된 경우에는 검사에 대하여 각 피의자별 또는 각 피내사자별로 통신제한조치에 대한 허가를 신청하고, 검사는 법원에 대하여 그 허가를 청구할 수 있다(동조 제2항). 통신제한조치 청구사건의 관할법원은 그 통신제한조치를 받을 통신당사자의 쌍방 또는 일방의 주소지·소재지, 범죄지 또는 통신당사자와 공범관계에 있는 자의 주소지·소재지를 관할하는 지방법원 또는 지원(보통군사법원을 포함한다)으로 한다(동조 제3항).

또한, 통신제한조치청구는 필요한 통신제한조치의 종류·그 목적·대상·범위·기간·집행장소·방법 및 당해 통신제한조치가 제5조 제1항의 허가요건을 충족하는 사유 등의 청구이유를 기재한 서면(이하 "청구서"라 한다)으로 하여야 하며, 청구이유에 대한 소명자료를 첨부하여야 한다. 이 경우 동일한 범죄사실에 대하여 그 피의자 또는 피내사자에 대하여 통신제한조치의 허가를 청구하였거나 허가받은 사실이 있는 때에는 다시 통신제한조치를 청구하는 취지 및 이유를 기재하여야 한다(동조 제4항). 법원은 청구가 이유 있다고 인정하는 경우에는 각 피의자별 또는 각 피내사자별로 통신제한조치를 허가하고, 이를 증명하는 서류(이하 "허가서"라 한다)를 청구인에게 발부한다(동조 제5항). 이 허가서에는 통신제한조치의 종류·그 목적·대상·범위·기간 및 집행 장소와 방법을 특정하여 기재하여야 한다(동조 제6항). 그러나 청구가 이유 없다고 인정하는 경우에는 법원은 청구를 기각하고 이를 청구인에게 통지한다(동조 제8항).

통신제한조치의 기간은 2월을 초과하지 못하고, 그 기간 중 통신제한조치의 목적이 달성되었을 경우에는 즉시 종료하여야 한다. 다만, 통신제한조치의 허가요건이 존속하는 경우에는 위의 통신제한조치 청구 절차에 따라 소명자료를 첨부하여 2월의 범위 안에서 통신제한조치기간의 연장을 청구할 수 있다(동조 제7항).

〈**참고**〉 통신비밀보호법(2001.12.29. 법률 제6546호로 개정된 것) 제6조 제7항 단서 중 전기통신에 관한 '통신제한조치기간의 연장'에 관한 부분은 헌법에 합치하지 아니한다. 위 법률조항은 2011.12.31.을 시한으로 입법자가 개정할 때까지 계속 적용한다(헌재결 2010.12.28. 2009헌가30).

(2) 국가안보를 위한 통신제한조치

대통령령이 정하는 정보수사기관의 장(이하 "정보수사기관의 장"이라 한다)은 국가안전보장에 상당한 위험이 예상되는 경우 또는 「국민보호와 공공안전을 위한 테러방지법」 제2조 제6호의 대테러활동에 필요한 경우에 한하여 그 위해를 방지하기 위하여 이에 관한 정보수집이 특히 필요한 때에는 다음 각 호의 구분에 따라 통신제한조치를 할 수 있다(제7조 제1항).

1. 통신의 일방 또는 쌍방당사자가 내국인인 때에는 고등법원 수석부장판사의 허가를 받아야 한다. 다만, 군용전기통신법 제2조의 규정에 의한 군용전기통신(작전수행을 위한 전기통신에 한한다)에 대하여는 그러하지 아니하다.
2. 대한민국에 적대하는 국가, 반국가활동의 혐의가 있는 외국의 기관·단체와 외국인, 대한민국의 통치권이 사실상 미치지 아니하는 한반도 내의 집단이나 외국에 소재하는 그 산하단체의 구성원의 통신인 때 및 제1항 제1호 단서의 경우에는 서면으로 대통령의 승인을 얻어야 한다.

※ 법 제7조 제1항에서 "대통령령이 정하는 정보수사기관"이란 「정보 및 보안업무 기획·조정 규정」 제2조 제6호에 따른 기관을 말한다(시행령 제6조 제1항).

이때의 통신제한조치의 기간은 4월을 초과하지 못하고, 그 기간중 통신제한조치의 목적이 달성되었을 경우에는 즉시 종료하여야 하되, 통신제한조치 요건이 존속하는 경우에는 소명자료를 첨부하여 고등법원 수석부장판사의 허가 또는 대통령의 승인을 얻어 4월의 범위 이내에서 통신제한조치의 기간을 연장할 수 있다. 다만, 군용전기통신법 제2조의 규정에 의한 군용전기통신(작전수행을 위한 전기통신에 한한다)(제1항 제1호 단서)의 규정에 의한 통신제한조치는 전시·사변 또는 이에 준하는 국가비상사태에 있어서 적과 교전상태에 있는 때에는 작전이 종료될 때까지 대통령의 승인을 얻지 아니하고 기간을 연장할 수 있다(동조 제2항).

〈참고〉 시행령 제7조(국가안보를 위한 통신제한조치에 관한 법원의 허가) ① 법 제7조 제1항 제1호의 고등법원은 통신제한조치를 받을 내국인의 쌍방 또는 일방의 주소지 또는 소재지를 관할하는 고등법원으로 한다.

② 제1항에 따른 고등법원의 수석부장판사가 질병·해외여행·장기출장 등의 사유로 직무를 수행하기 어려운 경우에는 해당 고등법원장이 허가업무를 대리할 부장판사를 지명할 수 있다.

③ 정보수사기관의 장은 법 제7조 제1항 제1호에 따라 통신제한조치를 하려는 경우에는 제1항에 따른 고등법원에 대응하는 고등검찰청의 검사에게 허가의 청구를 서면으로 신청하여야 한다.

④ 제3항에 따른 신청을 받은 고등검찰청 검사가 통신제한조치의 허가를 청구하는 경우에는 제4조를 준용한다.

제8조(국가안보를 위한 통신제한조치에 관한 대통령의 승인) ① 정보수사기관의 장이 법 제7조 제1항 제2호에 따라 통신제한조치를 하려는 경우에는 그에 관한 계획서를 국정원장에게 제출하여야 한다.

② 국정원장은 제1항에 따른 정보수사기관의 장이 제출한 계획서에 대하여 그 타당성 여부에 관한 심사를 하고, 심사 결과 타당성이 없다고 판단되는 경우에는 계획의 철회를 해당 정보수사기관의 장에게 요구할 수 있다.

③ 정보수사기관의 장이 제1항에 따른 계획서를 작성하는 경우에는 법 제6조 제4항 및 이 영 제4조를 준용한다.

④ 국정원장은 제1항에 따라 정보수사기관의 장이 제출한 계획서를 종합하여 대통령에게 승인을 신청하며 그 결과를 해당 정보수사기관의 장에게 서면으로 통보한다.

〈참고〉 통신제한조치의 허가에 관해서는 범죄수사를 위한 통신제한조치의 규정(제6조 제2항·제4항 내지 제6항 및 제8항은 제1항 제1호의 규정)을 적용한다. 이 경우 "사법경찰관(군사법경찰관을 포함한다. 이하 같다)"은 "정보수사기관의 장"으로, "법원"은 "고등법원 수석부장판사"로, "제5조 제1항"은 "제7조 제1항 제1호 본문"으로, 제

6조 제2항 및 제5항 중 "각 피의자별 또는 각 피내사자별로 통신제한조치"를 각각 "통신제한조치"로 한다(동조 제3항).

(3) 긴급통신제한조치

1) 법원의 허가를 요하지 않는 통신제한조치

검사, 사법경찰관 또는 정보수사기관의 장은 국가안보를 위협하는 음모행위, 직접적인 사망이나 심각한 상해의 위험을 야기할 수 있는 범죄 또는 조직범죄 등 중대한 범죄의 계획이나 실행 등 긴박한 상황에 있고 범죄수사를 위한 통신제한조치(제5조 제1항) 또는 국가안보를 위한 통신제한 조치(제7조 제1항 제1호)의 요건을 구비한 자에 대하여 동법에서 정한 규정(제6조 또는 제7조 제1항 및 제3항)에 의한 절차를 거칠 수 없는 긴급한 사유가 있는 때에는 법원의 허가 없이 통신제한조치를 할 수 있다(제8조 제1항).

검사, 사법경찰관 또는 정보수사기관의 장은 위의 통신제한조치(이하 "긴급통신제한조치"라 한다)의 집행착수 후 지체 없이 법원에 허가청구를 하여야 하며, 그 긴급통신제한조치를 한 때부터 36시간 이내에 법원의 허가를 받지 못한 때에는 즉시 이를 중지하여야 한다(동조 제2항). 만일 사법경찰관이 긴급통신제한조치를 할 경우에는 미리 검사의 지휘를 받아야 한다. 다만, 특히 급속을 요하여 미리 지휘를 받을 수 없는 사유가 있는 경우에는 긴급통신제한조치의 집행 착수 후 지체 없이 검사의 승인을 얻어야 한다(동조 제3항). 또한 검사, 사법경찰관 또는 정보수사기관의 장이 긴급통신제한조치를 하고자 하는 경우에는 반드시 긴급검열서 또는 긴급감청서(이하 "긴급감청서 등"이라 한다)에 의하여야 하며 소속기관에 긴급통신제한조치대장을 비치하여야 한다(동조 제4항).

한편, 긴급통신제한조치가 단시간 내에 종료되어 법원의 허가를 받을 필요가 없는 경우에는 그 종료 후 7일 이내에 관할 지방검찰청검사장(제1항의 규정에 의하여 정보수사기관의 장이 제7조 제1항 제1호의 규정에 의한 요건을 구비한 자에 대하여 긴급통신제한조치를 한 경우에는 관할 고등검찰청검사장)은 이에 대응하는 법원장에게 긴급통신제한조치를 한 검사, 사법경찰관 또는 정보수사기관의 장이 작성한 긴급통신제한조치통보서를 송부하여야 한다. 다만, 군 검사 또는 군 사법경찰관이 제5조 제1항의 규정에 의한 요건을 구비한 자에 대하여 긴급통신제한조치를 한 경우에는 관할 보통검찰부장이 이에 대응하는 보통군사법원 군판사에게 긴급통신제한조치통보서를 송부하여야 한다(동조 제5항). 이 통보서에는 긴급통신제한조치의 목적·대상·범위·기간·집행장소·방법 및 통신제한조치허가청구를 하지 못한 사유 등을 기재하여야 한다(동조 제6항). 이와 같이 제5항의 규정에 의하여 긴급통신제한조치통보서를 송부받은 법원 또는 보통군사법원 군판사는 긴급통신제한조치통보대장을 비치하여야 한다(동조 제7항).

2) 소속장관의 승인에 의한 긴급통신제한조치

정보수사기관의 장은 국가안보를 위협하는 음모행위, 직접적인 사망이나 심각한 상해의 위험을 야기할 수 있는 범죄 또는 조직범죄 등 중대한 범죄의 계획이나 실행 등 긴박한 상황에 있고 국가안보를 위한 통신제한 조치(제7조 제1항 제2호)에 해당하는 자에 대하여 대통령의 승인을 얻을 시간적 여유가 없거나 통신제한조치를 긴급히 실시하지 아니하면 국가안전보장에 대한 위해를 초래할 수 있다고 판단되는 때에는 소속 장관(국가정보원장을 포함한다)의 승인을 얻어 통신제한조치를 할 수 있다(동조 제8항). 이 긴급통신제한조치를 한 때에는 지체없이 대통령의 승인(제7조)을 얻어야 하며, 36시간 이내에 대통령의 승인을 얻지 못한 때에는 즉시 그 긴급통신제한조치를 중지하여야 한다(동조 제9항).[4]

6. 통신제한조치의 집행절차

(1) 통신제한조치의 집행

통신제한조치는 이를 청구 또는 신청한 검사·사법경찰관 또는 정보수사기관의 장이 집행한다. 이 경우 체신관서 기타 관련 기관 등(이하 "통신기관 등"이라 한다)에 그 집행을 위탁하거나 집행에 관한 협조를 요청할 수 있다(제9조 제1항). 이 때 통신제한조치의 집행을 위탁하거나 집행에 관한 협조를 요청하는 자는 통신기관 등에 통신제한조치허가서(제7조 제1항 제2호의 경우에는 대통령의 승인서를 말한다.

4) 법원의 허가 또는 소속장관의 승인을 얻지 못하였음에도 불구하고 긴급통신제한조치를 즉시 중지하지 아니한 자는 3년 이하의 징역 또는 1천만원 이하의 벌금에 처한다(제17조 제2항 제2호).

이하 이 조, 제16조 제2항 제1호 및 제17조 제1항 제1호·제3호에서 같다) 또는 긴급감청서 등의 표지의 사본을 교부하여야 하며, 이를 위탁받거나 이에 관한 협조요청을 받은 자는 통신제한조치허가서 또는 긴급감청서 등의 표지 사본을 대통령령이 정하는 기간 동안 보존하여야 한다(동조 제2항).[5)]

▪ **판례 1** ▪ 통신비밀보호법 제9조의 규정에 의한 통신제한조치의 집행으로 인하여 취득된 전기통신의 내용은 같은 법 제12조 제1호 소정의 범죄나 이와 관련되는 범죄를 수사·소추하기 위하여 사용할 수 있다(96도2354).

▪ **판례 2** ▪ 통신비밀보호법 제9조 제1항 후문 등에서 체신관서 기타 관련 기관 등(이하 '통신기관 등'이라 한다)에 대한 집행 위탁이나 협조요청 및 대장 비치의무 등을 규정하고 있는 것은 우편물의 검열 또는 전기통신의 감청(이하 "통신제한조치"라 한다)의 경우해당 우편이나 전기통신의 역무를 담당하는 통신기관 등의 협조가 없이는 사실상 집행이 불가능하다는 점 등을 고려하여 검사·사법경찰관 또는 정보수사기관의 장(이하 "집행주체"라 한다)이 통신기관 등에 집행을 위탁하거나 집행에 관한 협조를 요청할 수 있음을 명확히 하는 한편 통신기관 등으로 하여금 대장을 작성하여 비치하도록 함으로써 사후 통제를 할 수 있도록 한 취지이다.

한편 '대화의 녹음·청취'에 관하여 통신비밀보호법 제14조 제2항은 통신비밀보호법 제9조 제1항 전문을 적용하여 집행주체가 집행한다고 규정하면서도, 통신기관 등에 대한 집행 위탁이나 협조요청에 관한 같은 법 제9조 제1항 후문을 적용하지 않고 있으나, 이는 '대화의 녹음·청취'의 경우 통신제한조치와 달리 통신기관의 업무와 관련이 적다는 점을 고려한 것일 뿐이므로, 반드시 집행주체가 '대화의 녹음·청취'를 직접 수행하여야 하는 것은 아니다. 따라서 집행주체가 제3자의 도움을 받지 않고서는 '대화의 녹음·청취'가 사실상 불가능하거나 곤란한 사정이 있는 경우에는 비례의 원칙에 위배되지 않는 한 제3자에게 집행을 위탁하거나 그로부터 협조를 받아 '대화의 녹음·청취'를 할 수 있다고 봄이 타당하고, 그 경우 통신기관 등이 아닌 일반 사인에게 대장을 작성하여 비치할 의무가 있다고 볼 것은 아니다(2014도10978).

또한 통신제한조치를 집행하는 자와 이를 위탁받거나 이에 관한 협조요청을 받은 자는 당해 통신제한조치를 청구한 목적과 그 집행 또는 협조일시 및 대상을 기재한 대장을 대통령령이 정하는 기간 동안 비치하여야 한다(동조 제3항).[6)]

5) 통신제한조치허가서 또는 긴급감청서 등의 표지의 사본을 교부하지 아니하고 통신제한조치의 집행을 위탁하거나 집행에 관한 협조를 요청한 자 또는 통신제한조치허가서 또는 긴급감청서 등의 표지의 사본을 교부받지 아니하고 위탁받은 통신제한조치를 집행하거나 통신제한조치의 집행에 관하여 협조한 자는 10년 이하의 징역에 처한다(제16조 제2항 제1호). 또한 통신제한조치허가서 또는 긴급감청서 등의 표지의 사본을 보존하지 아니한 자는 5년 이하의 징역 또는 3천만원 이하의 벌금에 처한다(제17조 제1항 제1호).

※ 통신제한조치허가서 또는 긴급감청서 등의 표지 사본의 보존기간 및 법 제9조 제3항에 따른 대장의 비치 기간은 3년으로 한다. 다만, 「보안업무규정」에 따라 비밀로 분류된 경우에는 그 보존 또는 비치 기간은 그 비밀의 보호기간으로 한다(시행령 제17조 제2항).

한편 통신기관 등은 통신제한조치허가서 또는 긴급감청서 등에 기재된 통신제한조치 대상자의 전화번호 등이 사실과 일치하지 않을 경우에는 그 집행을 거부할 수 있으며, 어떠한 경우에도 전기통신에 사용되는 비밀번호를 누설할 수 없다(동조 제4항).[7]

〈**참고**〉 시행령 제18조(통신제한조치 집행 후의 조치) ① 통신제한조치를 집행한 검사, 사법경찰관 또는 정보수사기관의 장은 그 집행의 경위 및 이로 인하여 취득한 결과의 요지를 조서로 작성하고, 그 통신제한조치의 집행으로 취득한 결과와 함께 이에 대한 비밀보호 및 훼손·조작의 방지를 위하여 봉인·열람제한 등의 적절한 보존조치를 하여야 한다.

② 사법경찰관은 통신제한조치를 집행하여 수사 또는 내사한 사건을 종결할 경우 그 결과를 검사에게 보고하여야 한다. 다만, 그 사건을 송치하는 경우에는 그러하지 아니하다.

③ 정보수사기관의 장이 법 제7조에 따른 통신제한조치를 집행하여 정보를 수집한 경우 및 사법경찰관이 「정보 및 보안업무 기획·조정 규정」 제2조 제5호에 따른 정보사범 등에 대하여 통신제한조치를 집행하여 수사 또는 내사한 사건을 종결한 경우에는 그 집행의 경위 및 이로 인하여 취득한 결과의 요지를 서면으로 작성하여 국정원장에게 제출하여야 한다.

④ 제1항에 따른 보존조치를 함에 있어서의 보존기간은 범죄수사를 위한 통신제한조치로 취득한 결과의 경우에는 그와 관련된 범죄의 사건기록 보존기간과 같은 기간으로 하고, 국가안보를 위한 통신제한조치로 취득한 결과의 경우에는 「보안업무규정」에 따라 분류된 비밀의 보호기간으로 한다.

---

6) 위 규정(제14조 제2항의 규정에 의하여 적용하는 경우를 포함한다)에 위반하여 대장을 비치하지 아니한 자는 5년 이하의 징역 또는 3천만원 이하의 벌금에 처한다(제17조 제1항 제2호).

7) 위 규정에 위반하여 통신제한조치허가서 또는 긴급감청서 등에 기재된 통신제한조치 대상자의 전화번호 등을 확인하지 아니하거나 전기통신에 사용되는 비밀번호를 누설한 자는 5년 이하의 징역 또는 3천만원 이하의 벌금에 처한다(제17조 제1항 제3호).

(2) 통신제한조치의 집행에 관한 통지

1) 통지대상

검사는 제6조 제1항 및 제8조 제1항의 규정에 의한 통신제한조치를 집행한 사건에 관하여 공소를 제기하거나, 공소의 제기 또는 입건을 하지 아니하는 처분(기소중지 결정을 제외한다)을 한 때에는 그 처분을 한 날부터 30일 이내에 우편물 검열의 경우에는 그 대상자에게, 감청의 경우에는 그 대상이 된 전기통신의 가입자에게 통신제한조치를 집행한 사실과 집행기관 및 그 기간 등을 서면으로 통지하여야 한다(제9조의2 제1항).

또한 사법경찰관은 제6조 제1항 및 제8조 제1항의 규정에 의한 통신제한조치를 집행한 사건에 관하여 검사로부터 공소를 제기하거나 제기하지 아니하는 처분(기소중지 결정을 제외한다)의 통보를 받거나 내사사건에 관하여 입건하지 아니하는 처분을 한 때에는 그 날부터 30일 이내에 우편물 검열의 경우에는 그 대상자에게, 감청의 경우에는 그 대상이 된 전기통신의 가입자에게 통신제한조치를 집행한 사실과 집행기관 및 그 기간 등을 서면으로 통지하여야 한다(동조 제2항).

한편 정보수사기관의 장은 제7조 제1항 제1호 본문 및 제8조 제1항의 규정에 의한 통신제한조치를 종료한 날부터 30일 이내에 우편물 검열의 경우에는 그 대상자에게, 감청의 경우에는 그 대상이 된 전기통신의 가입자에게 통신제한조치를 집행한 사실과 집행기관 및 그 기간 등을 서면으로 통지하여야 한다(동조 제3항).[8]

2) 통지의 유예

다음 각 호의 1에 해당하는 사유가 있는 때에는 그 사유가 해소될 때까지 통지를 유예할 수 있다(동조 제4항).

> 1. 통신제한조치를 통지할 경우 국가의 안전보장·공공의 안녕질서를 위태롭게 할 현저한 우려가 있는 때

---

8) 위 규정(제14조 제2항의 규정에 의하여 적용하는 경우를 포함한다)에 위반하여 통신제한조치의 집행에 관한 통지를 하지 아니한 자는 3년 이하의 징역 또는 1천만원 이하의 벌금에 처한다(제17조 제2항 제2호)

2. 통신제한조치를 통지할 경우 사람의 생명·신체에 중대한 위험을 초래할 염려가 현저한 때

이때 검사 또는 사법경찰관이 통지를 유예하고자 하는 경우에는 소명자료를 첨부하여 미리 관할 지방검찰청검사장의 승인을 얻어야 한다. 다만, 군 검사 및 군 사법경찰관이 통지를 유예하고자 하는 경우에는 소명자료를 첨부하여 미리 관할 보통검찰부장의 승인을 얻어야 한다(동조 제5항). 또한 검사, 사법경찰관 또는 정보수사기관의 장은 위 각호의 사유가 해소된 때에는 그 사유가 해소된 날부터 30일 이내에 통지를 하여야 한다(동조 제6항).

〈참고〉 시행령 제19조(통신제한조치 집행에 관한 통지의 유예) ① 검사 또는 사법경찰관이 법 제9조의2 제5항에 따라 통신제한조치의 집행에 관한 통지를 유예하기 위하여 관할 지방검찰청검사장(관할 보통검찰부장을 포함한다)의 승인을 얻으려는 경우에는 집행한 통신제한조치의 종류·대상·범위·기간, 통신제한조치를 집행한 사건의 처리일자·처리결과, 통지를 유예하려는 사유 등을 적은 서면으로 신청하여야 한다. 이 경우 사법경찰관은 관할 지방검찰청검사장의 승인을 신청하는 서면을 관할 지방검찰청 또는 지청(관할 보통검찰부를 포함한다)에 제출하여야 한다.
② 제1항에 따른 신청을 받은 관할 지방검찰청검사장은 통지를 유예하려는 사유 등을 심사한 후 그 결과를 검사 또는 사법경찰관에게 통지하여야 한다.

(3) 압수·수색·검증의 집행에 관한 통지

검사는 송·수신이 완료된 전기통신에 대하여 압수·수색·검증을 집행한 경우 그 사건에 관하여 공소를 제기하거나 공소의 제기 또는 입건을 하지 아니하는 처분(기소중지결정을 제외한다)을 한 때에는 그 처분을 한 날부터 30일 이내에 수사대상이 된 가입자에게 압수·수색·검증을 집행한 사실을 서면으로 통지하여야 한다(제9조의3 제1항).

또한 사법경찰관은 송·수신이 완료된 전기통신에 대하여 압수·수색·검증을 집행한 경우 그 사건에 관하여 검사로부터 공소를 제기하거나 제기하지 아니하는 처분의 통보를 받거나 내사사건에 관하여 입건하지 아니하는 처분을 한 때에는 그 날부터 30일 이내에 수사대상이 된 가입자에게 압수·수색·검증을 집행한 사실을 서면으로 통지하여야 한다(동조 제2항).

7. 감청설비

(1) 감청설비에 대한 인가기관과 인가절차

감청설비를 제조·수입·판매·배포·소지·사용하거나 이를 위한 광고를 하고자 하는 자는 과학기술정보통신부장관의 인가를 받아야 한다. 다만, 국가기관의 경우에는 그러하지 아니하다(제10조 제1항). 이때 과학기술정보통신부장관은 인가를 하는 경우에는 인가신청자, 인가연월일, 인가된 감청설비의 종류와 수량 등 필요한 사항을 대장에 기재하여 비치하여야 한다(동조 제3항). 또한 위의 인가를 받아 감청설비를 제조·수입·판매·배포·소지 또는 사용하는 자는 인가연월일, 인가된 감청설비의 종류와 수량, 비치 장소 등 필요한 사항을 대장에 기재하여 비치하여야 한다. 다만, 지방자치단체의 비품으로서 그 직무수행에 제공되는 감청설비는 해당 기관의 비품대장에 기재한다(동조 제4항).[9] 인가에 관하여 기타 필요한 사항은 대통령령(시행령 제22조 참조)으로 정한다(동조 제5항).

(2) 국가기관 감청설비의 신고

국가기관(정보수사기관을 제외한다)이 감청설비를 도입하는 때에는 매 반기별로 그 제원 및 성능 등 대통령령이 정하는 사항을 과학기술정보통신부장관에게 신고하여야 한다(제10조의2 제1항). 또한 정보수사기관이 감청설비를 도입하는 때에는 매 반기별로 그 제원 및 성능 등 대통령령이 정하는 사항을 국회 정보위원회에 통보하여야 한다(동조 제2항).

※ 법 제10조의2 제1항 및 제2항에서 "대통령령이 정하는 사항"이란 다음 각 호의 사항을 말한다(시행령 제27조 제1항).

1. 감청설비의 종류 및 명칭
2. 수량
3. 사용전원
4. 사용방법

---

9) 인가를 받지 아니하고 감청설비를 제조·수입·판매·배포·소지·사용하거나 이를 위한 광고를 한 자는 5년 이하의 징역 또는 3천만원 이하의 벌금에 처한다(제17조 제1항 제4호). 또한 감청설비의 인가대장을 작성 또는 비치하지 아니한 자는 5년 이하의 징역 또는 3천만원 이하의 벌금에 처한다(제17조 제1항 제5호).

5. 감청수용능력
6. 도입시기

(3) 불법감청설비탐지업의 등록

1) 불법감청설비탐지업의 등록 등

영리를 목적으로 불법감청설비탐지업을 하고자 하는 자는 대통령령(시행령 제28조–제30조 참조)이 정하는 바에 의하여 과학기술정보통신부장관에게 등록을 하여야 한다(제10조의3 제1항). 이때의 등록은 법인에 한하여 할 수 있으며(동조 제2항), 이 등록을 하고자 하는 자는 대통령령이 정하는 이용자보호계획·사업계획·기술·재정능력·탐지장비 그 밖에 필요한 사항을 갖추어야 한다(동조 제3항). 이 등록의 변경요건 및 절차, 등록한 사업의 양도·양수·승계·휴지·폐지 및 그 신고, 등록업무의 위임 등에 관하여 필요한 사항은 대통령령(시행령 제31조–제36조 참조으로 정한다(동조 제4항).[10]

2) 불법감청설비탐지업자의 결격사유

법인의 대표자가 다음 각 호의 어느 하나에 해당하는 경우에는 불법감청설비탐지업 등록을 할 수 없다(제10조의4).

1. 피성년후견인 또는 피한정후견인
2. 파산선고를 받은 자로서 복권되지 아니한 자
3. 금고 이상의 실형을 선고받고 그 집행이 종료(집행이 종료된 것으로 보는 경우를 포함한다)되거나 집행이 면제된 날부터 2년이 경과되지 아니한 자
4. 금고 이상의 형의 집행유예 선고를 받고 그 유예 기간중에 있는 자
5. 법원의 판결 또는 다른 법률에 의하여 자격이 상실 또는 정지된 자
6. 제10조의5에 따라 등록이 취소(제10조의4 제1호 또는 제2호에 해당하여 등록이 취소된 경우는 제외한다)된 법인의 취소 당시 대표자로서 그 등록이 취소된 날부터 2년이 경과되지 아니한 자

10) 등록을 하지 아니하거나 거짓으로 등록하여 불법감청설비탐지업을 한 자는 5년 이하의 징역 또는 3천만원 이하의 벌금에 처한다(제17조 제1항 제5호의2).

3) 등록의 취소

과학기술정보통신부장관은 불법감청설비탐지업을 등록한 자가 다음 각 호의 1에 해당하는 경우에는 그 등록을 취소하거나 6월 이내의 기간을 정하여 그 영업의 정지를 명할 수 있다. 다만, 제1호 또는 제2호에 해당하는 경우에는 그 등록을 취소하여야 한다(제10조의5).

1. 거짓 그 밖의 부정한 방법으로 등록 또는 변경등록을 한 경우
2. 제10조의4의 규정에 의한 결격사유에 해당하게 된 경우
3. 영업행위와 관련하여 알게 된 비밀을 다른 사람에게 누설한 경우
4. 불법감청설비탐지업 등록증을 다른 사람에게 대여한 경우
5. 영업행위와 관련하여 고의 또는 중대한 과실로 다른 사람에게 중대한 손해를 입힌 경우
6. 다른 법률의 규정에 의하여 국가 또는 지방자치단체로부터 등록취소의 요구가 있는 경우

8. 비밀준수의 의무

통신제한조치의 허가·집행·통보 및 각종 서류작성 등에 관여한 공무원 또는 그 직에 있었던 자는 직무상 알게 된 통신제한조치에 관한 사항을 외부에 공개하거나 누설하여서는 아니 된다(제11조 제1항).[11]

▪ **판례** ▪ 통신비밀보호법의 목적이 통신 및 대화의 비밀과 자유에 대한 제한 시 대상을 한정하고 엄격한 법적 절차를 거치도록 함으로써 통신비밀을 보호하고 통신의 자유를 신장하고자 하는 것인 점, 통신비밀보호법은 통신사실 확인자료 제공의 대상을 한정하고 통신사실 확인자료의 사용용도를 일정한 경우로 제한하는 한편, 수사기관의 범죄수사를 위한 통신사실 확인자료 제공 등에 대한 통지의무 및 통신사실 확인자료 제공에 관여한 통신기관의 직원 등의 통신사실 확인자료 제공 사항에 대한 비밀 준수의무를 규정하는 방법으로 전기통신 이용자의 통신비밀과 자유를 보호하고 있을 뿐, 한 걸음 더 나아가 전기통신 이용자에게 전기통신사업자를 상대로 통신사실 확인자료를 제3자에게 제공한 현황 등에 대한 열람 등을 청구할 권리를 인정하지

11) 위 규정(제14조 제2항의 규정에 의하여 적용하는 경우 및 제13조의5의 규정에 의하여 준용되는 경우를 포함한다)을 위반한 자는 10년 이하의 징역에 처한다(제16조 제2항 제2호).

않는 점, 통신비밀보호법 제13조의3에서 규정한 통신사실 확인자료 제공의 집행사실에 관하여 수사기관이 통지를 할 무렵에는 통신비밀보호법 제13조의5에 의하여 준용되는 제11조 제2항에서 규정한 통신사실 확인자료 제공에 관여한 통신기관 직원 등의 통신사실 확인자료 제공 사항에 대한 비밀준수의무가 해제된다고 볼 아무런 근거도 없는 점 등을 종합하면, 전기통신사업자는 수사종료 여부와 관계없이 통신비밀보호법 제13조의5, 제11조 제2항에 따라 전기통신 이용자를 포함한 외부에 대하여 통신사실 확인자료 제공 사항을 공개·누설하지 말아야 할 의무를 계속하여 부담하므로, 이용자의 공개 요구에도 응할 의무가 없다(2011다76617).

또한 통신제한조치에 관여한 통신기관의 직원 또는 그 직에 있었던 자는 통신제한조치에 관한 사항을 외부에 공개하거나 누설하여서는 아니 된다(동조 제2항).[12] 이외에 누구든지 이 법에 따른 통신제한조치로 알게 된 내용을 이 법에 따라 사용하는 경우 외에는 이를 외부에 공개하거나 누설하여서는 아니 된다(동조 제3항).[13]

한편, 법원에서의 통신제한조치의 허가절차·허가여부·허가내용 등의 비밀유지에 관하여 필요한 사항은 대법원 규칙(통신제한조치 등 허가규칙)으로 정한다(동조 제4항).

9. 통신제한조치로 취득한 자료의 사용제한

통신제한조치의 집행(제9조)으로 인하여 취득된 우편물 또는 그 내용과 전기통신의 내용은 다음 각 호의 경우 외에는 사용할 수 없다(제12조).

1. 통신제한조치의 목적이 된 제5조 제1항에 규정된 범죄나 이와 관련되는 범죄를 수사·소추하거나 그 범죄를 예방하기 위하여 사용하는 경우
2. 제1호의 범죄로 인한 징계절차에 사용하는 경우
3. 통신의 당사자가 제기하는 손해배상소송에서 사용하는 경우
4. 기타 다른 법률의 규정에 의하여 사용하는 경우

12) 위 규정(제13조의5의 규정에 의하여 준용되는 경우를 포함한다)을 위반한 자는 7년 이하의 징역에 처한다(제16조 제3항).
13) 위 규정(제14조 제2항의 규정에 의하여 적용하는 경우 및 제13조의5의 규정에 의하여 준용되는 경우를 포함한다)을 위반한 자는 5년 이하의 징역에 처한다(제16조 제4항).

10. 통신사실 확인자료 제공

(1) 범죄수사를 위한 통신사실 확인자료 제공의 절차

검사 또는 사법경찰관은 수사 또는 형의 집행을 위하여 필요한 경우 전기통신사업법에 의한 전기통신사업자(이하 "전기통신사업자"라 한다)에게 통신사실 확인자료의 열람이나 제출(이하 "통신사실 확인자료제공"이라 한다)을 요청할 수 있다(제13조 제1항). 이때 통신사실 확인자료제공을 요청하는 경우에는 요청사유, 해당 가입자와의 연관성 및 필요한 자료의 범위를 기록한 서면으로 관할 지방법원(보통군사법원을 포함한다. 이하 같다) 또는 지원의 허가를 받아야 한다. 다만, 관할 지방법원 또는 지원의 허가를 받을 수 없는 긴급한 사유가 있는 때에는 통신사실 확인자료제공을 요청한 후 지체 없이 그 허가를 받아 전기통신사업자에게 송부하여야 한다(동조 제2항). 다만, 긴급한 사유로 통신사실 확인자료를 제공받았으나 지방법원 또는 지원의 허가를 받지 못한 경우에는 지체 없이 제공받은 통신사실 확인자료를 폐기하여야 한다(동조 제3항).

한편, 검사 또는 사법경찰관은 통신사실 확인자료제공을 받은 때에는 당해 통신사실 확인자료제공 요청사실 등 필요한 사항을 기재한 대장과 통신사실 확인자료제공 요청서 등 관련 자료를 소속기관에 비치하여야 한다(동조 제5항). 또한 지방법원 또는 지원은 통신사실 확인자료제공 요청허가청구를 받은 현황, 이를 허가한 현황 및 관련된 자료를 보존하여야 한다(동조 제6항). 그리고 전기통신사업자는 검사, 사법경찰관 또는 정보수사기관의 장에게 통신사실 확인자료를 제공한 때에는 자료제공 현황 등을 연 2회 과학기술정보통신부장관에게 보고하고, 당해 통신사실 확인자료제공 사실 등 필요한 사항을 기재한 대장과 통신사실 확인자료제공 요청서 등 관련 자료를 통신사실 확인자료를 제공한 날부터 7년간 비치하여야 한다(동조 제7항).[14]

14) 통신사실 확인자료제공 현황 등을 과학기술정보통신부장관에게 보고하지 아니하였거나 관련 자료를 비치하지 아니한 자는 3년 이하의 징역 또는 1천만원 이하의 벌금에 처한다(제17조 제2항 제4호).

〈**참고**〉 시행령 제37조(통신사실 확인자료제공의 요청 등) ① 법 제13조 제2항 본문 및 단서에서 "관할 지방법원 또는 지원"이란 피의자 또는 피내사자의 주소지·소재지, 범죄지 또는 해당 가입자의 주소지·소재지를 관할하는 지방법원 또는 지원을 말한다.

② 동일한 범죄의 수사 또는 동일인에 대한 형의 집행을 위하여 피의자 또는 피내사자가 아닌 다수의 가입자에 대하여 통신사실 확인자료제공의 요청이 필요한 경우에는 1건의 허가청구서에 의할 수 있다.

③ 범죄수사 또는 내사를 위한 통신사실 확인자료제공 요청 및 그 통지 등에 관하여는 제11조부터 제13조까지, 제17조부터 제21조까지의 규정을 준용한다. 다만, 제17조 제2항 본문의 규정은 그러하지 아니하다.

④ 국가안보를 위한 통신사실 확인자료제공 요청 및 그 통지 등에 관하여는 제5조부터 제13조까지, 제16조부터 제18조까지, 제20조 및 제21조를 준용한다. 다만, 제17조 제2항 본문의 규정은 그러하지 아니하다.

⑤ 검사, 사법경찰관 또는 정보수사기관의 장(그 위임을 받은 소속 공무원을 포함한다)은 제3항 및 제4항에서 준용하는 제12조에 따라 전기통신사업자에게 통신사실 확인자료제공 요청허가서 또는 긴급 통신사실 확인자료제공 요청서 표지의 사본을 발급하거나 신분을 표시하는 증표를 제시하는 경우에는 모사전송의 방법에 의할 수 있다.

제41조(전기통신사업자의 협조의무 등) ① 법 제5조의2에 따라 전기통신사업자는 살인·인질강도 등 개인의 생명·신체에 급박한 위험이 현존하는 경우에는 통신제한조치 또는 통신사실 확인자료제공 요청이 지체없이 이루어질 수 있도록 협조하여야 한다.

② 법 제5조의2 제2항에 따른 전기통신사업자의 통신사실 확인자료 보관기간은 다음 각 호의 구분에 따른 기간 이상으로 한다.

1. 법 제2조 제11호 가목부터 라목까지 및 바목에 따른 통신사실 확인자료: 12개월. 다만, 시외·시내전화역무와 관련된 자료인 경우에는 6개월로 한다.
2. 법 제2조 제11호 마목 및 사목에 따른 통신사실 확인자료: 3개월

제42조(「형사소송법」 등의 준용) 법 및 이 영에 특별한 규정이 있는 경우를 제외하고는 범죄수사를 위한 통신제한조치 및 통신사실 확인자료제공의 요청에 대하여는 그 성질에 반하지 아니하는 범위에서 「형사소송법」 또는 「형사소송규칙」의 압수·수색에 관한 규정을 준용한다.

▪ **판례** ▪ 이동전화 가입자가 자신의 통화내역을 수사기관에 제공한 전기통신사업자를 상대로 통신사실 확인자료의 제공에 관한 대장, 통신사실 확인자료제공 요청서, 관할 지방검찰청 검사장의 승인을 증명하는 서면에 관하여 열람·등사를 청구할 권리가 없다(서울중앙지방법원 2009.10.13. 선고 2009가합27655 판결).

한편, 과학기술정보통신부장관은 전기통신사업자가 보고(제7항)한 내용의 사실 여부 및 비치하여야 하는 대장 등 관련 자료의 관리 실태를 점검할 수 있다(동

조 제8항). 다만 이 조에서 규정된 사항 외에 범죄수사를 위한 통신사실 확인자료 제공과 관련된 사항에 관하여는 범죄수사를 위한 통신제한조치의 허가절차(제6조(동조 제7항을 제외한다))의 규정을 준용한다(동조 제9항).

〈헌재결〉 통신비밀보호법 제13조 제1항 중 '검사 또는 사법경찰관은 수사를 위하여 필요한 경우 전기통신사업법에 의한 전기통신사업자에게 제2조 제11호 바목, 사목의 통신사실 확인자료의 열람이나 제출을 요구할 수 있다'는 부분(이하 '요청조항')이 헌법에 위반되는지의 여부: ① 수사기관은 위치정보 추적자료를 통해 특정 시간대 정보주체의 위치 및 이동상황에 대한 정보를 취득할 수 있으므로, 위치정보 추적자료는 충분한 보호가 필요한 민감한 정보에 해당되는 점, ② 그럼에도 요청조항은 수사기관의 광범위한 위치정보 추적자료 제공요청을 허용하여 정보주체의 기본권을 과도하게 제한하고 있는 점, ③ 위치정보 추적자료의 제공요청과 관련하여서는 실시간 위치추적 또는 불특정 다수에 대한 위치추적의 경우 보충성 요건을 추가하거나 대상범죄의 경중에 따라 보충성 요건을 차등적으로 적용함으로써 수사에 지장을 초래하지 않으면서도 정보주체의 기본권을 덜 침해하는 수단이 존재하는 점, ④ 수사기관의 위치정보 추적자료 제공요청에 대해 법원의 허가를 거치도록 규정하고 있으나 '수사의 필요성'만을 그 요건으로 하고 있어 절차적 통제마저도 제대로 이루어지기 어려운 현실인 점 등을 고려할 때, 요청조항은 침해의 최소성과 법익의 균형성이 인정되지 아니한다. 따라서 요청조항은 과잉금지원칙에 반하여 개인정보자기결정권과 통신의 자유를 침해한다. 따라서 국회가 2020.3.31.까지 개선입법을 하지 않으면 위 조항은 2020.4.1.부터 그 효력을 상실한다(2012헌마191, 550, 2014헌마357(병합)).

※ '위치정보 추적자료'란 통신비밀보호법 제2조 제11호 바목의 '정보통신망에 접속된 정보통신기기의 위치를 확인할 수 있는 발신기지국의 위치추적자료'와 사목의 '컴퓨터통신 또는 인터넷의 사용자가 정보통신망에 접속하기 위하여 사용하는 정보통신기기의 위치를 확인할 수 있는 접속지의 추적자료'를 말한다.

〈헌재결〉 통신비밀보호법 제13조 제1항 중 '검사 또는 사법경찰관은 수사를 위하여 필요한 경우 전기통신사업법에 의한 전기통신사업자에게 제2조 제11호 가목 내지 라목의 통신사실 확인자료의 열람이나 제출을 요구할 수 있다'는 부분(이하 '요청조항')이 헌법에 위반되는지의 여부 : ① 이동전화의 이용과 관련하여 필연적으로 발생하는 통신사실 확인자료는 비록 비내용적 정보이지만, 여러 정보의 결합과 분석을 통해 정보주체에 관한 정보를 유추해낼 수 있는 민감한 정보인 점, ② 수사기관의 통신사실 확인자료 제공요청에 대해 법원의 허가를 거치도록 규정하고 있으나 '수사의 필요성'만을 그 요건으로 하고 있어 제대로 된 통제가 이루어지기 어려운 현실인 점, ③ 기지국수사의 허용과 관련하여서는 유괴·납치·성폭력범죄 등 강력범죄나 국가안보를 위협하는 각종 범죄와 같이 피의자나 피해자의 통신사실 확인자료가 반드시 필요한 범죄로 그 대상을 한정하는 방안, 위 요건에 더하여 다른 방법으로는 범죄수사가 어려운 경우(보충성)를 요건으로 추가하는 방안 등을 검토함으로써 수사에 지장을 초래하지 않으면서도 불특정 다수의 기본권을 덜 침해하는 수단이 존재하는 점을 고려할 때, 이 사건 요청조항은 침해의 최소성과 법익의 균형성이 인정되지 아니한다. 따라서 요청조항은 과잉금지원칙에 반하여 개인정보자기결정권과 통신의 자유를 침해한다. 따라서 국회가 2020.3.31.까지 개선입법을 하지 않으면 위 조항은 2020.4.1.부터 그 효력을 상실한다(2012헌마538).

※ '기지국수사'란 수사기관이 전기통신사업자에게 통신비밀보호법 제2조 제11호 가목의 '가입자의 전기통신일시', 나목의 '전기통신개시·종료시간', 다목의 '발·착신 통신번호 등 상대방의 가입자번호' 그리고 라목의 '사용도수'를 요청하여 제공받는 것을 말한다.

(2) 법원에의 통신사실 확인자료제공

법원은 재판상 필요한 경우에는 「민사소송법」 제294조 또는 「형사소송법」 제272조의 규정에 의하여 전기통신사업자에게 통신사실 확인자료제공을 요청할 수 있다(제13조의2).

(3) 범죄수사를 위한 통신사실 확인자료제공의 통지

범죄수사를 위하여 통신사실 확인자료 제공을 받은 사건에 관하여 공소를 제기하거나, 공소의 제기 또는 입건을 하지 아니하는 처분(기소중지결정을 제외한다)을 한 때에는 그 처분을 한 날부터 30일 이내에 통신사실 확인자료제공을 받은 사실과 제공요청기관 및 그 기간 등을 서면으로 통지하여야 한다(제13조의3 제1항). 이들 사항 외에 통신사실 확인자료제공을 받은 사실 등에 관하여는 제9조의2(동조 제3항을 제외한다)의 규정을 준용한다(동조 제2항).

〈헌재결〉 통신비밀보호법 제13조의3 제1항 중 제2조 제11호 바목, 사목의 통신사실 확인자료에 관한 부분(이하 '이 사건 통지조항'이라 한다)이 헌법에 위반되는지 여부 : ① 위치정보 추적자료 제공과 관련된 수사기관의 통지의무의 실효성을 확보하기 위해서는 그 의무위반에 대한 제재조항이 있어야 한다. 그런데 검사 또한 사법경찰관이 통신제한조치의 집행에 관한 통지를 하지 아니하면 3년 이하의 징역 또는 1천만원 이하의 벌금에 처하도록 하는 것(통신비밀보호법 제17조 제2항 제3호)과는 달리, 통신사실 확인자료 제공과 관련된 수사기관의 통지의무 위반에 대하여는 아무런 제재규정도 마련되어 있지 아니하다. 그 결과, 수사기관이 정보주체에게 위치정보 추적자료 제공과 관련된 통지를 하지 아니하더라도 이를 통제할 방법이 전혀 없고, 실제로 수사기관이 이러한 통지의무를 이행하지 아니한 사례도 상당수 발견된다. 이러한 점들을 종합할 때, 이 사건 통지조항이 규정하는 사후통지는 헌법 제12조에 의한 적법절차원칙에서 요청되는 적절한 고지라고 볼 수 없으므로, 이 사건 통지조항은 헌법상 적법절차원칙에 위배된디. 따라서 국회가 2020.3.31.까지 개선입법을 하지 않으면 위 조항은 2020.4.1.부터 그 효력을 상실한다(2012헌마191, 550, 2014헌마357(병합)).

(4) 국가안보를 위한 통신사실 확인자료제공의 절차 등

정보수사기관의 장은 국가안전보장에 대한 위해를 방지하기 위하여 정보수집이 필요한 경우 전기통신사업자에게 통신사실 확인자료제공을 요청할 수 있다(제13조의4 제1항). 이때 제7조 내지 제9조 및 제9조의2 제3항·제4항·제6항의 규정은 위의 통신사실 확인자료제공의 절차 등에 관하여 이를 준용한다. 이 경우에는 "통신제한조치"를 "통신사실 확인자료제공 요청"으로 본다(동조 제2항). 또 제13조 제3항 및 제5항의 규정은 통신사실 확인자료의 폐기 및 관련 자료의 비치에 관하여 이를 준용한다(동조 제3항).

(5) 비밀준수의무 및 자료의 사용 제한

비밀준수의무(제11조) 및 통신제한조치로 취득한 자료의 사용제한(제12조)의 규정은 제13조의 규정에 의한 통신사실 확인자료제공 및 제13조의4의 규정에 의한 통신사실 확인자료제공에 따른 비밀준수의무 및 통신사실 확인자료의 사용제한에 관하여 이를 각각 준용한다(제13조의5 제1항).

〈참고〉 비밀준수의무(제11조) 위반에 관한 벌칙규정(제16조 제2항 제2호, 제3항, 제4항)도 그대로 적용된다.

11. 타인의 대화비밀 침해금지

누구든지 공개되지 아니한 타인 간의 대화를 녹음하거나 전자장치 또는 기계적 수단을 이용하여 청취할 수 없다(제14조 제1항). 또한 제4조 내지 제8조, 제9조 제1항 전단 및 제3항, 제9조의2, 제11조 제1항·제3항·제4항 및 제12조의 규정은 위 녹음 또는 청취에 관하여 이를 적용한다(동조 제2항).

〈참고〉 비밀준수의무(제11조) 위반에 관한 벌칙규정(제16조 제2항 제2호, 제4항) 및 통신제한조치의 집행에 관한 통지(제9조의2) 위반에 관한 벌칙규정(제17조 제2항 제3호)도 그대로 적용된다

12. 국회의 통제

국회의 상임위원회와 국정감사 및 조사를 위한 위원회는 필요한 경우 특정한 통신제한조치 등에 대하여는 법원행정처장, 통신제한조치를 청구하거나 신청한 기관의 장 또는 이를 집행한 기관의 장에 대하여, 감청설비에 대한 인가 또는 신고내역에 관하여는 과학기술정보통신부장관에게 보고를 요구할 수 있다(제15조 제1항). 또한 국회의 상임위원회와 국정감사 및 조사를 위한 위원회는 그 의결로 수사관서의 감청장비보유현황, 감청집행기관 또는 감청협조기관의 교환실 등 필요한 장소에 대하여 현장검증이나 조사를 실시할 수 있다. 이 경우 현장검증이나 조사에 참여한 자는 그로 인하여 알게 된 비밀을 정당한 사유 없이 누설하여서는 아니 된다(동조 제2항). 이때의 현장검증이나 조사는 개인의 사생활을 침해하거나 계속중인 재판 또는 수사중인 사건의 소추에 관여할 목적으로 행사되어서는 아니 된다(동조 제3항).

한편, 통신제한조치를 집행하거나 위탁받은 기관 또는 이에 협조한 기관의 중앙행정기관의 장은 국회의 상임위원회와 국정감사 및 조사를 위한 위원회의 요구가 있는 경우에는 대통령령이 정하는 바에 따라 제5조(범죄수사를 위한 통신제한조치의 허가요건) 내지 제10조(감청설비에 대한 인가기관과 인가절차)와 관련한 통신제한조치보고서를 국회에 제출하여야 한다. 다만, 정보수사기관의 장은 국회정보위원회에 제출하여야 한다(동조 제4항).

13. 전기통신사업자의 협조의무

전기통신사업자는 검사·사법경찰관 또는 정보수사기관의 장이 이 법에 따라 집행하는 통신제한조치 및 통신사실 확인자료제공의 요청에 협조하여야 한다(제

15조의2 제1항). 이때 통신제한조치의 집행을 위하여 전기통신사업자가 협조할 사항, 통신사실 확인자료의 보관기간 그 밖에 전기통신사업자의 협조에 관하여 필요한 사항은 대통령령(시행령 제41조 참조)으로 정한다(동조 제2항).

▪ **판례** ▪ 검사 또는 수사관서의 장이 수사를 위하여 구 전기통신사업법(2010.3.22. 법률 제10166호로 전부 개정되기 전의 것) 제54조 제3항, 제4항에 의하여 전기통신사업자에게 통신자료의 제공을 요청하고, 이에 전기통신사업자가 위 규정에서 정한 형식적·절차적 요건을 심사하여 검사 또는 수사관서의 장에게 이용자의 통신자료를 제공하였다면, 검사 또는 수사관서의 장이 통신자료의 제공요청 권한을 남용하여 정보주체 또는 제3자의 이익을 부당하게 침해하는 것임이 객관적으로 명백한 경우와 같은 특별한 사정이 없는 한, 이로 인하여 이용자의 개인정보자기결정권이나 익명표현의 자유 등이 위법하게 침해된 것이라고 볼 수 없다(2012다105482).

〈주의〉 이 법에서 처벌하는 죄(제16조 및 제17조에 규정된 죄)의 미수범은 처벌한다(제18조).

[탐정으로서 고려할 점]

1. 탐정업무를 함에 있어서 감청과 감청자료의 활용방법 모색 : 통신비밀보호법상 대화자의 동의 없는 감청은 원칙적으로 불법이므로 탐정업무를 함에 있어서 적법한 감청방법을 강구하여 감청자료를 법정에서 증거자료로 활용할 수 있는 방법을 모색할 필요가 있다.
2. 감청에 관한 법과 판례의 태도에 대한 이해를 통해 적법한 탐정활동의 강구 : 통신비밀보호법에 대한 이해를 바탕으로 통신비밀보호법상 적법한 감청을 통한 사실조사 자료를 획득하여 탐정업무의 효율성을 강화하도록 할 필요가 있다.

제 4 장

디엔에이신원확인정보의 이용 및 보호에 관한 법률

제 4 장 디엔에이신원확인정보의 이용 및 보호에 관한 법률

동법은 2010년 4월 15일 제정(법률 제10258호, 2010.4.15. 시행)된 후, 수차례의 개정을 거쳐 현재에 이르고 있다.[1)]

1. 목 적

이 법은 디엔에이신원확인정보의 수집·이용 및 보호에 필요한 사항을 정함으로써 범죄수사 및 범죄예방에 이바지하고 국민의 권익을 보호함을 목적으로 한다(제1조).

2. 용어의 정의

이법에서 사용하는 용어의 정의는 다음과 같다(제2조).

용 어	정 의
디엔에이 (제1호)	생물의 생명현상에 대한 정보가 포함된 화학물질인 디옥시리보핵산(Deoxyribonucleic acid, DNA)을 말한다.
디엔에이감식시료 (제2호)	사람의 혈액, 타액, 모발, 구강점막 등 디엔에이감식의 대상이 되는 것을 말한다.
디엔에이감식 (제3호)	개인 식별을 목적으로 디엔에이 중 유전정보가 포함되어 있지 아니한 특정 염기서열 부분을 검사·분석하여 디엔에이신원확인정보를 취득하는 것을 말한다.
디엔에이신원확인정보 (제4호)	개인 식별을 목적으로 디엔에이감식을 통하여 취득한 정보로서 일련의 숫자 또는 부호의 조합으로 표기된 것을 말한다.

1) 법률 제13722호, 2016.1.6. 타법개정, 시행 2017.7.7.

디엔에이신원확인정보 데이터베이스 (제5호)	이 법에 따라 취득한 디엔에이신원확인정보를 컴퓨터 등 저장매체에 체계적으로 수록한 집합체로서 개별적으로 그 정보에 접근하거나 검색할 수 있도록 한 것을 말한다.

3. 국가의 책무

국가는 디엔에이감식시료를 채취하고 디엔에이신원확인정보를 관리하며 이를 이용함에 있어 인간의 존엄성 및 개인의 사생활이 침해되지 아니하도록 필요한 시책을 마련하여야 한다(제3조 제1항). 또한 데이터베이스에 수록되는 디엔에이신원확인정보에는 개인 식별을 위하여 필요한 사항 외의 정보 또는 인적사항이 포함되어서는 아니 된다(동조 제2항).

4. 디엔에이신원확인정보의 사무관장

검찰총장은 제5조에 따라 채취한 디엔에이감식시료로부터 취득한 디엔에이신원확인정보에 관한 사무를 총괄한다(제4조 제1항). 또한 경찰청장은 제6조와 제7조에 따라 채취한 디엔에이감식시료로부터 취득한 디엔에이신원확인정보에 관한 사무를 총괄한다(동조 제2항). 이때 검찰총장 및 경찰청장은 데이터베이스를 서로 연계하여 운영할 수 있다(동조 제3항).

5. 디엔에이감식시료의 채취

(1) 수형인 등으로부터의 디엔에이감식시료 채취

검사(군검사를 포함한다. 이하 같다)는 다음 각 호의 어느 하나에 해당하는 죄 또는 이와 경합된 죄에 대하여 형의 선고, 「형법」 제59조의2에 따른 보호관찰명령, 「치료감호법」에 따른 치료감호선고, 「소년법」 제32조 제1항 제9호 또는 제10호에 해당하는 보호처분결정을 받아 확정된 사람(이하 “수형인 등”이라 한다)으로부터 디엔에이감식시료를 채취할 수 있다. 다만, 제6조에 따라 디엔에이감식시료를 채취하여 디엔에이신원확인정보가 이미 수록되어 있는 경우는 제외한다(제5조 제1항).

1. 「형법」 제2편 제13장 방화와 실화의 죄 중 제164조, 제165조, 제166조 제1항, 제167조 제1항 및 제174조(제164조 제1항, 제165조, 제166조 제1항의 미수범만 해당한다)의 죄
2. 「형법」 제2편 제24장 살인의 죄 중 제250조, 제253조 및 제254조(제251조, 제252조의 미수범은 제외한다)의 죄

2의2. 「형법」 제2편 제25장 상해와 폭행의 죄 중 제258조의2, 제261조, 제264조의 죄

2의3. 「형법」 제2편 제29장 체포와 감금의 죄 중 제278조, 제279조, 제280조(제278조, 제279조의 미수범에 한정한다)의 죄

2의4. 「형법」 제2편 제30장 협박의 죄 중 제284조, 제285조, 제286조(제284조, 제285조의 미수범에 한정한다)의 죄

3. 「형법」 제2편 제31장 약취(略取), 유인(誘引) 및 인신매매의 죄 중 제287조, 제288조(결혼을 목적으로 제288조 제1항의 죄를 범한 경우는 제외한다), 제289조(결혼을 목적으로 제289조 제2항의 죄를 범한 경우는 제외한다), 제290조, 제291조, 제292조(결혼을 목적으로 한 제288조 제1항 또는 결혼을 목적으로 한 제289조 제2항의 죄로 약취, 유인 또는 매매된 사람을 수수 또는 은닉한 경우 및 결혼을 목적으로 한 제288조 제1항 또는 결혼을 목적으로 한 제289조 제2항의 죄를 범할 목적으로 사람을 모집, 운송 또는 전달한 경우는 제외한다) 및 제294조(결혼을 목적으로 제288조 제1항 또는 결혼을 목적으로 제289조 제2항의 죄를 범한 경우의 미수범, 결혼을 목적으로 한 제288조 제1항 또는 결혼을 목적으로 한 제289조 제2항의 죄로 약취, 유인 또는 매매된 사람을 수수 또는 은닉한 죄의 미수범은 제외한다)의 죄
4. 「형법」 제2편 제32장 강간과 추행의 죄 중 제297조, 제297조의2, 제298조부터 제301조까지, 제301조의2, 제302조, 제303조 및 제305조의 죄

4의2. 「형법」 제2편 제36장 주거침입의 죄 중 제320조, 제322조(제320조의 미수범에 한정한다)의 죄

4의3. 「형법」 제2편 제37장 권리행사를 방해하는 죄 중 제324조 제2항, 제324조의5(제324조 제2항의 미수범에 한정한다)의 죄

5. 「형법」 제2편 제38장 절도와 강도의 죄 중 제330조, 제331조, 제332조(제331조의2의 상습범은 제외한다)부터 제342조(제329조, 제331조의2의 미수범은 제외한다)까지의 죄

5의2. 「형법」 제2편 제39장 사기와 공갈의 죄 중 제350조의2, 제351조(제350조, 제350조의2의 상습범에 한정한다), 제352조(제350조, 제350조의2의 미수범에 한정한다)의 죄

5의3. 「형법」 제2편 제42장 손괴의 죄 중 제369조 제1항, 제371조(제369조 제1항의 미수범에 한정한다)의 죄

6. 「폭력행위 등 처벌에 관한 법률」 제2조(같은 조 제2항의 경우는 제외한다), 제3조부터 제5조까지 및 제6조(제2조 제2항의 미수범은 제외한다)의 죄
7. 「특정범죄가중처벌 등에 관한 법률」 제5조의2 제1항부터 제6항까지, 제5조의4 제2항 및 제5항, 제5조의5, 제5조의8, 제5조의9 및 제11조의 죄

8. 「성폭력범죄의 처벌 등에 관한 특례법」 제3조부터 제11조까지 및 제15조(제13조의 미수범은 제외한다)의 죄
9. 「마약류관리에 관한 법률」 제58조부터 제61조까지의 죄
10. 「아동·청소년의 성보호에 관한 법률」 제7조, 제8조 및 제12조부터 제14조까지(제14조 제3항의 경우는 제외한다)의 죄
11. 「군형법」 제53조 제1항, 제59조 제1항, 제66조, 제67조 및 제82조부터 제85조까지의 죄

이때 검사는 필요한 경우 교도소·구치소 및 그 지소, 소년원, 치료감호시설 등(이하 "수용기관"이라 한다)의 장에게 디엔에이감식시료의 채취를 위탁할 수 있다(동조 제2항).

(2) 구속피의자 등으로부터의 디엔에이감식시료 채취

검사 또는 사법경찰관(군사법경찰관을 포함한다. 이하 같다)은 제5조 제1항 각 호의 어느 하나에 해당하는 죄 또는 이와 경합된 죄를 범하여 구속된 피의자 또는 「치료감호법」에 따라 보호구속된 치료감호대상자(이하 "구속피의자 등"이라 한다)로부터 디엔에이감식시료를 채취할 수 있다. 다만, 제5조에 따라 디엔에이감식시료를 채취하여 디엔에이신원확인정보가 이미 수록되어 있는 경우는 제외한다(제6조).

(3) 범죄현장 등으로부터의 디엔에이감식시료 채취

검사 또는 사법경찰관은 다음 각 호의 어느 하나에 해당하는 것(이하 "범죄현장 등"이라 한다)에서 디엔에이감식시료를 채취할 수 있다(제7조 제1항).

1. 범죄현장에서 발견된 것
2. 범죄의 피해자 신체의 내·외부에서 발견된 것
3. 범죄의 피해자가 피해 당시 착용하거나 소지하고 있던 물건에서 발견된 것
4. 범죄의 실행과 관련된 사람의 신체나 물건의 내·외부 또는 범죄의 실행과 관련한 장소에서 발견된 것

이때 채취한 디엔에이감식시료에서 얻은 디엔에이신원확인정보는 그 신원이 밝혀지지 아니한 것에 한정하여 데이터베이스에 수록할 수 있다(동조 제2항).

6. 디엔에이감식시료채취영장

(1) 디엔에이감식시료 채취와 영장주의

검사는 관할 지방법원 판사(군판사를 포함한다. 이하 같다)에게 청구하여 발부받은 영장에 의하여 제5조 또는 제6조에 따른 디엔에이감식시료의 채취대상자로부터 디엔에이감식시료를 채취할 수 있다(제8조 제1항). 또한 사법경찰관은 검사에게 신청하여 검사의 청구로 관할 지방법원판사가 발부한 영장에 의하여 제6조에 따른 디엔에이감식시료의 채취대상자로부터 디엔에이감식시료를 채취할 수 있다(동조 제2항). 이때 채취대상자가 동의하는 경우에는 영장 없이 디엔에이감식시료를 채취할 수 있다. 이 경우 미리 채취대상자에게 채취를 거부할 수 있음을 고지하고 서면으로 동의를 받아야 한다(동조 제3항).

(2) 채취영장의 청구방법

디엔에이감식시료를 채취하기 위한 영장(이하 "디엔에이감식시료채취영장"이라 한다)을 청구할 때에는 채취대상자의 성명, 주소, 청구이유, 채취할 시료의 종류 및 방법, 채취할 장소 등을 기재한 청구서를 제출하여야 하며, 청구이유에 대한 소명자료를 첨부하여야 한다(동조 제4항). 디엔에이감식시료채취영장에는 대상자의 성명, 주소, 채취할 시료의 종류 및 방법, 채취할 장소, 유효기간과 그 기간을 경과하면 집행에 착수하지 못하며 영장을 반환하여야 한다는 취지를 적고 지방법원판사가 서명날인 하여야 한다(동조 제5항).

(3) 채취영장의 집행

디엔에이감식시료채취영장은 검사의 지휘에 의하여 사법경찰관리가 집행한다. 다만, 수용기관에 수용되어 있는 사람에 대한 디엔에이감식시료채취영장은 검사의 지휘에 의하여 수용기관 소속 공무원이 행할 수 있다(동조 제6항). 검사는 필요에 따라 관할구역 밖에서 디엔에이감식시료채취영장의 집행을 직접 지휘하거나 해당 관할구역의 검사에게 집행지휘를 촉탁할 수 있다(동조 제7항). 다만, 디엔에이감식시료를 채취할 때에는 채취대상자에게 미리 디엔에이감식시료의 채취 이유, 채취할 시료의 종류 및 방법을 고지하여야 한다(동조 제8항). 디엔에이감식시료채취영장에 의한 디엔에이감식시료의 채취에 관하여는 「형사소송법」 제116조, 제118조, 제124조부터 제126조까지 및 제131조를 준용한다(동조 제9항).

▪ **판례** ▪ 디엔에이신원확인정보의 이용 및 보호에 관한 법률(이하 '법'이라 한다) 제5조 제2항에 따라 디엔에이감식시료의 채취를 위탁받은 교도소장이 당시 교도소에 복역 중이던 甲에게 디엔에이감식시료 임의채취를 위해 시료를 채취하는 이유, 종류, 방법과 시료채취를 거부할 수 있음을 고지하였으나 거부당하자 디엔에이감식시료 채취영장을 제시한 다음 甲의 디엔에이감식시료를 강제 채취한 사안에서, 법의 목적이 정당하고 이를 달성하기 위한 수단 또한 과도해 보이지는 않는 점, 교도소장이 영장을 발부받아 강제 채취하는 등 법에 정해진 절차를 준수한 것으로 보이는 점, 구강시료를 강제 채취하는 방법이 심히 모욕적이거나 인간으로서 존엄성을 지키기 어려운 정도라고 보이지 아니하는 점 등을 종합하면, 甲의 디엔에이감식시료를 강제 채취한 위 처분에 어떠한 잘못이 있다고 보이지 않는다(서울행법 2011.12.1. 선고 2011구합11686 판결).

〈**헌재결**〉 디엔에이감식시료채취영장 발부과정에서 자신들의 입장을 밝히거나 이에 대하여 불복하는 등의 절차를 두지 아니한 「디엔에이신원확인정보의 이용 및 보호에 관한 법률」(2010.1.25. 법률 제9944호로 제정된 것) 제8조(이하 '이 사건 영장절차 조항'이라 한다)가 헌법에 위반되는지 여부 : ① 이 사건 영장절차 조항은 채취대상자인 청구인들의 재판청구권을 과도하게 제한하므로, 침해의 최소성 원칙에 위반된다. ② 이 사건 영장절차 조항에 따라 발부된 영장에 의하여 디엔에이신원확인정보를 확보할 수 있고, 이로서 장래 범죄수사 및 범죄예방 등에 기여하는 공익적 측면이 있으나, 이 사건 영장절차 조항의 불완전·불충분한 입법으로 인하여 채취대상자의 재판청구권이 형해화되고 채취대상자가 범죄수사 및 범죄예방의 객체로만 취급받게 된다는 점에서, 양자 사이에 법익의 균형성이 인정된다고 볼 수도 없다. 따라서 이 사건 영장절차 조항은 과잉금지원칙을 위반하여 청구인들의 재판청구권을 침해한다. 따라서 국회가 2019.12.31까지 개선입법을 하지 않으면 위 사건 영장절차조항은 2020.1.1.부터 그 효력을 상시란다(2016헌마344).

7. 디엔에이감식시료의 채취 방법

제5조 및 제6조에 따라 디엔에이감식시료를 채취할 때에는 구강점막에서의 채취 등 채취대상자의 신체나 명예에 대한 침해를 최소화하는 방법을 사용하여야 한다(제10조 제1항). 디엔에이감식시료의 채취 방법 및 관리에 관하여 필요한 사항은 대통령령으로 정한다(동조 제2항).

〈참고〉 시행령 제8조(디엔에이감식시료의 채취 방법 및 관리) ① 법 제5조 또는 제6조에 따른 디엔에이감식시료 채취대상자로부터 디엔에이감식시료를 채취할 때에는 다음 각 호의 어느 하나에 해당하는 방법으로 하여야 한다.

1. 구강점막에서의 채취
2. 모근을 포함한 모발의 채취
3. 그 밖에 디엔에이를 채취할 수 있는 신체부분, 분비물, 체액의 채취(제1호 또는 제2호에 따른 디엔에이감식시료의 채취가 불가능하거나 현저히 곤란한 경우에 한정한다)

② 검찰총장 및 경찰청장은 법 제5조부터 제8조까지의 규정에 따라 디엔에이감식시료를 채취하는 경우 디엔에이감식시료가 부패 또는 오염되거나 다른 디엔에이감식시료와 바뀌지 않도록 디엔에이감식시료의 채취, 운반 및 보관에 필요한 조치를 하여야 한다.

8. 디엔에이신원확인정보의 수록 등

검찰총장 및 경찰청장은 다음 각 호의 업무를 대통령령으로 정하는 사람이나 기관(이하 "디엔에이신원확인정보담당자"라 한다)에 위임 또는 위탁할 수 있다(제10조 제1항).

1. 제5조부터 제9조까지의 규정에 따라 채취된 디엔에이감식시료의 감식 및 데이터베이스의 디엔에이신원확인정보의 수록
2. 데이터베이스의 관리

〈참고〉 시행령 제12조(업무의 위임 및 위탁) ① 검찰총장은 법 제10조 제1항에 따라 같은 항 각 호의 업무를 대검찰청 과학수사기획관에게 위임한다.

② 법 제10조 제1항에 따른 경찰청장 업무의 위탁은 다음 각 호의 구분에 따른다.

1. 법 제10조 제1항 각 호의 업무(제2호의 업무는 제외한다): 국립과학수사연구원에 위탁
2. 군사법경찰관이 법 제7조에 따라 채취한 디엔에이감식시료의 감식업무: 국방부 조사본부장에게 위탁

디엔에이신원확인정보담당자에 대한 위임 또는 위탁, 디엔에이감식업무, 디엔에이신원확인정보의 수록 및 관리 등에 관하여 필요한 사항은 대통령령(시행령 제10조－제12조 참조)으로 정한다(동조 제2항).[2)]

9. 디엔에이신원확인정보의 검색·회보

디엔에이신원확인정보담당자는 다음 각 호의 어느 하나에 해당하는 경우에 디엔에이신원확인정보를 검색하거나 그 결과를 회보할 수 있다(제11조 제1항).

1. 데이터베이스에 새로운 디엔에이신원확인정보를 수록하는 경우
2. 검사 또는 사법경찰관이 범죄수사 또는 변사자 신원확인을 위하여 요청하는 경우
3. 법원(군사법원을 포함한다. 이하 같다)이 형사재판에서 사실조회를 하는 경우
4. 데이터베이스 상호 간의 대조를 위하여 필요한 경우

디엔에이신원확인정보담당자는 디엔에이신원확인정보의 검색결과를 회보하는 때에는 그 용도, 작성자, 조회자의 성명 및 작성 일시를 명시하여야 한다(동조 제2항). 이때 디엔에이신원확인정보의 검색 및 검색결과의 회보 절차에 관하여 필요한 사항은 대통령령으로 정한다(동조 제3항).3)

〈참고〉 시행령 제15조(디엔에이신원확인정보의 검색 및 회보) ① 법 제11조 제1항에 따라 디엔에이신원확인정보의 검색결과를 회보할 디엔에이신원확인 정보담당자는 다음 각 호의 구분에 따른다.

1. 법 제5조 또는 제6조에 따른 디엔에이감식시료 채취대상자로부터 채취한 디엔에이감식시료를 감식하여 취득한 디엔에이신원확인정보를 법 제7조에 따라 채취한 디엔에이감식시료를 감식하여 취득한 디엔에이신원확인정보가 수록된 데이터베이스에서 검색·대조한 결과 디엔에이신원확인정보가 일치하는 사실을 발견한 경우: 법 제5조 또는 제6조에 따른 디엔에이감식시료 채취대상자로부터 채취한 디엔에이감식시료를 감식한 디엔에이신원확인정보담당자
2. 법 제7조에 따라 채취한 디엔에이감식시료를 감식하여 취득한 디엔에이신원확인정보를 법 제5조 및 제6조에 따른 디엔에이감식시료 채취대상자로부터 채취한 디엔에이감식시료를 감식한 디엔에이신원확인정보를 수록한 데이터베이스에서 검색·대조한 결과 디엔에이신원확인정보가 일치하는 사실을 발견한 경

2) 디엔에이신원확인정보를 거짓으로 작성하거나 변개(變改)한 사람은 7년 이하의 징역 또는 2천만원 이하의 벌금에 처한다(제17조 제1항). 또한 이 법에 따라 채취한 디엔에이감식시료를 인멸, 은닉 또는 손상하거나 그 밖의 방법으로 그 효용을 해친 사람은 5년 이하의 징역 또는 700만원 이하의 벌금에 처한다(제17조 제2항).

3) 거짓이나 그 밖의 부정한 방법으로 디엔에이신원확인정보를 열람하거나 제공받은 자와 회보된 디엔에이신원확인정보를 업무목적 외에 사용하거나 타인에게 제공 또는 누설한 자는 2년 이하의 징역 또는 500만원 이하의 벌금에 처한다(제17조 제4항).

우: 법 제5조 또는 제6조에 따른 디엔에이감식시료 채취대상자로부터 채취한 디엔에이감식시료를 감식한 디엔에이신원확인정보담당자

3. 법 제7조에 따라 채취한 디엔에이감식시료를 감식하여 취득한 디엔에이신원확인정보를 법 제7조에 따라 채취한 디엔에이감식시료를 감식하여 취득한 디엔에이신원확인정보가 수록된 데이터베이스에서 검색·대조한 경우: 해당 데이터베이스를 관리하는 디엔에이신원확인정보담당자
4. 그 밖의 경우: 디엔에이신원확인정보를 검색·대조한 디엔에이신원확인정보담당자

② 법 제11조 제1항에 따른 디엔에이신원확인정보 검색결과를 회보받을 사람은 다음 각 호의 구분에 따른다.

1. 법 제11조 제1항 제1호 및 제4호에 따른 디엔에이신원확인정보 검색결과의 회보의 경우: 해당 사건을 담당한 검사 또는 사법경찰관
2. 법 제11조 제1항 제2호 및 제3호에 따른 디엔에이신원확인정보 검색결과의 회보의 경우: 검색을 요청한 검사, 사법경찰관 또는 법원(군사법원을 포함한다. 이하 같다)

③ 제2항에 따라 디엔에이신원확인정보의 검색결과를 회보받은 사람은 검찰 디엔에이인적관리자 또는 경찰 디엔에이인적관리자에게 디엔에이신원확인정보 검색결과의 회보와 관련된 인적사항 등을 확인해 줄 것을 요청할 수 있다.

④ 법 제11조 제1항에 따라 디엔에이신원확인정보를 검색한 결과 다른 디엔에이신원확인정보담당자가 관리하는 데이터베이스에 수록된 디엔에이신원확인정보와 대조하려는 디엔에이신원확인정보가 일치하거나 중복한다는 사실을 발견한 디엔에이신원확인정보담당자는 지체 없이 그 데이터베이스를 관리하는 디엔에이신원확인정보담당자, 그 데이터베이스에 수록된 디엔에이신원확인정보와 관련된 인적사항 등을 관리하는 디엔에이인적관리자 및 검색을 요청하거나 사건을 담당하는 검사 또는 사법경찰관에게 그 사실을 감정서 등의 서면, 유선 또는 모사전송 등의 방법으로 통보하여야 한다.

⑤ 제4항에 따른 통보를 받은 디엔에이인적관리자는 디엔에이신원확인정보의 검색을 요청하거나 사건을 담당하는 검사 또는 사법경찰관에게 인적사항 등을 확인해 줄 수 있다.

⑥ 제1항 제1호 및 제2호에 따른 디엔에이신원확인정보담당자로부터 디엔에이신원확인정보의 검색결과를 회보받은 검사 또는 사법경찰관은 해당 디엔에이감식시료 채취대상자로부터 시료를 다시 채취하여 검색결과를 회보한 디엔에이신원확인정보담당자에게 다시 감식해 줄 것을 요청할 수 있다.

10. 디엔에이감식시료의 폐기와 디엔에이신원확인정보의 삭제

(1) 디엔에이감식시료의 폐기

디엔에이신원확인정보담당자가 디엔에이신원확인정보를 데이터베이스에 수

록한 때에는 제5조 및 제6조에 따라 채취된 디엔에이감식시료와 그로부터 추출한 디엔에이를 지체 없이 폐기하여야 한다(제12조 제1항). 디엔에이감식시료와 그로부터 추출한 디엔에이의 폐기 방법 및 절차에 관하여 필요한 사항은 대통령령으로 정한다(동조 제2항).

> **〈참고〉** 시행령 제16조(디엔에이감식시료의 폐기) ① 디엔에이신원확인정보담당자는 법 제12조 제1항에 따라 지정된 장소에서 소각하거나 화학적 처리 등을 통하여 디엔에이감식시료의 재분석을 불가능하게 하는 방법으로 디엔에이감식시료와 그로부터 추출한 디엔에이 및 감식과정에서 발생한 부산물을 폐기하여야 한다.
> ② 디엔에이신원확인정보담당자는 제1항에 따라 디엔에이감식시료와 그로부터 추출한 디엔에이 및 감식과정에서 발생한 부산물을 폐기한 경우 폐기 일시와 장소, 폐기한 디엔에이감식시료의 종류, 폐기 방법 등을 적은 자료를 보존하여야 한다. 이 경우 그 자료를 전자적 문서 또는 데이터베이스를 통하여 관리할 수 있다.

(2) 디엔에이신원확인정보의 삭제

디엔에이신원확인정보담당자는 수형인 등이 재심에서 무죄, 면소, 공소기각 판결 또는 공소기각 결정이 확정된 경우에는 직권 또는 본인의 신청에 의하여 제5조에 따라 채취되어 데이터베이스에 수록된 디엔에이신원확인정보를 삭제하여야 한다(제13조 제1항). 디엔에이신원확인정보담당자는 구속피의자 등이 다음 각 호의 어느 하나에 해당하는 경우에는 직권 또는 본인의 신청에 의하여 제6조에 따라 채취되어 데이터베이스에 수록된 디엔에이신원확인정보를 삭제하여야 한다(동조 제2항).

> 1. 검사의 혐의 없음, 죄가 안 됨 또는 공소권 없음의 처분이 있거나, 제5조 제1항 각 호의 범죄로 구속된 피의자의 죄명이 수사 또는 재판 중에 같은 항 각 호 외의 죄명으로 변경되는 경우. 다만, 죄가 안 됨 처분을 하면서 「치료감호법」 제7조 제1호에 따라 치료감호의 독립청구를 하는 경우는 제외한다.
> 2. 법원의 무죄, 면소, 공소기각 판결 또는 공소기각 결정이 확정된 경우. 다만, 무죄 판결을 하면서 치료감호를 선고하는 경우는 제외한다.
> 3. 법원의 「치료감호법」 제7조 제1호에 따른 치료감호의 독립청구에 대한 청구기각 판결이 확정된 경우

또한 디엔에이신원확인정보담당자는 수형인 등 또는 구속피의자 등이 사망한 경우에는 제5조 또는 제6조에 따라 채취되어 데이터베이스에 수록된 디엔에이신

원확인정보를 직권 또는 친족의 신청에 의하여 삭제하여야 한다(동조 제3항). 그리고 디엔에이신원확인정보담당자는 제7조에 따라 채취되어 데이터베이스에 수록된 디엔에이신원확인정보에 관하여 그 신원이 밝혀지는 등의 사유로 더 이상 보존·관리가 필요하지 아니한 경우에는 직권 또는 본인의 신청에 의하여 그 디엔에이신원확인정보를 삭제하여야 한다(동조 제4항).[4)]

디엔에이신원확인정보담당자는 디엔에이신원확인정보를 삭제한 경우에는 30일 이내에 본인 또는 신청인에게 그 사실을 통지하여야 한다(동조 제5항). 디엔에이신원확인정보의 삭제 방법, 절차 및 통지에 관하여 필요한 사항은 대통령령으로 정한다(동조 제6항).

〈참고〉 시행령 제17조(디엔에이신원확인정보의 삭제 방법, 절차 등) ① 법 제13조에 따른 디엔에이신원확인정보의 삭제 사유가 발생한 경우 검사, 사법경찰관 또는 수용기관의 장은 다음 각 호의 구분에 따라 디엔에이인적관리자에게 그 사실을 통보하여야 한다.

1. 법 제13조 제1항부터 제3항까지 규정에 따른 디엔에이신원확인정보의 삭제 사유가 발생한 경우(제2호의 경우는 제외한다): 검사 또는 사법경찰관이 검찰 디엔에이인적관리자 또는 경찰 디엔에이인적관리자에게 통보
2. 수용기관에 수용되어 있던 사람에게 법 제13조제3항의 사유가 발생한 경우: 수용기관의 장이 검찰 디엔에이인적관리자 또는 경찰 디엔에이인적관리자에게 통보

② 제1항에 따라 통보를 받은 디엔에이인적관리자는 법 제5조 또는 제6조에 따른 디엔에이감식시료 채취대상자의 디엔에이신원확인정보를 법 제13조 제1항부터 제3항까지의 규정에 따라 삭제하여야 하는지를 확인하기 위하여 인적관리시스템을 검색할 수 있다.

③ 제2항에 따른 검색 결과 디엔에이신원확인정보를 삭제하여야 하는 경우 디엔에이인적관리자는 인적관리시스템에서 인적사항 등 및 식별코드를 삭제한 후 검찰 디엔에이신원확인정보담당자 또는 경찰 디엔에이신원확인정보담당자에게 삭제한 식별코드를 통보하여야 한다.

④ 디엔에이신원확인정보를 삭제한 디엔에이신원확인정보담당자는 법 제13조 제5항에 따라 디엔에이신원확인정보 삭제 사실을 서면, 전자우편, 문자전송 또는 모사전송의 방법으로 통지하여야 한다.

4) 디엔에이신원확인정보담당자가 정당한 사유 없이 제12조 또는 제13조를 위반하여 디엔에이감식시료와 추출한 디엔에이를 폐기하지 아니하거나 디엔에이신원확인정보를 삭제하지 아니한 때에는 1년 이하의 징역 또는 3년 이하의 자격정지에 처한다(제17조 제5항).

11. 디엔에이신원확인정보데이터베이스관리위원회

데이터베이스의 관리·운영에 관한 다음 각 호의 사항을 심의하기 위하여 국무총리 소속으로 디엔에이신원확인정보데이터베이스관리위원회(이하 "위원회"라 한다)를 둔다(제14조 제1항).

1. 디엔에이감식시료의 수집, 운반, 보관 및 폐기에 관한 사항
2. 디엔에이감식의 방법, 절차 및 감식기술의 표준화에 관한 사항
3. 디엔에이신원확인정보의 표기, 데이터베이스 수록 및 삭제에 관한 사항
4. 그 밖에 대통령령으로 정하는 사항

※ 법 제14조 제1항에서 "대통령령으로 정하는 사항"이란 다음 각 호와 같다(시행령 제18조).

1. 법 제4조 제3항 및 시행령 제5조에 따른 데이터 베이스 간의 전자적 연계를 통한 디엔에이신원확인정보의 상호 검색에 관한 사항
2. 식별코드 표준화에 관한 사항
3. 디엔에이신원확인정보 표준화에 관한 사항

위원회는 위원장 1명을 포함한 7명 이상 9명 이하의 위원으로 구성하며(동조 제2항), 위원은 다음 각 호의 어느 하나에 해당하는 사람 중에서 국무총리가 위촉하며, 위원장은 국무총리가 위원 중에서 지명한다(동조 제3항). 위원의 임기는 3년으로 한다(동조 제4항).

1. 5급 이상 공무원(고위공무원단에 속하는 일반직공무원을 포함한다) 또는 이에 상당하는 공공기관의 직에 있거나 있었던 사람으로서 디엔에이와 관련한 업무에 종사한 경험이 있는 사람
2. 대학이나 공인된 연구기관에서 부교수급 이상 또는 이에 상당하는 직에 있거나 있었던 사람으로서 생명과학 또는 의학 분야에서 전문지식과 연구경험이 풍부한 사람
3. 그 밖에 윤리학계, 사회과학계, 법조계 또는 언론계 등 분야에서 학식과 경험이 풍부한 사람

위원회는 위 각 호 사항의 심의에 필요하다고 인정하는 때에는 검찰총장 및 경찰청장에게 관련 자료의 제출을 요청할 수 있고, 디엔에이신원확인정보담당자 등을 위원회의 회의에 참석하게 하여 의견을 들을 수 있으며(동조 제5항), 위 각

호의 사항을 심의하여 검찰총장 또는 경찰청장에게 의견을 제시할 수 있다(동조 제6항). 이외에 위원회의 구성과 운영 등에 필요한 사항은 대통령령(시행령 제18조–제20조 참조)으로 정한다(동조 제7항).

12. 업무목적 외 사용 등의 금지

디엔에이신원확인정보담당자는 업무상 취득한 디엔에이감식시료 또는 디엔에이신원확인정보를 업무목적 외에 사용하거나 타인에게 제공 또는 누설하여서는 아니 된다(제15조).[5)]

13. 벌칙 적용 시 공무원 의제

디엔에이신원확인정보담당자 중 공무원이 아닌 사람은 「형법」이나 그 밖의 법률에 따른 벌칙을 적용할 때에는 공무원으로 본다(제16조).

[탐정으로서 고려할 점]

1. 탐정업무에 있어서 디엔에이신원확인정보의 수집·관리에 대한 현행법의 이해 : 디엔에이정보는 탐정업무를 수행함에 있어서 중요한 정보가 될 수 있지만 현재로서는 디엔에이법에 의해 채취된 자료로 사용할 수 없다. 하지만 향후 국가에 의해 채취된 디엔에이정보를 확보·이용할 수 있는 경우를 대비하여 디엔에이법에 대한 논의와 법의 내용에 대한 이해를 바탕으로 적법한 디엔에이정보의 활용방법에 대하여 연구해 볼 필요가 있다.
2. 탐정업무와 디엔에이정보 : 디엔에이정보는 개인의 동의가 있는 경우에는 탐정업무를 수행함에 있어서도 유용하게 활용할 수 있는 자료이므로 현행 디엔에이정보의 채취방법이나 그 처리에 대해 정확하게 이해할 필요가 있다.

---

5) 디엔에이감식시료 또는 디엔에이신원확인정보를 업무목적 외에 사용하거나 타인에게 제공 또는 누설한 사람은 3년 이하의 징역 또는 5년 이하의 자격정지에 처한다(제17조 제3항).

제 5 장

위치정보의 보호 및 이용 등에 관한 법률

제 5 장 위치정보의 보호 및 이용 등에 관한 법률

동법은 2005년 1월 27일 제정(법률 7372호, 2005.6.28. 시행)된 후, 수차례의 개정을 거쳐 현재에 이르고 있다.[1)]

<table>
<tr><td>제1장</td><td colspan="2">총칙</td><td>제1조－제4조</td></tr>
<tr><td>제2장</td><td colspan="2">위치정보사업의 허가 등</td><td>제5조－제14조</td></tr>
<tr><td rowspan="3">제3장</td><td rowspan="3">위치정보의 보호</td><td>제1절 통칙</td><td>제15조－제17조</td></tr>
<tr><td>제2절 개인위치정보의 보호</td><td>제18조－제23조</td></tr>
<tr><td>제3절 개인위치정보주체 등의 권리</td><td>제24조－제28조</td></tr>
<tr><td>제4장</td><td colspan="2">긴급구조를 위한 개인위치정보 이용</td><td>제29조－제32조</td></tr>
<tr><td rowspan="2">제5장</td><td colspan="2">위치정보의 이용기반 조성 등</td><td>제33조－제35조</td></tr>
<tr><td colspan="2">보칙</td><td>제36조－제38조</td></tr>
<tr><td>제6장</td><td colspan="2">벌칙</td><td>제39조－제43조</td></tr>
<tr><td colspan="3">부칙</td><td></td></tr>
</table>

제 1 절 총 칙

1. 목 적

이 법은 위치정보의 유출·오용 및 남용으로부터 사생활의 비밀 등을 보호하고 위치정보의 안전한 이용환경을 조성하여 위치정보의 이용을 활성화함으로써 국민생활의 향상과 공공복리의 증진에 이바지함을 목적으로 한다(제1조).

1) 법률 제16087호, 2018.12.24. 일부개정, 시행 2019.6.25.

2. 용어의 정의

이 법에서 사용하는 용어의 정의는 다음과 같다(제2조).

용 어	정 의
위치정보 (제1호)	이동성이 있는 물건 또는 개인이 특정한 시간에 존재하거나 존재하였던 장소에 관한 정보로서 「전기통신사업법」 제2조 제2호 및 제3호에 따른 전기통신설비 및 전기통신회선설비를 이용하여 수집된 것을 말한다.
개인위치정보 (제2호)	특정 개인의 위치정보(위치정보만으로는 특정 개인의 위치를 알 수 없는 경우에도 다른 정보와 용이하게 결합하여 특정 개인의 위치를 알수 있는 것을 포함한다)를 말한다.
개인위치정보주체 (제3호)	개인위치정보에 의하여 식별되는 자를 말한다.
위치정보 수집사실 확인자료 (제4호)	위치정보의 수집요청인, 수집일시 및 수집방법에 관한 자료(위치정보를 제외한다)를 말한다.
위치정보 이용·제공 사실 확인자료 (제5호)	위치정보를 제공받는 자, 취득경로, 이용·제공일시 및 이용·제공방법에 관한 자료(위치정보를 제외한다)를 말한다.
위치정보사업 (제6호)	위치정보를 수집하여 위치기반서비스사업을 하는 자에게 제공하는 것을 사업으로 영위하는 것을 말한다.
위치기반서비스사업 (제7호)	위치정보를 이용한 서비스(이하 "위치기반서비스"라 한다)를 제공하는 것을 사업으로 영위하는 것을 말한다.
위치정보시스템 (제8호)	위치정보사업 및 위치기반서비스사업을 위하여 「정보통신망 이용촉진 및 정보보호 등에 관한 법률」 제2조 제1항 제1호에 따른 정보통신망을 통하여 위치정보를 수집·저장·분석·이용 및 제공할 수 있도록 서로 유기적으로 연계된 컴퓨터의 하드웨어, 소프트웨어, 데이터베이스 및 인적자원의 결합체를 말한다.

3. 위치정보의 보호 및 이용 등을 위한 시책의 강구

방송통신위원회는 관계중앙행정기관의 장과 협의를 거쳐 위치정보의 안전한 보호와 건전한 이용 등을 위하여 다음 각호의 사항이 포함되는 시책을 마련하여야 한다(제3조).

1. 위치정보의 보호 및 이용 등을 위한 시책의 기본방향
2. 위치정보의 보호에 관한 사항(위치정보 처리에 따른 위험성 및 결과, 개인위치정보 주체의 권리 등을 명확하게 인지하지 못할 수 있는 14세 미만의 아동의 위치정보 보호에 관한 사항을 포함한다)
3. 공공목적을 위한 위치정보의 이용에 관한 사항
4. 위치정보사업 및 위치기반서비스사업과 관련된 기술개발 및 표준화에 관한 사항
5. 위치정보사업 및 위치기반서비스사업의 안전성 및 신뢰성 향상에 관한 사항
6. 위치정보사업 및 위치기반서비스사업의 품질개선 및 품질평가 등에 관한 사항
7. 그 밖에 위치정보의 보호 및 이용 등을 위하여 필요한 사항

4. 다른 법률과의 관계

위치정보의 수집, 저장, 보호 및 이용 등에 관하여 다른 법률에 특별한 규정이 있는 경우를 제외하고는 이 법이 정하는 바에 의한다(제4조).

제 2 절 위치정보사업의 허가 등

1. 위치정보사업의 허가 등

(1) 위치정보사업의 허가

개인위치정보를 대상으로 하는 위치정보사업을 하려는 자는 상호, 주된 사무소의 소재지, 위치정보사업의 종류 및 내용, 위치정보시스템을 포함한 사업용 주요 설비 등에 대하여 대통령령(시행령 제2조 참조)으로 정하는 바에 따라 방송통신위원회의 허가를 받아야 한다(제5조 제1항).[2][3]

2) 허가를 받지 아니하고 위치정보사업을 하는 자 또는 거짓이나 그 밖의 부정한 방법으로 허가를 받은 자는 5년 이하의 징역 또는 5천만원 이하의 벌금에 처한다(제39조 제1호).
3) 법인의 대표자나 법인 또는 개인의 대리인, 사용인, 그 밖의 종업원이 그 법인 또는 개인의 업무에 관하여 제39조부터 제41조까지의 어느 하나에 해당하는 위반행위를 하면 그 행위자를 벌하는 외에 그 법인 또는 개인에게도 해당 조문의 벌금형을 과(科)한다. 다만, 법인 또는 개인이 그 위반행위를 방지하기 위하여 해당 업무에 관하여 상당한 주의와 감독을 게을리하지 아니한 경우에는 그러하지 아니하다(제42조).

방송통신위원회가 이 허가를 함에 있어서는 다음 각호의 사항을 종합적으로 심사하여야 한다(동조 제3항).

1. 위치정보사업계획의 타당성
2. 개인위치정보 보호 관련 기술적·관리적 조치계획
3. 위치정보사업 관련 설비규모의 적정성
4. 재정 및 기술적 능력
5. 그 밖에 사업수행에 필요한 사항

또한 방송통신위원회는 이 허가를 하는 경우에는 위치정보의 정확성·신뢰성 제고, 공정경쟁 또는 개인위치정보의 보호를 위한 연구·개발에 필요한 조건을 붙일 수 있다(동조 제4항).[4] 이때 허가의 대상자는 법인에 한한다(동조 제5항). 이 허가의 신청요령·절차 등에 관한 사항 및 심사사항별 세부심사기준은 대통령령(시행령 제3조－제4조 참조)으로 정한다(동조 제6항).

〈참고〉 세부심사기준에 대하여는 「위치정보사업허가 세부심사기준별 평가방법」(방송통신위원회고시 제2018－5호, 2018.6.15. 일부개정, 시행 2018.6.15.) 참조.

한편, 위치정보사업의 허가를 받은 자(이하 "위치정보사업자"라 한다)가 허가를 받은 사항 중 위치정보시스템을 변경(그 변경으로 개인위치정보 보호를 위한 기술적 수준이 허가받은 때보다 저하되는 경우에 한한다)하려는 경우에는 대통령령(시행령 제5조 참조)으로 정하는 바에 따라 방송통신위원회의 변경허가를 받아야 하고, 상호 또는 주된 사무소의 소재지를 변경하려는 경우에는 방송통신위원회에 변경신고를 하여야 한다(동조 제7항).[5]

이때 방송통신위원회는 위의 허가 또는 변경허가의 신청이 다음 각 호의 어

4) 허가조건을 위반한 자에게는 2천만원 이하의 과태료를 부과한다(제43조 제1항 제1호).

5) 변경허가를 받지 아니하고 위치정보사업을 하는 자 또는 거짓이나 그 밖의 부정한 방법으로 변경허가를 받은 자는 3년 이하의 징역 또는 3천만원 이하의 벌금에 처한다(제40조 제1호). 또한 변경신고를 하지 아니하고 상호나 주된 사무소의 소재지를 변경한 자 또는 거짓이나 그 밖의 부정한 방법으로 상호나 주된 사무소의 소재지의 변경신고를 한 자에게는 5백만원 이하의 과태료를 부과한다(제43조 제3항 제1호). 한편, 동법에 따른 과태료는 대통령령이 정하는 바에 따라 방송통신위원회가 부과·징수한다(제43조 제4항(동조 제2항 제11호 제외)).

느 하나에 해당하는 경우를 제외하고는 허가 또는 변경허가를 하여야 한다(동조 제8항).

1. 제3항에 따른 심사사항에 부적합한 경우
2. 신청한 자가 법인이 아닌 경우
3. 신청한 법인의 임원이 제6조 제1항 각 호의 어느 하나에 해당하는 경우
4. 신청한 법인이 제13조 제1항에 따른 허가 취소처분이나 사업의 폐지 명령을 받은 후 3년이 지나지 아니한 경우
5. 그 밖에 이 법 또는 다른 법률에 따른 제한에 위반되는 경우

2. 개인위치정보를 대상으로 하지 아니하는 위치정보사업의 신고

개인위치정보를 대상으로 하지 아니하는 위치정보사업만을 하려는 자는 다음 각 호의 사항을 대통령령으로 정하는 바에 따라 방송통신위원회에 신고하여야 한다(제5조의2 제1항).[6] 개인위치정보사업자가 이 허가를 신청한 때 개인위치정보를 대상으로 하지 아니하는 위치정보사업의 신고에 필요한 서류를 첨부한 경우에는 이에 따른 신고를 한 것으로 본다(동조 제5항).

1. 상호
2. 주된 사무소의 소재지
3. 위치정보사업의 종류 및 내용
4. 위치정보시스템을 포함한 사업용 주요 설비

다만, 사업의 폐지명령(제13조 제1항)을 받은 후 1년이 경과하지 아니한 자(법인인 경우에는 그 대표자를 포함한다)는 위치정보사업의 신고를 할 수 없다(동조 제2항).

한편, 위치정보사업의 신고를 한 자(이하 "사물위치정보사업자"라 한다)는 신고한 사항 중 다음 각 호의 어느 하나에 해당하는 사항을 변경하려는 경우 대통령령(시행령 제5조의2 참조)으로 정하는 바에 따라 방송통신위원회에 변경신고를 하여야 한다(동조 제3항).[7]

6) 신고를 하지 아니하고 개인위치정보를 대상으로 하지 아니하는 위치정보사업을 하는 자 또는 거짓이나 그 밖의 부정한 방법으로 신고한 자는 3년 이하의 징역 또는 3천만원 이하의 벌금에 처한다(제40조 제1호의2).

1. 상호
2. 주된 사무소의 소재지
3. 위치정보시스템(변경으로 인하여 위치정보 보호를 위한 기술적 수준이 신고한 때보다 저하되는 경우로 한정한다)

이때 방송통신위원회는 위의 신고 또는 위의 제3호에 해당하는 사항에 대한 변경신고를 받은 경우 그 내용을 검토하여 이 법에 적합하면 신고를 수리하여야 한다(동조 제4항).

3. 임원 또는 종업원의 결격 사유

다음 각 호의 어느 하나에 해당하는 자는 위치정보사업자의 임원이 될 수 없고, 다음 각 호의 어느 하나에 해당하는 종업원은 위치정보 접근권한자(제16조 제1항), 이하 이 조에서 "접근권한자"라 한다)로 지정될 수 없다(제6조 제1항).

1. 미성년자·피성년후견인 또는 피한정후견인
2. 파산자로서 복권되지 아니한 자
3. 이 법, 「정보통신망 이용촉진 및 정보보호 등에 관한 법률」, 「전기통신기본법」, 「전기통신사업법」 또는 「전파법」을 위반하여 금고 이상의 실형을 선고받고 그 집행이 종료(집행이 종료된 것으로 보는 경우를 포함한다)되거나 집행이 면제된 날부터 3년이 경과되지 아니한 자
4. 이 법, 「정보통신망 이용촉진 및 정보보호 등에 관한 법률」, 「전기통신기본법」, 「전기통신사업법」 또는 「전파법」을 위반하여 금고 이상의 형의 집행유예를 선고받고 그 유예기간 중에 있는 자
5. 이 법, 「정보통신망 이용촉진 및 정보보호 등에 관한 법률」, 「전기통신기본법」, 「전기통신사업법」 또는 「전파법」을 위반하여 벌금형을 선고받고 3년이 경과되지 아니한 자
6. 제13조 제1항의 규정에 의한 허가의 취소처분 또는 사업의 폐지명령을 받은 후 3년이 경과되지 아니한 자. 이 경우 법인인 때에는 허가취소 또는 사업폐지명령의 원인이 된 행위를 한 자와 그 대표자를 말한다.

---

7) 변경신고를 하지 아니하고 상호나 주된 사무소의 소재지를 변경한 자 또는 거짓이나 그 밖의 부정한 방법으로 상호나 주된 사무소의 소재지의 변경신고를 한 자에게는 5백만원 이하의 과태료를 부과한다(제43조 제3항 제1호). 또한 변경신고를 하지 아니하고 위치정보시스템을 변경한 자 또는 거짓이나 그 밖의 부정한 방법으로 위치정보시스템의 변경신고를 한 자는 1년 이하의 징역 또는 2천만원 이하의 벌금에 처한다(제41조 제1호).

또한 임원이 위의 각 호의 어느 하나에 해당하게 되거나 선임 당시 그에 해당하는 자임이 판명된 때에는 당연히 퇴직하고, 접근권한자가 위의 각 호의 어느 하나에 해당하게 되거나 선임 당시 그에 해당하는 자임이 판명된 때에는 접근권한자의 지정은 효력을 잃는다(동조 제2항). 그러나 이때 퇴직한 임원이 퇴직 전에 관여한 행위 또는 접근권한자 지정의 효력이 상실된 종업원이 상실 전에 관여한 행위는 그 효력을 잃지 아니한다(동조 제3항).

4. 위치정보사업의 양수 및 법인의 합병 등

위치정보사업자의 사업의 전부 또는 일부를 양수하거나 위치정보사업자인 법인의 합병·분할(분할합병을 포함한다. 이하 같다)을 하고자 하는 자는 대통령령(시행령 제6조 참조)이 정하는 바에 의하여 방송통신위원회의 인가를 받아야 한다(제7조 제1항).[8] 이때 방송통신위원회는 이 인가를 하는 경우에는 다음 각 호의 사항을 종합적으로 심사하여야 한다(동조 제2항).

1. 재정 및 기술적 능력과 사업운용 능력의 적정성
2. 개인위치정보주체 또는 위치기반서비스사업자의 보호에 미치는 영향
3. 긴급구조를 위한 개인위치정보의 이용, 개인위치정보 보호를 위한 연구·개발의 효율성 등 공익에 미치는 영향

다만, 방송통신위원회는 이 인가의 신청이 다음 각 호의 어느 하나에 해당하는 경우를 제외하고는 인가를 하여야 한다(동조 제3항).

1. 제2항에 따른 심사사항에 부적합한 경우
2. 신청한 자가 법인이 아닌 경우
3. 신청한 법인의 임원이 제6조 제1항 각 호의 어느 하나에 해당하는 경우
4. 신청한 법인이 제13조 제1항에 따른 허가의 취소처분이나 사업의 폐지 명령을 받은 후 3년이 지나지 아니한 경우
5. 그 밖에 이 법 또는 다른 법률에 따른 제한에 위반되는 경우

8) 인가를 받지 아니하고 사업을 양수하거나 합병·분할한 자에게는 2천만원 이하의 과태료를 부과한다(제43조 제1항 제2호).

이때 인가를 받은 양수인 또는 합병·분할에 의하여 설립되거나 합병·분할 후 존속하는 법인은 양도인 또는 합병·분할 전의 법인의 위치정보사업자로서의 지위를 각각 승계한다(동조 제4항).[9] 이 인가 신청의 방법 및 절차 등에 관한 사항 및 제2항에 따른 심사사항별 세부심사기준은 대통령령(시행령 제6조의2 참조)으로 정한다(동조 제5항).[10]

5. 위치정보사업의 휴지·폐지 등

위치정보사업자가 위치정보사업의 전부 또는 일부를 휴업하려는 경우에는 개인위치정보주체에 대한 휴업기간 및 휴업 사실의 통보계획을 정하여(개인위치정보사업자만 해당한다) 다음 각 호의 구분에 따라 방송통신위원회의 승인을 받거나 방송통신위원회에 신고하여야 한다. 이 경우 휴업기간은 1년을 초과할 수 없다(제8조 제1항).

1. 개인위치정보사업자: 승인
2. 사물위치정보사업자: 신고

또한 위치정보사업자가 위치정보사업의 전부 또는 일부를 폐업하려는 경우에는 개인위치정보주체에 대한 폐업 사실의 통보계획을 정하여(개인위치정보사업자만 해당한다) 다음 각 호의 구분에 따라 방송통신위원회의 승인을 받거나 방송통신위원회에 신고하여야 한다(동조 제2항).[11]

---

9) 사업의 양수, 상속 또는 합병·분할의 신고를 하지 아니한 자 또는 거짓이나 그 밖의 부정한 방법으로 사업의 양수, 상속 또는 합병·분할의 신고를 한 자에게는 1천만원 이하의 과태료를 부과한다(제43조 제2항 제1호).

10) 세부심사기준에 대하여는「위치정보사업 양수 및 법인의 합병 등의 인가 세부심사기준별 평가방법(방송통신위원회고시 제2015－26호, 2015.12.23. 제정, 시행 2015.12.23.) 참조.

11) 제1항 또는 제2항을 위반하여 승인을 받지 아니하고 사업의 전부 또는 일부를 휴업하거나 폐업한 자에게는 2천만원 이하의 과태료를 부과한다(제43조 제1항 제3호). 또한 사업의 전부 또는 일부의 휴업·폐업을 신고하지 아니한 자에게는 1천만원 이하의 과태료를 부과한다(제43조 제2항 제2호).

1. 개인위치정보사업자: 승인 2. 사물위치정보사업자: 신고

이때 승인((제1항 제1호 또는 제2항 제1호)을 받은 개인위치정보사업자는 휴업하려는 날 또는 폐업하려는 날의 30일 전까지 다음 각 호의 구분에 따른 사항을 개인위치정보주체에게 통보하여야 한다(동조 제3항).

1. 제1항 제1호에 따른 휴업승인: 휴업하는 위치정보사업의 범위 및 휴업기간 2. 제2항 제1호에 따른 폐업승인: 폐업하는 위치정보사업의 범위 및 폐업일자

또한 승인을 받아 위치정보사업의 전부 또는 일부를 휴업하는 개인위치정보사업자(제1항 제1호)와 위치정보사업의 전부 또는 일부를 폐업하는 위치정보사업자(제2항)는 휴업 또는 폐업과 동시에 다음 각 호의 구분에 따라 개인위치정보 및 위치정보 수집사실 확인자료를 파기하여야 한다(동조 제4항).[12)]

1. 제1항 제1호에 따른 휴업승인: 개인위치정보(사업의 일부를 휴업하는 경우에는 휴업하는 사업의 개인위치정보로 한정한다) 2. 제2항 제1호에 따른 폐업승인: 개인위치정보 및 위치정보 수집사실 확인자료(사업의 일부를 폐업하는 경우에는 폐업하는 사업의 개인위치정보 및 위치정보 수집사실 확인자료로 한정한다) 3. 제2항 제2호에 따른 폐업신고: 위치정보 수집사실 확인자료(사업의 일부를 폐업하는 경우에는 폐업하는 사업의 위치정보 수집사실 확인자료로 한정한다)

이때 방송통신위원회는 위의 승인 신청(제1항 제1호 또는 제2항 제1호)을 받은 경우 개인위치정보주체에 대한 휴업·폐업 사실의 통보계획이 적정하지 못한 경우를 제외하고는 승인하여야 하며(동조 제5항), 위의 신고(제1항 제2호 또는 제2항 제2호)를 받은 경우 그 내용을 검토하여 이 법에 적합하면 신고를 수리하여야 한다(동조 제6항). 이외에 위치정보사업의 휴업 및 폐업에 필요한 사항은 대통령령(시행령 제7조－제8조의2 참조)으로 정한다(동조 제7항).

---

12) 위치정보를 파기하지 아니한 자는 1년 이하의 징역 또는 2천만원 이하의 벌금에 처한다(제41조 제2호).

6. 위치기반서비스사업의 신고

(1) 위치기반서비스사업의 신고

위치기반서비스사업(개인위치정보를 대상으로 하지 아니하는 위치기반서비스사업은 제외한다. 이하 이 조, 제9조의2, 제10조 및 제11조에서 같다)을 하려는 자는 상호, 주된 사무소의 소재지, 사업의 종류, 위치정보시스템을 포함한 사업용 주요 설비 등에 대하여 대통령령으로 정하는 바에 따라 방송통신위원회에 신고하여야 한다(제9조 제1항). 다만, 사업의 폐지명령(제13조 제1항)을 받은 후 1년이 경과하지 아니한 자(법인인 경우에는 그 대표자를 포함한다)는 위치기반서비스사업의 신고를 할 수 없다(동조 제2항). 개인위치정보사업자가 개인위치정보를 대상으로 하는 위치정보사업의 허가(제5조 제1항)를 신청한 때 위치기반서비스사업의 신고(제9조의2 제1항 본문에 따른 소상공인 등인 경우에는 같은 항 단서에 따른 신고를 말한다)에 필요한 서류를 첨부한 경우에는 위치기반서비스사업의 신고(제9조의2 제1항 본문에 따른 소상공인 등인 경우에는 같은 항 단서에 따른 신고를 말한다)를 한 것으로 본다(동조 제4항).[13]

또한 위치기반서비스사업의 신고를 한 자는 다음 각 호의 어느 하나에 해당하는 사항을 변경하려는 경우 대통령령(시행령 제9조 참조)으로 정하는 바에 따라 방송통신위원회에 변경신고를 하여야 한다(동조 제3항).

1. 상호
2. 주된 사무소의 소재지
3. 위치정보시스템(변경으로 인하여 개인위치정보 보호를 위한 기술적 수준이 신고한 때보다 저하되는 경우로 한정한다)[14]

---

13) 신고를 하지 아니하고 위치기반서비스사업을 하는 자 또는 거짓이나 그 밖의 부정한 방법으로 신고한 자는 3년 이하의 징역 또는 3천만원 이하의 벌금에 처한다(제40조 제2호).

14) 제3호에 위반하여 변경신고를 하지 아니하고 위치정보시스템을 변경한 자 또는 거짓이나 그 밖의 부정한 방법으로 위치정보시스템의 변경신고를 한 자는 1년 이하의 징역 또는 2천만원 이하의 벌금에 처한다(제41조 제1호). 또한 변경신고를 하지 아니하고 상호나 주된 사무소의 소재지를 변경한 자 또는 거짓이나 그 밖의 부정한 방법으로 상호나 주된 사무소의 소재지의 변경신고를 한 자에게는 5백만원 이하의 과태료를 부과한다(제43조 제3항 제1호).

한편, 방송통신위원회는 위의 신고(제1항) 또는 위치정보시스템(제3항 제3호)에 해당하는 사항에 대한 변경신고를 받은 경우 그 내용을 검토하여 이 법에 적합하면 신고를 수리하여야 한다(동조 제5항).

(2) 소상공인의 위치기반서비스사업의 신고

「소상공인 보호 및 지원에 관한 법률」 제2조에 따른 소상공인이나 「1인 창조기업 육성에 관한 법률」 제2조에 따른 1인 창조기업(이하 "소상공인 등"이라 한다)으로서 위치기반서비스사업을 하려는 자는 제9조 제1항에 따른 신고를 하지 아니하고 위치기반서비스사업을 할 수 있다. 다만, 사업을 개시한 지 1개월이 지난 후에도 계속해서 위치기반서비스사업을 하려는 자는 사업을 개시한 날부터 1개월 이내에 다음 각 호의 사항을 대통령령(시행령 제10조 제1항 참조)으로 정하는 바에 따라 방송통신위원회에 신고하여야 한다(제9조의2 제1항). 그러나 사업의 폐지명령(제13조 제1항)을 받은 후 1년이 경과하지 아니한 자(법인인 경우에는 그 대표자를 포함한다)는 위치기반서비스사업을 할 수 없다(제9조의2 제2항).

1. 상호
2. 주된 사무소의 소재지
3. 사업의 종류 및 내용

또한 제1항 단서에 따른 신고를 한 자는 신고한 사항 중 다음 각 호의 어느 하나에 해당하는 사항을 변경한 경우 변경한 날부터 1개월 이내에 대통령령(시행령 제10조 제2항 참조)으로 정하는 바에 따라 방송통신위원회에 변경신고를 하여야 한다(동조 제3항).[15]

1. 상호
2. 주된 사무소의 소재지

15) 변경신고를 하지 아니하고 상호나 주된 사무소의 소재지를 변경한 자 또는 거짓이나 그 밖의 부정한 방법으로 상호나 주된 사무소의 소재지의 변경신고를 한 자에게는 5백만원 이하의 과태료를 부과한다(제43조 제3항 제1호).

그리고 제1항 본문에 따라 위치기반서비스사업을 개시한 자 또는 같은 항 단서에 따라 신고한 자가 소상공인 등에 해당하지 아니하게 된 경우 그 사유가 발생한 날부터 1개월 이내에 대통령령(시행령 제10조 제3항 참조)으로 정하는 바에 따라 위치기반서비스사업신고(제9조 제1항)에 필요한 사항을 보완하여 방송통신위원회에 신고하여야 한다(동조 제4항).[16]

7. 위치기반서비스사업의 양수 및 법인의 합병 등

제9조 제1항 또는 제9조의2 제1항 단서에 따라 위치기반서비스사업의 신고를 한 자의 사업의 전부 또는 일부의 양수, 상속 또는 제9조 제1항 또는 제9조의2 제1항 단서에 따라 위치기반서비스사업의 신고를 한 자인 법인의 합병·분할이 있는 경우에는 그 사업의 양수인, 상속인 또는 합병·분할에 의하여 설립되거나 합병·분할 후 존속하는 법인은 대통령령(시행령 제11조 참조)으로 정하는 바에 따라 방송통신위원회에 신고하여야 한다(제10조 제1항).[17]

방송통신위원회는 이 신고를 받은 경우 그 내용을 검토하여 이 법에 적합하면 신고를 수리하여야 한다(동조 제2항). 이때 신고한 양수인, 상속인 또는 합병·분할에 의하여 설립되거나 합병·분할 후 존속하는 법인은 양도인, 피상속인 또는 합병·분할 전의 법인의 지위를 각각 승계한다(동조 제3항).

8. 위치기반서비스사업의 휴업·폐업 등

위치기반서비스사업자가 사업의 전부 또는 일부를 휴업하고자 하는 때에는 휴업기간을 정하여 휴업하고자 하는 날의 30일 전까지 이를 개인위치정보주체에게 통보하고 방송통신위원회에 신고하여야 한다. 이 경우 휴업기간은 1년을 초과

16) 제1항 단서 및 제4항의 규정을 위반하여 신고를 하지 아니하고 위치기반서비스사업을 하는 자 또는 거짓이나 그 밖의 부정한 방법으로 신고한 자는 3년 이하의 징역 또는 3천만원 이하의 벌금에 처한다(제40조 제2호).

17) 사업의 양수, 상속 또는 합병·분할의 신고를 하지 아니한 자 또는 거짓이나 그 밖의 부정한 방법으로 사업의 양수, 상속 또는 합병·분할의 신고를 한 자에게는 1천만원 이하의 과태료를 부과한다(제43조 제2항 제1호).

할 수 없으며, 휴업과 동시에 개인위치정보(사업의 일부를 휴업하는 경우에는 휴업하는 사업의 개인위치정보로 한정한다)를 파기하여야 한다(제11조 제1항).

또한 위치기반서비스사업자가 사업의 전부 또는 일부를 폐업하고자 하는 때에는 폐업하고자 하는 날의 30일 전까지 이를 개인위치정보주체에게 통보하고 방송통신위원회에 신고하여야 한다. 이 경우 폐업와 동시에 개인위치정보 및 위치정보 이용·제공사실 확인자료(사업의 일부를 폐업하는 경우에는 폐업하는 사업의 개인위치정보 및 위치정보 이용·제공사실 확인자료로 한정한다)를 파기하여야 한다(동조 제2항).[18)]

위치기반서비스사업의 휴업 또는 폐업의 신고 및 개인위치정보 등의 파기 등에 관하여 필요한 사항은 대통령령(시행령 제12조 참조)으로 정한다(동조 제3항).

9. 이용약관의 공개 등

다음 각 호의 어느 하나에 해당하는 자는 그가 제공하려는 서비스의 내용, 위치정보의 수집·이용 및 제공에 관한 요금 및 조건 등(이하 "이용약관"이라 한다)을 해당 사업자의 인테넷홈페이지에 게시하는 등 대통령령(시행령 제13조 참조)으로 정하는 방법에 따라 개인위치정보주체 및 위치기반서비스사업을 이용하는 자가 언제든지 쉽게 알아볼 수 있도록 공개하여야 하며, 이를 변경하려는 경우에는 그 이유 및 변경내용을 대통령령(시행령 제13조 참조)으로 정하는 방법에 따라 지체 없이 공개하고, 변경된 사항을 쉽게 알아볼 수 있도록 조치하여야 한다(제12조 제1항).[19)]

1. 위치정보사업자
2. 제9조 제1항에 따라 위치기반서비스사업의 신고를 한 자 및 제9조의2 제1항에 따라 위치기반서비스사업을 하는 자(이하 "위치기반서비스사업자"라 한다)

---

18) 제1항과 제2항의 규정을 위반하여 위치정보를 파기하지 아니한 자는 1년 이하의 징역 또는 2천만원 이하의 벌금에 처한다(제41조 제2호). 또 제1항과 제2항을 위반하여 사업의 전부 또는 일부의 휴업·폐업을 신고하지 아니한 자에게는 1천만원 이하의 과태료를 부과한다(제43조 제2항 제2호).

19) 이용약관을 공개하지 아니하거나 이용약관의 변경이유 및 변경내용을 공개하지 아니한 자에게는 1천만원 이하의 과태료를 부과한다(제43조 제2항 제3호).

또한 방송통신위원회는 위치정보사업자 등의 이용약관이 개인위치정보의 보호, 공정경쟁 또는 공공이익을 침해할 우려가 있다고 판단되는 경우에는 위치정보사업자 등에게 이용약관의 변경을 명할 수 있다(동조 제2항).[20]

10. 허가의 취소 및 사업의 폐지·정지 등

방송통신위원회는 위치정보사업자 및 위치기반서비스사업자(이하 "위치정보사업자 등"이라 한다)가 다음 각 호의 어느 하나에 해당하는 때에는 허가 또는 인가의 취소, 사업의 폐지 또는 6월 이내의 범위에서 기간을 정하여 사업의 전부 또는 일부의 정지(이하 "사업의 정지"라 한다)를 명할 수 있다. 다만, 제1호에 해당하는 때에는 허가 또는 인가를 취소하거나 사업의 폐지를 명하여야 한다(제13조 제1항). 이 행정처분의 세부적인 기준은 그 위반행위의 유형과 위반의 정도 등을 참작하여 대통령령(시행령 제14조 참조)으로 정한다(동조 제2항).[21]

1. 거짓이나 그 밖의 부정한 방법으로 제5조 제1항·제7항 또는 제7조 제1항에 따른 허가·변경허가 또는 인가를 받거나 제5조의2 제1항, 제9조 제1항 또는 제9조의2 제1항 단서에 따른 신고를 한 때
2. 제8조 제1항 또는 제11조 제1항에 따른 휴업기간이 지난 후 정당한 사유없이 사업을 개시하지 아니한 때
3. 다음 각 목의 어느 하나에 해당하는 승인을 받지 아니하거나 신고를 하지 아니하고 6개월 이상 계속하여 사업을 하지 아니한 때
   가. 제8조 제1항 제1호 또는 같은 조 제2항 제1호에 따른 승인
   나. 제8조 제1항 제2호 또는 같은 조 제2항 제2호에 따른 신고
   다. 제11조 제1항 전단 또는 같은 조 제2항 전단에 따른 신고
4. 위치정보의 수집관련 설비 또는 위치정보 보호관련 기술적·관리적 조치에 중대한 변경이 발생하여 서비스를 지속적으로 제공할 수 없게 된 때
5. 제16조 제1항의 규정에 따른 관리적 조치와 기술적 조치 또는 같은 조 제2항의 규정에 따른 위치정보 수집사실 확인자료 및 위치정보 이용·제공사실 확인자료(이하

20) 이용약관 변경명령을 위반한 자에게는 1천만원 이하의 과태료를 부과한다(제43조 제2항 제3호의2).

21) 사업의 폐지명령을 위반한 자는 3년 이하의 징역 또는 3천만원 이하의 벌금에 처하며(제40조 제3호), 사업의 정지명령을 위반한 자는 1년 이하의 징역 또는 2천만원 이하의 벌금에 처한다(제41조 제3호).

"위치정보 수집·이용·제공사실 확인자료"라 한다)의 보존조치를 취하지 아니한 때
6. 제18조 제1항 또는 제19조 제1항의 규정을 위반하여 이용약관에 명시하지 아니하거나 동의를 받지 아니하고 위치정보를 수집·이용 또는 제공한 때
7. 제18조 제2항 또는 제19조 제5항을 위반하여 동의의 범위를 넘어 개인위치 정보를 수집·이용 또는 제공한 때
8. 제21조의 규정을 위반하여 이용약관에 명시하거나 고지한 범위를 넘어 개인위치 정보를 이용하거나 제3자에게 제공한 때

방송통신위원회는 위의 허가 또는 인가의 취소, 사업의 폐지 처분을 하고자 하는 경우에는 청문을 실시하여야 한다(제37조).

11. 과징금의 부과 등

방송통신위원회는 사업의 정지(제13조 제1항)가 개인위치정보주체의 이익을 현저히 저해할 우려가 있는 경우에는 사업의 정지명령 대신 위치정보사업 또는 위치기반서비스사업 매출액의 100분의 3 이하의 과징금을 부과할 수 있다(제14조 제1항). 이때 매출액의 산정 등 과징금을 부과하는 기준 및 절차에 관하여 필요한 사항은 대통령령(시행령 제14조－제19조 참조)으로 정한다(동조 제2항).

또한 방송통신위원회는 위의 과징금을 납부하여야 할 자가 납부기한 이내에 이를 납부하지 아니한 때에는 체납된 과징금에 대하여 납부기한의 다음날부터 연 100분의 8 범위 안에서 대통령령이 정하는 비율의 가산금을 징수한다(동조 제3항). 그리고 방송통신위원회는 과징금납부의무자가 납부기한 이내에 과징금을 납부하지 아니한 때에는 기간을 정하여 독촉을 하고, 그 지정한 기간 이내에 과징금 및 가산금을 납부하지 아니한 때에는 국세체납처분의 예에 따라 이를 징수한다(동조 제4항).

제 3 절 위치정보의 보호

Ⅰ. 통 칙

1. 위치정보의 수집 등의 금지

누구든지 개인위치정보주체의 동의를 받지 아니하고 해당 개인위치정보를 수집·이용 또는 제공하여서는 아니 된다. 다만, 다음 각 호의 어느 하나에 해당하는 경우에는 그러하지 아니하다(제15조 제1항).

1. 제29조 제1항에 따른 긴급구조기관의 긴급구조요청 또는 같은 조 제7항에 따른 경보발송요청이 있는 경우 2. 제29조 제2항에 따른 경찰관서의 요청이 있는 경우 3. 다른 법률에 특별한 규정이 있는 경우

또한 누구든지 타인의 정보통신기기를 복제하거나 정보를 도용하는 등의 방법으로 개인위치정보사업자 및 위치기반서비스사업자(이하 "개인위치정보사업자 등"이라 한다)를 속여 타인의 개인위치정보를 제공받아서는 아니 된다(동조 제2항). 그리고 위치정보를 수집할 수 있는 장치가 부착된 물건을 판매하거나 대여·양도하는 자는 위치정보 수집장치가 부착된 사실을 구매하거나 대여·양도받는 자에게 알려야 한다(동조 제3항).[22]

* 개인의 위치정보의 의미 ▪ **판례** ▪ '개인의 위치정보'는 특정 개인이 특정한 시간에 존재하거나 존재하였던 장소에 관한 정보로서 전기통신기본법 제2조 제2호 및 제3호의 규정에 따른 전기통신설

22) 개인위치정보주체의 동의를 받지 아니하고 해당 개인위치정보를 수집·이용 또는 제공한 자와 타인의 정보통신기기를 복제하거나 정보를 도용하는 등의 방법으로 개인위치정보사업자 등을 속여 타인의 개인위치정보를 제공받은 자는 3년 이하의 징역 또는 3천만원 이하의 벌금에 처한다(제40조 제4호, 제5호). 또한 위치정보 수집장치가 부착된 사실을 알리지 아니한 자에게는 1천만원 이하의 과태료를 부과한다(제43조 제2항 제4호).

비 및 전기통신회선설비를 이용하여 수집된 것인데, 위치정보만으로는 특정 개인의 위치를 알 수 없는 경우에도 다른 정보와 용이하게 결합하여 특정 개인의 위치를 알 수 있는 것을 포함한다(위치정보의 보호 및 이용 등에 관한 법률 제2조 제1호, 제2호)(2014다56652).

* 위치정보수입 등 행위의 의미

(사안) 피고인들이 공모하여, 피고인 甲 소유의 자동차에 지피에스(GPS)장치를 설치한 후 인터넷 중고차 판매 사이트를 통하여 乙에게 자동차를 매도한 다음, 乙이 자동차 등록을 마치기 전에 乙의 동의를 받지 않고 자동차의 위치정보를 피고인 甲의 휴대전화로 전송받아 수집하였다.

(판결) 위치정보보호법의 입법 취지와 보호법익 및 같은 법 제15조 제1항의 문언을 종합적으로 해석하면, 개인의 위치정보를 수집·이용 또는 제공하기 위해서는 당해 개인의 동의를 얻어야 하고, 이동성 있는 물건의 위치정보를 수집하려는 경우 물건을 소지한 개인이나 물건의 소유자의 동의를 얻어야 하는데, 위 조항에서 '개인이나 소유자'의 동의를 얻도록 규정한 취지는 이동성 있는 물건을 보유한 개인이 물건의 소유자인 경우와 소유자가 아닌 경우를 포괄적으로 포섭하기 위한 것이므로, 개인이 제3자 소유의 이동성 있는 물건을 소지한 경우 물건의 소유자인 제3자가 동의하더라도 물건을 보유하고 있는 당해 개인의 동의를 얻지 아니하였다면 당해 개인 또는 이동성 있는 물건의 위치정보를 수집·이용 또는 제공하는 행위도 금지된다(서울북부지법 2016.5.19. 선고 2016고단1080 판결).

2. 위치정보의 보호조치 등

위치정보사업자 등은 위치정보의 누출, 변조, 훼손 등을 방지하기 위하여 위치정보의 취급·관리 지침을 제정하거나 접근권한자를 지정하는 등의 관리적 조치와 방화벽의 설치나 암호화 소프트웨어의 활용 등의 기술적 조치를 하여야 한다. 이 경우 관리적 조치와 기술적 조치의 구체적 내용은 대통령령으로 정한다(제16조 제1항).[23)]

※ 법 제16조 제1항에 따른 관리적 조치에는 다음 각 호의 내용이 포함되어야 한다(시행령 제20조 제1항).
  1. 위치정보관리책임자의 지정
  2. 위치정보의 수집·이용·제공·파기 등 각 단계별 접근 권한자 지정 및 권한의

23) 기술적·관리적 조치를 하지 아니한 자(제38조의3에 따라 준용되는 자를 포함한다)는 1년 이하의 징역 또는 2천만원 이하의 벌금에 처한다(제41조 제4호).

제한
3. 위치정보 취급자의 의무와 책임을 규정한 취급·관리 절차 및 지침 마련
4. 위치정보 제공사실 등을 기록한 취급대장의 운영·관리
5. 위치정보 보호조치에 대한 정기적인 자체 감사의 실시

※ 법 제16조 제1항에 따른 기술적 조치에는 다음 각 호의 내용이 포함되어야 한다(동조 제2항).
1. 위치정보 및 위치정보시스템의 접근권한을 확인할 수 있는 식별 및 인증 실시
2. 위치정보시스템에의 권한없는 접근을 차단하기 위한 암호화·방화벽 설치 등의 조치
3. 위치정보시스템에 대한 접근사실의 전자적 자동 기록·보존장치의 운영
4. 위치정보시스템의 침해사고 방지를 위한 보안프로그램 설치 및 운영

또한 위치정보사업자 등은 위치정보 수집·이용·제공사실 확인자료를 위치정보시스템에 자동으로 기록되고 보존되도록 하여야 한다(동조 제2항).[24]

한편, 방송통신위원회는 위치정보를 보호하고 오용·남용을 방지하기 위하여 소속 공무원으로 하여금 기술적·관리적 조치의 내용(제1항)과 기록의 보존실태(제2항)를 대통령령(시행령 제21조 참조)이 정하는 바에 의하여 점검하게 할 수 있다(동조 제3항). 이때 기술적·관리적 조치의 내용과 기록의 보존실태를 점검하는 공무원은 그 권한을 표시하는 증표를 지니고 이를 관계인에게 내보여야 한다(동조 제4항).

3. 위치정보의 누설 금지

위치정보사업자 등과 그 종업원이거나 종업원이었던 자는 직무상 알게 된 위치정보를 누설·변조·훼손 또는 공개하여서는 아니 된다(제17조).[25]

4. 개인위치정보주체에 대한 위치정보 처리 고지 등

위치정보사업자 등이 개인위치정보주체에게 위치정보 처리와 관련한 사항의

24) 위치정보 수집·이용·제공사실 확인자료가 위치정보시스템에 자동으로 기록·보존되도록 하지 아니한 자는 1년 이하의 징역 또는 2천만원 이하의 벌금에 처한다(제41조 제4호의2).

25) 개인위치정보를 누설·변조·훼손 또는 공개한 자는 5년 이하의 징역 또는 5천만원 이하의 벌금에 처한다(제39조 제2호).

고지 등을 하는 때에는 이해하기 쉬운 양식과 명확하고 알기 쉬운 언어를 사용하여야 한다(제17조의2).

Ⅱ. 개인위치정보의 보호

1. 개인위치정보의 수집

위치정보사업자가 개인위치정보를 수집하고자 하는 경우에는 미리 다음 각호의 내용을 이용약관에 명시한 후 개인위치정보주체의 동의를 얻어야 한다(제18조 제1항). 이때 개인위치정보주체는 동의를 하는 경우 개인위치정보의 수집의 범위 및 이용약관의 내용 중 일부에 대하여 동의를 유보할 수 있다(동조 제2항).[26)]

1. 위치정보사업자의 상호, 주소, 전화번호 그 밖의 연락처 2. 개인위치정보주체 및 법정대리인(제25조 제1항의 규정에 의하여 법정대리인의 동의를 얻어야 하는 경우에 한한다)의 권리와 그 행사방법 3. 위치정보사업자가 위치기반서비스사업자에게 제공하고자 하는 서비스의 내용 4. 위치정보 수집사실 확인자료의 보유근거 및 보유기간 5. 그 밖에 개인위치정보의 보호를 위하여 필요한 사항으로서 대통령령이 정하는 사항

※ 법 제18조 제1항 제5호에서 "대통령령이 정하는 사항"이란 개인위치정보의 수집방법을 말한다(시행령 제22조).

한편, 위치정보사업자가 개인위치정보를 수집하는 경우에는 수집목적을 달성하기 위하여 필요한 최소한의 정보를 수집하여야 한다(동조 제3항).[27)]

---

26) 제1항·제2항을 위반하여 개인위치정보주체의 동의를 얻지 아니하거나 동의의 범위를 넘어 개인위치정보를 수집·이용 또는 제공한 자 및 그 정을 알고 영리 또는 부정한 목적으로 개인위치정보를 제공받은 자는 5년 이하의 징역 또는 5천만원 이하의 벌금에 처한다(제39조 제3호). 또한 이용약관명시의무를 다하지 아니한 자에게는 1천만원 이하의 과태료를 부과한다(제43조 제2항 제5호).

27) 이 규정을 위반하여 개인위치정보를 수집한 자에게는 1천만원 이하의 과태료를 부과한다(제43조 제2항 제6호).

2. 개인위치정보의 이용 또는 제공

위치기반서비스사업자가 개인위치정보를 이용하여 서비스를 제공하고자 하는 경우에는 미리 다음 각호의 내용을 이용약관에 명시한 후 개인위치정보주체의 동의를 얻어야 한다(제19조 제1항).[28]

1. 위치기반서비스사업자의 상호, 주소, 전화번호 그 밖의 연락처
2. 개인위치정보주체 및 법정대리인(제25조 제1항의 규정에 의하여 법정대리인의 동의를 얻어야 하는 경우로 한정한다)의 권리와 그 행사방법
3. 위치기반서비스사업자가 제공하고자 하는 위치기반서비스의 내용
4. 위치정보 이용·제공사실 확인자료의 보유근거 및 보유기간
5. 그 밖에 개인위치정보의 보호를 위하여 필요한 사항으로서 대통령령이 정하는 사항

※ 법 제19조 제1항 제5호에서 "대통령령이 정하는 사항"이란 법 제19조 제3항에 따른 통보에 관한 사항을 말한다(시행령 제23조).

또한 위치기반서비스사업자가 개인위치정보를 개인위치정보주체가 지정하는 제3자에게 제공하는 서비스를 하고자 하는 경우에는 위의 각호의 내용을 이용약관에 명시한 후 제공받는 자 및 제공목적을 개인위치정보주체에게 고지하고 동의를 얻어야 한다(동조 제2항). 이때 위치기반서비스사업자가 개인위치정보를 개인위치정보주체가 지정하는 제3자에게 제공하는 경우에는 매회 개인위치정보주체에게 제공받는 자, 제공일시 및 제공목적을 즉시 통보하여야 한다(동조 제3항). 다만, 위치기반서비스사업자는 대통령령(시행령 제24조 참조)으로 정하는 바에 따라 개인위치정보주체의 동의를 받은 경우에는 최대 30일의 범위에서 대통령령(시행령 제24조 참조)으로 정하는 횟수 또는 기간 등의 기준에 따라 모아서 통보할 수 있다(동조 제4항).

한편, 개인위치정보주체는 위의 동의를 하는 경우(제1항·제2항 및 제4항) 개인위치정보의 이용·제공목적, 제공받는 자의 범위 및 위치기반서비스의 일부와 개인위치정보주체에 대한 통보방법에 대하여 동의를 유보할 수 있다(동조 제5항).[29]

---

28) 이용약관명시의무를 다하지 아니한 자에게는 1천만원 이하의 과태료를 부과한다(제43조 제2항 제5호).

3. 위치정보사업자의 개인위치정보 제공 등

제19조 제1항 또는 제2항의 규정에 의하여 개인위치정보주체의 동의를 얻은 위치기반서비스사업자는 제19조 제1항 또는 제2항의 이용 또는 제공목적을 달성하기 위하여 해당 개인위치정보를 수집한 위치정보사업자에게 해당 개인위치정보의 제공을 요청할 수 있다. 이 경우 위치정보사업자는 정당한 사유없이 제공을 거절하여서는 아니된다(제20조 제1항).[30] 이때 위치정보사업자가 위치기반서비스사업자에게 개인위치정보를 제공하는 절차 및 방법에 대하여는 대통령령(시행령 제25조 참조)으로 정한다(동조 제2항).

> **〈참고〉** 시행령 제25조(위치정보의 요청 및 제공) ① 위치기반서비스사업자는 법 제20조 제1항에 따라 다음 각 호의 사항을 갖추어 위치정보사업자에게 개인위치정보를 요청하여야 한다.
>
> 1. 개인위치정보주체의 동의를 받은 사실
> 2. 개인위치정보의 범위 및 기간
>
> ② 제1항에 따른 요청을 받은 위치정보사업자는 개인위치정보를 제공하려는 경우에는 미리 개인위치정보주체의 동의 여부를 확인하여야 한다.
>
> ③ 법 제20조 제2항에 따른 개인위치정보의 제공 절차 및 방법 등에 관한 세부사항은 방송통신위원회가 정하여 고시할 수 있다.

4. 개인위치정보 등의 이용·제공의 제한 등

위치정보사업자 등은 개인위치정보주체의 동의가 있거나 다음 각 호의 어느 하나에 해당하는 경우를 제외하고는 개인위치정보 또는 위치정보 수집·이용·제공사실 확인자료를 제18조 제1항 및 제19조 제1항·제2항에 의하여 이용약관에 명시 또는 고지한 범위를 넘어 이용하거나 제3자에게 제공하여서는 아니된다(제

29) 제19조 제1항·제2항·제5항을 위반하여 개인위치정보주체의 동의를 얻지 아니하거나 동의의 범위를 넘어 개인위치정보를 수집·이용 또는 제공한 자 및 그 정을 알고 영리 또는 부정한 목적으로 개인위치정보를 제공받은 자는 5년 이하의 징역 또는 5천만원 이하의 벌금에 처한다(제39조 제3호). 또한 제2항부터 제4항까지의 규정을 위반하여 고지 또는 통보를 하지 아니한 자에게는 1천만원 이하의 과태료를 부과한다(제43조 제2항 제7호).

30) 개인위치정보의 제공을 거절한 자에게는 2천만원 이하의 과태료를 부과한다(제43조 제1항 제4호).

21조).[31]

1. 위치정보 및 위치기반서비스 등의 제공에 따른 요금정산을 위하여 위치정보 수집·이용·제공사실 확인자료가 필요한 경우 2. 통계작성, 학술연구 또는 시장조사를 위하여 특정 개인을 알아볼 수 없는 형태로 가공하여 제공하는 경우

5. 사업의 양도 등의 통지

위치정보사업자 등으로부터 사업의 전부 또는 일부의 양도·합병 또는 상속 등(이하 "양도 등"이라 한다)으로 그 권리와 의무를 이전받은 자는 30일 이내에 다음 각 호의 사항을 대통령령(시행령 제26조 참조)이 정하는 바에 의하여 개인위치정보주체에게 통지하여야 한다(제22조).[32]

1. 사업의 전부 또는 일부의 양도 등의 사실 2. 위치정보사업자 등의 권리와 의무를 승계한 자의 성명, 주소, 전화번호 그 밖의 연락처 3. 그 밖에 개인위치정보 보호를 위하여 필요한 사항으로서 대통령령이 정하는 사항

※ 법 제22조 제3호에서 "대통령령이 정하는 사항"이란 다음 각 호의 사항을 말한다(시행령 제26조 제3항).
1. 개인위치정보주체의 권리 및 의무에 관한 사항
2. 개인위치정보의 보호를 위한 관리적·기술적 조치에 관한 사항

Ⅲ. 개인위치정보주체 등의 권리

1. 개인위치정보주체의 권리 등

개인위치정보주체는 위치정보사업자 등에 대하여 언제든지 제18조 제1항 및

31) 이용약관에 명시하거나 고지한 범위를 넘어 개인위치정보를 이용하거나 제3자에게 제공한 자는 5년 이하의 징역 또는 5천만원 이하의 벌금에 처한다(제39조 제4호).

32) 사업의 양도 등의 통지를 하지 아니한 자에게는 1천만원 이하의 과태료를 부과한다(제43조 제2항 제8호).

제19조 제1항·제2항·제4항에 따른 동의의 전부 또는 일부를 철회할 수 있다(제24조 제1항). 또한 개인위치정보주체는 위치정보사업자 등에 대하여 언제든지 개인위치정보의 수집, 이용 또는 제공의 일시적인 중지를 요구할 수 있다. 이 경우 위치정보사업자 등은 요구를 거절하여서는 아니 되며, 이를 위한 기술적 수단을 갖추어야 한다(동조 제2항).[33]

그리고 개인위치정보주체는 위치정보사업자 등에 대하여 다음 각 호의 어느 하나에 해당하는 자료 등의 열람 또는 고지를 요구할 수 있고, 해당 자료 등에 오류가 있는 경우에는 그 정정을 요구할 수 있다. 이 경우 위치정보사업자 등은 정당한 사유없이 요구를 거절하여서는 아니 된다(동조 제3항).[34]

1. 본인에 대한 위치정보 수집·이용·제공사실 확인자료
2. 본인의 개인위치정보가 이 법 또는 다른 법률의 규정에 의하여 제3자에게 제공된 이유 및 내용

한편, 위치정보사업자 등은 개인위치정보주체가 위의 규정에 의하여 동의의 전부 또는 일부를 철회한 경우에는 지체없이 수집된 개인위치정보 및 위치정보 수집·이용·제공사실 확인자료(동의의 일부를 철회하는 경우에는 철회하는 부분의 개인위치정보 및 위치정보 이용·제공사실 확인자료로 한정한다)를 파기하여야 한다(동조 제4항).

2. 법정대리인의 권리 등

위치정보사업자 등이 14세 미만의 아동으로부터 제18조 제1항, 제19조 제1항·제2항 또는 제21조의 규정에 의하여 개인위치정보를 수집·이용 또는 제공하고자 하는 경우에는 그 법정대리인의 동의를 얻어야 하고, 대통령령으로 정하는 바에 따라 법정대리인이 동의하였는지를 확인하여야 한다(제25조 제1항).[35] 이때 제18

33) 일시적인 중지 요구를 거절 또는 기술적 수단을 갖추지 아니한 자에게는 2천만원 이하의 과태료를 부과한다(제43조 제1항 제5호).

34) 열람, 고지 또는 정정요구를 거절한 자에게는 1천만원 이하의 과태료를 부과한다(제43조 제2항 제9호).

35) 법정대리인의 동의를 얻지 아니하거나 법정대리인이 동의하였는지를 확인하지 아니하고 개인위치정보를 수집·이용 또는 제공한 자에게는 1천만원 이하의 과태료를 부과한

조 제2항·제19조 제5항 및 제24조의 규정은 법정대리인이 동의를 하는 경우에 이를 준용한다. 이 경우 "개인위치정보주체"는 "법정대리인"으로 본다(동조 제2항).

3. 8세 이하 아동 등의 보호를 위한 위치정보 이용

다음 각 호의 어느 하나에 해당하는 사람(이하 "8세 이하의 아동 등"이라 한다)의 보호의무자가 8세 이하의 아동 등의 생명 또는 신체의 보호를 위하여 8세 이하의 아동 등의 개인위치정보의 수집·이용 또는 제공에 동의하는 경우에는 본인의 동의가 있는 것으로 본다(제26조 제1항).

1. 8세 이하의 아동
2. 피성년후견인
3. 「장애인복지법」 제2조 제2항 제2호에 따른 정신적 장애를 가진 사람으로서 「장애인고용촉진 및 직업재활법」 제2조 제2호에 따른 중증장애인에 해당하는 사람(「장애인복지법」 제32조에 따라 장애인 등록을 한 사람만 해당한다)

이때 동의의 요건은 대통령령으로 정한다(동조 제3항). 제18조 내지 제22조 및 제24조의 규정은 보호의무자가 동의를 하는 경우에 이를 준용한다. 이 경우 "개인위치정보주체"는 "보호의무자"로 본다(동조 제4항).

〈참고〉 시행령 제27조(8세 이하의 아동 등의 보호를 위한 위치정보 이용동의의 요건)
① 법 제26조 제1항 각 호의 어느 하나에 해당하는 자(이하 "8세 이하의 아동 등"이라 한다)의 생명 또는 신체의 보호를 위하여 개인위치정보의 수집·이용 또는 제공에 동의를 하려는 자는 서면동의서에 8세 이하의 아동 등의 보호의무자임을 증명하는 서면을 첨부하여 위치정보사업자 등에게 제출하여야 한다.
② 제1항에 따른 서면동의서에는 다음 사항을 기재하고 그 보호의무자가 기명날인 또는 서명하여야 한다.
1. 8세 이하의 아동 등의 성명, 주소 및 생년월일
2. 보호의무자의 성명, 주소 및 연락처
3. 개인위치정보 수집, 이용 또는 제공의 목적이 8세 이하의 아동 등의 생명 또는 신체의 보호에 한정된다는 사실
4. 동의의 연월일

다(제43조 제2항 제10호).

한편, 8세 이하의 아동 등의 보호의무자는 8세 이하의 아동 등을 사실상 보호하는 자로서 다음 각 호의 어느 하나에 해당하는 자를 말한다(동조 제2항).

1. 8세 이하의 아동의 법정대리인 또는 「보호시설에 있는 미성년자의 후견 직무에 관한 법률」 제3조에 따른 후견인
2. 피성년후견인의 법정대리인
3. 제1항 제3호의 자의 법정대리인 또는 「장애인복지법」 제58조 제1항 제1호에 따른 장애인 거주시설(국가 또는 지방자치단체가 설치·운영하는 시설에 한한다)의 장, 「정신건강증진 및 정신질환자 복지서비스 지원에 관한 법률」 제22조에 따른 정신요양시설의 장 및 같은 법 제26조에 따른 정신재활시설(국가 또는 지방자치단체가 설치·운영하는 시설로 한정한다)의 장

4. 손해배상

개인위치정보주체는 위치정보사업자 등의 제15조 내지 제26조의 규정을 위반한 행위로 손해를 입은 경우에 그 위치정보사업자 등에 대하여 손해배상을 청구할 수 있다. 이 경우 그 위치정보사업자 등은 고의 또는 과실이 없음을 입증하지 아니하면 책임을 면할 수 없다(제27조).

▪ **판례** ▪ [1] 정보주체의 동의를 얻지 아니하고 개인의 위치정보를 수집한 경우, 그로 인하여 손해배상책임이 인정되는지는 위치정보 수집으로 정보주체를 식별할 가능성이 발생하였는지, 정보를 수집한 자가 수집된 위치정보를 열람 등 이용하였는지, 위치정보가 수집된 기간이 장기간인지, 위치정보를 수집하게 된 경위와 그 수집한 정보를 관리해 온 실태는 어떠한지, 위치정보 수집으로 인한 피해 발생 및 확산을 방지하기 위하여 어떠한 조치가 취하여졌는지 등 여러 사정을 종합적으로 고려하여 구체적 사건에 따라 개별적으로 판단하여야 한다.

[2] 甲 외국법인은 휴대폰 등을 제조하여 판매하는 다국적 기업이고, 乙 유한회사는 甲 법인이 제작한 휴대폰 등을 국내에 판매하고 사후관리 등을 하는 甲 법인의 자회사인데, 甲 법인이 출시한 휴대폰 등에서 사용자가 위치서비스 기능을 "끔"으로 설정하였음에도 甲 법인이 휴대폰 등의 위치정보와 사용자의 개인위치정보를 수집하는 버그가 발생하자, 甲 법인과 乙 회사로부터 휴대폰 등을 구매한 후 이를 사용하는 丙 등이 손해배상을 구한 사안에서, 휴대폰 등으로부터 전송되는 정보만으로는 해당 통신기지국 등의 식별정보나 공인 아이피(IP)만 알 수 있을 뿐, 특정 기기나 사용자가 누구인지를 알 수는 없고, 휴대폰 등의 데이터베이스에 저장된 정보는 기기의 분실·도난·해킹 등이 발생하는 경우 외에는 외부로 유출될 가능성이 없는 점,

휴대폰 등의 사용자들은 甲 법인과 乙 회사가 위치정보를 수집하여 위치서비스제공에 이용하는 것을 충분히 알 수 있었던 점, 위 버그가 甲 법인과 乙 회사가 휴대폰 등의 위치정보나 사용자의 개인위치정보를 침해하기 위한 목적으로 이루어진 것으로 보이지 않는 점, 甲 법인은 버그가 존재한다는 사실이 알려지자 신속하게 새로운 운영체계를 개발하여 배포하는 등 그로 인한 피해 발생이나 확산을 막기 위해 노력한 점, 수집된 위치정보나 개인위치정보가 수집목적과 달리 이용되거나 제3자에게 유출된 것으로 보이지 않는 점에 비추어, 甲 법인과 乙 회사의 위치정보 또는 개인위치정보의 수집으로 인하여 丙 등에 대한 손해배상책임이 인정된다고 보기 어렵다(2015다251539, 251546, 251553, 251560, 251577).

5. 분쟁의 조정 등

위치정보사업자 등은 위치정보와 관련된 분쟁에 대하여 당사자간 협의가 이루어지지 아니하거나 협의를 할 수 없는 경우에는 방송통신위원회에 재정을 신청할 수 있다(제28조 제1항).

또한 위치정보사업자 등과 이용자는 위치정보와 관련된 분쟁에 대하여 당사자간 협의가 이루어지지 아니하거나 협의를 할 수 없는 경우에는 「개인정보 보호법」 제40조에 따른 개인정보분쟁조정위원회에 조정을 신청할 수 있다(동조 제2항).

제 4 절 긴급구조를 위한 개인위치정보 이용

1. 긴급구조를 위한 개인위치정보의 이용

(1) 긴급구조를 위한 요청

「재난 및 안전관리 기본법」 제3조 제7호에 따른 긴급구조기관(이하 "긴급구조기관"이라 한다)은 급박한 위험으로부터 생명·신체를 보호하기 위하여 개인위치정보주체, 개인위치정보주체의 배우자, 개인위치정보주체의 2촌 이내의 친족 또는 「민법」 제928조에 따른 미성년후견인(이하 "배우자 등"이라 한다)의 긴급구조요청이 있는 경우 긴급구조 상황 여부를 판단하여 위치정보사업자에게 개인위치정보의 제공을 요청할 수 있다. 이 경우 배우자 등은 긴급구조 외의 목적으로 긴급구조요청을 하여서는 아니 된다(제29조 제1항).[36]

또한 「경찰법」 제2조에 따른 경찰청·지방경찰청·경찰서(이하 "경찰관서"라 한다)는 위치정보사업자에게 다음 각 호의 어느 하나에 해당하는 개인위치정보의 제공을 요청할 수 있다. 다만, 제1호에 따라 경찰관서가 다른 사람의 생명·신체를 보호하기 위하여 구조를 요청한 자(이하 "목격자"라 한다)의 개인위치정보를 제공받으려면 목격자의 동의를 받아야 한다(동조 제2항). 다만, 제2호에 따라 다른 사람이 경찰관서에 구조를 요청한 경우 경찰관서는 구조받을 사람의 의사를 확인하여야 한다(동조 제3항).

1. 생명·신체를 위협하는 급박한 위험으로부터 자신 또는 다른 사람 등 구조가 필요한 사람(이하 "구조받을 사람"이라 한다)을 보호하기 위하여 구조를 요청한 경우 구조를 요청한 자의 개인위치정보
2. 구조받을 사람이 다른 사람에게 구조를 요청한 경우 구조받을 사람의 개인위치정보
3. 「실종아동 등의 보호 및 지원에 관한 법률」 제2조 제2호에 따른 실종아동 등(이하 "실종아동 등"이라 한다)의 생명·신체를 보호하기 위하여 같은 법 제2조 제3호에 따른 보호자(이하 "보호자"라 한다)가 실종아동 등에 대한 긴급구조를 요청한 경우 실종아동 등의 개인위치정보

〈참고〉 시행령 제28조의2(구조받을 사람의 의사확인 방법 등) ① 법 제29조 제3항에 따라 경찰관서는 구조받을 사람의 의사를 다음 각 호의 어느 하나에 해당하는 방법으로 확인하여야 한다.

1. 구조받을 사람이 사전에 경찰관서나 위치정보사업자에게 긴급구조 상황 발생 시 자신을 대신하여 경찰관서에 신고할 수 있는 사람을 알리고, 자신의 개인위치정보의 제공에 대하여 동의한 경우에는 그 사실을 확인하는 방법
2. 구조받을 사람이 다른 사람에게 구조를 요청하는 음성 또는 문자 메시지 등을 전송한 경우에는 그 사실을 확인하는 방법
3. 제1호 및 제2호 외의 경우에는 경찰관서가 직접 구조받을 사람에게 연락하여 그 의사를 확인하는 방법

② 제1항 각 호의 방법에 따른 의사확인은 위치정보사업자에게 개인위치정보의 제공을

36) 긴급구조요청을 허위로 한 자에게는 1천만원 이하의 과태료를 부과한다(제43조 제2항 제11호). 한편, 제43조 제2항 제11호에 따른 과태료는 대통령령으로 정하는 바에 따라 긴급구조기관의 장 또는 경찰관서의 장이 부과·징수한다(동조 제8항).

요청하기 전에 하여야 한다. 다만, 제1항 제3호의 방법에 따른 의사확인은 구조받을 사람의 생명·신체에 대한 뚜렷한 위험을 초래할 우려가 있는 경우 개인위치정보의 제공을 요청한 후에 할 수 있다.
③ 개인위치정보주체는 언제든지 제1항 제1호에 따른 동의를 철회할 수 있다. 이 경우 경찰관서와 위치정보사업자는 관련 정보를 지체 없이 파기하여야 한다.
④ 경찰관서는 제1항 제1호의 방법에 따른 의사확인 업무를 전자적으로 처리하기 위한 정보시스템을 구축·운영하고, 위치정보사업자와 공동으로 활용할 수 있다.
⑤ 경찰관서는 제4항에 따른 정보시스템을 구축·운영할 때에는 정보시스템에 접속할 수 있는 자를 업무수행에 필요한 최소한의 인원으로 제한하여야 하고, 개인정보의 누설, 변조, 훼손 등의 방지와 권한이 없는 자의 접근 방지를 위한 안전장치를 하여야 한다.

이때 경찰관서는 개인위치정보의 제공을 요청한 때에는 다음 각 호의 사항을 대통령령(시행령 제30조의2 참조)으로 정하는 바에 따라 보관하여야 하며, 해당 개인위치정보주체가 수집된 개인위치정보에 대한 확인, 열람, 복사 등을 요청하는 경우에는 지체 없이 그 요청에 따라야 한다(동조 제9항).

1. 요청자
2. 요청 일시 및 목적
3. 위치정보사업자로부터 제공받은 내용
4. 개인위치정보 수집에 대한 동의(제2항 단서로 한정한다)

(2) 긴급구조요청의 방법 등

위의 긴급구조요청은 공공질서의 유지와 공익증진을 위하여 부여된 대통령령으로 정하는 특수번호 전화서비스를 통한 호출로 한정한다(동조 제4항). 다만, 이 요청을 받은 위치정보사업자는 해당 개인위치정보주체의 동의 없이 개인위치정보를 수집할 수 있으며, 개인위치정보주체의 동의가 없음을 이유로 긴급구조기관 또는 경찰관서의 요청을 거부하여서는 아니 된다(동조 제5항).

※ 법 제29조 제4항에서 "대통령령으로 정하는 특수번호"란 「전기통신사업법」 제48조에 따른 전기통신번호 관리계획에 따라 부여하는 다음 각 호의 특수번호를 말한다(시행령 제29조).

1. 화재·구조·구급 등 긴급한 민원사항(제2호에 해당되는 사항은 제외한다) 신

고용 특수번호: 119
2. 해양에서의 사고 등 긴급한 민원사항 신고용 특수번호: 122
3. 범죄 피해 등으로부터의 구조 등 긴급한 민원사항 신고용 특수번호: 112

또한 긴급구조기관, 경찰관서 및 위치정보사업자는 위의 긴급구조를 위해 개인위치정보를 요청하거나 제공하는 경우 그 사실을 해당 개인위치정보주체에게 즉시 통보하여야 한다. 다만, 즉시 통보가 개인위치정보주체의 생명·신체에 대한 뚜렷한 위험을 초래할 우려가 있는 경우에는 그 사유가 소멸한 후 지체 없이 통보하여야 한다(동조 제6항).[37]

그리고 긴급구조기관은 태풍, 호우, 화재, 화생방사고 등 재난 또는 재해의 위험지역에 위치한 개인위치정보주체에게 생명 또는 신체의 위험을 경보하기 위하여 대통령령(시행령 제30조 참조)으로 정하는 바에 따라 위치정보사업자에게 경보발송을 요청할 수 있으며, 요청을 받은 위치정보사업자는 위험지역에 위치한 개인위치정보주체의 동의가 없음을 이유로 경보발송을 거부하여서는 아니 된다(동조 제7항).[38] 제1항 및 제2항에 따른 긴급구조요청, 제3항에 따른 의사확인, 제7항에 따른 경보발송의 방법 및 절차에 필요한 사항은 대통령령(시행령 제28조 – 제30조 참조)으로 정한다(동조 제10항).

(3) 개인정보의 목적 외 사용금지 등

긴급구조기관 및 경찰관서와 긴급구조업무에 종사하거나 종사하였던 사람은 긴급구조 목적으로 제공받은 개인위치정보를 긴급구조 외의 목적에 사용하여서는 아니 된다(동조 제8항).[39]

또한 긴급구조기관 및 경찰관서는 위의 긴급구조를 위하여 제공받은 개인위치정보를 제3자에게 알려서는 아니 된다. 다만, 다음 각 호의 경우에는 그러하지 아니하다(동조 제11항).[40]

---

37) 이를 위반하여 개인위치정보의 제공사실을 통보하지 아니한 자에게는 1천만원 이하의 과태료를 부과한다(제43조 제2항 제12호).

38) 긴급구조기관 또는 경찰관서의 요청을 거부하거나 경보발송을 거부한 자는 1년 이하의 징역 또는 2천만원 이하의 벌금에 처한다(제41조 제5호).

39) 개인위치정보를 긴급구조 외의 목적에 사용한 자는 5년 이하의 징역 또는 5천만원 이하의 벌금에 처한다(제39조 제5호).

1. 개인위치정보주체의 동의가 있는 경우 2. 긴급구조 활동을 위하여 불가피한 상황에서 긴급구조기관 및 경찰관서에 제공하는 경우

2. 개인위치정보의 요청 및 방식 등

(1) 개인위치정보의 요청 및 방식 등

긴급구조기관 및 경찰관서는 위의 긴급구조(제29조 제1항 및 제2항)를 위해 위치정보사업자에게 개인위치정보를 요청할 경우 위치정보시스템을 통한 방식으로 요청하여야 하며, 위치정보사업자는 긴급구조기관 및 경찰관서로부터 요청을 받아 개인위치정보를 제공하는 경우 위치정보시스템을 통한 방식으로 제공하여야 한다(제30조 제1항).

또한 긴급구조기관 및 경찰관서는 국회 행정안전위원회에, 위치정보사업자는 국회 과학기술정보방송통신위원회에 제1항 및 제29조 제11항에 따른 개인위치정보의 요청 및 제공에 관한 자료를 매 반기별로 보고하여야 한다. 다만, 제1항에 따른 요청 및 제공에 관한 자료와 제29조 제11항에 따른 요청 및 제공에 관한 자료는 구분하여 보고하여야 한다(동조 제2항). 이때 긴급구조기관 및 경찰관서의 요청과 보고에 필요한 사항은 대통령령(시행령 제30조의4 참조)으로 정한다(동조 제3항).

(2) 가족관계 등록전산정보의 이용

긴급구조기관은 제29조 제1항에 따른 긴급구조요청을 받은 경우 긴급구조 요청자와 개인위치정보주체 간의 관계를 확인하기 위하여 「가족관계의 등록 등에 관한 법률」 제11조 제6항에 따른 등록전산정보자료의 제공을 법원행정처장에게 요청할 수 있다(제30조의2).

40) 개인위치정보주체의 동의를 받지 아니하거나 긴급구조 외의 목적으로 개인위치정보를 제공하거나 제공받은 자는 5년 이하의 징역 또는 5천만원 이하의 벌금에 처한다(제39조 제6호).

3. 비용의 감면

위치정보사업자는 제29조 제7항에 따라 경보발송을 하거나 제30조 제1항에 따라 긴급구조기관 또는 경찰관서에 개인위치정보를 제공할 경우 비용을 감면할 수 있다(제31조).

4. 통계자료의 제출 등

위치정보사업자는 제29조 제7항에 따른 경보발송 및 제30조 제1항의 규정에 의한 개인위치정보의 제공에 관한 통계자료를 매 반기별로 국회 과학기술정보방송통신위원회와 방송통신위원회에 각각 제출하여야 한다(제32조 제1항). 이때의 통계자료의 제출 방법 등에 필요한 사항은 대통령령(시행령 제30조의5 참조)으로 정한다(동조 제2항).[41]

제 5 절 위치정보의 이용기반 조성 등

1. 기술개발의 추진 등

과학기술정보통신부장관 또는 방송통신위원회는 위치정보의 수집, 이용 또는 제공과 관련된 기술 및 기기의 개발을 효율적으로 추진하기 위하여 대통령령이 정하는 관련 연구기관으로 하여금 연구개발, 기술협력, 기술이전 또는 기술지도 등(이하 이 조에서 "연구개발 등"이라 한다)의 사업을 하게 할 수 있다. 이 경우 과학기술정보통신부장관 또는 방송통신위원회는 관계중앙행정기관의 장과 협의를 거쳐야 한다(제33조 제1항).

---

41) 통계자료를 제출하지 아니한 자에게는 5백만원 이하의 과태료를 부과한다(제43조 제3항 제2호).

〈**참고**〉 시행령 31조(연구기관의 범위 등) 과학기술정보통신부장관 또는 방송통신위원회가 법 제33조 제1항에 따라 연구개발 등의 사업을 하게 할 수 있는 연구기관은 다음 각 호와 같다.

1. 「국가정보화 기본법」 제14조에 따른 한국정보화진흥원
2. 「정보통신산업 진흥법」 제26조에 따른 정보통신산업진흥원
3. 「정보통신망 이용촉진 및 정보보호 등에 관한 법률」 제52조에 따른 한국인터넷진흥원
4. 「과학기술분야 정부출연연구기관 등의 설립·운영 및 육성에 관한 법률」 제8조 제1항에 따른 한국전자통신연구원
5. 그 밖에 정보통신망에 관한 기술 및 기기의 개발을 그 설립목적으로 하여 설립된 연구기관으로서 과학기술정보통신부장관 또는 방송통신위원회가 정하여 고시하는 연구기관

또한 과학기술정보통신부장관 또는 방송통신위원회는 제1항의 규정에 의하여 연구개발 등의 사업을 실시하는 연구기관에 대하여 소요 비용의 전부 또는 일부를 지원할 수 있다(동조 제2항).

2. 표준화의 추진

과학기술정보통신부장관과 방송통신위원회는 관계중앙행정기관의 장과 협의를 거쳐 위치정보의 보호 및 이용을 위한 위치정보의 수집·이용 또는 제공에 관한 표준을 정하여 고시할 수 있다. 다만, 「산업표준화법」 제12조에 따른 한국산업표준이 제정되어 있는 사항에 대하여는 그 표준에 따른다(제34조 제1항). 이때 표준화의 대상은 다음 각 호와 같다(동조 제3항). 표준화의 방법 및 절차 등에 관하여 필요한 사항은 대통령령(시행령 제32조 참조)으로 정한다(동조 제4항).

1. 위치정보의 보호 및 인증 관련 기술
2. 위치정보의 수집, 저장, 관리 및 제공 관련 기술
3. 긴급구조와 그 밖의 공공서비스 관련 기술
4. 그 밖에 위치정보의 보호 및 이용 관련 기반 기술

또한 과학기술정보통신부장관과 방송통신위원회는 위치정보사업자 등 또는 위치정보와 관련된 제품을 제조하거나 공급하는 자에게 위의 표준의 준수를 권고

할 수 있으며(동조 제2항), 위치정보의 수집·이용 또는 제공에 관한 표준화 활동을 지원할 수 있다(동조 제5항).

3. 위치정보의 이용촉진

방송통신위원회는 관계중앙행정기관의 장과 협의를 거쳐 위치정보의 보호 및 이용을 위하여 공공, 산업, 생활 및 복지 등 각 분야에서 관련 기술 및 응용서비스의 효율적인 활용과 보급을 촉진하기 위한 사업을 대통령령(시행령 제33조 참조)이 정하는 바에 의하여 실시할 수 있다(제35조 제1항). 방송통신위원회는 이 사업에 참여하는 자에게 기술 및 재정 등에 관하여 필요한 지원을 할 수 있다(동조 제2항).

제6절 보 칙

1. 자료의 제출요구 및 검사

방송통신위원회는 다음 각 호의 어느 하나에 해당하는 경우에는 위치정보사업자 등에게 관계 물품·서류 등 필요한 자료의 제출을 요구할 수 있다(제36조 제1항).[42]

1. 이 법에 위반되는 사항을 발견하거나 혐의가 있음을 알게 된 경우 2. 이 법 위반에 대한 신고를 받거나 민원이 접수된 경우 3. 그 밖에 위치정보의 보호를 위하여 필요한 경우로서 대통령령으로 정하는 경우

※ 법 제36조 제1항 제3호에서 "대통령령으로 정하는 경우"란 위치정보의 유출 등 개인 또는 이동성이 있는 물건의 소유자의 위치정보에 대한 권리 또는 이익을 침해하는 사건·사고가 발생하였거나 발생할 가능성이 높은 경우를 말한다(시행령 제34조).

42) 이를 위반하여 관계 물품·서류 등을 제출하지 아니하거나 거짓으로 제출한 자(제38조의3에 따라 준용되는 자를 포함한다)에게는 1천만원 이하의 과태료를 부과한다(제43조 제2항 제13호).

또한 방송통신위원회는 위치정보사업자 등이 위의 자료를 제출하지 아니하거나 이 법을 위반한 사실이 있다고 인정되면 소속 공무원으로 하여금 위치정보사업자 등의 사업장 등에 출입하여 업무상황, 관계 물품·서류 및 시설·장비 등을 검사하게 할 수 있다. 이 경우 제16조 제4항을 준용한다(동조 제2항).[43]

2. 권한의 위임 및 위탁

이 법에 따른 방송통신위원회의 권한은 그 일부를 대통령령(시행령 제37조의2 참조)으로 정하는 바에 따라 그 소속 기관의 장에게 위임할 수 있다(제38조 제1항).

또한 이 법에 따른 방송통신위원회의 다음 각 호의 업무는 그 일부를 대통령령(시행령 제37조의2 참조)으로 정하는 바에 따라 「정보통신망 이용촉진 및 정보보호 등에 관한 법률」 제52조에 따른 한국인터넷진흥원 또는 「방송통신발전 기본법」 제34조에 따른 한국정보통신기술협회에 위탁할 수 있다(동조 제2항).

1. 제16조 제3항에 따른 기술적·관리적 조치의 내용 및 기록의 보존실태 점검에 관한 업무(기술적 지원업무로 한정한다)
2. 제34조에 따른 표준화의 추진에 관한 업무
3. 제36조 제1항 및 제2항에 따른 자료제출 요구 및 검사에 관한 업무

3. 공무원 의제 규정

벌칙 적용에서 공무원 의제는 방송통신위원회가 제38조 제2항에 따라 위탁한 업무에 종사하는 한국인터넷진흥원 또는 한국정보통신기술협회의 임직원은 「형법」 제129조부터 제132조까지의 규정에 따른 벌칙을 적용할 때에는 공무원으로 본다(제38조의2).

43) 검사를 정당한 사유 없이 거부·방해 또는 기피한 자(제38조의3에 따라 준용되는 자를 포함한다)에게는 1천만원 이하의 과태료를 부과한다(제43조 제2항 제14호).

[탐정으로서 고려할 점]

1. 탐정업무를 위한 위치정보의 활용 방안의 모색 : 실종자 찾기 등의 탐정업무를 수행함에 있어서 효율성을 높이기 위하여 조사대상자의 위치정보의 확인은 필수적인 요소이므로 현행법의 범위 내에서 위치정보를 활용할 수 있는 방안에 대하여 연구한다.
2. 탐정업의 활성화를 위하여 위치기반서비스의 활용 확대 방안의 탐색 : 개인정보를 이용한 위치기반서비스는 날로 고도화·다양화되고 있으므로 탐정업무를 수행함에 있어서도 이러한 기술개발을 활용할 수 있는 방안을 연구해 본다.

제 6 장

실종아동 등의 보호 및 지원에 관한 법률

제6장 실종아동 등의 보호 및 지원에 관한 법률

동법은 2005년 5월 31일 제정(법률 제7560호, 2005.12.1. 시행)된 후, 수차례의 개정을 거쳐 현재에 이르고 있다.[1]

1. 목 적

이 법은 실종아동 등의 발생을 예방하고 조속한 발견과 복귀를 도모하며 복귀 후의 사회 적응을 지원함으로써 실종아동 등과 가정의 복지증진에 이바지함을 목적으로 한다(제1조).

2. 용어의 정의

이 법에서 사용하는 용어의 정의는 다음과 같다(제2조).

<table>
<tr><th>용 어</th><th colspan="2">정 의</th></tr>
<tr><td rowspan="3">아동 등
(제1호)</td><td>가. 실종 당시 18세 미만인 아동</td><td>최초 법률제정 당시 '신고 당시 만 14세 미만'이었던 실종아동의 범위를 몇 차례의 개정을 통하여 '실종 당시 만 18세 미만'으로 확대함</td></tr>
<tr><td rowspan="2">나. 「장애인복지법」 제2조의 장애인 중 지적장애인, 자폐성장애인 또는 정신장애인</td><td>지적장애인 : 정신 발육이 항구적으로 지체되어 지적 능력의 발달이 불충분하거나 불완전하고 자신의 일을 처리하는 것과 사회생활에 적응하는 것이 상당히 곤란한 사람</td></tr>
<tr><td>자폐성 장애인 : 소아기 자폐증, 비전형적 자폐증에 따른 언어 · 신체표현 · 사회적응 기능 및 능력의 장애로</td></tr>
</table>

1) 법률 제15608호, 2018.4.17. 타법개정, 시행 2018.10.18.

		인하여 일상생활이나 사회생활에 상당한 제약을 받아 다른 사람의 도움이 필요한 사람
		정신장애인 : 지속적인 정신분열증, 분열형 정동장애(여러 현실 상황에서 부적절한 정서 반응을 보이는 장애), 양극성 정동장애 및 반복성 우울장애에 따는 감정조절 · 행동 · 사고 기능 및 능력의 장애로 인하여 일상생활이나 사회생활에 상당한 제약을 받아 다른 사람의 도움이 필요한 사람
	다. 「치매관리법」 제2조 제2호의 치매환자	치매로 인한 임상적 특징이 나타나는 사람으로서 의사 또는 한의사로부터 치매로 진단받은 사람
실종아동 등 (제2호)	약취(略取) · 유인(誘引) 또는 유기(遺棄)되거나 사고를 당하거나 가출하거나 길을 잃는 등의 사유로 인하여 보호자로부터 이탈(離脫)된 아동 등을 말한다.	
보호자 (제3호)	친권자, 후견인이나 그 밖에 다른 법률에 따라 아동 등을 보호하거나 부양할 의무가 있는 사람을 말한다. 다만, 제4호의 보호시설의 장 또는 종사자는 제외한다.	
보호시설 (제4호)	「사회복지사업법」 제2조 제4호에 따른 사회복지시설 및 인가 · 신고 등이 없이 아동 등을 보호하는 시설로서 사회복지시설에 준하는 시설을 말한다.	
유전자검사 (제5호)	개인 식별(識別)을 목적으로 혈액 · 머리카락 · 침 등의 검사대상물로부터 유전자를 분석하는 행위를 말한다.	
유전정보 (제6호)	유전자검사의 결과로 얻어진 정보를 말한다.	
신상정보 (제7호)	이름 · 나이 · 사진 등 특정인(特定人)임을 식별하기 위한 정보를 말한다.	

〈용어설명〉 실종(失踪)의 의미 : 실종에 대한 사전적 의미로는 '종래의 주소 또는 거소를 떠나 쉽사리 돌아올 가망이 없는 부재자(不在者)가 생사불명의 상태에 있는 경우를 말한다'고 정의하고 있으며, 「민법」에서는 실종의 범위를 '부재자의 생사가 5년간 분명하지 않은 경우'에 실종선고를 하도록 규정하고 있다. 한편, 실종아동 등 또는 가출인에 대한 소재의 발견·확인·기타 필요한 사항에 대한 업무를 신속·정확하게 처리하기 위하여 경찰청에서 제정한 「실종아동 등·가출인업무처리규칙」에서는 실종자를 '실종아동 등'과 '가출인'을 포괄하는 의미로 사용하고 있다.

3. 국가의 책무

보건복지부장관은 실종아동 등의 발생예방, 조속한 발견·복귀와 복귀 후 사회 적응을 위하여 다음 각 호의 사항을 시행하여야 한다(제3조 제1항).

1. 실종아동 등을 위한 정책 수립 및 시행
2. 실종아동 등과 관련한 실태조사 및 연구
3. 실종아동 등의 발생예방을 위한 연구·교육 및 홍보
4. 제8조에 따른 정보연계시스템 및 데이터베이스의 구축·운영
5. 실종아동 등의 가족지원
6. 실종아동 등의 복귀 후 사회 적응을 위한 상담 및 치료서비스 제공
7. 그 밖에 실종아동 등의 보호 및 지원에 필요한 사항

또한 경찰청장은 실종아동 등의 조속한 발견과 복귀를 위하여 다음 각 호의 사항을 시행하여야 한다(동조 제2항).

1. 실종아동 등에 대한 신고체계의 구축 및 운영
2. 실종아동 등의 발견을 위한 수색 및 수사
3. 제11조에 따른 유전자검사대상물의 채취
4. 그 밖에 실종아동 등의 발견을 위하여 필요한 사항

한편, 「아동복지법」 제10조에 따른 아동정책조정위원회는 보건복지부장관의 책무와 경찰청장의 책무 등 실종아동 등과 관련한 국가의 책무수행을 종합·조정하여야 한다(동조 제3항).

4. 법률적용 순서

실종아동 등에 관하여 다른 법률에 제11조부터 제15조까지의 규정과 다른 규정이 있는 경우에는 이 법의 규정에 따른다(제4조).

5. 실종아동전문기관의 설치 등

보건복지부장관은 제2호부터 제7호까지의 업무를 전담하는 실종아동전문기관을 설치하여 운영하거나 사회복지법인 등 대통령령으로 정하는 법인 또는 단체에 그 업무의 전부 또는 일부를 위탁하여 운영하게 할 수 있다(제5조 제1항). 실종아동전문기관 및 법인·단체(이하 "전문기관"이라 한다)의 운영 등에 필요한 사항은 대통령령(시행령 제3조 참조)으로 정한다(동조 제2항).

※ 법 제5조 제1항에서 "사회복지법인 등 대통령령으로 정하는 법인이나 단체"란 다음 각 호의 요건을 모두 갖춘 법인 또는 단체를 말한다(시행령 제2조).[2)]

1. 다음 각 목의 어느 하나에 해당하는 법인 또는 단체일 것
   가. 「사회복지사업법」에 의하여 설립된 사회복지법인
   나. 「민법」 제32조의 규정에 의하여 설립된 비영리법인
   다. 「치매관리법」 제16조제1항에 따라 중앙치매센터로 지정된 법인인 종합병원
2. 3년 이상 사회복지업무 또는 치매관리업무를 수행한 실적이 있을 것. 다만, 제1호 다목에 따른 종합병원의 경우에는 그러하지 아니하다.
3. 법 제3조 제1항 제2호부터 제6호까지의 업무의 전부 또는 일부를 수행할 수 있는 자금능력 및 다음 각 목의 어느 하나에 해당하는 전문인력을 갖추고 있거나 갖출 능력이 있을 것
   가. 「사회복지사업법」에 의한 사회복지사 자격을 가진 자
   나. 「고등교육법」에 의한 대학을 졸업한 자 또는 이와 동등 이상의 학력이 있다고 교육부장이 인정하는 자로서 심리학, 아동학, 의학, 간호학 또는 사회복지학 관련 교과목 중 하나의 교과목을 15학점 이상 이수한 자
   다. 「국가공무원법」에 의한 일반직공무원 또는 별정직공무원으로서 사회복지에 관한 업무에 3년 이상 종사한 경력이 있는 자

6. 신고의무 등

다음 각 호의 어느 하나에 해당하는 사람은 그 직무를 수행하면서 실종아동 등임을 알게 되었을 때에는 경찰청장이 구축하여 운영하는 신고체계(이하 "경찰신

2) 우리나라에서는 종래 실종아동 및 장애인, 그 가족을 지원하는 기관으로 '초록우산 어린이재단'이 보건복지부의 위탁을 받아 운영하였으나, 2018.1.부터 '중앙입양원'이 위탁을 받아 업무를 수행하고 있다.

고체계"라 한다)로 지체 없이 신고하여야 한다(제6조 제1항).

1. 보호시설의 장 또는 그 종사자
2. 「아동복지법」 제13조에 따른 아동복지전담공무원
3. 「청소년 보호법」 제35조에 따른 청소년 보호·재활센터의 장 또는 그 종사자
4. 「사회복지사업법」 제14조에 따른 사회복지전담공무원
5. 「의료법」 제3조에 따른 의료기관의 장 또는 의료인
6. 업무·고용 등의 관계로 사실상 아동 등을 보호·감독하는 사람

지방자치단체의 장이 관계 법률에 따라 아동 등을 보호조치할 때에는 아동 등의 신상을 기록한 신고접수서를 작성하여 경찰신고체계로 제출하여야 한다(동조 제2항). 또한 보호시설의 장 또는 「정신건강증진 및 정신질환자 복지서비스 지원에 관한 법률」 제3조 제5호에 따른 정신의료기관의 장이 보호자가 확인되지 아니한 아동 등을 보호하게 되었을 때에는 지체 없이 아동 등의 신상을 기록한 카드(이하 "신상카드"라 한다)를 작성하여 지방자치단체의 장과 전문기관의 장에게 각각 제출하여야 한다(동조 제3항).

그리고 지방자치단체의 장은 출생 후 6개월이 경과된 아동의 출생신고를 접수하였을 때에는 지체 없이 해당 아동의 신상카드를 작성하여 그 사본을 경찰청장에게 보내야 하며, 경찰청장은 실종아동 등인지 여부를 확인하여 그 결과를 해당 지방자치단체의 장에게 보내야 한다. 지방자치단체의 장은 경찰청장이 해당 아동을 실종아동 등으로 확인한 경우 전문기관의 장에게 해당 실종아동 등의 신상카드의 사본을 보내야 한다(동조 제4항).[3] 지방자치단체의 장은 위 신고의무와 신상카드 제출의무에 관한 사항을 지도·감독하여야 한다(동조 제5항). 위 신고와 신상카드의 작성·제출 등에 필요한 사항은 보건복지부령(시행규칙 제3조 참조)으로 정한다(동조 제6항).

3) 신고의무자가 신고를 하지 아니하거나 보호시설의 장 등이 신상카드를 보내지 아니한 때에는 200만원 이하의 과태료를 부과한다(제19조 제2항 제1호, 제2호). 이하 과태료는 대통령령이 정하는 바에 따라 경찰관서의 장 또는 지방자치단체의 장이 각각 부과·징수한다(제19조 제3항).

7. 미신고 보호행위의 금지

누구든지 정당한 사유 없이 실종아동 등을 경찰관서의 장에게 신고하지 아니하고 보호할 수 없다(제7조).[4]

8. 실종아동 등의 지문등록 등

(1) 실종아동 등의 조기발견을 위한 사전신고증 발급 등

경찰청장은 실종아동 등의 조속한 발견과 복귀를 위하여 아동 등의 보호자가 신청하는 경우 아동 등의 지문 및 얼굴 등에 관한 정보(이하 "지문 등 정보"라 한다)를 관련 정보시스템에 등록하고 아동 등의 보호자에게 사전신고증을 발급할 수 있다(제7조의2 제1항). 이때 경찰청장은 지문 등 정보를 등록한 후 해당 신청서(서면으로 신청한 경우로 한정한다)는 지체 없이 파기하여야 한다(동조 제2항). 다만, 경찰청장은 등록된 지문 등 정보를 데이터베이스로 구축·운영할 수 있다(동조 제3항). 지문 등 정보의 범위, 사전신고증 발급에 필요한 등록 방법 및 절차 등에 필요한 사항은 행정안전부령(실종아동 등의 발견 및 유전자검사 등에 관한 규칙 제3조 참조)으로 정하고, 신청서의 파기 방법과 절차 및 데이터베이스 구축 등과 관련된 사항은 대통령령령령으로 정한다(동조 제4항).

〈참고〉 시행령 제3조의2(사전 신고한 지문 등 정보의 데이터베이스 구축·운영 등) ① 경찰청장은 법 제7조의2에 따라 아동 등의 지문 및 얼굴 등에 관한 정보(이하 "지문 등 정보"라 한다)를 데이터베이스로 등록·관리하기 위하여 필요한 경우 사전등록시스템을 구축·운영할 수 있다.
② 경찰청장은 법 제7조의2 제1항에 따라 지문 등 정보를 등록한 후에는 같은 조 제2항에 따라 해당 신청서를 지체 없이 파쇄 또는 소각하고, 행정안전부령으로 정하는 신청서 파기대장에 그 사실을 기록하여야 한다. 이 경우 파쇄 또는 소각 전에 등록을 신청한 보호자에게 신청서 파기에 관한 사항과 등록된 지문 등 정보의 확인 방법을 알려 주어야 한다.
③ 경찰청장은 다음 각 호의 어느 하나에 해당하는 경우에는 제1항의 아동 등의 지문

4) 정당한 사유없이 실종아동 등을 보호한 자는 5년 이하의 징역 또는 5천만원 이하의 벌금에 처한다(제17조).

> 등 정보를 지체 없이 폐기하여야 한다.
> 1. 아동 등의 연령이 18세에 도달한 경우. 다만, 법 제2조 제1호 나목에 해당하는 지적장애인, 자폐성장애인 또는 정신장애인과 법 제2조 제1호 다목에 따른 치매환자의 경우는 제외한다.
> 2. 보호자가 아동 등의 지문 등 정보의 폐기를 요청한 경우

(2) 실종아동 등의 지문 등 정보의 등록·관리

경찰청장은 보호시설의 입소자 중 보호자가 확인되지 아니한 아동 등으로부터 서면동의를 받아 아동 등의 지문 등 정보를 등록·관리할 수 있다. 이 경우 해당 아동 등이 미성년자·심신상실자 또는 심신미약자인 때에는 본인 외에 법정대리인의 동의를 받아야 한다. 다만, 심신상실·심신미약 또는 의사무능력 등의 사유로 본인의 동의를 얻을 수 없는 때에는 본인의 동의를 생략할 수 있다(제7조의3 제1항). 이때 경찰청장은 지문 등 정보의 등록·관리를 위하여 위의 데이터베이스를 활용할 수 있다(동조 제2항). 실종아동 등의 지문 등 정보의 등록·관리 등에 필요한 사항은 대통령령(시행령 제3조의3 참조)으로 정한다(동조 제3항).

(3) 지문 등 정보의 목적 외 이용제한

누구든지 정당한 사유 없이 지문 등 정보를 실종아동 등을 찾기 위한 목적 외로 이용하여서는 아니 된다(제7조의4).[5]

> 〈참고〉 지문 등 사전등록제도
>
> ㅇ **등록정보**
> ▶ 아동 등 정보(기본정보, 생체정보, 신체특징, 차림새),
> ▶ 법정대리인의 정보(성명, 생년월일, 주소, 연락처, 실종아동 등과의 관계)
> ▶ 담당 경찰관의 정보(소속, 계급, 성명, 연락처)
>
> ㅇ **활용**
> ▶ 실종아동 등 발견 시 : 사전등록시스템의 데이터베이스와 비교 검색하는 등 등록 정보 활용 신원 확인 조치
> ▶ 실종아동 등 발생 시 : 아동 등 실종으로 당황한 보호자가 복잡한 신고 절차를 거치지 않고 등록된 정보 활용하여 신속하게 탐문 수색

5) 지문 등 정보를 실종아동 등을 찾기 위한 목적 외로 이용한 자는 2년 이하의 징역 또는 2천만원 이하의 벌금에 처한다(제18조 제1호의2).

▶ 위치추적제의 경우 : 사전등록 자료를 활용, 보호자와 실종아동 등과의 관계 즉시 확인

○ **사전등록 자료 관리**

▶ 신청서 및 폐기요청서 보관 : 10년

▶ 폐기 : 아동의 연령이 18세에 도달한 때 자동 폐기, 보호자 요청 시 즉시 폐기

* 미국이나 일본 등 선진국의 경우 최근 홍채자료 등록 또는 정맥인증 시스템 등을 도입하여 활용하고 있다. 이것은 지문보다 식별력이나 정확성이 매우 높고, 홍채의 경우 평생 불변하는 특성으로 인해 신원확인에 효과적인 방법으로서 각광 받고 있다.

출처 : 경찰청 실종 아동 및 가출인 수사 매뉴얼

9. 실종아동 등의 발견과 관련된 시스템의 구축·운영

(1) 정보연계시스템 등의 구축·운영

보건복지부장관은 실종아동 등을 신속하게 발견하기 위하여 실종아동 등의 신상정보를 작성, 취득, 저장, 송신·수신하는 데 이용할 수 있는 전문기관·경찰청·지방자치단체·보호시설 등과의 협력체계 및 정보네트워크(이하 "정보연계시스템"이라 한다)를 구축·운영하여야 한다(제8조 제1항). 또한 전문기관의 장은 실종아동 등을 발견하기 위하여 위의 신상카드를 활용하여 데이터베이스를 구축·운영하여야 하며, 실종아동 등의 신상카드 등 필요한 자료를 경찰청장에게 제공하여야 한다(동조 제2항, 제3항).

경찰청장은 전문기관의 데이터베이스의 구축·운영을 위하여 필요한 자료를 전문기관의 장에게 제공하여야 한다(동조 제4항). 이 경우 또는 실종신고 시(제6조 제2항~제4항)에 신상카드나 그 밖의 필요한 자료를 제출·제공하여야 하는 경우 정보연계시스템을 이용하여 제출·제공할 수 있다(동조 제6항). 정보연계시스템 및 데이터베이스의 구축·운영에 필요한 사항은 대통령령으로 정한다(동조 제7항).

〈참고〉 시행령 제4조(실종아동 등 관련 정보의 보호조치 및 공개·열람) ① 전문기관의 장은 법 제8조의 규정에 의하여 신상카드를 활용한 데이터베이스를 구축·운영함에 있어서 정보 또는 자료를 안전하게 보호하기 위하여 정보복구 체계의 구축 및 외부침입 방지장치의 설치 등 정보 또는 자료보호에 필요한 조치를 하여야 한다.

② 전문기관의 장은 실종아동 등의 발견 및 확인을 위한 목적으로 실종아동 등의 성명·사진·실종일시 및 실종정황 등을 인터넷 및 일간지 등에 공개할 수 있다. 이 경우

보호자의 공개신청이 있는 때에는 이를 공개하여야 한다.
③ 전문기관의 장은 실종아동 등·보호자·친족 또는 보호시설의 장이 실종아동 등 또는 보호자의 발견 및 확인을 위한 목적으로 보건복지부령이 정하는 바에 의하여 신상카드의 열람을 요청하는 경우에는 이에 응하여야 한다.

〈표〉 경찰의 정보시스템(프로파일링시스템)과 연계가능한 자료와 시스템

연계자료명	연계시스템명	연계기관명	정보송수신 주기
치매노인 인식표 정보	중앙치매센터 홈페이지	보건복지부	실시간(1시간)
유전자 채취정보	실종아동전문기관 유전자DB	보건복지부	1회 오프라인
복지시설 무연고자 정보	사회복지시설 정보시스템	보건복지부	실시간(1시간)
무연고 보호아동정보	보호아동현황	적십자사 등	오프라인
무연고자 정보	실종아동관리시스템	보건복지부	실시간(1시간)
주민등록표 등본	행정정보공동이용망	행정자치부	전용브라우저
장애인등급 정보	행정정보공동이용망	보건복지부	실시간(조회)
치매질환자 정보	보건소통합정보 시스템	보건복지부	실시간(1시간)
선원승선 정보	선원승선 · 선박 입출항 관리시스템	국민안전처	실시간(조회)
선박입출항 정보	선원승선 · 선박 입출항 관리시스템	국민안전처	실시간(조회)
유치인/수형자 정보	형사법포털(KICS)	경찰청	실시간(조회)
운전면허증 사진 정보	교통 TCS시스템	경찰청	실시간(조회)
상담신고 정보	117상담 시스템	경찰청	실시간(10초)

출처 : 경찰청 실종 아동 및 가출인 수사 매뉴얼

(2) 실종아동 등 신고·발견을 위한 정보시스템의 구축·운영

경찰청장은 실종아동 등에 대한 신속한 신고 및 발견 체계를 갖추기 위한 정보시스템(이하 "정보시스템"이라 한다)을 구축·운영하여야 한다(제8조의2 제1항). 또한 경찰청장은 실종아동 등의 조속한 발견을 위하여 구축·운영 중인 정보연계시스템을 「사회복지사업법」 제6조의2 제2항에 따라 구축·운영하는 사회복지업무 관련 정보시스템과 연계하여 해당 정보시스템이 보유한 실종아동 등의 신상정보의 내용을 활용할 수 있다(동조 제2항). 정보시스템의 구축·운영에 필요한 사항과 정보시스템과 연계가 가능한 신상정보의 범위 및 신상정보의 확인 방법·절차 등에 필요한 사항은 대통령령(시행령 제4조의2 참조)으로 정한다(동조 제3항).

〈**참고**〉 시행령 제4조의2 ② 경찰청장이 법 제8조의2 제2항에 따라 연계하여 활용할 수 있는 「사회복지사업법」 제6조의2 제2항에 따른 사회복지업무 관련 정보시스템이 보유한 실종아동 등의 신상정보의 범위는 다음 각 호와 같다.

1. 이름, 주민등록번호 등 인적사항
2. 지문 및 얼굴 사진 정보
3. 신장, 체중, 체격, 얼굴형, 머리색, 흉터 등 신체특징
4. 보호시설 입소·퇴소 및 보호시설 간 이동 기록
5. 그 밖에 실종아동 등의 발견을 위해 필요한 정보로서 행정안전부령(실종아동 등의 발견 및 유전자검사 등에 관한 규칙 제6조 참조)으로 정하는 사항

10. 실종아동 등의 수사

(1) 수색 또는 수사의 실시 등

경찰관서의 장은 실종아동 등의 발생 신고를 접수하면 지체 없이 수색 또는 수사의 실시 여부를 결정하여야 한다(제9조 제1항). 또한 경찰관서의 장은 실종아동 등(범죄로 인한 경우를 제외한다. 이하 이 조에서 같다)의 조속한 발견을 위하여 필요한 때에는 다음 각 호의 어느 하나에 해당하는 자에게 실종아동 등의 위치 확인에 필요한 「위치정보의 보호 및 이용 등에 관한 법률」 제2조 제2호에 따른 개인위치정보, 「인터넷주소자원에 관한 법률」 제2조 제1호에 따른 인터넷주소 및 「통신비밀보호법」 제2조 제11호 마목·사목에 따른 통신사실 확인자료(이하 "개인위치정보 등"이라 한다)의 제공을 요청할 수 있다. 이 경우 경찰관서의 장의 요청을 받은 자는 「통신비밀보호법」 제3조에도 불구하고 정당한 사유가 없으면 이에 따라야 한다(동조 제2항). 이 요청을 받은 자는 그 실종아동 등의 동의 없이 개인위치정보 등을 수집할 수 있으며, 실종아동 등의 동의가 없음을 이유로 경찰관서의 장의 요청을 거부하여서는 아니 된다(동조 제3항).[6)]

1. 「위치정보의 보호 및 이용 등에 관한 법률」 제5조에 따른 위치정보사업자
2. 「정보통신망 이용촉진 및 정보보호 등에 관한 법률」 제2조 제1항 제3호에 따른 정보통신서비스 제공자 중에서 대통령령으로 정하는 기준을 충족하는 제공자

6) 경찰관서의 장의 요청을 거부한 자는 2년 이하의 징역 또는 2천만원 이하의 벌금에 처한다(제18조 제1호의3).

3. 「정보통신망 이용촉진 및 정보보호 등에 관한 법률」 제23조의3에 따른 본인확인기관
4. 「개인정보 보호법」 제24조의2에 따른 주민등록번호 대체가입수단 제공기관

〈참고〉 시행령 제4조의3(개인위치정보 등의 제공 요청 방법 및 절차) ① 경찰관서의 장은 법 제9조 제2항에 따라 같은 항 각 호의 자(이하 이 조에서 "위치정보사업자 등"이라 한다)에게 같은 항 전단에 따른 실종아동 등의 위치 확인에 필요한 개인위치정보 등(이하 이 조에서 "개인위치정보 등"이라 한다)의 제공을 요청하는 때에는 실종아동 등의 보호자의 동의를 받아야 한다. 다만, 보호자와 연락이 되지 않는 등의 사유로 사전에 보호자의 동의를 받기 어려운 경우에는 개인위치정보 등의 제공을 요청한 후 보호자의 동의를 받을 수 있다.

② 경찰관서의 장은 제1항에 따라 개인위치정보 등의 제공을 요청하려는 경우 실종아동 등의 보호자(보호자가 아닌 사람이 실종신고를 한 경우에는 그 신고자를 포함한다. 이하 이 항에서 같다)에게 다음 각 호의 사항을 확인할 수 있다.

1. 실종아동 등의 성명, 휴대전화번호, 주민등록번호(「인터넷주소자원에 관한 법률」 제2조 제1호에 따른 인터넷주소의 제공을 요청하기 위한 경우에 한정한다)
2. 보호자의 성명, 연락처 및 실종아동 등과의 관계
3. 실종장소, 실종경위 그 밖에 개인위치정보 등의 제공 요청을 하기 위하여 필요한 사항

③ 경찰관서의 장은 제1항에 따라 「위치정보의 보호 및 이용 등에 관한 법률」 제2조 제2호에 따른 개인위치정보(이하 이 항에서 "개인위치정보"라 한다)의 제공을 요청할 경우 같은 조 제8호에 따른 위치정보시스템(이하 이 항에서 "위치정보시스템"이라 한다)을 통한 방식으로 요청하여야 하며, 같은 법 제5조 제7항에 따른 위치정보사업자는 경찰관서의 장으로부터 요청을 받아 개인위치정보를 제공하는 경우 위치정보시스템을 통한 방식으로 제공하여야 한다.

④ 경찰관서의 장은 제1항에 따라 개인위치정보 등의 제공을 요청하였을 때에는 요청 일시 및 위치정보사업자 등으로부터 제공받은 개인위치정보 등의 내용 등을 기록·보관하여야 한다.

⑤ 경찰관서의 장은 법 제9조 제2항에 따라 실종아동 등을 찾기 위한 목적으로 제공받은 개인위치정보 등의 이용 목적을 달성한 때에는 같은 조 제4항에 따라 다음 각 호의 구분에 따른 방법으로 지체 없이 이를 파기하고, 개인위치정보 등 파기대장에 그 사실을 기록하여야 한다.

1. 전자적 파일 형태인 경우: 복원이 불가능한 방법으로 영구 삭제
2. 제1호 외의 기록물·인쇄물·서면, 그 밖의 기록매체인 경우: 파쇄 또는 소각

⑥ 제1항부터 제5항까지에서 규정한 사항 외에 개인위치정보 등의 제공 요청·파기 방법 및 절차에 관하여 필요한 사항은 행정안전부령으로 정한다.

그러나 경찰관서와 경찰관서에 종사하거나 종사하였던 자는 실종아동 등을 찾기 위한 목적으로 제공받은 개인위치정보 등을 실종아동 등을 찾기 위한 목적

외의 용도로 이용하여서는 아니 되며, 목적을 달성하였을 때에는 지체 없이 파기하여야 한다(동조 제4항).[7] 수색 또는 수사 등에 필요한 사항은 행정안전부령(실종아동 등의 발견 및 유전자검사 등에 관한 규칙 제7조 참조)으로 정하고, 개인위치정보 등의 제공을 요청하는 방법 및 절차, 파기 방법 및 절차 등에 필요한 사항은 대통령령(시행령 제4조의3 참조)으로 정한다(동조 제5항).

〈참고〉 실종아동 등의 위치정보를 요청하는 방법 및 절차(실종아동 등 및 가출인 업무처리규칙 제14조)

○ **절차**
- ▶ 신고접수(경찰관서장)
  - 현장 경찰관이 위치정보 제공요청 필요 여부 판단(범죄로 인한 경우 제외)
  - 보호자 동의를 받아 요청하되, 보호자의 연락두절, 사전동의가 어려운 경우 선(先)조치 후

○ **동의 가능**
- ▶ 위치정보 요청(경찰관서장)
  - 경찰관서장은 위치정보시스템을 통해 182센터에 위치정보 요청
- ▶ 위치정보수집(경찰청 182센터)
  - 182센터에서 최종 승인 후 이동통신사에 위치정보 요청, 수집
  - 수집된 정보 즉시 전파(휴대전화번호를 입력한 담당자의 휴대전화로 위치정보 전달)
- ▶ 위치정보 활용(경찰관서)
  - 위치정보 활용, 현장 탐문 수색

○ **유의사항**
- ▶ 범죄로 인한 경우는 제외되며, 이 경우는 수사절차에 의함

출처: 경찰청 실종 아동 및 가출인 수사 매뉴얼

(2) 공개 수색·수사 체계의 구축·운영

경찰청장은 실종아동 등의 조속한 발견과 복귀를 위하여 실종아동 등의 공개 수색·수사 체계를 구축·운영할 수 있다(제9조의2 제1항). 또한 경찰청장은 공개 수색·수사를 위하여 실종아동 등의 보호자의 동의를 받아 「정보통신망 이용촉진 및 정보보호 등에 관한 법률」 제2조 제1항 제1호 및 제2호에 따른 정보통신망 또

7) 개인위치정보 등을 실종아동 등을 찾기 위한 목적 외의 용도로 이용한 자는 5년 이하의 징역 또는 5천만원 이하의 벌금에 처한다(제17조).

는 정보통신서비스 및 「방송법」 제2조 제1호에 따른 방송 등을 이용하여 실종아동 등과 관련된 정보를 공개할 수 있다(동조 제2항). 공개 수색·수사 체계에 필요한 사항은 대통령령(시행령 제4조의5 참조)으로 정한다(동조 제3항).

〈참고〉 실종·유괴경보체제(시행령 제4조의3－제4조의5 등 참조)

○ **개념**

▶ 아동 등 실종 및 유괴사건 발생 시 대상자의 인상착의 등 관련 정보를 언론 등 다양한 매체, 전광판 등에 공개해 신고와 제보를 독려하여 대상자의 신속 발견 및 복귀를 돕기 위한 시스템으로 이를 앰버경보(Amber Alert)라고도 함(이것은 1996년 미국 텍사스 주 엘링턴에서 납치·살해된 9세 소녀 앰버 해거만(Amber Hageman)의 이름을 딴 비상경보체제로 '미국의 실종사건 : 방송의 비상 대응(America's Missing : Broadcast Emergency Response)의 약자이기도 함).

○ **국내 추진경과**

▶ '07.4.9. 국토부·서울시와 유괴아동 앰버경보시스템 협약, 제주 유괴아동 양○○ 유괴경보 1호 발령(양○○(女, 당시 9세) 07.3.9. 실종, 약 40여 일 후 성폭행·피살되어 발견)

▶ '07.5.23. 영상송출 가능한 방송, 이동통신사, 금융기관과 협약, 실종아동 등까지 대상 확대

▶ '07.8.27. 한국인터넷기업협회 소속 6개 인터넷 업체와 협약 체결, 온라인 영상송출

▶ '08.9.16. 신문사(조선일보 등 10개사)와 협약체결

▶ '10.10.18. 한국도로공사, 교통안전공단 등 12개 공공기관과 협약 체결

▶ '12.10.10. 지상파DMB 6개사(KBS 등)와 협약 체결

▶ '15.7.2. 페이스북과 협약체결로 총 63개 기관과 협약체결 운영

○ **경보 발령 대상**

▶ 경찰관서에 실종 신고 접수된 18세 미만 아동, 지적·자폐성·정신장애인, 치매환자

○ **경보 발령 요건**

▶ 발령대상이 경찰관서에 실종신고로 접수된 경우

▶ 보호자가 경보 발령 및 관련 정보 공개에 동의할 것

▶ 발령 대상자가 상습적인 가출 전력이 없을 것

▶ 대상자가 유괴·납치되었거나, 또는 의심이 있어야 할 것(유괴·납치 등 신고 또는 실종·가출 신고 후 유괴·납치 등 의심되는 경우 모두 해당)

○ **경보시스템의 종류**(시행령 제4조의5, 이 경우 경찰청장은 범죄심리전문가의 의견을 들을 수 있다.)

▶ 실종경보 : 상습적인 가출 전력이 없는 실종아동 등에 관하여 경찰관서에 신고가 접수된 경우
▶ 유괴경보 : 유괴 또는 납치 사건으로 의심할 만한 증거나 단서가 존재하는 실종아동 등에 관하여 경찰관서에 신고가 접수된 경우

○ **추가조치 : 통신수단을 통한 다음의 정보공개 요청**(시행령 제4조의5, 이 경우 경찰청장은 실종아동 등의 발견 및 복귀를 위하여 필요한 최소한의 정보공개를 요청하여야 한다.)
▶ 실종아동 등의 신상정보
▶ 실종·유괴의 경위
▶ 실종경보 또는 유괴경보 발령사실
▶ 국민에 대한 협조요청 그 밖에 실종아동 등의 복귀에 필요한 사항

출처 : 경찰청 실종 아동 및 가출인 수사 매뉴얼 참조

(3) 실종아동 등 조기발견 지침 등

보건복지부장관은 불특정 다수인이 이용하는 시설에서 실종아동 등을 빨리 발견하기 위하여 다음 각 호의 사항을 포함한 실종아동 등 발생예방 및 조기발견을 위한 지침(이하 "실종아동 등 조기발견 지침"이라 한다)을 마련하여 고시하여야 한다(제9조의3 제1항).

1. 보호자의 신고에 관한 사항
2. 실종아동 등 발생 상황 전파와 경보발령 절차
3. 출입구 감시 및 수색 절차
4. 실종아동 등 미발견 시 경찰 신고 절차
5. 경찰 도착 후 경보발령 해제에 관한 사항
6. 그 밖에 실종아동 등 발생예방과 찾기에 관한 사항

그리고 다음 각 호의 어느 하나에 해당하는 시설·장소 중 대통령령(시행령 제4조의6 참조)으로 정하는 규모의 시설·장소의 소유자·점유자 또는 관리자(이하 이 조에서 "관리주체"라 한다)는 실종아동 등이 신고되는 경우 실종아동 등 조기발견 지침에 따라 즉시 경보발령, 수색, 출입구 감시 등의 조치를 하여야 한다(동조 제2항).

1. 「유통산업발전법」에 따른 대규모점포
2. 「관광진흥법」에 따른 유원시설

3. 「도시철도법」에 따른 도시철도의 역사(출입통로·대합실·승강장 및 환승통로와 이에 딸린 시설을 포함한다)
4. 「여객자동차 운수사업법」에 따른 여객자동차터미널
5. 「공항시설법」에 따른 공항시설 중 여객터미널
6. 「항만법」에 따른 항만시설 중 여객이용시설
7. 「철도산업발전기본법」에 따른 철도시설 중 역시설(물류시설은 제외한다)
8. 「체육시설의 설치·이용에 관한 법률」에 따른 전문체육시설
9. 「공연법」에 따른 공연이 행하여지는 공연장 등 시설 또는 장소
10. 「박물관 및 미술관 진흥법」에 따른 박물관 및 미술관
11. 지방자치단체가 문화체육관광 진흥 목적으로 주최하는 지역축제가 행하여지는 장소
12. 그 밖에 대통령령(시행령 제4조의6 참조)으로 정하는 시설·장소

또한 관리주체는 위의 시설·장소의 종사자에게 실종아동 등 조기발견 지침에 관한 교육·훈련을 연 1회 실시하고, 그 결과를 관할 경찰관서의 장에게 보고하여야 하며(동조 제3항)[8], 관할 경찰관서의 장은 실종아동 등 조기발견 지침이 준수되도록 위의 조치와 교육·훈련의 실시에 관한 사항을 지도·감독하여야 한다(동조 제4항).[9] 이외에도 관계 행정기관의 장은 위 시설·장소의 허가, 등록, 신고 또는 휴업, 폐업 등의 여부에 관한 정보를 관할 경찰관서의 장에게 통보하여야 한다. 다만, 「전자정부법」 제36조 제1항에 따른 행정정보 공동이용을 통하여 확인할 수 있는 정보는 예외로 한다(동조 제5항).

〈참고〉 실종예방지침

○ **추진 배경**

▶ 개정된 「실종아동 등의 보호 및 지원에 관한 법률」 시행으로, 다중이용시설에 '아동 등'의 실종예방 및 신속한 발견의무 부과하였으며, 이는 1981년 미국백화점에서 실종 후 살해되어 발견된 '아담 월시'의 이름에서 유래한 미국의 '코드 아담' 제도를 기반으로 2014.1.28. 법률 개정 당시 한국형 '코드 아담' 제도로 '실종예방지침'을 도입함.

○ **주요 내용**

▶ 시행일 : 2014.7.29.

8) 실종아동 등 조기발견 지침에 따른 조치를 하지 아니한 자에게는 500만원 이하의 과태료를 부과한다(제19조 제1항 제1호).

9) 교육·훈련을 실시하지 아니하거나 그 결과를 보고하지 아니한 자는 200만원 이하의 과태료를 부과한다(제19조 제2항 제3호).

▶ 대 상 : 일정 규모 이상 다중이용시설
- 매장면적 1만㎡ 이상 대규모 점포,
- 연면적 1만㎡ 이상 철도역사,
- 연면적 5천㎡ 이상 터미널
- 1천석 이상 공연장
- 5천석 이상 체육시설 등(시행령에 상세 규정)

▶ 다중이용시설의 의무 내용
- 자체 지침, 매뉴얼 마련
- 개인, 부서별 임무 지정
- 실종 발생시 이용객, 직원 전파
- 출입구 감시 등 수색
- 미발견시 경찰 신고
- 경찰수색 협조

출처 : 경찰청 실종 아동 및 가출인 수사 매뉴얼

(4) 출입·조사 등

경찰청장이나 지방자치단체의 장은 실종아동 등의 발견을 위하여 필요하면 관계인에 대하여 필요한 보고 또는 자료제출을 명하거나 소속 공무원으로 하여금 관계 장소에 출입하여 관계인이나 아동 등에 대하여 필요한 조사 또는 질문을 하게 할 수 있다(제10조 제1항). 이때 출입·조사 또는 질문을 하려는 관계 공무원은 그 권한을 표시하는 증표를 지니고 이를 관계인 등에게 내보여야 한다(동조 제3항).[10] 또한 경찰청장이나 지방자치단체의 장은 이 출입·조사를 실시할 때 정당한 이유가 있는 경우 소속 공무원으로 하여금 실종아동 등의 가족 등을 동반하게 할 수 있다(동조 제2항).

(5) 유전자검사의 실시

경찰청장은 실종아동 등의 발견을 위하여 다음 각 호의 어느 하나에 해당하는 자로부터 유전자검사대상물(이하 "검사대상물"이라 한다)을 채취할 수 있다(제11

10) 위계(僞計) 또는 위력(威力)을 행사하여 관계 공무원의 출입 또는 조사를 거부하거나 방해한 자는 2년 이하의 징역 또는 2천만원 이하의 벌금에 처한다(제18조 제1호). 또한 위의 명령을 위반하여 보고 또는 자료제출을 하지 아니하거나, 거짓 보고 또는 거짓의 자료제출을 하거나, 정당한 사유 없이 관계 공무원의 출입 또는 조사를 기피한 자에게는 500만원 이하의 과태료를 부과한다(제19조 제1항 제2호).

조 제1항). 이때 경찰청장은 검사대상물을 채취하려면 미리 검사대상자의 서면동의를 받아야 한다. 이 경우 검사대상자가 미성년자, 심신상실자 또는 심신미약자일 때에는 본인 외에 법정대리인의 동의를 받아야 한다. 다만, 심신상실, 심신미약 또는 의사무능력 등의 사유로 본인의 동의를 받을 수 없을 때에는 본인의 동의를 생략할 수 있다(제11조 제4항).

1. 보호시설의 입소자나 「정신건강증진 및 정신질환자 복지서비스 지원에 관한 법률」 제3조 제5호에 따른 정신의료기관의 입원환자 중 보호자가 확인되지 아니한 아동 등
2. 실종아동 등을 찾고자 하는 가족
3. 그 밖에 보호시설의 입소자였던 무연고아동

또한 유전자검사를 전문으로 하는 기관으로서 대통령령으로 정하는 기관(이하 "검사기관"이라 한다. 국립과학수사연구원을 말한다(시행령 제5조))은 유전자검사를 실시하고 그 결과를 데이터베이스로 구축·운영할 수 있다(동조 제2항). 다만, 위 검사대상물의 채취와 유전자검사를 실시하려면 위의 전문기관의 장이 구축한 데이터베이스(제8조 제2항)를 활용하여 실종아동 등인지 여부를 확인한 후에 하여야 하며(동조 제3항), 유전정보 데이터베이스를 구축·운영하는 경우 유전정보는 검사기관의 장이, 신상정보는 전문기관의 장이 각각 구분하여 관리하여야 한다(동조 제5항).[11] 검사대상물의 채취, 유전자검사의 실시, 데이터베이스의 구축, 유전자검사의 동의 및 유전정보와 신상정보의 구분·관리 등에 필요한 사항은 대통령령(시행령 제6조~제7조 참조)으로 정한다(동조 제6항).

〈참고〉 유전자 분석

○ **법적 근거**
- ▶ 실종아동 등의 보호 및 지원에 관한 법률 제11조－제15조
- ▶ 실종아동 등의 보호 및 지원에 관한 법률 시행령 제5조－제7조

○ **대상자**
- ▶ 보호시설 입소자 중 보호자가 확인되지 않은 아동 등

11) 현재 DNA샘플은 경찰이 채취하고, 분석과 보관은 국립과학수사연구원, 이에 대한 관리는 보건복지부에서 하도록 하고 있다.

(실종당시 18세 미만 아동, 지적·자폐성·정신 장애인, 치매환자)
▶ 실종아동 등을 찾고자 하는 가족
▶ 보호시설의 입소자였던 무연고아동

○ **방법 및 절차**
▶ 채취 전 반드시 검사대상자의 서면 동의를 받아야 하고, 검사대상자가 미성년자, 심신상실자, 심신미약자일 경우 본인 외 법정대리인의 동의서 반드시 작성 후 채취
※ 심신상실·심신미약자 또는 의사무능력 등의 사유로 본인의 동의를 얻을 수 없는 때에는 본인의 동의를 생략할 수 있으며, 보호시설의 장이 법정대리인이 될 수 있는 경우는「아동복지법」등 관련 법률에 의거 후견인 자격을 취득했을 때 가능하다.
▶ 아동 등과 찾고자 하는 가족이 유전자 채취 시
- 인적사항과 디엔에이시료를 실종아동전문기관에 공문 송부
- 실종아동전문기관에서 신상정보 암호화하여 디엔에이시료 국립과학수사연구원에 송부
- 국과연에서는 유전자 분석 대조하여 유전정보 데이터베이스 구축·운영

▶ 치매환자와 찾고자 하는 가족의 유전자 채취 시
- 인적사항과 디엔에이시료를 중앙치매센터에 공문 송부
- 중앙치매센터에서 신상정보 암호화하여 디엔에이시료 국립과학수사연구원에 송부
- 국과연에서는 유전자 분석 대조하여 유전정보 데이터베이스 구축·운영

▶ 보호자 발견 및 본인 폐기 희망 시 유전정보 폐기

출처: 경찰청 실종 아동 및 가출인 수사 매뉴얼

(6) 유전정보의 목적 외 이용금지 등

누구든지 실종아동 등을 발견하기 위한 목적 외의 용도로 검사대상물을 채취하거나 유전자검사를 실시하거나 유전정보를 이용할 수 없다(제12조 제1항). 또한 검사대상물의 채취, 유전자검사 또는 유전정보관리에 종사하고 있거나 종사하였던 사람은 채취한 검사대상물 또는 유전정보를 외부로 유출하여서는 아니 된다(동조 제2항).[12)]

12) 목적 외의 용도로 검사대상물의 채취 또는 유전자검사를 실시하거나 유전정보를 이용한 자(제18조 제2호) 또는 채취한 검사대상물 또는 유전정보를 외부로 유출한 자(동조 제3호)는 2년 이하의 징역 또는 2천만원 이하의 벌금에 처한다.

(7) 검사대상물 및 유전정보의 폐기

검사기관의 장은 유전자검사를 끝냈을 때에는 지체 없이 검사대상물을 폐기하여야 한다(제13조 제1항). 그러나 검사기관의 장은 다음 각 호의 어느 하나에 해당할 때에는 해당 유전정보를 지체 없이 폐기하여야 한다. 다만, 제3호에도 불구하고 검사대상자 또는 법정대리인이 제3호에서 정한 기간(이하 "보존기간"이라 한다)의 연장을 요청하는 경우에는 실종아동 등의 보호자를 확인할 때까지 그 기간을 연장할 수 있다(동조 제2항).

1. 실종아동 등이 보호자를 확인하였을 때
2. 검사대상자 또는 법정대리인이 요청할 때
3. 유전자검사일부터 10년이 경과되었을 때

이때 검사기관의 장은 검사대상물·유전정보의 폐기 및 유전정보의 보존기간 연장에 관한 사항을 기록·보관하여야 한다(동조 제3항). 검사대상물·유전정보의 폐기 및 유전정보의 보존기간 연장, 기록 및 보관 등에 필요한 사항은 행정안전부령(실종아동 등의 발견 및 유전자검사 등에 관한 규칙 제10조 참조)으로 정한다(동조 제4항).

(8) 유전자검사 기록의 열람 등

검사기관의 장은 검사대상자 또는 법정대리인이 유전자검사 결과기록의 열람 또는 사본의 발급을 요청하면 이에 따라야 한다(제14조 제1항). 기록의 열람 또는 사본의 발급에 관한 신청절차 및 서식 등에 관하여 필요한 사항은 행정안전부령(실종아동 등의 발견 및 유전자검사 등에 관한 규칙 제11조 참조)으로 정한다(동조 제2항 참조).

11. 신상정보의 목적 외 이용금지

누구든지 정당한 사유 없이 실종아동 등의 신상정보를 실종아동 등을 찾기 위한 목적 외의 용도로 이용할 수 없다(제15조).[13]

12. 관계 기관의 협조

보건복지부장관이나 경찰청장은 실종아동 등의 조속한 발견·복귀와 복귀 후 지원을 위하여 관계 중앙행정기관의 장 또는 지방자치단체의 장에게 필요한 협조를 요청할 수 있다. 이 경우 협조요청을 받은 기관의 장은 특별한 사유가 없으면 이에 따라야 한다(제16조).

〈참고〉 시행령 제8조(실종아동 등의 복귀) 경찰청장·지방자치단체의 장 또는 전문기관의 장은 실종아동 등의 보호자를 확인한 경우에는 신속히 실종아동 등의 복귀에 필요한 조치를 취하여야 한다. 다만, 경찰청장 또는 지방자치단체의 장은 보호자가 다음 각 호의 어느 하나에 해당하는 행위자이거나 보건복지부령으로 정하는 사유가 있는 경우에는 전문기관의 장과 협의하여 복귀절차를 진행하지 아니할 수 있다.

1. 「아동복지법」에 따른 아동학대행위자
2. 「장애인복지법」에 따른 장애인학대행위자
3. 「노인복지법」에 따른 노인학대행위자
4. 「가정폭력방지 및 피해자보호 등에 관한 법률」에 따른 가정폭력행위자

[탐정으로서 고려할 점]

1. 실종아동 등의 조사·수색에 있어서 현행법의 이해와 탐정의 역할 확대 : 경찰에서 행하고 있는 실종아동 등의 조사와 수색에 관한 절차에 대한 이해를 통해 탐정이 사건을 의뢰받은 경우 의뢰인으로 하여금 법적 권한을 행사하게 하는 한편, 경찰업무를 보조하거나 독립하여 할 수 있는 업무와 역할에 대하여 정확하게 파악할 필요가 있다.
2. 실동아동 등의 조사와 수색에 있어서 적법한 탐정업무의 방안 모색 : 현행법상 탐정이 실종아동 등의 조사·수색함에 있어서 한계가 있고, 그 업무수행 과정에서 불법이 행하여질 수 있는 여지가 있으므로 현행 제도하에서 탐정이 할 수 있는 업무에 대한 이해를 요하며, 범죄와 관련성이 없는 등 국가가 개입할 영역이 아닌 것이 분명한 경우 탐정이 위치정보자료의 활용 등을 할 수 있는 방안을 모색해 볼 필요가 있다.

13) 신상정보를 실종아동 등을 찾기 위한 목적 외의 용도로 이용한 자는 2년 이하의 징역 또는 2천만원 이하의 벌금에 처한다(제18조 제4호).

제 7 장

채권의 공정한 추심에 관한 법률

제 7 장 채권의 공정한 추심에 관한 법률

동법은 2009년 2월 6일 제정(법률 제94185호, 2009.8.7. 시행)된 후, 수차례의 개정을 거쳐 현재에 이르고 있다.[1)]

1. 목적

이 법은 채권추심자가 권리를 남용하거나 불법적인 방법으로 채권추심을 하는 것을 방지하여 공정한 채권추심 풍토를 조성하고 채권자의 정당한 권리행사를 보장하면서 채무자의 인간다운 삶과 평온한 생활을 보호함을 목적으로 한다(제1조).

2. 용어의 정의

이 법에서 사용하는 용어의 뜻은 다음과 같다(제2조).

용 어	정 의
채권추심자 (제1호)	다음 각 목의 어느 하나에 해당하는 자를 말한다. 가. 「대부업 등의 등록 및 금융이용자 보호에 관한 법률」에 따른 대부업자, 대부중개업자, 대부업의 등록을 하지 아니하고 사실상 대부업을 영위하는 자, 여신금융기관 및 이들로부터 대부계약에 따른 채권을 양도받거나 재양도 받은 자 나. 가목에 규정된 자 외의 금전대여 채권자 및 그로부터 채권을 양도받거나 재양도 받은 자 다. 「상법」에 따른 상행위로 생긴 금전채권을 양도받거나 재양도 받은 자 라. 금전이나 그 밖의 경제적 이익을 대가로 받거나 받기로 약속하고 타인의 채권을 추심하는 자(채권추심을 목적으로 채권의 양수를 가장한 자를 포함한다)

1) 법률 제12594호, 2014.5.20. 일부개정, 시행 2014.11.21.

	마. 가목부터 라목까지에 규정된 자들을 위하여 고용, 도급, 위임 등 원인을 불문하고 채권추심을 하는 자
채무자 (제2호)	채무를 변제할 의무가 있거나 채권추심자로부터 채무를 변제할 의무가 있는 것으로 주장되는 자연인(보증인을 포함한다)을 말한다.
관계인 (제3호)	채무자와 동거하거나 생계를 같이 하는 자, 채무자의 친족, 채무자가 근무하는 장소에 함께 근무하는 자를 말한다.
채권추심 (제4호)	채무자에 대한 소재파악 및 재산조사, 채권에 대한 변제 요구, 채무자로부터 변제 수령 등 채권의 만족을 얻기 위한 일체의 행위를 말한다.
개인정보 (제5호)	「개인정보 보호법」 제2조 제1호의 개인정보를 말한다.
신용정보 (제6호)	「신용정보의 이용 및 보호에 관한 법률」 제2조 제1호의 신용정보를 말한다.

〈용어해설〉 '추심'이란 어음이나 수표소지인이 거래은행에 어음과 수표의 대금 회수를 위임하고, 위임을 받은 거래은행은 어음과 수표의 발행점포 앞으로 대금의 지급을 요청하는 일련의 절차를 말한다. 추심이란 챙겨서 찾아 가지거나 받아낸다는 뜻으로 채무의 변제 장소에 관한 용어다. 수표발행인 계좌에서 돈을 인출해 어음이나 수표를 제시한 사람에게 지급해야 하는 은행을 '추심은행'이라고 한다.

3. 국가와 지방자치단체의 책무

국가와 지방자치단체는 공정한 채권추심 풍토가 정착되도록 제도와 여건을 마련하고 이를 위한 시책을 추진하여야 한다(제3조 제1항). 또한 국가와 지방자치단체는 권리를 남용하거나 불법적인 채권추심행위를 하는 채권추심자로부터 채무자 또는 관계인을 보호하기 위하여 노력하여야 한다(동조 제2항).

4. 다른 법률과의 관계

채권추심에 관하여 다른 법률에 특별한 규정이 있는 경우를 제외하고는 이 법에서 정하는 바에 따른다(제4조).

5. 채무확인서의 교부

채권추심자(제2조 제1호 가목에 규정된 자에 한한다. 이하 이 조에서 같다)는 채무자로부터 원금, 이자, 비용, 변제기 등 채무를 증명할 수 있는 서류(이하 "채무확인서"라 한다)의 교부를 요청받은 때에는 정당한 사유가 없는 한 이에 응하여야 한다(제5조 제1항).[2] 이때 채권추심자는 채무확인서 교부에 직접 사용되는 비용 중 대통령령으로 정하는 범위에서 채무자에게 그 비용을 청구할 수 있다(동조 제2항).

※ 법 제5조 제2항에 따라 채권추심자는 1만원의 범위에서 채무자에게 채무확인서 교부에 직접 사용되는 비용을 청구할 수 있다(시행령 제1조의2).

6. 수임사실 통보

채권추심자(제2조 제1호 라목에 규정된 자 및 그 자를 위하여 고용, 도급, 위임 등 원인을 불문하고 채권추심을 하는 자를 말한다. 이하 이 조에서 같다)가 채권자로부터 채권추심을 위임받은 경우에는 채권추심에 착수하기 전까지 다음 각 호에 해당하는 사항을 채무자에게 서면(「전자문서 및 전자거래 기본법」 제2조 제1호의 전자문서를 포함한다)으로 통지하여야 한다. 다만, 채무자가 통지가 필요 없다고 동의한 경우에는 그러하지 아니하다(제6조 제1항).[3]

1. 채권추심자의 성명·명칭 또는 연락처(채권추심자가 법인인 경우에는 채권추심담당자의 성명, 연락처를 포함한다)
2. 채권자의 성명·명칭, 채무금액, 채무불이행 기간 등 채무에 관한 사항
3. 입금계좌번호, 계좌명 등 입금계좌 관련 사항

그러나 채무발생의 원인이 된 계약에 기한의 이익에 관한 규정이 있는 경우

2) 채권추심자가 이를 위반하여 채무확인서의 교부요청에 응하지 아니한 자에게는 2천만원 이하의 과태료를 부과한다(제17조 제1항 제1호).

3) 채권자로부터 채권추심을 위임받은 사실을 서면(「전자문서 및 전자거래 기본법」 제2조 제1호의 전자문서를 포함한다)으로 통지하지 아니한 자는 1천만원 이하의 과태료를 부과한다(제17조 제2항 제1호).

에는 채무자가 기한의 이익을 상실한 후 즉시 통지하여야 한다(동조 제2항). 또한 채무발생의 원인이 된 계약이 계속적인 서비스 공급 계약인 경우에는 서비스 이용료 납부지체 등 채무불이행으로 인하여 계약이 해지된 즉시 통지하여야 한다(동조 제3항).

7. 채권추심자에 대한 금지사항

(1) 동일 채권에 관한 복수 채권추심 위임 금지

채권추심자는 동일한 채권에 대하여 동시에 2인 이상의 자에게 채권추심을 위임하여서는 아니 된다(제7조).[4)]

(2) 채무불이행정보 등록 금지 등

채권추심자(제2조 제1호 가목 및 라목에 규정된 자 및 그 자를 위하여 고용, 도급, 위임 등 원인을 불문하고 채권추심을 하는 자를 말한다. 이하 이 조에서 같다)는 채무자가 채무의 존재를 다투는 소를 제기하여 그 소송이 진행 중인 경우에 「신용정보의 보호 및 이용에 관한 법률」에 따른 신용정보집중기관이나 신용정보업자의 신용정보전산시스템에 해당 채무자를 채무불이행자로 등록하여서는 아니 된다. 이 경우 채무불이행자로 이미 등록된 때에는 채권추심자는 채무의 존재를 다투는 소가 제기되어 소송이 진행 중임을 안 날부터 30일 이내에 채무불이행자 등록을 삭제하여야 한다(제8조).[5)]

(3) 대리인 선임 시 채무자에 대한 연락 금지

다음 각 호를 제외한 채권추심자는 채무자가 「변호사법」에 따른 변호사·법무법인·법무법인(유한) 또는 법무조합을 채권추심에 응하기 위한 대리인으로 선

4) 동일 채권에 대하여 2인 이상의 자에게 채권추심을 위임한 자에게는 1천만원 이하의 과태료를 부과한다(제17조 제2항 제2호). 다만 이에 해당하는 자가 사업자가 아닌 경우에는 해당 규정이 정하는 과태료를 그 다액의 2분의 1로 감경한다(동조 제4항).

5) 채무의 존재를 다투는 소송이 진행 중임에도 채무불이행자로 등록하거나 소송이 진행 중임을 알면서도 30일 이내에 채무불이행자 등록을 삭제하지 아니한 자에게는 1천만원 이하의 과태료를 부과한다(제17조 제2항 제3호).

임하고 이를 채권추심자에게 서면으로 통지한 경우 채무와 관련하여 채무자를 방문하거나 채무자에게 말·글·음향·영상 또는 물건을 도달하게 하여서는 아니 된다. 다만, 채무자와 대리인이 동의한 경우 또는 채권추심자가 대리인에게 연락할 수 없는 정당한 사유가 있는 경우에는 그러하지 아니하다(제8조의2).[6]

> 1. 「대부업 등의 등록 및 금융이용자 보호에 관한 법률」에 따른 여신금융기관
> 2. 「신용정보의 이용 및 보호에 관한 법률」에 따른 신용정보회사
> 3. 「자산유동화에 관한 법률」 제10조에 따른 자산관리자
> 4. 제2조 제1호 가목에 규정된 자를 제외한 일반 금전대여 채권자
> 5. 제1호부터 제4호까지에 규정된 자들을 위하여 고용되거나 같은 자들의 위임을 받아 채권추심을 하는 자(다만, 채권추심을 하는 자가 「대부업 등의 등록 및 금융이용자 보호에 관한 법률」에 따른 대부업자, 대부중개업자, 대부업의 등록을 하지 아니하고 사실상 대부업을 영위하는 자인 경우는 제외한다)

(4) 관계인에 대한 연락 금지

채권추심자는 채권추심을 위하여 채무자의 소재, 연락처 또는 소재를 알 수 있는 방법 등을 문의하는 경우를 제외하고는 채무와 관련하여 관계인을 방문하거나 관계인에게 말·글·음향·영상 또는 물건을 도달하게 하여서는 아니 된다(제8조의3 제1항).[7] 또한 채권추심자는 이때 관계인을 방문하거나 관계인에게 말·글·음향·영상 또는 물건을 도달하게 하는 경우 다음 각 호에 해당하는 사항을 관계인에게 밝혀야 하며, 관계인이 채무자의 채무 내용 또는 신용에 관한 사실을 알게 하여서는 아니 된다(동조 제2항).[8]

> 1. 채권추심자의 성명·명칭 및 연락처(채권추심자가 법인인 경우에는 업무담당자의 성명 및 연락처를 포함한다)
> 2. 채권자의 성명·명칭
> 3. 방문 또는 말·글·음향·영상·물건을 도달하게 하는 목적

6) 이를 위반하여 채무자를 방문하거나 채무자에게 말·글·음향·영상 또는 물건을 도달하게 한 자에게는 2천만원 이하의 과태료를 부과한다(제17조 제1항 제2호).

7) 이를 위반한 자는 1년 이하의 징역 또는 1천만원 이하의 벌금에 처한다(제15조 제3항 제1호).

8) 이를 위반한 자에게는 1천만원 이하의 과태료를 부과한다(제17조 제2항 제4호).

(5) 소송행위의 금지

변호사가 아닌 채권추심자(제2조 제1호 라목에 규정된 자로서 채권추심을 업으로 하는 자 및 그 자를 위하여 고용, 도급, 위임 등 원인을 불문하고 채권추심을 하는 자로 한정한다)는 채권추심과 관련한 소송행위를 하여서는 아니 된다(제8조의4).[9)]

(6) 폭행·협박 등의 금지

채권추심자는 채권추심과 관련하여 다음 각 호의 어느 하나에 해당하는 행위를 하여서는 아니 된다(제9조).[10)][11)]

1. 채무자 또는 관계인을 폭행·협박·체포 또는 감금하거나 그에게 위계나 위력을 사용하는 행위
2. 정당한 사유 없이 반복적으로 또는 야간(오후 9시 이후부터 다음 날 오전 8시까지를 말한다. 이하 같다)에 채무자나 관계인을 방문함으로써 공포심이나 불안감을 유발하여 사생활 또는 업무의 평온을 심하게 해치는 행위
3. 정당한 사유 없이 반복적으로 또는 야간에 전화하는 등 말·글·음향·영상 또는 물건을 채무자나 관계인에게 도달하게 함으로써 공포심이나 불안감을 유발하여 사생활 또는 업무의 평온을 심하게 해치는 행위
4. 채무자 외의 사람(제2조 제2호에도 불구하고 보증인을 포함한다)에게 채무에 관한 거짓 사실을 알리는 행위
5. 채무자 또는 관계인에게 금전의 차용이나 그 밖의 이와 유사한 방법으로 채무의 변제자금을 마련할 것을 강요함으로써 공포심이나 불안감을 유발하여 사생활 또는 업무의 평온을 심하게 해치는 행위

---

9) 변호사가 아니면서 채권추심과 관련하여 소송행위를 한 자는 3년 이하의 징역 또는 3천만원 이하의 벌금에 처한다(제15조 제2항 제1호).

10) 채무자 또는 관계인을 폭행·협박·체포 또는 감금하거나 그에게 위계나 위력을 사용하여 채권추심행위를 한 자(제1호 위반)는 5년 이하의 징역 또는 5천만원 이하의 벌금에 처한다(제15조 제1항). 또한 제2호부터 제7호까지를 위반한 자는 3년 이하의 징역 또는 3천만원 이하의 벌금에 처한다(동조 제2항 제2호).

11) 법인의 대표자나 법인 또는 개인의 대리인, 사용인, 그 밖의 종업원이 그 법인 또는 개인의 업무에 관하여 제15조의 위반행위를 하면 그 행위자를 벌하는 외에 그 법인 또는 개인에게도 해당 조문의 벌금형을 과(科)한다. 다만, 법인 또는 개인이 그 위반행위를 방지하기 위하여 해당 업무에 관하여 상당한 주의와 감독을 게을리하지 아니한 경우에는 그러하지 아니하다(제16조).

6. 채무를 변제할 법률상 의무가 없는 채무자 외의 사람에게 채무자를 대신하여 채무를 변제할 것을 요구함으로써 공포심이나 불안감을 유발하여 사생활 또는 업무의 평온을 심하게 해치는 행위
7. 채무자의 직장이나 거주지 등 채무자의 사생활 또는 업무와 관련된 장소에서 다수인이 모여 있는 가운데 채무자 외의 사람에게 채무자의 채무금액, 채무불이행 기간 등 채무에 관한 사항을 공연히 알리는 행위

* 채권추심 행위의 정당성 여부

(사안) 사채업자인 甲이 채무자 A에게, 채무를 변제하지 않으면 A가 숨기고 싶어하는 과거 행적과 사채를 쓴 사실 등을 남편과 시댁에 알리겠다는 등의 문자메시지를 발송하였다.

(판결) 채권자가 채권추심을 위하여 독촉 등 권리행사에 필요한 행위를 할 수 있기는 하지만, 법률상 허용되는 정당한 절차에 의한 것이어야 하며, 또한 채무자의 자발적 이행을 촉구하기 위해 필요한 범위 안에서 상당한 방법으로 그 권리가 행사되어야 한다. 그러나 甲의 행위는 피해자에게 공포심을 일으키기에 충분하다고 보아야 할 것이고, 그 밖에 甲이 고지한 해악의 구체적인 내용과 표현방법, 甲이 A에게 위와 같은 해악을 고지하게 된 경위와 동기 등 제반 사정 등을 종합하면, 甲에게 협박의 고의가 있었음을 충분히 인정할 수 있으며, 甲이 정당한 절차와 방법을 통해 그 권리를 행사하지 아니하고 A에게 위와 같이 해악을 고지한 것이 사회의 관습이나 윤리관념 등 사회통념에 비추어 용인할 수 있는 정도의 것이라고 볼 수는 없다(협박죄 인정)(2011도2412).

(7) 개인정보의 누설 금지 등

채권추심자는 채권발생이나 채권추심과 관련하여 알게 된 채무자 또는 관계인의 신용정보나 개인정보를 누설하거나 채권추심의 목적 외로 이용하여서는 아니 된다(제10조 제1항). 다만, 채권추심자가 다른 법률에 따라 신용정보나 개인정보를 제공하는 경우는 제1항에 따른 누설 또는 이용으로 보지 아니한다(동조 제2항).[12)]

(8) 거짓 표시의 금지 등

채권추심자는 채권추심과 관련하여 채무자 또는 관계인에게 다음 각 호의 어

12) 채무자 또는 관계인의 신용정보나 개인정보를 누설하거나 채권추심의 목적 외로 이용한 자는 3년 이하의 징역 또는 3천만원 이하의 벌금에 처한다(제15조 제2항 제3호).

느 하나에 해당하는 행위를 하여서는 아니 된다(제11조).[13]

> 1. 무효이거나 존재하지 아니한 채권을 추심하는 의사를 표시하는 행위
> 2. 법원, 검찰청, 그 밖의 국가기관에 의한 행위로 오인할 수 있는 말·글·음향·영상·물건, 그 밖의 표지를 사용하는 행위
> 3. 채권추심에 관한 법률적 권한이나 지위를 거짓으로 표시하는 행위
> 4. 채권추심에 관한 민사상 또는 형사상 법적인 절차가 진행되고 있지 아니함에도 그러한 절차가 진행되고 있다고 거짓으로 표시하는 행위
> 5. 채권추심을 위하여 다른 사람이나 단체의 명칭을 무단으로 사용하는 행위

(9) 불공정한 행위의 금지

채권추심자는 채권추심과 관련하여 다음 각 호의 어느 하나에 해당하는 행위를 하여서는 아니 된다(제12조).[14]

> 1. 혼인, 장례 등 채무자가 채권추심에 응하기 곤란한 사정을 이용하여 채무자 또는 관계인에게 채권추심의 의사를 공개적으로 표시하는 행위
> 2. 채무자의 연락두절 등 소재파악이 곤란한 경우가 아님에도 채무자의 관계인에게 채무자의 소재, 연락처 또는 소재를 알 수 있는 방법 등을 문의하는 행위
> 3. 정당한 사유 없이 수화자부담전화료 등 통신비용을 채무자에게 발생하게 하는 행위
>
> 3의2. 「채무자 회생 및 파산에 관한 법률」 제593조 제1항 제4호 또는 제600조 제1항 제3호에 따라 개인회생채권에 대한 변제를 받거나 변제를 요구하는 일체의 행위가 중지 또는 금지되었음을 알면서 법령으로 정한 절차 외에서 반복적으로 채무변제

13) 제1호를 위반하여 채권을 추심하는 의사를 표시한 자는 3년 이하의 징역 또는 3천만원 이하의 벌금에 처하며(제15조 제2항 제4호), 제2호를 위반하여 말·글·음향·영상·물건, 그 밖의 표지를 사용한 자는 1년 이하의 징역 또는 1천만원 이하의 벌금에 처한다(동조 제3항 제2호). 또한 제3호부터 제5호까지를 위반한 자에게는 1천만원 이하의 과태료를 부과한다(제17조 제2항 제5호). 다만, 이에 해당하는 자가 사업자가 아닌 경우에는 해당 규정이 정하는 과태료를 그 다액의 2분의 1로 감경한다(동조 제4항).

14) 제1호 및 제2호를 위반한 자에게는 2천만원 이하의 과태료를 부과한다(제17조 제1항 제3호). 다만, 제2호를 위반한 자가 사업자가 아닌 경우에는 해당 규정이 정하는 과태료를 그 다액의 2분의 1로 감경한다(제17조 제4항). 또한 제3호·제3호의2·제4호 또는 제5호를 위반한 자에게는 500만원 이하의 과태료를 부과한다(동조 제3항). 다만, 이에 해당하는 자가 사업자가 아닌 경우에는 해당 규정이 정하는 과태료를 그 다액의 2분의 1로 감경한다(동조 제4항).

를 요구하는 행위
4. 「채무자 회생 및 파산에 관한 법률」에 따른 회생절차, 파산절차 또는 개인회생절차에 따라 전부 또는 일부 면책되었음을 알면서 법령으로 정한 절차 외에서 반복적으로 채무변제를 요구하는 행위
5. 엽서에 의한 채무변제 요구 등 채무자 외의 자가 채무사실을 알 수 있게 하는 행위(제9조 제7호에 해당하는 행위는 제외한다)

(10) 부당한 비용 청구 금지

채권추심자는 채무자 또는 관계인에게 지급할 의무가 없거나 실제로 사용된 금액을 초과한 채권추심비용을 청구하여서는 아니 된다(제13조 제1항). 채권추심자가 채무자 또는 관계인에게 청구할 수 있는 채권추심비용의 범위 등과 관련하여 필요한 사항은 대통령령으로 정한다(동조 제2항).[15]

※ 법 제13조 제1항에 따라 채권추심자가 채무자 또는 관계인에게 청구할 수 있는 채권추심비용은 다음 각 호와 같다(시행령 제2조).
1. 채권자와 채무자가 채무이행과 관련하여 채무자 또는 관계인이 부담하기로 변제기 전에 합의한 비용
2. 법 제5조에 따른 채무확인서의 교부와 관련하여 제1조의2에서 정한 금액의 범위에서 채권추심자가 실제로 지출한 비용
3. 그 밖에 채무자가 부담하는 것이 적절하다고 인정되는 비용

8. 비용명세서의 교부

채무자 또는 관계인은 채권추심자가 사업자(제2조 제1호 가목 및 라목에 따른 자 및 그 자를 위하여 고용, 도급, 위임 등에 따라 채권추심을 하는 자를 말한다. 이하 같다)인 경우에는 그 사업자에게 채권추심비용을 항목별로 명시한 서류(이하 “비용명세서”라 한다)의 교부를 요청할 수 있다(제13조의2 제1항).[16] 이때 비용명세서의 교부를 요청받은 채권추심자는 정당한 사유가 없으면 지체 없이 이를 교부하여

15) 이를 위반하여 채권추심비용을 청구한 자에게는 1천만원 이하의 과태료를 부과한다(제17조 제2항 제6호). 다만, 이에 해당하는 자가 사업자가 아닌 경우에는 해당 규정이 정하는 과태료를 그 다액의 2분의 1로 감경한다(동조 제4항).

16) 이를 위반하여 비용명세서를 교부하지 아니한 자에게는 1천만원 이하의 과태료를 부과한다(제17조 제2항 제7호).

야 하고, 채무자 또는 관계인에게 그 교부에 따른 비용을 청구해서는 아니 된다(동조 제2항).

9. 손해배상책임

채권추심자가 이 법을 위반하여 채무자 또는 관계인에게 손해를 입힌 경우에는 그 손해를 배상하여야 한다. 다만, 채권추심자가 사업자(제2조 제1호 가목 및 라목에 규정된 자 및 그 자를 위하여 고용, 도급, 위임 등에 따라 채권추심을 하는 자를 말한다. 이하 같다)인 경우에는 사업자가 자신에게 고의 또는 과실이 없음을 입증한 때에는 그러하지 아니하다(제14조).

10. 과태료의 부과·징수 및 권한의 위임

이 법에 따른 과태료는 대통령령(시행령 제4조 참조)으로 정하는 바에 따라 과태료 대상자에 대하여 다른 법률에 따른 인가·허가·등록 등을 한 감독기관이 있는 경우에는 그 감독기관이, 그 외의 경우에는 특별시장·광역시장·도지사 또는 특별자치도지사가 부과·징수한다(제18조 제1항). 이때 감독기관은 과태료의 부과·징수에 관한 권한의 일부를 대통령령으로 정하는 바에 따라 시장·군수 또는 구청장에게 위임할 수 있다(동조 제2항).

〈참고〉 시행령 제4조(과태료 부과기준) 과태료 부과권자는 위반행위의 정도, 횟수 및 그 동기와 결과 등을 고려하여 별표에 따른 과태료 금액의 2분의 1의 범위에서 가중하거나 경감할 수 있다. 이 경우 가중하여 부과하는 때에도 다음 각 호의 구분에 따른 금액(법 제17조 제4항이 적용되는 경우에는 해당 금액을 2분의 1로 감경한 금액)을 초과할 수 없다.

1. 법 제17조 제1항의 경우: 2천만원
2. 법 제17조 제2항의 경우: 1천만원
3. 법 제17조 제3항의 경우: 500만원

[탐정으로서 고려할 점]

1. 채권추심업무에 있어서 탐정의 역할 확대 : 채권추심업에 있어서 채무자의 확보와 채무자 등의 재산관계의 확인 등을 위하여 탐정이 기능할 수 있는 부분이 무엇인지에 대하여 연구해 볼 필요가 있다.
2. 채권추심업의 금지사항에 대한 이해를 통해 탐정업무의 한계 확인 : 채권추심업의 세부 업무내용은 탐정이 의뢰인의 의뢰받는 경우 실제적으로 탐정업무가 될 수도 있고, 이 경우 그 금지사항은 탐정업무의 금지사항이 될 수 있으므로 그 내용에 대해 충분히 이해할 필요가 있다.

제 8 장

유실물법

제 8 장 유실물법

동법은 1961년 9월 18일 제정(법률 제717호, 1961.12.17 시행)된 후, 수차례의 개정을 거쳐 현재에 이르고 있다.[1)]

1. 습득물의 조치 및 유실물 정보 등

타인이 유실한 물건을 습득한 자는 이를 신속하게 유실자 또는 소유자, 그 밖에 물건회복의 청구권을 가진 자에게 반환하거나 경찰서(지구대·파출소 등 소속 경찰관서를 포함한다. 이하 같다) 또는 제주특별자치도의 자치경찰단 사무소(이하 "자치경찰단"이라 한다)에 제출하여야 한다. 다만, 법률에 따라 소유 또는 소지가 금지되거나 범행에 사용되었다고 인정되는 물건은 신속하게 경찰서 또는 자치경찰단에 제출하여야 한다(제1조 제1항).

물건을 경찰서에 제출한 경우에는 경찰서장이, 자치경찰단에 제출한 경우에는 제주특별자치도지사가 물건을 반환받을 자에게 반환하여야 한다. 이 경우에 반환을 받을 자의 성명이나 주거를 알 수 없을 때에는 대통령령으로 정하는 바에 따라 공고하여야 한다(동조 제2항).

〈참고〉 시행령 제3조(습득공고 등) ① 동법 제1조 제1항에 따라 습득물을 제출받은 경찰서장 또는 제주특별자치도지사가 제출받은 습득물을 반환받을 자를 알 수 없어 법 제1조 제2항 후단에 따라 공고할 때에는 그 습득물을 제출받은 날부터 다음 각 호의 어느 하나에 해당하는 날까지 유실물에 관한 정보를 제공하는 인터넷 사이트에 해당 습득물에 관한 정보를 게시하여야 한다.

1. 습득물의 유실자 또는 소유자, 그 밖에 물건회복의 청구권을 가진 자(이하 "청구권자"라 한다) 또는 습득자가 습득물을 찾아간 날

1) 법률 제12210호, 2014.1.7. 일부개정, 시행 2014.1.7.

2. 습득물이 법 제15조에 따라 국고 또는 제주특별자치도의 금고에 귀속하게 된 날
② 경찰서장 또는 제주특별자치도지사는 법 제1조 제1항에 따라 습득물을 제출받은 때에는 별지 제3호서식의 관리카드에 그 내용을 기록하여 보관하거나 전자매체에 전산으로 기록하여 관리하여야 한다.
③ 경찰서장 또는 제주특별자치도지사는 제출받은 습득물이 특히 귀중한 물건이라고 인정되는 것은 제1항의 규정에 의한 공고와 동시에 일간신문 또는 방송으로 공고하여야 한다.

▪ **판례 1** ▪ 승객이 놓고 내린 지하철의 전동차 바닥이나 선반 위에 있던 물건을 가지고 간 경우, 지하철의 승무원은 유실물법상 전동차의 관수자로서 승객이 잊고 내린 유실물을 교부받을 권능을 가질 뿐 전동차 안에 있는 승객의 물건을 점유한다고 할 수 없고, 그 유실물을 현실적으로 발견하지 않는 한 이에 대한 점유를 개시하였다고 할 수도 없으므로, 그 사이에 위와 같은 유실물을 발견하고 가져간 행위는 점유이탈물횡령죄에 해당함은 별론으로 하고 절도죄에 해당하지는 않는다(99도3963).

▪ **판례 2** ▪ 유실물법상의 보상금 지급의무는 법률행위가 아닌 물건의 습득 및 반환이라는 사실행위에 기하여 발생하는 것인 점, 위 법에서는 물건의 반환을 받을 자를 '유실자 또는 소유자 기타 물건회복의 청구권을 가진 자'로 규정하여 수령인을 당해 물건에 관한 물권적 권리를 가지고 있는 자로 한정하고 있지 아니하고, 위 법상 습득자는 물건을 반환한 후 1월 내에 보상금을 청구하도록 하여 그 청구기간이 극히 짧은데, 수령인과 물건의 습득·반환 외의 특별한 관계가 없는 습득자가 물건을 미리 반환하고 1월 내에 반환한 물건의 진정한 소유자 내지 권리자를 찾아 보상금을 청구하도록 하는 것은 부당한 점, 유실자로서도 분실한 물건을 다시 찾게 됨으로써 만일 유실물을 그대로 분실하였을 경우 그 물건에 관한 진정한 권리자에 대한 손해를 배상하는 등의 불이익을 면하는 이익을 얻게 되는 점에 비추어 볼 때, <u>유실물법상의 유실자 또는 소유자 기타 물건회복의 청구권을 가진 자라고 인정되어 습득자 또는 경찰서장 등으로부터 유실물을 실제로 수령한 자는 특별한 사정이 없는 한 위 법상의 보상금 지급의무를 부담하는 자에 해당한다</u>(서울남부지법 2009.7.2. 선고 2008가합21793 판결).

2. 유실물 정보 통합관리 등 시책의 수립

국가는 유실물의 반환이 쉽게 이루어질 수 있도록 유실물 정보를 통합관리하는 등 관련 시책을 수립하여야 한다(제1조의2).

3. 보관방법

경찰서장 또는 자치경찰단을 설치한 제주특별자치도지사는 보관한 물건이 멸실되거나 훼손될 우려가 있을 때 또는 보관에 과다한 비용이나 불편이 수반될 때에는 대통령령으로 정하는 방법으로 이를 매각할 수 있다(제2조 제1항). 이때 매각에 드는 비용은 매각대금에서 충당하며(동조 제2항), 매각 비용을 공제한 매각대금의 남은 금액은 습득물로 간주하여 보관한다(동조 제3항).

〈참고〉 시행령 제7조(매각) 경찰서장 또는 제주특별자치도지사가 보관한 물건을 매각하고자 할 때에는 「국가를 당사자로 하는 계약에 관한 법률」 또는 「지방자치단체를 당사자로 하는 계약에 관한 법률」의 규정에 준하여 경쟁입찰에 의하여야 한다. 다만, 급속히 매각하지 아니하면 그 가치가 현저하게 감소될 염려가 있는 물건은 수의계약에 의하여 매각할 수 있다. 또한, 매각공고는 당해 경찰서 또는 자치경찰단의 게시판에만 할 수 있다.

4. 비용 부담

습득물의 보관비, 공고비(公告費), 그 밖에 필요한 비용은 물건을 반환받는 자나 물건의 소유권을 취득하여 이를 인도(引渡)받는 자가 부담하되, 「민법」 제321조부터 제328조까지의 규정을 적용한다(제3조).

〈참고〉 「민법」 제321조－제328조

제321조(유치권의 불가분성) 유치권자는 채권전부의 변제를 받을 때까지 유치물 전부에 대하여 그 권리를 행사할 수 있다.

제322조(경매, 간이변제충당) ① 유치권자는 채권의 변제를 받기 위하여 유치물을 경매할 수 있다.

② 정당한 이유 있는 때에는 유치권자는 감정인의 평가에 의하여 유치물로 직접 변제에 충당할 것을 법원에 청구할 수 있다. 이 경우에는 유치권자는 미리 채무자에게 통지하여야 한다.

제323조(과실수취권) ① 유치권자는 유치물의 과실을 수취하여 다른 채권보다 먼저 그 채권의 변제에 충당할 수 있다. 그러나 과실이 금전이 아닌 때에는 경매하여야 한다.

② 과실은 먼저 채권의 이자에 충당하고 그 잉여가 있으면 원본에 충당한다.

제324조(유치권자의 선관의무) ① 유치권자는 선량한 관리자의 주의로 유치물을 점유

하여야 한다.
② 유치권자는 채무자의 승낙없이 유치물의 사용, 대여 또는 담보제공을 하지 못한다. 그러나 유치물의 보존에 필요한 사용은 그러하지 아니하다.
③ 유치권자가 전 2항의 규정에 위반한 때에는 채무자는 유치권의 소멸을 청구할 수 있다.
第325條(유치권자의 상환청구권) ① 유치권자가 유치물에 관하여 필요비를 지출한 때에는 소유자에게 그 상환을 청구할 수 있다.
② 유치권자가 유치물에 관하여 유익비를 지출한 때에는 그 가액의 증가가 현존한 경우에 한하여 소유자의 선택에 좇아 그 지출한 금액이나 증가액의 상환을 청구할 수 있다. 그러나 법원은 소유자의 청구에 의하여 상당한 상환기간을 허여할 수 있다.
第326條(피담보채권의 소멸시효) 유치권의 행사는 채권의 소멸시효의 진행에 영향을 미치지 아니한다.
第327條(타담보제공과 유치권소멸) 채무자는 상당한 담보를 제공하고 유치권의 소멸을 청구할 수 있다.
第328條(점유상실과 유치권소멸) 유치권은 점유의 상실로 인하여 소멸한다.

5. 보상금

물건을 반환받는 자는 물건가액(物件價額)의 100분의 5 이상 100분의 20 이하의 범위에서 보상금(報償金)을 습득자에게 지급하여야 한다. 다만, 국가·지방자치단체와 그 밖에 대통령령으로 정하는 공공기관은 보상금을 청구할 수 없다(제4조).

※ 법 제4조 단서에서 "대통령령으로 정하는 공공기관"이란 「공공기관의 운영에 관한 법률」 제4조에 따른 공공기관 및 「지방공기업법」에 따라 설립된 지방공사와 지방공단을 말한다(시행령 제6조).

▪ **판례** ▪ 유실물법 제4조에 따른 보상은 물건의 유실자가 습득자로부터 그 유실물을 반환받음으로써 물건의 유실로 인하여 발생하였을지도 모르는 손해, 즉 위험성을 방지할 수 있었다는 데 대한 보상이므로, 그 보상금의 액을 정하는 기준이 되는 물건가액은 유실자가 그 유실물의 반환을 받음으로써 면할 수 있었던 객관적인 위험성, 즉 유실물이 선의·무과실의 제3자의 수중에 들어감으로 인하여 유실자가 손해를 입을지도 모르는 '객관적인 위험성'의 정도를 표준으로 하여 그 가액을 결정하여야 한다(서울남부지방법원 2009.7.2. 선고 2008가합21793 판결).

6. 매각한 물건의 가액 및 비용 및 보상금의 청구기한

매각한 물건의 가액은 매각대금을 그 물건의 가액으로 한다(제5조). 한편, 습득자에게 지급되는 습득물의 보관비, 공고비, 그 밖에 필요한 비용과 보상금은 물건을 반환한 후 1개월이 지나면 청구할 수 없다(제6조).

7. 습득자 및 유실자의 권리 포기

습득자는 미리 신고하여 습득물에 관한 모든 권리를 포기하고 의무를 지지 아니할 수 있다(제7조). 또한 물건을 반환받을 자는 그 권리를 포기하고 습득물의 보관비, 공고비, 그 밖에 필요한 비용과 보상금 지급의 의무를 지지 아니할 수 있다(제8조 제1항). 이때 물건을 반환받을 각 권리자가 그 권리를 포기한 경우에는 습득자가 그 물건의 소유권을 취득한다. 다만, 습득자는 그 취득권을 포기하고 제1항의 예에 따를 수 있다(동조 제2항). 그러나 법률에 따라 소유 또는 소지가 금지된 물건의 습득자는 소유권을 취득할 수 없다. 다만, 행정기관의 허가 또는 적법한 처분에 따라 그 소유 또는 소지가 예외적으로 허용되는 물건의 경우에는 그 습득자나 그 밖의 청구권자는 취득한 날부터 3개월 이내에 허가 또는 적법한 처분을 받아 소유하거나 소지할 수 있다(동조 제3항).

8. 습득자의 권리 상실

습득물이나 그 밖에 이 법의 규정을 준용하는 물건을 횡령함으로써 처벌을 받은 자 및 습득일부터 7일 이내에 제1조 제1항 또는 제11조 제1항의 절차를 밟지 아니한 자는 습득물의 보관비, 공고비, 그 밖에 필요한 비용과 보상금을 받을 권리 및 습득물의 소유권을 취득할 권리를 상실한다(제9조).

9. 특수한 유실물의 습득

(1) 선박, 차량, 건축물 등에서의 습득

관리자가 있는 선박, 차량, 건축물, 그 밖에 일반인의 통행을 금지한 구내에서 타인의 물건을 습득한 자는 그 물건을 관리자에게 인계하여야 한다(제10조 제1항). 이때 선박, 차량, 건축물 등의 점유자를 습득자로 한다. 자기가 관리하는 장소에서 타인의 물건을 습득한 경우에도 또한 같다(동조 제2항). 이 경우에 보상금은 위 점유자와 실제로 물건을 습득한 자가 반씩 나누어야 한다(동조 제3항). 다만, 「민법」 제253조에 따라 소유권을 취득하는 경우에는 동조 제2항에 따른 습득자와 동조 제1항에 따른 사실상의 습득자는 반씩 나누어 그 소유권을 취득한다. 이 경우 습득물은 동조 제2항에 따른 습득자에게 인도한다(동조 제4항).

〈참고〉「민법」 제253조(유실물의 소유권취득) 유실물은 법률에 정한 바에 의하여 공고한 후 6개월 내에 그 소유자가 권리를 주장하지 아니하면 습득자가 그 소유권을 취득한다.

▪ 판례 ▪ 유실물법 제10조 제1항, 제2항에는 관수자가 있는 건축물 안에서 타인의 물건을 습득한 자는 그 물건을 관수자에게 교부하여야 하며 이러한 경우에는 그 건축물의 점유자를 습득자로 한다고 규정되어 있기는 하지만 동법 제10조 제3항에는 이와 같은 경우에 그 보상금은 건축물의 점유자와 실제로 물건을 습득한 자가 절반하여야 한다고 규정되어 있으므로 원고는 실제로 위 수표를 습득한 자로서 위 비어홀의 점유자에 대하여 위 유실물에 대한 보상금의 절반을 청구할 채권이 있으니 원고의 채무자인 위 비어홀의 점유자가 유실자인 피고에 대하여 소송으로서 위 보상금청구권을 행사하지 않고 있는 동안은 원고가 그의 채권자로서 채권자 대위권을 행사하여 피고에게 그 보상금의 절반을 청구할 수 있다(서울고법 1968.3.8. 선고 67나1568 판결).

(2) 장물의 습득

범죄자가 놓고 간 것으로 인정되는 물건을 습득한 자는 신속히 그 물건을 경찰서에 제출하여야 한다(제11조 제1항). 이 물건에 관하여는 법률에서 정하는 바에 따라 몰수할 것을 제외하고는 이 법 및 「민법」 제253조를 준용한다. 다만, 공소권이 소멸되는 날부터 6개월 간 환부(還付)받는 자가 없을 때에만 습득자가 그 소유권을 취득한다(동조 제2항). 그러나 범죄수사상 필요할 때에는 경찰서장은 공소권이 소멸되는 날까지 공고를 하지 아니할 수 있다(동조 제3항). 한편, 경찰서장은 위에서 제출된 습득물이 장물(贓物)이 아니라고 판단되는 상당한 이유가 있고, 재산적 가치가 없거나 타인이 버린 것이 분명하다고 인정될 때에는 이를 습득자에게 반환할 수 있다(동조 제4항).

(3) 준유실물

착오로 점유한 물건, 타인이 놓고 간 물건이나 일실(逸失)한 가축에 관하여는 이 법 및 「민법」 제253조를 준용한다. 다만, 착오로 점유한 물건에 대하여는 습득물의 보관비, 공고비, 그 밖에 필요한 비용과 보상금을 청구할 수 없다(제12조).

(4) 매장물

매장물(埋藏物)에 관하여는 선박, 차량, 건축물, 그 밖에 일반인의 통행을 금지한 구내에서 타인의 물건을 습득한 경우를 제외하고는 이 법을 준용한다(제13조 제1항). 그러나 매장물이 「민법」 제255조에서 정하는 물건인 경우 국가는 매장물을 발견한 자와 매장물이 발견된 토지의 소유자에게 통지하여 그 가액에 상당한 금액을 반으로 나누어 국고(國庫)에서 각자에게 지급하여야 한다. 다만, 매장물을 발견한 자와 매장물이 발견된 토지의 소유자가 같을 때에는 그 전액을 지급하여야 한다(동조 제2항). 이 금액에 불복하는 자는 그 통지를 받은 날부터 6개월 이내에 민사소송을 제기할 수 있다(동조 제3항).

〈참고〉 「민법」 제255조와 제252조 및 제250조, 제251조

제255조(문화재의 국유) ① 학술, 기예 또는 고고의 중요한 재료가 되는 물건에 대하여는 제252조 제1항 및 전 2조의 규정에 의하지 아니하고 국유로 한다.

② 전항의 경우에 습득자, 발견자 및 매장물이 발견된 토지 기타 물건의 소유자는 국가에 대하여 적당한 보상을 청구할 수 있다.

제252조(무주물의 귀속) ① 무주의 동산을 소유의 의사로 점유한 자는 그 소유권을 취득한다.

② 무주의 부동산은 국유로 한다.

③ 야생하는 동물은 무주물로 하고 사양하는 야생동물도 다시 야생상태로 돌아가면 무

> 주물로 한다.
> 제250조(도품, 유실물에 대한 특례) 전조의 경우에 그 동산이 도품이나 유실물인 때에는 피해자 또는 유실자는 도난 또는 유실한 날로부터 2년 내에 그 물건의 반환을 청구할 수 있다. 그러나 도품이나 유실물이 금전인 때에는 그러하지 아니하다.
> 제251조(도품, 유실물에 대한 특례) 양수인이 도품 또는 유실물을 경매나 공개시장에서 또는 동종류의 물건을 판매하는 상인에게서 선의로 매수한 때에는 피해자 또는 유실자는 양수인이 지급한 대가를 변상하고 그 물건의 반환을 청구할 수 있다.

(5) 수취하지 아니한 물건의 소유권 상실

이 법 및 「민법」 제253조, 제254조에 따라 물건의 소유권을 취득한 자가 그 취득한 날부터 3개월 이내에 물건을 경찰서 또는 자치경찰단으로부터 받아가지 아니할 때에는 그 소유권을 상실한다(제14조).

> **〈참고〉** 「민법」 제254조(매장물의 소유권취득) 매장물은 법률에 정한 바에 의하여 공고한 후 1년 내에 그 소유자가 권리를 주장하지 아니하면 발견자가 그 소유권을 취득한다. 그러나 타인의 토지 기타 물건으로부터 발견한 매장물은 그 토지 기타 물건의 소유자와 발견자가 절반하여 취득한다.
> * 「민법」 제253조 및 제254조에 규정된 기간은 동법 제3조 제1항에 따라 인터넷 사이트에 게시한 날의 다음 날부터 기산(起算)한다(시행령 제12조).

(6) 수취인이 없는 물건의 귀속

이 법의 규정에 따라 경찰서 또는 자치경찰단이 보관한 물건으로서 교부받을 자가 없는 경우에는 그 소유권은 국고 또는 제주특별자치도의 금고에 귀속한다(제15조).

10. 인터넷을 통한 유실물 정보 제공

경찰청장은 경찰서장 및 자치경찰단장이 관리하고 있는 유실물에 관한 정보를 인터넷 홈페이지 등을 통하여 국민에게 제공하여야 한다(제16조).

[탐정으로서 고려할 점]

1. 탐정업무로서 유실물 적법한 조사방법의 강구 : 유실물에 대한 현행법의 조치에 대하여 정확히 이해함으로써 유실물의 획득과정에서 위법행위가 발생하지 않도록 적법한 유실물 조사방법을 강구하여야 한다.
2. 유실물 조사를 위한 탐정업무의 범위와 한계에 대한 이해 : 유실물에 대한 법적 권리관계에 대한 정확한 이해를 통해 탐정으로서 의뢰인의 요구사항의 정당성을 파악할 수 있어야 한다.

제 9 장

부정경쟁방지 및 영업비밀 보호에 관한 법률

제 9 장 부정경쟁방지 및 영업비밀 보호에 관한 법률

동법은 1986년 12월 31일 제정(법률 제3897호, 1987.1.1. 시행)된 후, 수차례의 개정을 거쳐 현재에 이르고 있다.[1)]

제1장	총칙	제1조－제2조의2
제2장	부정경쟁행위의 금지 등	제3조－제9조
제3장	영업비밀의 보호	제9조의2－제14조
제4장	보칙	제14조의2－제20조
부칙		

제 1 절 총 칙

1. 목 적

이 법은 국내에 널리 알려진 타인의 상표·상호(商號) 등을 부정하게 사용하는 등의 부정경쟁행위와 타인의 영업비밀을 침해하는 행위를 방지하여 건전한 거래질서를 유지함을 목적으로 한다(제1조).

2. 용어의 정의

이 법에서 사용하는 용어의 정의는 다음과 같다(제2조).

1) 법률 제15580호, 2018.4.17. 일부개정, 시행 2018.7.18.

용 어	정 의
부정경쟁 행위 (제1호)[2]	다음 각 목의 어느 하나에 해당하는 행위를 말한다. 가. 국내에 널리 인식된 타인의 성명, 상호, 상표, 상품의 용기 · 포장, 그 밖에 타인의 상품임을 표시한 표지(標識)와 동일하거나 유사한 것을 사용하거나 이러한 것을 사용한 상품을 판매 · 반포(頒布) 또는 수입 · 수출하여 타인의 상품과 혼동하게 하는 행위 나. 국내에 널리 인식된 타인의 성명, 상호, 표장(標章), 그 밖에 타인의 영업임을 표시하는 표지(상품 판매 · 서비스 제공방법 또는 간판 · 외관 · 실내장식 등 영업제공 장소의 전체적인 외관을 포함한다)와 동일하거나 유사한 것을 사용하여 타인의 영업상의 시설 또는 활동과 혼동하게 하는 행위 다. 가목 또는 나목의 혼동하게 하는 행위 외에 비상업적 사용 등 대통령령으로 정하는 정당한 사유 없이 국내에 널리 인식된 타인의 성명, 상호, 상표, 상품의 용기 · 포장, 그 밖에 타인의 상품 또는 영업임을 표시한 표지(타인의 영업임을 표시하는 표지에 관하여는 상품 판매 · 서비스 제공방법 또는 간판 · 외관 · 실내장식 등 영업제공 장소의 전체적인 외관을 포함한다)와 동일하거나 유사한 것을 사용하거나 이러한 것을 사용한 상품을 판매 · 반포 또는 수입 · 수출하여 타인의 표지의 식별력이나 명성을 손상하는 행위 라. 상품이나 그 광고에 의하여 또는 공중이 알 수 있는 방법으로 거래상의 서류 또는 통신에 거짓의 원산지의 표지를 하거나 이러한 표지를 한 상품을 판매 · 반포 또는 수입 · 수출하여 원산지를 오인(誤認)하게 하는 행위 마. 상품이나 그 광고에 의하여 또는 공중이 알 수 있는 방법으로 거래상의 서류 또는 통신에 그 상품이 생산 · 제조 또는 가공된 지역 외의 곳에서 생산 또는 가공된 듯이 오인하게 하는 표지를 하거나 이러한 표지를 한 상품을 판매 · 반포 또는 수입 · 수출하는 행위 바. 타인의 상품을 사칭(詐稱)하거나 상품 또는 그 광고에 상품의 품질, 내용, 제조방법, 용도 또는 수량을 오인하게 하는 선전 또는 표지를 하거나 이러한 방법이나 표지로써 상품을 판매 · 반포 또는 수입 · 수출하는 행위 사. 다음의 어느 하나의 나라에 등록된 상표 또는 이와 유사한 상표에 관한 권리를 가진 자의 대리인이나 대표자 또는 그 행위일 전 1년 이내에 대리인이나 대표자이었던 자가 정당한 사유 없이 해당 상표를 그 상표의 지정상품과 동일하거나 유사한 상품에 사용하거나 그 상표를 사용한 상품을 판매 · 반포 또는 수입 · 수출하는 행위 (1) 「공업소유권의 보호를 위한 파리협약」(이하 "파리협약"이라 한다) 당사국 (2) 세계무역기구 회원국 (3) 「상표법 조약」의 체약국(締約國) 아. 정당한 권원이 없는 자가 다음의 어느 하나의 목적으로 국내에 널리 인

	식된 타인의 성명, 상호, 상표, 그 밖의 표지와 동일하거나 유사한 도메인이름을 등록 · 보유 · 이전 또는 사용하는 행위 (1) 상표 등 표지에 대하여 정당한 권원이 있는 자 또는 제3자에게 판매하거나 대여할 목적 (2) 정당한 권원이 있는 자의 도메인이름의 등록 및 사용을 방해할 목적 (3) 그 밖에 상업적 이익을 얻을 목적 자. 타인이 제작한 상품의 형태(형상 · 모양 · 색채 · 광택 또는 이들을 결합한 것을 말하며, 시제품 또는 상품소개서상의 형태를 포함한다. 이하 같다)를 모방한 상품을 양도 · 대여 또는 이를 위한 전시를 하거나 수입 · 수출하는 행위. 다만, 다음의 어느 하나에 해당하는 행위는 제외한다. (1) 상품의 시제품 제작 등 상품의 형태가 갖추어진 날부터 3년이 지난 상품의 형태를 모방한 상품을 양도 · 대여 또는 이를 위한 전시를 하거나 수입 · 수출하는 행위 (2) 타인이 제작한 상품과 동종의 상품(동종의 상품이 없는 경우에는 그 상품과 기능 및 효용이 동일하거나 유사한 상품을 말한다)이 통상적으로 가지는 형태를 모방한 상품을 양도 · 대여 또는 이를 위한 전시를 하거나 수입 · 수출하는 행위 차. 사업제안, 입찰, 공모 등 거래교섭 또는 거래과정에서 경제적 가치를 가지는 타인의 기술적 또는 영업상의 아이디어가 포함된 정보를 그 제공목적에 위반하여 자신 또는 제3자의 영업상 이익을 위하여 부정하게 사용하거나 타인에게 제공하여 사용하게 하는 행위. 다만, 아이디어를 제공받은 자가 제공받을 당시 이미 그 아이디어를 알고 있었거나 그 아이디어가 동종 업계에서 널리 알려진 경우에는 그러하지 아니하다. 카. 그 밖에 타인의 상당한 투자나 노력으로 만들어진 성과 등을 공정한 상거래 관행이나 경쟁질서에 반하는 방법으로 자신의 영업을 위하여 무단으로 사용함으로써 타인의 경제적 이익을 침해하는 행위
영업비밀 (제2호)	공공연히 알려져 있지 아니하고 독립된 경제적 가치를 가지는 것으로서, 합리적인 노력에 의하여 비밀로 유지된 생산방법, 판매방법, 그 밖에 영업활동에 유용한 기술상 또는 경영상의 정보를 말한다.
영업비밀 침해행위 (제3호)	다음 각 목의 어느 하나에 해당하는 행위를 말한다. 가. 절취(竊取), 기망(欺罔), 협박, 그 밖의 부정한 수단으로 영업비밀을 취득하는 행위(이하 "부정취득행위"라 한다) 또는 그 취득한 영업비밀을 사용하거나 공개(비밀을 유지하면서 특정인에게 알리는 것을 포함한다. 이하 같다)하는 행위 나. 영업비밀에 대하여 부정취득행위가 개입된 사실을 알거나 중대한 과실로 알지 못하고 그 영업비밀을 취득하는 행위 또는 그 취득한 영업비밀을 사용하거나 공개하는 행위 다. 영업비밀을 취득한 후에 그 영업비밀에 대하여 부정취득행위가 개입된 사실을 알거나 중대한 과실로 알지 못하고 그 영업비밀을 사용하거나

	공개하는 행위 라. 계약관계 등에 따라 영업비밀을 비밀로서 유지하여야 할 의무가 있는 자가 부정한 이익을 얻거나 그 영업비밀의 보유자에게 손해를 입힐 목적으로 그 영업비밀을 사용하거나 공개하는 행위 마. 영업비밀이 라목에 따라 공개된 사실 또는 그러한 공개행위가 개입된 사실을 알거나 중대한 과실로 알지 못하고 그 영업비밀을 취득하는 행위 또는 그 취득한 영업비밀을 사용하거나 공개하는 행위 바. 영업비밀을 취득한 후에 그 영업비밀이 라목에 따라 공개된 사실 또는 그러한 공개행위가 개입된 사실을 알거나 중대한 과실로 알지 못하고 그 영업비밀을 사용하거나 공개하는 행위
도메인이름 (제4호)	인터넷상의 숫자로 된 주소에 해당하는 숫자·문자·기호 또는 이들의 결합을 말한다.

※ 법 제2조 제1호 다목에서 "비상업적 사용 등 대통령령으로 정하는 정당한 사유"란 다음 각 호의 어느 하나에 해당하는 경우를 말한다(제1조의2).

1. 비상업적으로 사용하는 경우
2. 뉴스보도 및 뉴스논평에 사용하는 경우
3. 타인의 성명, 상호, 상표, 상품의 용기·포장, 그 밖에 타인의 상품 또는 영업임을 표시한 표지(이하 "표지"라 한다)가 국내에 널리 인식되기 전에 그 표지와 동일하거나 유사한 표지를 사용해온 자(그 승계인을 포함한다)가 이를 부정한 목적 없이 사용하는 경우
4. 그 밖에 해당 표지의 사용이 공정한 상거래 관행에 어긋나지 아니한다고 인정되는 경우

▪ **판례 1** ▪ 구 부정경쟁방지 및 영업비밀보호에 관한 법률(2007.12.21. 법률 제8767호로 개정되기 전의 것) 제2조 제2호의 '영업비밀'이란 공연히 알려져 있지 아니하고 독립된 경제적 가치를 가지는 것으로서 상당한 노력에 의하여 비밀로 유지된 생산방법, 판매방법 그 밖에 영업활동에 유용한 기술상 또는 경영상의 정보를 말한다. 여기서 '공연히 알려져 있지 아니하다'는 것은 그 정보가 간행물 등의 매체에 실리는 등 불특정 다수인에게 알려져 있지 않기 때문에 보유자를 통하지 아니하고는 그 정보를 통상 입수할 수 없는 것을 말하고, '독립된 경제적 가치를 가진다'는 것은 그 정보의 보유자가 그 정보의 사용을 통해 경쟁자에 대하여 경쟁상의 이익을 얻을 수 있거나 또는 그 정보의 취득이나 개발을 위해 상당한 비용이나 노력이 필요하다는 것을 말하며, '상당한 노력에 의하여 비밀로 유지된다'는 것은 그 정보가 비밀이라고 인식될 수 있는 표시를 하거나 고지를 하고, 그 정보에 접근할 수 있는 대상자나 접근 방법을 제한하거나 그 정보에 접근한 자에게 비밀준수의무를 부과하는 등 객관적

2) 제2조 제1호(아목, 차목 및 카목은 제외한다)에 따른 부정경쟁행위를 한 자는 3년 이하의 징역 또는 3천만원 이하의 벌금에 처한다(제18조 제3항 제1호).

으로 그 정보가 비밀로 유지·관리되고 있다는 사실이 인식 가능한 상태인 것을 말한다(2006도7916).

▪ **판례 2** ▪ 구 부정경쟁방지 및 영업비밀보호에 관한 법률(2007.12.21. 법률 제8767호로 개정되기 전의 것) 제2조 제3호 (가)목 전단에서 말하는 '부정한 수단'은 절취·기망·협박 등 형법상 범죄를 구성하는 행위뿐만 아니라 비밀유지의무 위반 또는 그 위반의 유인 등 건전한 거래질서의 유지 내지 공정한 경쟁의 이념에 비추어 위에 열거된 행위에 준하는 선량한 풍속 기타 사회질서에 반하는 일체의 행위나 수단을 말한다. 또한 영업비밀을 부정취득한 자는 취득한 영업비밀을 실제 사용하였는지에 관계없이 부정취득행위 그 자체만으로 영업비밀의 경제적 가치를 손상시킴으로써 영업비밀 보유자의 영업상 이익을 침해하여 손해를 입힌다고 보아야 한다(2009다12528).

▪ **판례 3** ▪ 새로운 기술과 같은 기술적인 성과 이외에도 특정 영업을 구성하는 영업소 건물의 형태와 외관, 내부 디자인, 장식, 표지판 등 '영업의 종합적 이미지(트레이드 드레스)'의 경우 그 개별 요소들로서는 부정경쟁방지법 제2조 제1호 (가)목 내지 (자)목을 비롯하여 디자인보호법, 상표법 등 지식재산권 관련 법률의 개별 규정에 의해서는 보호받지 못한다고 하더라도, 그 개별 요소들의 전체 혹은 결합된 이미지는 특별한 사정이 없는 한 부정경쟁방지법 제2조 제1호 (차)목이 규정하고 있는 '해당 사업자의 상당한 노력과 투자에 의하여 구축된 성과물'에 해당한다고 볼 수 있으므로, 경쟁자가 이를 공정한 상거래 관행이나 경쟁질서에 반하는 방법으로 자신의 영업을 위하여 무단으로 사용함으로써 타인의 경제적 이익을 침해하는 행위는 부정경쟁방지법 제2조 제1호 (차)목이 규정한 부정경쟁행위에 해당한다고 봄이 타당하다(2016다229058).

▪ **판례 4** ▪ 부정경쟁방지 및 영업비밀보호에 관한 법률 제2조 제1호 (자)목은 타인이 제작한 상품의 형태를 모방한 상품을 양도·대여하는 등의 행위를 부정경쟁행위의 한 유형으로 규정하면서, 단서에서 타인이 제작한 상품과 동종의 상품(동종의 상품이 없는 경우에는 그 상품과 기능 및 효용이 동일하거나 유사한 상품을 말한다)이 통상적으로 가지는 형태를 모방한 상품을 양도·대여하는 등의 행위를 부정경쟁행위에서 제외하고 있다. 여기에서 동종의 상품이 통상적으로 가지는 형태는 동종의 상품 분야에서 일반적으로 채택되는 형태로서, 상품의 기능·효용을 달성하거나 상품 분야에서 경쟁하기 위하여 채용이 불가피한 형태 또는 동종의 상품이라면 흔히 가지는 개성이 없는 형태 등을 의미한다(2015다216758).

▪ **판례 4** ▪ 구 부정경쟁방지법(1991.12.31. 법률 제4478호로 개정되기 전의 것) 제1조에서는 "이 법은 부정한 수단에 의한 상업상의 경쟁을 방지하여 건전한 상거래의 질서를 유지함을 목적으로 한다"고 규정하고 있고, 그 제2조 제5호에서는 "타인의 상품을 사칭하거나 상품 또는 그 광고에 상품의 품질, 내용, 제조방법, 용도 또는 수량의 오인을 일으키게 하는 선전 또는 표지를 하거나 이러한 방법이나 표지로써 상품을 판매, 반포 또는 수입, 수출하는 행위"를 부정경쟁행위의 한 유형으로 규정하고 있을 뿐이고, 타인의 상품 등이 널리 알려져 있음을 요한다고 규정하고 있지 아니하

므로, 고소인의 상표가 국내에서 널리 알려져 있어야 함을 전제로 하지 않는다(94도3287).

3. 부정경쟁방지 및 영업비밀보호사업

특허청장은 부정경쟁행위의 방지 및 영업비밀보호를 위하여 연구·교육 및 홍보, 부정경쟁방지를 위한 정보관리시스템 구축 및 운영, 그 밖에 대통령령으로 정하는 사업을 할 수 있다(제2조의2). 특허청장은 이러한 연구·교육·홍보 및 정보관리시스템의 구축·운영에 관한 업무를 산업재산권 보호 또는 부정경쟁방지 업무와 관련된 아래 법인이나 단체("전문단체-한국발명진흥회")에 위탁할 수 있으며(제17조 제2항), 예산의 범위에서 이러한 위탁업무에 사용되는 비용의 전부 또는 일부를 지원할 수 있다(동조 제5항).

제 2 절 부정경쟁행위의 금지

1. 부정경쟁행위 금지 내용

(1) 국기·국장 등의 사용금지

파리협약 당사국, 세계무역기구 회원국 또는 「상표법 조약」 체약국의 국기·국장(國章), 그 밖의 휘장이나 국제기구의 표지와 동일하거나 유사한 것은 상표로 사용할 수 없다. 다만, 해당 국가 또는 국제기구의 허락을 받은 경우에는 그러하지 아니하다(제3조 제1항). 또한, 파리협약 당사국, 세계무역기구 회원국 또는 「상표법 조약」 체약국 정부의 감독용 또는 증명용 표지와 동일하거나 유사한 것은 상표로 사용할 수 없다. 다만, 해당 정부의 허락을 받은 경우에는 그러하지 아니하다(동조 제2항).[3)]

3) 다음 각 목의 어느 하나에 해당하는 휘장 또는 표지와 동일하거나 유사한 것을 상표로 사용한 자는 3년 이하의 징역 또는 3천만원 이하의 벌금에 처한다(제18조 제3항 제2호).
1. 파리협약 당사국, 세계무역기구 회원국 또는 「상표법 조약」 체약국의 국기·국장, 그 밖의 휘장

(2) 자유무역협정에 따라 보호하는 지리적 표시의 사용금지 등

정당한 권원이 없는 자는 대한민국이 외국과 양자 간(兩者間) 또는 다자 간(多者間)으로 체결하여 발효된 자유무역협정에 따라 보호하는 지리적 표시(이하 이 조에서 "지리적 표시"라 한다)에 대하여는 제2조 제1호 라목 및 마목의 부정경쟁행위 이외에도 지리적 표시에 나타난 장소를 원산지로 하지 아니하는 상품(지리적 표시를 사용하는 상품과 동일하거나 동일하다고 인식되는 상품으로 한정한다)에 관하여 다음 각 호의 행위를 할 수 없다(제3조의2 제1항).

1. 진정한 원산지 표시 이외에 별도로 지리적 표시를 사용하는 행위
2. 지리적 표시를 번역 또는 음역하여 사용하는 행위
3. "종류", "유형", "양식" 또는 "모조품" 등의 표현을 수반하여 지리적 표시를 사용하는 행위

다만, 위의 각 호에 해당하는 방식으로 상표를 사용하는 자로서 다음 각 호의 요건을 모두 갖춘 자는 해당 상표를 그 사용하는 상품에 계속 사용할 수 있다(동조 제3항).

1. 국내에서 지리적 표시의 보호개시일 이전부터 해당 상표를 사용하고 있을 것
2. 제1호에 따라 상표를 사용한 결과 해당 지리적 표시의 보호개시일에 국내 수요자 간에 그 상표가 특정인의 상품을 표시하는 것이라고 인식되어 있을 것

또한, 정당한 권원이 없는 자는 다음 각 호의 행위를 할 수 없다(동조 제2항).

1. 제1항 각 호에 해당하는 방식으로 지리적 표시를 사용한 상품을 양도·인도 또는 이를 위하여 전시하거나 수입·수출하는 행위
2. 제2조 제1호 라목 또는 마목으로 표시한 부정경쟁행위에 해당하는 방식으로 지리적 표시를 사용한 상품을 인도하거나 이를 위하여 전시하는 행위

---

2. 국제기구의 표지
3. 파리협약 당사국, 세계무역기구 회원국 또는 「상표법 조약」 체약국 정부의 감독용·증명용 표지

2. 부정경쟁행위 등의 민사상 구제조치

(1) 부정경쟁행위 등의 금지청구권 등

부정경쟁행위나 제3조의2 제1항 또는 제2항을 위반하는 행위(이하 "부정경쟁행위 등"이라 한다)로 자신의 영업상의 이익이 침해되거나 침해될 우려가 있는 자는 부정경쟁행위 등을 하거나 하려는 자에 대하여 법원에 그 행위의 금지 또는 예방을 청구할 수 있다(제4조 제1항). 이 청구를 할 때에는 다음 각 호의 조치를 함께 청구할 수 있다(동조 제2항).

1. 부정경쟁행위 등을 조성한 물건의 폐기
2. 부정경쟁행위 등에 제공된 설비의 제거
3. 부정경쟁행위 등의 대상이 된 도메인이름의 등록말소
4. 그 밖에 부정경쟁행위 등의 금지 또는 예방을 위하여 필요한 조치

▪ **판례 1** ▪ 부정경쟁방지및영업비밀보호에관한법률 제4조에 의한 금지청구에 있어서 같은 법 제2조 제1호 (가)목 소정의 타인의 성명·상호·상표·상품의 용기·포장 기타 타인의 상품임을 표시한 표지가 국내에 널리 인식되었는지 여부는 사실심변론종결 시를 기준으로 판단하여야 하며, 같은 법 제2조 제1호 (다)목의 경우에도 마찬가지이다(2002다13782).

▪ **판례 2** ▪ 부정경쟁방지 및 영업비밀보호에 관한 법률 제2조 제1호 (나)목 및 제4조의 규정에 의하면, 같은 법상의 금지청구권의 대상이 되는 부정경쟁행위의 성립에는 상법상의 상호권의 침해에서와 같은 '부정한 목적'이나 부정경쟁행위자의 '고의, 과실'은 요건이 아니다(서울동부지법 2007.5.18. 선고 2006가합15289 판결).

(2) 부정경쟁행위 등에 대한 손해배상책임

고의 또는 과실에 의한 부정경쟁행위 등(제2조 제1호 다목의 경우에는 고의에 의한 부정경쟁행위만을 말한다)로 타인의 영업상 이익을 침해하여 손해를 입힌 자는 그 손해를 배상할 책임을 진다(제5조).

▪ **판례** ▪ 부정경쟁방지 및 영업비밀보호에 관한 법률 제4조에 의한 금지청구를 인정할 것인지의 판단은 사실심 변론종결 당시를 기준으로 하고, 같은 법 제5조에 의한 손해배상청구를 인정할 것인지의 판단은 침해행위 당시를 기준으로 하여야 한다(2009다22037).

▪ **판례 2** ▪ 부정경쟁방지 및 영업비밀보호에 관한 법률 제5조에 의한 손해배상책임을 인정하기 위하여는 고의 또는 과실에 의한 부정경쟁행위를 할 것이 요구되지만, 여기에서의 고의는 부정경쟁행위의 의도나 타인의 영업에 대한 침해 의사까지를 포함하는 것이 아니고 위법행위에 대한 인식을 의미하는 것이다(서울동부지법 2007.5.18. 선고 2006가합15289 판결).

〈참고〉 손해액의 추정(제14조의2)

① 부정경쟁행위 등 또는 영업비밀 침해행위로 영업상의 이익을 침해당한 자가 제5조 또는 제11조에 따른 손해배상을 청구하는 경우 영업상의 이익을 침해한 자가 부정경쟁행위 등 또는 영업비밀 침해행위를 하게 한 물건을 양도하였을 때에는 제1호의 수량에 제2호의 단위수량당 이익액을 곱한 금액을 영업상의 이익을 침해당한 자의 손해액으로 할 수 있다. 이 경우 손해액은 영업상의 이익을 침해당한 자가 생산할 수 있었던 물건의 수량에서 실제 판매한 물건의 수량을 뺀 수량에 단위수량당 이익액을 곱한 금액을 한도로 한다. 다만, 영업상의 이익을 침해당한 자가 부정경쟁행위 등 또는 영업비밀 침해행위 외의 사유로 판매할 수 없었던 사정이 있는 경우에는 그 부정경쟁행위 등 또는 영업비밀 침해행위 외의 사유로 판매할 수 없었던 수량에 따른 금액을 빼야 한다.

1. 물건의 양도수량
2. 영업상의 이익을 침해당한 자가 그 부정경쟁행위, 제3조의2 제1항이나 제2항을 위반한 행위 또는 영업비밀 침해행위가 없었다면 판매할 수 있었던 물건의 단위수량당 이익액

② 부정경쟁행위 등 또는 영업비밀 침해행위로 영업상의 이익을 침해당한 자가 제5조 또는 제11조에 따른 손해배상을 청구하는 경우 영업상의 이익을 침해한 자가 그 침해행위에 의하여 이익을 받은 것이 있으면 그 이익액을 영업상의 이익을 침해당한 자의 손해액으로 추정한다.

③ 부정경쟁행위 등 또는 영업비밀 침해행위로 영업상의 이익을 침해당한 자는 제5조 또는 제11조에 따른 손해배상을 청구하는 경우 부정경쟁행위 또는 제3조의2 제1항이나 제2항을 위반한 행위의 대상이 된 상품 등에 사용된 상표 등 표지의 사용 또는 영업비밀 침해행위의 대상이 된 영업비밀의 사용에 대하여 통상 받을 수 있는 금액에 상당하는 금액을 자기의 손해액으로 하여 손해배상을 청구할 수 있다.

④ 부정경쟁행위 등 또는 영업비밀 침해행위로 인한 손해액이 제3항에 따른 금액을 초과하면 그 초과액에 대하여도 손해배상을 청구할 수 있다. 이 경우 그 영업상의 이익을 침해한 자에게 고의 또는 중대한 과실이 없으면 법원은 손해배상 금액을 산정할 때 이를 고려할 수 있다.

⑤ 법원은 부정경쟁행위 등 또는 영업비밀 침해행위에 관한 소송에서 손해가 발생된 것은 인정되나 그 손해액을 입증하기 위하여 필요한 사실을 입증하는 것이 해당 사실의 성질상 극히 곤란한 경우에는 제1항부터 제4항까지의 규정에도 불구하고 변론 전체의 취지와 증거조사의 결과에 기초하여 상당한 손해액을 인정할 수 있다.

▪ **판례** ▪ 구 부정경쟁방지 및 영업비밀보호에 관한 법률(2007.12.21. 법률 제8767호로 개정되기 전의 것) 제14조의2 제1항은 영업상의 이익을 침해당한 자(이하 '피침해자'라 한다)가 부정경쟁행위 또는 영업비밀 침해행위가 없었다면 판매할 수 있었던 물건의 수량을 영업상의 이익을 침해한 자(이하 '침해자'라 한다)가 부정경쟁행위 또는 영업비밀 침해행위로 양도한 물건의 양도수량에 의해 추정하는 규정으로, 피침해자에 대하여는 자신이 생산할 수 있었던 물건의 수량에서 침해행위가 있었음에도 실제 판매한 물건의 수량을 뺀 수량에 단위수량당 이익액을 곱한 금액을 한도로 하여 부정경쟁행위 또는 영업비밀 침해행위가 없었다면 판매할 수 있었던 물건의 수량 대신에 침해자가 양도한 물건의 양도수량을 입증하여 손해액을 청구할 수 있도록 하는 한편 침해자에 대하여는 피침해자가 부정경쟁행위 또는 영업비밀 침해행위 외의 사유로 판매할 수 없었던 사정이 있는 경우 당해 부정경쟁행위 또는 영업비밀 침해행위 외의 사유로 판매할 수 없었던 수량에 따른 금액을 빼야 한다는 항변을 제출할 수 있도록 한 것이다. 따라서 피침해자가 같은 항에 의하여 손해액을 청구하여 그에 따라 손해액을 산정하는 경우에 침해자로서는 같은 항 단서에 따른 손해액의 감액을 주장할 수 있으나, 같은 항에 의하여 산정된 손해액이 같은 조 제2항이나 제3항에 의하여 산정된 손해액보다 과다하다는 사정을 들어 같은 조 제2항이나 제3항에 의하여 산정된 손해액으로 감액할 것을 주장하여 다투는 것은 허용되지 아니한다(2007다12975).

(3) 부정경쟁행위 등으로 실추된 신용의 회복

법원은 고의 또는 과실에 의한 부정경쟁행위 등을 위반한 행위(제2조 제1호 다목의 경우에는 고의에 의한 부정경쟁행위만을 말한다)로 타인의 영업상의 신용을 실추시킨 자에게는 부정경쟁행위 등을 위반한 행위로 인하여 자신의 영업상의 이익이 침해된 자의 청구에 의하여 상술한 손해배상을 갈음하거나 손해배상과 함께 영업상의 신용을 회복하는 데에 필요한 조치를 명할 수 있다(제6조).

▪ **판례 1** ▪ 상표권 또는 전용사용권의 침해행위나 구 부정경쟁방지법(2004.1.20. 법률 제7095호로 개정되기 전의 것) 제2조 제1호 (가)목에서 정하는 상품주체의 혼동행위가 있었다고 하여도 그것만으로 상표권자 또는 전용사용권자나 상품주체의 영업상의 신용이 당연히 침해되었다고 단언하기 어려우므로, 그와 같은 경우 상표법 제69조 또는 구 부정경쟁방지 및 영업비밀보호에 관한 법률(2007.12.21. 법률 제8767호로 개정되기 전의 것) 제6조에 정한 신용회복을 위해 필요한 조치를 명하기 위하여는 상표권 또는 전용사용권의 침해행위나 상품주체혼동행위가 있었다는 것 외에 그와 같은 행위에 의하여 상표권자 또는 전용사용권자나 상품주체의 영업상의 신용이 실추되었음이 인정되어야 한다(2006다22722).

▪ **판례 2** ▪ 부정경쟁방지 및 영업비밀보호에 관한 법률(이하 '부정경쟁방지법'이라 한다) 제2조 제1호 (나)목에서 타인의 영업임을 표시한 표지가 국내에 널리 인식되었는지 여부는 그 사용기간, 방법, 태양, 사용량, 영업범위 등과 그 영업의 실정 및 사회통념상 객관적으로 널리 알려졌느냐의 여부 등이 기준이 되고(대법원 2001.9.14. 선고 99도691 판결, 대법원 2005.11.25. 선고 2005도6834 판결 등 참조), 부정경쟁방지법 제4조에 의한 금지청구를 인정할 것인지의 판단은 사실심 변론종결 당시를 기준으로 하며(대법원 2004.3.25. 선고 2002다9011 판결 등 참조), 부정경쟁방지법 제5조에 의한 손해배상청구를 인정할 것인지 및 같은 법 제6조에 의한 신용회복청구를 인정할 것인지의 판단은 침해행위 당시를 기준으로 하여야 한다(2006다22043).

3. 부정경쟁행위 등에 대한 행정법상 조치

(1) 부정경쟁행위 등의 조사 등

특허청장, 특별시장·광역시장·특별자치시장·도지사·특별자치도지사(이하 "시·도지사"라 한다) 또는 시장·군수·구청장(자치구의 구청장을 말한다. 이하 같다)은 제2조 제1호 가목부터 사목까지의 부정경쟁행위나 제3조, 제3조의2 제1항 또는 제2항을 위반한 행위를 확인하기 위하여 필요한 경우로서 다른 방법으로는 그 행위여부를 확인하기 곤란한 경우에는 관계 공무원에게 영업시설 또는 제조시설에 출입하여 관계 서류나 장부·제품 등을 조사하게 하거나 조사에 필요한 최소분량의 제품을 수거하여 검사하게 할 수 있다(제7조 제1항).[4] 이 조사를 할 때에는 「행정조사기본법」 제15조에 따라 그 조사가 중복되지 아니하도록 하여야 하며(동조 제2항), 조사 등을 하는 공무원이나 지원업무에 종사하는 자는 그 권한을 표시하는 증표를 지니고 이를 관계인에게 내보여야 한다(동조 제3항).

〈참고〉 제17조(업무의 위탁 등) ③ 특허청장, 시·도지사 또는 시장·군수·구청장은 제7조나 제8조에 따른 업무를 수행하기 위하여 필요한 경우에 전문단체의 지원을 받을 수 있다.
④ 제3항에 따른 지원업무에 종사하는 자에 관하여는 제7조 제3항을 준용한다.

4) 관계 공무원의 조사나 수거를 거부·방해 또는 기피한 자에게는 2천만원 이하의 과태료를 부과한다(제20조 제1항 제1호). 한편, 동법상 과태료는 대통령령(시행령 제6조 참조)으로 정하는 바에 따라 특허청장, 시·도지사 또는 시장·군수·구청장이 부과·징수한다(동조 제2항).

⑤ 특허청장은 예산의 범위에서 제2항에 따른 위탁업무 및 제3항에 따른 지원업무에 사용되는 비용의 전부 또는 일부를 지원할 수 있다.

〈참고〉 행정조사기본법 제15조(중복조사의 제한) ① 제7조에 따라 정기조사 또는 수시조사를 실시한 행정기관의 장은 동일한 사안에 대하여 동일한 조사대상자를 재조사 하여서는 아니 된다. 다만, 당해 행정기관이 이미 조사를 받은 조사대상자에 대하여 위법행위가 의심되는 새로운 증거를 확보한 경우에는 그러하지 아니하다

(2) 위반행위의 시정권고

특허청장, 시·도지사 또는 시장·군수·구청장은 제2조 제1호 가목부터 사목까지의 부정경쟁행위나 제3조, 제3조의2 제1항 또는 제2항을 위반한 행위가 있다고 인정되면 그 위반행위를 한 자에게 30일 이내의 기간을 정하여 그 행위를 중지하거나 표지를 제거 또는 폐기할 것 등 그 시정에 필요한 권고를 할 수 있다(제8조). 이때 특허청장, 시·도지사 또는 시장·군수·구청장은 시정권고를 하기 위하여 필요하다고 인정하면 대통령령으로 정하는 바에 따라 당사자·이해관계인 또는 참고인의 의견을 들어야 한다(제9조).

〈참고〉 시행령 제2조(시정권고의 방법 등) ① 법 제8조에 따른 시정권고는 다음 각 호의 사항을 명시한 문서로 하여야 한다.

1. 시정권고의 이유
2. 시정권고의 내용
3. 시정기한

② 특허청장, 시·도지사 또는 시장·군수·구청장은 제1항에 따른 시정권고를 하기 위하여 필요하다고 인정되는 경우 또는 그 시정권고의 이행 여부를 확인하기 위하여 필요하다고 인정되는 경우에는 관계 공무원으로 하여금 현장을 확인하게 할 수 있다.
③ 제2항에 따라 현장을 확인하는 공무원은 그 권한을 표시하는 증표를 지니고 관계인에게 보여야 한다.

제3조(의견청취의 절차) ① 특허청장, 시·도지사 또는 시장·군수·구청장은 법 제9조에 따라 의견을 들으려는 경우에는 의견청취 예정일 10일 전까지 시정권고의 상대방, 이해관계인, 참고인 또는 그 대리인에게 서면으로 그 뜻을 통지하여 의견을 진술할 기회를 주어야 한다.
② 제1항에 따른 통지를 받은 시정권고의 상대방, 이해관계인, 참고인 또는 그 대리인은 지정된 일시에 지정된 장소로 출석하여 의견을 진술하거나 서면으로 의견을 제출할 수 있다.

③ 제2항에 따라 시정권고의 상대방, 이해관계인, 참고인 또는 그 대리인이 출석하여 의견을 진술하였을 때에는 관계 공무원은 그 요지를 서면으로 작성한 후 의견 진술자에게 그 내용을 확인하고 서명 또는 날인하게 하여야 한다.
④ 제1항에 따른 통지에는 정당한 사유 없이 이에 따르지 아니하면 의견을 진술할 기회를 포기한 것으로 본다는 뜻을 분명히 밝혀야 한다.

제 3 절 영업비밀의 보호

1. 전자지문의 등록 및 영업비밀 원본 증명

영업비밀 보유자는 영업비밀이 포함된 전자문서의 원본 여부를 증명받기 위하여 영업비밀 원본증명기관(제9조의3)에 그 전자문서로부터 추출된 고유의 식별값(이하 "전자지문"(電子指紋)이라 한다)을 등록할 수 있다(제9조의2 제1항). 이때 영업비밀 원본증명기관은 등록된 전자지문과 영업비밀 보유자가 보관하고 있는 전자문서로부터 추출된 전자지문이 같은 경우에는 그 전자문서가 전자지문으로 등록된 원본임을 증명하는 증명서(이하 "원본증명서"라 한다)를 발급할 수 있다(동조 제2항). 이에 따라 원본증명서를 발급받은 자는 위의 전자지문의 등록 당시에 해당 전자문서의 기재 내용대로 정보를 보유한 것으로 추정한다(동조 제3항).

2. 영업비밀의 원본증명기관

(1) 원본증명기관의 지정 등

특허청장은 전자지문을 이용하여 영업비밀이 포함된 전자문서의 원본 여부를 증명하는 업무(이하 "원본증명업무"라 한다)에 관하여 전문성이 있는 자를 중소기업청장과 협의하여 영업비밀 원본증명기관(이하 "원본증명기관"이라 한다)으로 지정할 수 있다(제9조의3 제1항). 이때 특허청장은 원본증명기관에 대하여 원본증명업무를 수행하는 데 필요한 비용의 전부 또는 일부를 보조할 수 있다(동조 제3항).

한편, 원본증명기관으로 지정을 받으려는 자는 대통령령(시행령 제3조의2－제3조의3 참조)으로 정하는 전문인력과 설비 등의 요건을 갖추어 특허청장에게 지정을 신청하여야 하며(동조 제2항), 원본증명기관은 원본증명업무의 안전성과 신뢰성을 확보하기 위하여 다음 각 호에 관하여 대통령령(시행령 제3조의4 참조)으로 정하는 사항을 지켜야 한다(동조 제4항). 원본증명기관 지정의 기준 및 절차에 필요한 사항은 대통령령(시행령 제3조의3 참조)으로 정한다(동조 제5항).

1. 전자지문의 추출·등록 및 보관 2. 영업비밀 원본 증명 및 원본증명서의 발급 3. 원본증명업무에 필요한 전문인력의 관리 및 설비의 보호 4. 그 밖에 원본증명업무의 운영·관리 등

(2) 원본증명기관에 대한 제재

1) 시정명령 및 보조금반환명령

특허청장은 원본증명기관이 다음 각 호의 어느 하나에 해당하는 경우에는 6개월 이내의 기간을 정하여 그 시정을 명할 수 있다(제9조의4 제1항).

1. 원본증명기관으로 지정을 받은 후 지정 요건에 맞지 아니하게 된 경우 2. 원본증명기관의 안전성 및 신뢰성 확보 조치를 취하지 아니한 경우

또한, 특허청장은 원본증명기관이 보조금을 다른 목적으로 사용한 경우에는 기간을 정하여 그 반환을 명할 수 있다(동조 제2항).

2) 지정의 취소 또는 영업정지 및 기록의 인계

특허청장은 원본증명기관이 다음 각 호의 어느 하나에 해당하는 경우에는 그 지정을 취소하거나 6개월 이내의 기간을 정하여 원본증명업무의 전부 또는 일부의 정지를 명할 수 있다. 다만, 제1호 또는 제2호에 해당하는 경우에는 그 지정을 취소하여야 한다(동조 제3항). 이 처분의 세부 기준 및 절차, 제4항에 따른 인계·인수에 필요한 사항은 대통령령(시행령 제3조의5 참조)으로 정한다(동조 제6항). 다만, 특허청장은 원본증명기관의 지정을 취소하거나 업무정지를 명하려면 청문을 하여야 한다(제9조의6).

1. 거짓이나 그 밖의 부정한 방법으로 지정을 받은 경우
2. 원본증명업무의 전부 또는 일부의 정지명령을 받은 자가 그 명령을 위반하여 원본증명업무를 한 경우
3. 정당한 이유 없이 원본증명기관으로 지정받은 날부터 6개월 이내에 원본증명업무를 시작하지 아니하거나 6개월 이상 계속하여 원본증명업무를 중단한 경우
4. 제1항에 따른 시정명령을 정당한 이유 없이 이행하지 아니한 경우
5. 제2항에 따른 보조금 반환명령을 이행하지 아니한 경우

이때 지정이 취소된 원본증명기관은 지정이 취소된 날부터 3개월 이내에 등록된 전자지문이나 그 밖에 전자지문의 등록에 관한 기록 등 원본증명업무에 관한 기록을 특허청장이 지정하는 다른 원본증명기관에 인계하여야 한다. 다만, 다른 원본증명기관이 인수를 거부하는 등 부득이한 사유로 원본증명업무에 관한 기록을 인계할 수 없는 경우에는 그 사실을 특허청장에게 지체 없이 알려야 한다(동조 제4항). 또한 특허청장은 지정이 취소된 원본증명기관이 원본증명업무에 관한 기록을 인계하지 아니하거나 그 기록을 인계할 수 없는 사실을 알리지 아니한 경우(제4항 위반)에는 6개월 이내의 기간을 정하여 그 시정을 명할 수 있다(동조 제5항).[5]

3) 과징금 부과

특허청장은 업무정지를 명하여야 하는 경우로서 그 업무정지가 원본증명기관을 이용하는 자에게 심한 불편을 주거나 공익을 해칠 우려가 있는 경우에는 업무정지명령을 갈음하여 1억원 이하의 과징금을 부과할 수 있다(제9조의5 제1항). 특허청장은 과징금 부과처분을 받은 자가 기한 내에 과징금을 납부하지 아니하는 경우에는 국세 체납처분의 예에 따라 징수한다(동조 제2항). 과징금을 부과하는 위반행위의 종류·정도 등에 따른 과징금의 금액 및 산정방법, 그 밖에 필요한 사항은 대통령령(시행령 제3조의7 참조)으로 정한다(동조 제3항).

5) 시정명령을 이행하지 아니한 자에게는 2천만원 이하의 과태료를 부과한다(제20조 제1항 제2호).

3. 비밀유지 등

누구든지 원본증명기관에 등록된 전자지문이나 그 밖의 관련 정보를 없애거나 훼손·변경·위조 또는 유출하여서는 아니 되며(제9조의7 제1항), 원본증명기관의 임직원이거나 임직원이었던 사람은 직무상 알게 된 비밀을 누설하여서는 아니 된다(동조 제2항).[6)]

4. 영업비밀 침해행위의 구제

(1) 영업비밀 침해행위에 대한 금지청구권 등

영업비밀의 보유자는 영업비밀 침해행위를 하거나 하려는 자에 대하여 그 행위에 의하여 영업상의 이익이 침해되거나 침해될 우려가 있는 경우에는 법원에 그 행위의 금지 또는 예방을 청구할 수 있다(제10조 제1항). 이때 영업비밀 보유자가 금지 또는 예방 청구를 할 때에는 침해행위를 조성한 물건의 폐기, 침해행위에 제공된 설비의 제거, 그 밖에 침해행위의 금지 또는 예방을 위하여 필요한 조치를 함께 청구할 수 있다(동조 제2항).

▪ **판례 1** ▪ 민법 제166조 제2항의 규정에 의하면 부작위를 목적으로 하는 채권의 소멸시효는 위반행위를 한 때로부터 진행한다는 점 및 부정경쟁방지법 제14조의 규정내용 등에 비추어 보면, 부정경쟁방지법 제10조 제1항이 정한 영업비밀침해행위의 금지 또는 예방을 청구할 수 있는 권리의 경우, 그 소멸시효가 진행하기 위하여는 일단 침해행위가 개시되어야 하고, 나아가 영업비밀 보유자가 그 침해 행위에 의하여 자기의 영업상의 이익이 침해되거나 또는 침해될 우려가 있는 사실 및 침해행위자를 알아야 한다(95마594).

▪ **판례 2** ▪ [1] 영업비밀 침해행위를 금지시키는 것은 침해행위자가 침해행위에 의하여 공정한 경쟁자보다 유리한 출발 내지 시간절약이라는 우월한 위치에서 부당하게 이익을 취하지 못하도록 하고, 영업비밀 보유자로 하여금 그러한 침해가 없었더라면 원래 있었을 위치로 되돌아갈 수 있게 하는 데에 그 목적이 있으므로 영업비밀 침해행위의 금지는 공정하고 자유로운 경쟁의 보장 및 인적 신뢰관계의 보호 등의 목적

6) 원본증명기관에 등록된 전자지문이나 그 밖의 관련 정보를 없애거나 훼손·변경·위조 또는 유출하거나, 이를 직무상 알게 된 비밀을 누설한 자는 1년 이하의 징역 또는 1천만원 이하의 벌금에 처한다(제18조 제4항).

을 달성함에 필요한 시간적 범위 내로 제한되어야 하고, 그 범위를 정함에 있어서는 영업비밀인 기술정보의 내용과 난이도, 영업비밀 보유자의 기술정보 취득에 소요된 기간과 비용, 영업비밀의 유지에 기울인 노력과 방법, 침해자들이나 다른 공정한 경쟁자가 독자적인 개발이나 역설계와 같은 합법적인 방법에 의하여 그 기술정보를 취득하는 데 필요한 시간, 침해자가 종업원(퇴직한 경우 포함)인 경우에는 사용자와의 관계에서 그에 종속하여 근무하였던 기간, 담당 업무나 직책, 영업비밀에의 접근 정도, 영업비밀보호에 관한 내규나 약정, 종업원이었던 자의 생계 활동 및 직업선택의 자유와 영업활동의 자유, 지적재산권의 일종으로서 존속기간이 정해져 있는 특허권 등의 보호기간과의 비교, 기타 변론에 나타난 당사자의 인적·물적 시설 등을 고려하여 합리적으로 결정하여야 한다.

[2] 영업비밀이 보호되는 시간적 범위는 당사자 사이에 영업비밀이 비밀로서 존속하는 기간이므로 그 기간의 경과로 영업비밀은 당연히 소멸하여 더 이상 비밀이 아닌 것으로 된다고 보아야 하는바, 그 기간은 퇴직 후 부정한 목적의 영업비밀 침해행위가 없는 평온·공연한 기간만을 가리킨다거나, 그 기산점은 퇴직 후의 새로운 약정이 있는 때 또는 영업비밀 침해행위가 마지막으로 이루어진 때라거나, 나아가 영업비밀 침해금지 기간 중에 영업비밀을 침해하는 행위를 한 경우에는 침해기간만큼 금지기간이 연장되어야 한다고는 볼 수 없다(97다24528).

다만, 영업비밀 침해행위의 금지 또는 예방을 청구할 수 있는 권리는 영업비밀 침해행위가 계속되는 경우에 영업비밀 보유자가 그 침해행위에 의하여 영업상의 이익이 침해되거나 침해될 우려가 있다는 사실 및 침해행위자를 안 날부터 3년 간 행사하지 아니하면 시효(時效)로 소멸한다. 그 침해행위가 시작된 날부터 10년이 지난 때에도 또한 같다(제14조).

(2) 영업비밀 침해에 대한 손해배상책임

고의 또는 과실에 의한 영업비밀 침해행위로 영업비밀 보유자의 영업상 이익을 침해하여 손해를 입힌 자는 그 손해를 배상할 책임을 진다(제11조)(손해액의 추정에 관해서는 전술 '부정행위경쟁 등 손해배상책임' 참조).

▪ **판례** ▪ [1] 부정경쟁방지법(1991.12.31. 법률 제4478호로 개정된 것. 1992.12.15. 시행) 부칙 제2항에 의하면 개정 부정경쟁방지법 시행 전에 영업비밀을 취득한 자가 같은 법 시행 후에 이를 사용하는 경우에는 같은 법에 저촉되지 않는 것이 명백하고, 이와 같이 부정경쟁방지법에 저촉되지 아니하는 행위가 신의칙상 영업비밀유지의무 위반이라는 등의 이유로 위법행위가 되기 위하여는 그것이 위법한 행위라고 볼

만한 특별한 사정이 있어야 한다.

[2] 일반적으로 타인의 불법행위 등에 의하여 재산권이 침해된 경우에는 그 재산적 손해의 배상에 의하여 정신적 고통도 회복된다고 보아야 할 것이므로, 영업비밀 침해행위로 인하여 영업매출액이 감소한 결과 입게 된 정신적 고통을 위자할 의무가 있다고 하기 위하여는 재산적 손해의 배상에 의하여 회복할 수 없는 정신적 손해가 발생하였다는 특별한 사정이 있고 영업비밀 침해자가 그러한 사정을 알았거나 알 수 있었어야 한다(96다31574).

(3) 영업비밀 보유자의 신용회복

법원은 고의 또는 과실에 의한 영업비밀 침해행위로 영업비밀 보유자의 영업상의 신용을 실추시킨 자에게는 영업비밀 보유자의 청구에 의하여 손해배상을 갈음하거나 손해배상과 함께 영업상의 신용을 회복하는 데에 필요한 조치를 명할 수 있다(제12조).

(4) 선의자에 관한 특례

거래에 의하여 영업비밀을 정당하게 취득한 자가 그 거래에 의하여 허용된 범위에서 그 영업비밀을 사용하거나 공개하는 행위에 대하여는 제10조부터 제12조까지의 규정을 적용하지 아니한다(제13조 제1항). 여기서 "영업비밀을 정당하게 취득한 자"란 제2조 제3호 다목 또는 바목에서 영업비밀을 취득할 당시에 그 영업비밀이 부정하게 공개된 사실 또는 영업비밀의 부정취득행위나 부정공개행위가 개입된 사실을 중대한 과실 없이 알지 못하고 그 영업비밀을 취득한 자를 말한다(동조 제2항).

5. 영업비밀 침해행위에 대한 형사처벌

부정한 이익을 얻거나 영업비밀 보유자에게 손해를 입힐 목적으로 그 영업비밀을 외국에서 사용하거나 외국에서 사용될 것임을 알면서 취득·사용 또는 제3자에게 누설한 자는 10년 이하의 징역 또는 1억원 이하의 벌금에 처한다. 다만, 벌금형에 처하는 경우 위반행위로 인한 재산상 이득액의 10배에 해당하는 금액이 1억원을 초과하면 그 재산상 이득액의 2배 이상 10배 이하의 벌금에 처한다(제18조

제1항). 또한 부정한 이익을 얻거나 영업비밀 보유자에게 손해를 입힐 목적으로 그 영업비밀을 취득·사용하거나 제3자에게 누설한 자는 5년 이하의 징역 또는 5천만원 이하의 벌금에 처한다. 다만, 벌금형에 처하는 경우 위반행위로 인한 재산상 이득액의 10배에 해당하는 금액이 5천만원을 초과하면 그 재산상 이득액의 2배 이상 10배 이하의 벌금에 처한다(동조 제2항). 이때 징역과 벌금은 병과(倂科)할 수 있다(동조 제5항).

한편, 위 행위의 미수범은 처벌한다(제18조의2). 또한 제18조 제1항의 죄를 범할 목적으로 예비 또는 음모한 자는 3년 이하의 징역 또는 2천만원 이하의 벌금에 처하며(제18조의3 제1항), 제18조 제2항의 죄를 범할 목적으로 예비 또는 음모한 자는 2년 이하의 징역 또는 1천만원 이하의 벌금에 처한다(동조 제2항).[7]

▪ **판례 1** ▪ [1] 부정경쟁방지 및 영업비밀보호에 관한 법률 제18조 제2항에서 정하고 있는 영업비밀부정사용죄에 있어서는, 행위자가 당해 영업비밀과 관계된 영업활동에 이용 혹은 활용할 의사 아래 그 영업활동에 근접한 시기에 영업비밀을 열람하는 행위(영업비밀이 전자파일의 형태인 경우에는 저장의 단계를 넘어서 해당 전자파일을 실행하는 행위)를 하였다면 그 실행의 착수가 있다.

[2] 부정경쟁방지 및 영업비밀보호에 관한 법률 제18조 제2항은 "부정한 이익을 얻거나 기업에 손해를 가할 목적으로 그 기업에 유용한 영업비밀을 취득·사용하거나 제3자에게 누설한 자"를 처벌하고 있다. 여기서 영업비밀의 '취득'은 도면, 사진, 녹음테이프, 필름, 전산정보처리조직에 의하여 처리할 수 있는 형태로 작성된 파일 등 유체물의 점유를 취득하는 형태는 물론이고, 그 외에 유체물의 점유를 취득함이 없이 영업비밀 자체를 직접 인식하고 기억하는 형태 또는 영업비밀을 알고 있는 사람을 고용하는 형태로도 이루어질 수 있으나, 어느 경우에나 사회통념상 영업비밀을 자신의 것으로 만들어 이를 사용할 수 있는 상태가 되었다면 영업비밀을 취득하였다고 할 것이다. 그리고 기업의 직원으로서 영업비밀을 인지하여 이를 사용할 수 있는 사람은 이미 당해 영업비밀을 취득하였다고 보아야 하므로 그러한 사람이 당해 영업비밀을 단순히 기업의 외부로 무단 반출한 행위는, 업무상배임죄에 해당할 수 있음은 별론으로 하고, 위 조항 소정의 '영업비밀의 취득'에는 해당하지 않는다(2008도9433).

7) 법인의 대표자나 법인 또는 개인의 대리인, 사용인, 그 밖의 종업원이 그 법인 또는 개인의 업무에 관하여 제18조 제1항부터 제4항까지의 어느 하나에 해당하는 위반행위를 하면 그 행위자를 벌하는 외에 그 법인 또는 개인에게도 해당 조문의 벌금형을 과(科)한다. 다만, 법인 또는 개인이 그 위반행위를 방지하기 위하여 해당 업무에 관하여 상당한 주의와 감독을 게을리 하지 아니한 경우에는 그러하지 아니하다(제19조).

▪ **판례 2** ▪ 구 부정경쟁방지 및 영업비밀보호에 관한 법률(2013.7.30. 법률 제11963호로 개정되기 전의 것) 제18조 제1항 위반의 죄는 고의 외에 '부정한 이익을 얻거나 기업에 손해를 가할 목적'을 범죄성립요건으로 하는 목적범이다. 그 목적이 있었는지 여부는 피고인의 직업, 경력, 행위의 동기 및 경위와 수단, 방법, 그리고 영업비밀 보유기업과 영업비밀을 취득한 제3자와의 관계 등 여러 사정을 종합하여 사회통념에 비추어 합리적으로 판단하여야 한다(2015도464).

▪ **판례 3** ▪ 부정한 이익을 얻거나 기업에 손해를 가할 목적으로 그 기업에 유용한 영업비밀이 담겨 있는 타인의 재물을 절취한 후 그 영업비밀을 사용하는 경우, 영업비밀의 부정사용행위는 새로운 법익의 침해로 보아야 하므로 위와 같은 부정사용행위가 절도범행의 불가벌적 사후행위가 되는 것은 아니다. 따라서 부정한 이익을 얻을 목적으로 타인의 영업비밀이 담긴 CD를 절취하여 그 영업비밀을 부정사용한 경우 절도죄와 별도로 부정경쟁방지 및 영업비밀보호에 관한 법률상 영업비밀부정사용죄가 성립한다(2008도5364).

제 4 절 보 칙

1. 부정경쟁행위 등에 대한 소송절차상 특례

(1) 자료의 제출

법원은 부정경쟁행위 등 또는 영업비밀 침해행위로 인한 영업상 이익의 침해에 관한 소송에서 당사자의 신청에 의하여 상대방 당사자에 대하여 해당 침해행위로 인한 손해액을 산정하는 데에 필요한 자료의 제출을 명할 수 있다. 다만, 그 자료의 소지자가 자료의 제출을 거절할 정당한 이유가 있는 경우에는 그러하지 아니하다(제14조의3).

(2) 비밀유지의 명령

1) 비밀유지명령의 요건

법원은 부정경쟁행위 등 또는 영업비밀 침해행위로 인한 영업상 이익의 침해에 관한 소송에서 그 당사자가 보유한 영업비밀에 대하여 다음 각 호의 사유를 모두 소명한 경우에는 그 당사자의 신청에 따라 결정으로 다른 당사자(법인인 경우에는 그 대표자), 당사자를 위하여 소송을 대리하는 자, 그 밖에 해당 소송으로 인하여 영업비밀을 알게 된 자에게 그 영업비밀을 해당 소송의 계속적인 수행 외의 목적으로 사용하거나 그 영업비밀에 관계된 이 항에 따른 명령을 받은 자 외의 자에게 공개하지 아니할 것을 명할 수 있다. 다만, 그 신청 시점까지 다른 당사자(법인인 경우에는 그 대표자), 당사자를 위하여 소송을 대리하는 자, 그 밖에 해당 소송으로 인하여 영업비밀을 알게 된 자가 제1호에 규정된 준비서면의 열람이나 증거조사 외의 방법으로 그 영업비밀을 이미 취득하고 있는 경우에는 그러하지 아니하다(제14조의4 제1항).[8]

1. 이미 제출하였거나 제출하여야 할 준비서면 또는 이미 조사하였거나 조사하여야 할 증거에 영업비밀이 포함되어 있다는 것
2. 위 영업비밀이 해당 소송 수행 외의 목적으로 사용되거나 공개되면 당사자의 영업에 지장을 줄 우려가 있어 이를 방지하기 위하여 영업비밀의 사용 또는 공개를 제한할 필요가 있다는 것

2) 비밀유지명령의 절차

비밀유지명령의 신청은 다음 각 호의 사항을 적은 서면으로 하여야 한다(동조 제2항).

1. 비밀유지명령을 받을 자
2. 비밀유지명령의 대상이 될 영업비밀을 특정하기에 충분한 사실
3. 전술한 비밀유지명령의 요건에 해당하는 사실

법원은 비밀유지명령을 한 경우에는 그 결정서를 비밀유지명령을 받은 자에게 송달하여야 하며(동조 제3항), 비밀유지명령은 위 결정서가 비밀유지명령을 받은 자에게 송달된 때부터 효력이 발생한다(동조 제4항). 그러나 비밀유지명령의 신청을 기각 또는 각하한 재판에 대하여는 즉시항고를 할 수 있다(동조 제5항).

---

8) 국내외에서 정당한 사유 없이 비밀유지명령을 위반한 자는 5년 이하의 징역 또는 5천만원 이하의 벌금에 처한다(제18조의4 제1항). 다만, 이 죄는 비밀유지명령을 신청한 자의 고소가 없으면 공소를 제기할 수 없다(동조 제2항).

3) 비밀유지명령의 취소

비밀유지명령을 신청한 자 또는 비밀유지명령을 받은 자는 비밀유지명령의 요건(제14조의4 제1항)을 갖추지 못하였거나 갖추지 못하게 된 경우 소송기록을 보관하고 있는 법원(소송기록을 보관하고 있는 법원이 없는 경우에는 비밀유지명령을 내린 법원)에 비밀유지명령의 취소를 신청할 수 있다(제14조의5 제1항).

법원은 비밀유지명령의 취소 신청에 대한 재판을 한 경우에는 그 결정서를 그 신청을 한 자 및 상대방에게 송달하여야 하며(동조 제2항). 비밀유지명령을 취소하는 재판은 확정되어야 그 효력이 발생한다(동조 제4항). 한편, 비밀유지명령을 취소하는 재판을 한 법원은 비밀유지명령의 취소 신청을 한 자 또는 상대방 외에 해당 영업비밀에 관한 비밀유지명령을 받은 자가 있는 경우에는 그 자에게 즉시 비밀유지명령의 취소 재판을 한 사실을 알려야 한다(동조 제5항). 비밀유지명령의 취소 신청에 대한 재판에 대하여는 즉시항고를 할 수 있다(동조 제3항).

4) 소송기록 열람 등의 청구 통지 등

비밀유지명령이 내려진 소송(모든 비밀유지명령이 취소된 소송은 제외한다)에 관한 소송기록에 대하여 비밀보호를 위한 열람 등의 제한 결정(민사소송법 제163조 제1항)이 있었던 경우, 당사자가 비밀 기재 부분의 열람 등의 청구를 하였으나 그 청구절차를 해당 소송에서 비밀유지명령을 받지 아니한 자가 밟은 경우에는 법원서기관, 법원사무관, 법원주사 또는 법원주사보(이하 이 조에서 “법원사무관 등”이라 한다)는 비밀보호를 위한 열람 등의 제한 신청을 한 당사자(그 열람 등의 신청을 한 자는 제외한다)에게 그 청구 직후에 그 열람 등의 신청이 있었다는 사실을 알려야 한다(제14조의6 제1항).

이때 법원사무관 등은 열람 등의 신청가 있었던 날부터 2주일이 지날 때까지(그 신청절차를 행한 자에 대한 비밀유지명령신청이 그 기간 내에 행하여진 경우에는 그 신청에 대한 재판이 확정되는 시점까지) 그 신청절차를 행한 자에게 비밀 기재 부분의 열람 등을 하게 하여서는 아니 된다(동조 제2항). 다만, 열람 등의 신청을 한 자에게 비밀 기재 부분의 열람 등을 하게 하는 것에 대하여 비밀 기재 부분의 열람 등의 제한 신청(민사소송법 제163조 제1항)을 한 당사자 모두의 동의가 있는 경우에는 그러하지 아니하다(동조 제3항).

2. 다른 법률과의 관계

「특허법」, 「실용신안법」, 「디자인보호법」, 「상표법」, 「농수산물 품질관리법」 또는 「저작권법」에 제2조부터 제6조까지 및 제18조 제3항과 다른 규정이 있으면 그 법에 따른다(제15조 제1항). 또한 「독점규제 및 공정거래에 관한 법률」, 「표시·광고의 공정화에 관한 법률」, 「하도급거래 공정화에 관한 법률」 또는 「형법」 중 국기·국장에 관한 규정에 제2조 제1호 라목부터 바목까지, 차목 및 카목, 제3조부터 제6조까지 및 제18조 제3항과 다른 규정이 있으면 그 법에 따른다(동조 제2항).

▪ **판례 1** ▪ 부정경쟁방지 및 영업비밀보호에 관한 법률(이하 '부정경쟁방지법'이라 한다) 제15조 제1항은 디자인보호법 등 다른 법률에 부정경쟁방지법 제2조 등과 다른 규정이 있는 경우에는 부정경쟁방지법의 규정을 적용하지 아니하고 다른 법률의 규정을 적용하도록 규정하고 있으나, 디자인보호법상 디자인은 물품의 형상·모양·색채 또는 이들을 결합한 것으로서 시각을 통하여 미감을 일으키게 하는 것이고(디자인보호법 제2조 제1호 참조), 디자인보호법의 입법 목적은 이러한 디자인의 보호 및 이용을 도모함으로써 디자인의 창작을 장려하여 산업발전에 이바지함에 있으므로(디자인보호법 제1조 참조), 디자인의 등록이 대상물품에 미감을 불러일으키는 자신의 디자인의 보호를 위한 것이 아니고, 국내에서 널리 인식되어 사용되고 있는 타인의 상품임을 표시한 표지와 동일 또는 유사한 디자인을 사용하여 일반 수요자로 하여금 타인의 상품과 혼동을 일으키게 하여 이익을 얻을 목적으로 형식상 디자인권을 취득하는 것이라면, 그 디자인의 등록출원 자체가 부정경쟁행위를 목적으로 하는 것으로서, 설령 권리행사의 외형을 갖추었다 하더라도 이는 디자인보호법을 악용하거나 남용한 것이 되어 디자인보호법에 의한 적법한 권리의 행사라고 인정할 수 없으니, 이러한 경우에는 부정경쟁방지법 제15조 제1항에 따라 같은 법 제2조의 적용이 배제된다고 할 수 없다(2010도15512).

▪ **판례 2** ▪ 구 부정경쟁방지법 제9조의 규정은 그 법률이 시행되기 전의 구 부정경쟁방지법(1986.12.31. 법률 제3897호로 전문 개정되기 전의 것) 제7조가 상표법 등에 의하여 권리를 행사하는 행위에 대하여는 부정경쟁방지법의 규정을 적용하지 아니한다고 규정하던 것과는 달리 상표법, 상법 중 상호에 관한 규정 등에 부정경쟁방지법의 규정과 다른 규정이 있는 경우에는 그 법에 의하도록 한 것에 지나지 아니하므로, 상표법 등 다른 법률에 의하여 보호되는 권리일지라도 그 법에 저촉되지 아니하는 범위 안에서는 부정경쟁방지법을 적용할 수 있다(94도3287).

3. 신고포상금 지급

특허청장은 부정경쟁행위(등록상표에 관한 것으로 한정한다)를 한 자를 신고한 자에게 예산의 범위에서 신고포상금을 지급할 수 있다(제16조 제1항). 신고포상금 지급의 기준·방법 및 절차에 필요한 사항은 대통령령(시행령 제3조의8 참조)으로 정한다(동조 제2항).

4. 규제의 재검토

특허청장은 다음 각 호의 사항에 대하여 2015년 1월 1일을 기준으로 3년마다(매 3년이 되는 해의 기준일과 같은 날 전까지를 말한다) 그 타당성을 검토하여 개선 등의 조치를 하여야 한다(제17조의2).

1. 제9조의4에 따른 원본증명기관에 대한 행정처분 기준
2. 제20조에 따른 과태료 부과기준

5. 벌칙 적용에서의 공무원 의제

제17조 제3항에 따른 지원업무에 종사하는 자는 「형법」 제127조 및 제129조부터 제132조까지의 규정에 따른 벌칙의 적용에서는 공무원으로 본다(제17조의3).

[탐정으로서 고려할 점]

1. 기업 등의 영업비밀침해행위 등에 관련된 탐정의 역할 확대 : 건전한 거래질서 확립을 위해 부정경쟁방지와 영업비밀침해행위를 방지하려는 현행 법제에 대한 현행 법제에 대한 이해를 통해 탐정이 조사할 대상과 범위에 대해 연구해 볼 필요가 있다.
2. 부정경쟁방지 및 영업비밀침해행위로 인한 피해구제에 있어서 탐정업무의 효율화 도모 : 부정경쟁방지 및 영업비밀침해행위의 조사 및 증거수집 등을 통해 피해자가 충분한 구제를 받을 수 있도록 현행법에 대한 이해를 바탕으로 관련 자료의 확보 등에 관한 지식을 갖출 필요가 있다.

제10장

공익신고자 보호법

제10장 공익신고자 보호법

동법은 2011.03.29에 제정(법률 제10472호, 2011.9.30. 시행)된 이후로 수차례의 개정을 거쳐 현재에 이르고 있다.[1]

제1장	총칙	제1조－제5조
제2장	공익신고	제6조－제10조의2
제3장	공익신고자 등의 보호	제11조－제25조의2
제4장	보상금, 포상금, 및 구조금	제26조－제29조
제5장	벌칙	제30조－제31조
부칙		제1조－제4조

제1절 총 칙

1. 목 적

이 법은 공익을 침해하는 행위를 신고한 사람 등을 보호하고 지원함으로써 국민생활의 안정과 투명하고 깨끗한 사회풍토의 확립에 이바지함을 목적으로 한다(제1조).

2. 용어의 정의

이 법에서 사용하는 용어의 정의는 다음과 같다(제2조).

1) 법률 제15616호, 2018.4.17. 일부개정, 시행 2018.10.18.

용 어	정 의
공익침해행위 (제1호)	국민의 건강과 안전, 환경, 소비자의 이익, 공정한 경쟁 및 이에 준하는 공공의 이익을 침해하는 행위로서 다음 각 목의 어느 하나에 해당하는 행위를 말한다. 가. 별표*에 규정된 법률의 벌칙에 해당하는 행위 나. 별표*에 규정된 법률에 따라 인허가의 취소처분, 정지처분 등 대통령령으로 정하는 행정처분의 대상이 되는 행위
공익신고 (제2호)	제6조 각 호의 어느 하나에 해당하는 자에게 공익침해행위가 발생하였거나 발생할 우려가 있다는 사실을 신고·진정·제보·고소·고발하거나 공익침해행위에 대한 수사의 단서를 제공하는 것을 말한다. 다만, 다음 각 목의 어느 하나에 해당하는 경우는 공익신고로 보지 아니한다. 가. 공익신고 내용이 거짓이라는 사실을 알았거나 알 수 있었음에도 불구하고 공익신고를 한 경우 나. 공익신고와 관련하여 금품이나 근로관계상의 특혜를 요구하거나 그 밖에 부정한 목적으로 공익신고를 한 경우
공익신고 등 (제3호)	공익신고와 공익신고에 대한 조사·수사·소송 및 공익신고자 보호조치에 관련된 조사·소송 등에서 진술·증언하거나 자료를 제공하는 것을 말한다.
공익신고자 (제4호)	공익신고를 한 사람을 말한다.
공익신고자 등 (제5호)	공익신고자와 공익신고에 대한 조사·수사·소송 및 공익신고자 보호조치에 관련된 조사·소송 등에서 진술·증언하거나 자료를 제공한 사람을 말한다.
불이익조치 (제6호)	다음 각 목의 어느 하나에 해당하는 조치를 말한다. 가. 파면, 해임, 해고, 그 밖에 신분상실에 해당하는 신분상의 불이익조치 나. 징계, 정직, 감봉, 강등, 승진 제한, 그 밖에 부당한 인사조치 다. 전보, 전근, 직무 미부여, 직무 재배치, 그 밖에 본인의 의사에 반하는 인사조치 라. 성과평가 또는 동료평가 등에서의 차별과 그에 따른 임금 또는 상여금 등의 차별 지급 마. 교육 또는 훈련 등 자기계발 기회의 취소, 예산 또는 인력 등 가용자원의 제한 또는 제거, 보안정보 또는 비밀정보 사용의 정지 또는 취급 자격의 취소, 그 밖에 근무조건 등에 부정적 영향을 미치는 차별 또는 조치 바. 주의 대상자 명단 작성 또는 그 명단의 공개, 집단 따돌림, 폭행 또는 폭언, 그 밖에 정신적·신체적 손상을 가져오는 행위 사. 직무에 대한 부당한 감사(監査) 또는 조사나 그 결과의 공개 아. 인허가 등의 취소, 그 밖에 행정적 불이익을 주는 행위

	자. 물품계약 또는 용역계약의 해지(解止), 그 밖에 경제적 불이익을 주는 조치
내부 공익신고자 (제7호)	다음 각 목의 어느 하나에 해당하는 공익신고자를 말한다. 가. 피신고자인 공공기관, 기업, 법인, 단체 등에 소속되어 근무하거나 근무하였던 자 나. 피신고자인 공공기관, 기업, 법인, 단체 등과 공사·용역계약 또는 그 밖의 계약에 따라 업무를 수행하거나 수행하였던 자 다. 그 밖에 대통령령으로 정하는 자

* 제1호 별표 – 「의료법」, 「폐기물관리법」, 「항공법」, 「방위사업법」 등 총 284개의 법률

※ 법 제2조 제1호 나목에서 "인허가의 취소처분, 정지처분 등 대통령령으로 정하는 행정처분"이란 다음 각 호의 어느 하나에 해당하는 처분을 말한다(시행령 제3조).

1. 허가·인가·특허·면허·승인·지정·검정·인증·확인·증명·등록 등을 취소·철회하거나 말소하는 처분
2. 영업·업무·효력·자격 등을 정지하는 처분
3. 시정명령, 시설개수명령, 이전명령, 폐쇄명령, 철거명령, 위반사실 공표명령 등 의무자의 의사에 반하여 특정한 행위를 명하는 처분
4. 과징금, 과태료 등 위반사실을 이유로 금전 납부 의무를 부과하는 처분

※ 제3조의2(내부 공익신고자의 범위) 법 제2조 제7호 다목에서 "대통령령으로 정하는 자"란 다음 각 호의 어느 하나에 해당하는 자를 말한다(시행령 제3조의2).

1. 피신고자인 공공기관, 기업, 법인, 단체 등에 소속되어 근무하기 전에 피신고자인 공공기관, 기업, 법인, 단체 등에서 직무교육 또는 현장실습 등 교육 또는 훈련을 받고 있거나 받았던 자
2. 피신고자인 공공기관의 감독을 받는 「공직자윤리법」 제3조의2에 따라 지정된 공직 유관단체에 소속되어 근무하거나 근무하였던 자
3. 다음 각 목의 어느 하나에 해당하는 기업, 법인에 소속되어 근무하거나 근무하였던 자
   가. 피신고자인 기업, 법인과 「독점규제 및 공정거래에 관한 법률」 제2조 제3호에 따른 계열회사의 관계에 있는 기업, 법인
   나. 피신고자인 기업, 법인과 「주식회사의 외부감사에 관한 법률」 제1조의2 제2호 및 같은 법 시행령 제1조의3에 따른 지배·종속의 관계에 있는 기업, 법인
4. 그 밖에 피신고자인 공공기관, 기업, 법인, 단체 등의 지도 또는 관리·감독을 받는 자로서 공익신고로 인하여 피신고자인 공공기관, 기업, 법인, 단체 등으로부터 불이익조치를 받을 수 있는 자

3. 국가 등의 책무

국가 또는 지방자치단체는 공익침해행위의 예방과 확산 방지 및 공익신고자 등의 보호·지원을 위하여 노력하여야 하며(제3조 제1항), 기업의 공익침해행위 예방활동 등이 활성화될 수 있도록 지원하거나 협력할 수 있다(동조 제3항). 또한 기업은 직장 내 공익신고자 등이 보호받을 수 있는 여건을 조성하도록 노력하여야 한다(동조 제2항).

4. 국민권익위원회의 정책수립

공익신고자 등을 보호하고 지원하기 위하여 국민권익위원회(이하 "위원회"라 한다)는 다음 각 호에 대한 정책을 수립하여야 한다(제4조 제1항).

1. 공익신고의 접수 및 처리 등에 관한 사항
2. 공익신고자 등의 비밀보장 및 신변보호 등에 관한 사항
3. 공익신고자 등에 대한 불이익조치 금지 및 보호조치 등에 관한 사항
4. 공익신고자 등에 대한 보상금·구조금 지급에 관한 사항
5. 공익신고자 보호제도에 관한 교육 및 홍보 등에 관한 사항

위원회는 이 정책을 효율적으로 수립하기 위하여 필요한 경우에는 제6조 각 호의 기관에 대하여 공익신고 처리 및 보호조치 현황 등에 관한 실태조사를 할 수 있다(동조 제2항). 이 실태조사의 방법·절차 등에 필요한 사항은 대통령령으로 정한다(동조 제3항).

〈참고〉 시행령 제4조의2(실태조사 등) ① 위원회는 법 제4조 제2항에 따라 법 제6조 각 호의 기관에 대하여 다음 각 호의 사항에 관한 실태조사를 할 수 있다.

1. 공익신고의 접수·처리 현황
2. 공익신고자 등에 대한 위원회의 보호조치결정 등 및 특별보호조치결정 등의 이행 현황
3. 다른 법령에 따라 공익신고자 등에게 지급하는 보상금, 포상금 또는 구조금 현황
4. 공익신고의 처리와 관련된 행정심판 청구 또는 행정소송 제기 현황
5. 공익신고자 보호제도 관련 교육·홍보 현황

6. 그 밖에 공익신고자 보호제도 운영과 관련된 사항
② 위원회는 제1항에 따라 실태조사를 소속 공무원으로 하여금 방문하여 조사하게 하거나 서면 등의 방법으로 실시할 수 있다.
③ 제2항에 따라 방문하여 조사하는 경우에는 조사 3일 전까지 조사일시, 조사목적, 조사장소 및 실태조사자의 인적사항 등을 조사 대상자에게 통지하여야 한다.

5. 다른 법률과의 관계

공익신고자 등의 보호와 관련하여 이 법과 다른 법률의 적용이 경합하는 경우에는 이 법을 우선 적용하되, 다른 법률을 적용하는 것이 공익신고자 등에게 유리한 경우에는 그 법을 적용한다(제5조).

제 2 절 공익신고

1. 공익신고

누구든지 공익침해행위가 발생하였거나 발생할 우려가 있다고 인정하는 경우에는 다음 각 호의 어느 하나에 해당하는 자에게 공익신고를 할 수 있다(제6조).

1. 공익침해행위를 하는 사람이나 기관·단체·기업 등의 대표자 또는 사용자
2. 공익침해행위에 대한 지도·감독·규제 또는 조사 등의 권한을 가진 행정기관이나 감독기관(이하 "조사기관"이라 한다)
3. 수사기관
4. 위원회
5. 그 밖에 공익신고를 하는 것이 공익침해행위의 발생이나 그로 인한 피해의 확대방지에 필요하다고 인정되어 대통령령으로 정하는 자

※ 법 제6조 제5호에서 "대통령령으로 정하는 자"란 다음 각 호의 어느 하나에 해당하는 자를 말한다(시행령 제5조 제1항).
1. 국회의원
2. 공익침해행위와 관련된 법률에 따라 설치된 공사·공단 등의 공공단체에 해당하는 자

〈참고〉 시행령 제5조(공익신고 기관 등) ② 국회의원 및 제1항 제2호에 따른 공공단체(이하 "국회의원 등"이라 한다)는 공익신고를 받으면 법 제6조 제2호부터 제4호까지의 어느 하나에 해당하는 자에게 공익신고를 보내야 한다. 다만, 공익신고가 법 제10조 제2항 각 호의 어느 하나에 해당하는 경우에는 공익신고를 보내지 아니할 수 있다.
③ 국회의원 등은 제2항에 따른 조치 사실(보내지 아니한 경우에는 그 사유를 포함한다)을 공익신고자에게 통지하여야 한다.

2. 공직자의 공익신고 의무

「부패방지 및 국민권익위원회의 설치와 운영에 관한 법률」 제2조 제3호에 따른 공직자(이하 "공직자"라 한다)는 그 직무를 하면서 공익침해행위를 알게 된 때에는 이를 조사기관, 수사기관 또는 위원회에 신고하여야 한다(제7조).

3. 공익신고의 방법

(1) 직접신고

공익신고를 하려는 사람은 다음 각 호의 사항을 적은 문서(전자문서를 포함한다. 이하 "신고서"라 한다)와 함께 공익침해행위의 증거 등을 첨부하여 제6조 각 호의 어느 하나에 해당하는 자에게 제출하여야 한다(제8조 제1항).

1. 공익신고자의 이름, 주민등록번호, 주소 및 연락처 등 인적사항
2. 공익침해행위를 하는 자
3. 공익침해행위 내용
4. 공익신고의 취지와 이유

그러나 신고서를 제출할 수 없는 특별한 사정이 있는 경우에는 구술(口述)로 신고할 수 있다. 이 경우 증거 등을 제출하여야 한다(동조 제2항). 이때 구술신고를 받은 자는 신고서에 공익신고자가 말한 사항을 적은 후 공익신고자에게 읽어 들려주고 공익신고자가 서명하거나 도장을 찍도록 하여야 한다(동조 제3항).

(2) 비실명 대리신고

공익신고자는 자신의 인적사항을 밝히지 아니하고 변호사로 하여금 공익신고를 대리하도록 할 수 있으며, 이 경우 공익신고자의 인적사항은 변호사의 인적사항으로 갈음한다(제8조의2 제1항).

대리에 의한 공익신고는 위원회에 하여야 하며, 공익신고자 또는 공익신고를 대리하는 변호사는 그 취지를 밝히고 공익신고자의 인적사항, 공익신고자임을 입증할 수 있는 자료 및 위임장을 위원회에 함께 제출하여야 한다(동조 제2항). 이때 위원회는 제출된 자료를 봉인하여 보관하여야 하며, 공익신고자 본인의 동의 없이 이를 열람해서는 아니 된다(동조 제3항).

〈참고〉 국민권익위원회에 신고하는 방법

1. 인터넷 : 위원회 주소 http://www.acrc.go.kr/acrc/index.do/청렴신문고 1398.acrc.go.kr
2. 전화 : 110 또는 1398
3. 우편 : (03740) 서울특별시 서대문구 통일로 87(미근동 257) 임광빌딩 신관 1층 부패공익침해신고센터
4. 팩스 : 044-200-7972
5. 직접 방문 신청 : 국민권익위원회 서울종합민원사무소(서울 – 우편주소 확인)/국민원익위원회 {(30102) 세종특별자치시 도움5로 20(세종청사 7동), 국민권익위원회}

4. 신고내용의 확인 및 이첩 등

(1) 신고내용의 확인 및 이첩 과정

위원회가 공익신고를 받은 때에는 공익신고자의 인적사항, 공익신고의 경위 및 취지 등 신고내용의 특정에 필요한 사항 등을 확인할 수 있다(제9조 제1항). 이때 위원회는 이 사항에 대한 진위 여부를 확인하는 데 필요한 범위에서 공익신고자에게 필요한 자료의 제출을 요구할 수 있으며(동조 제2항), 사실 확인을 마친 후에는 바로 해당 조사기관이나 수사기관에 이첩하고, 그 사실을 공익신고자에게 통보하여야 한다(동조 제3항).

〈**참고**〉 시행령 제8조(공익신고의 처리) ① 위원회는 공익신고를 받은 날부터 60일 이내에 그 내용을 확인하여 조사기관 등에 이첩(移牒)하여야 한다. 다만, 공익신고가 법 제10조 제2항 각 호의 어느 하나에 해당하는 경우에는 이첩하지 아니할 수 있다.

② 위원회는 공익신고 내용의 보완 등을 위하여 필요하다고 인정되는 경우에는 제1항에서 정한 기간을 30일 이내에서 연장할 수 있다.

③ 위원회는 제1항 단서에 따라 공익신고를 이첩하지 아니하는 경우에는 그 사실 및 사유를 공익신고자에게 통지하여야 한다.

제9조(공익신고의 이첩) ① 위원회가 법 제9조 제3항에 따라 조사기관 등에 공익신고를 이첩하는 경우에는 다음 각 호의 구분에 따라야 한다.

1. 지도·감독·규제 또는 조사의 필요성이 있다고 인정되는 경우: 조사기관
2. 범죄 혐의가 있거나 수사의 필요성이 있다고 인정되는 경우: 수사기관

② 위원회는 공익신고 내용이 여러 기관과 관련되는 경우에는 주관기관을 지정하여 이첩할 수 있다. 이 경우 주관기관과 관련 기관은 공익신고가 한꺼번에 처리되도록 상호 협조하여야 한다.

③ 위원회는 법 제9조 제3항에 따라 공익신고를 이첩하는 경우에는 법 제8조 제1항 각 호의 사항과 공익신고자가 제출한 증거자료 등을 함께 이첩하여야 한다. 다만, 공익신고자가 신분공개에 동의하지 아니한 경우에는 인적사항은 제외한다.

제10조(공공기관 송부) ① 위원회는 공익신고로 받은 사항(이하 "신고사항"이라 한다)이 공익침해행위인지 여부가 명백하지 아니한 경우로서 「부패방지 및 국민권익위원회의 설치와 운영에 관한 법률」 제2조 제1호에 따른 공공기관(이하 "공공기관"이라 한다)에서 처리함이 타당하다고 인정될 때에는 신고사항을 공공기관에 보낼 수 있다. 이 경우 위원회는 그 사실을 공익신고자에게 통지하여야 한다.

② 제1항에 따라 신고사항을 받은 공공기관은 신고사항이 공익침해행위로 확인된 경우에는 그 사실을 위원회에 통보하여야 하고, 위원회는 제9조 제1항에 따른 기준에 따라 조사기관 등에 이첩하여야 한다. 다만, 신고사항을 받은 공공기관이 해당 공익침해행위에 대한 조사기관 등인 경우에는 제8조 제1항에 따라 이첩받은 것으로 보고, 공익침해행위를 처리하여야 한다.

한편, 공익신고를 이첩 받은 조사기관이나 수사기관은 조사·수사 종료 후 조사결과 또는 수사결과를 위원회에 통보하여야 한다. 이 경우 위원회는 조사결과 또는 수사결과의 요지를 공익신고자에게 통지하여야 한다(동조 제4항). 또한 위원회는 이 조사결과를 통보받은 후 공익침해행위의 확산 및 재발 방지를 위하여 필요하다고 인정하면 제10조 제4항에 따라 해당 조사기관이 조사결과에 따라 취한 필요한 조치 외에 관계 법령에 따른 다음 각 호의 조치에 관한 의견을 제시할 수 있다(동조 제5항).

1. 제품의 제조·판매중지, 회수 또는 폐기 등
2. 영업정지, 자격정지 등
3. 그 밖에 해당 공익침해행위 제거 및 예방 등을 위하여 필요한 조치

〈참고〉 시행령 제11조(조사기관 등의 처리 등) ① 법 제9조 제3항에 따라 공익신고를 이첩받은 조사기관 등은 그 공익신고를 다른 조사기관 등에서 처리하는 것이 적절하다고 판단하는 경우에는 위원회와 협의하여 이를 다른 조사기관 등에 다시 이첩할 수 있다.

② 법 제9조 제3항에 따라 공익신고를 이첩받은 조사기관 등은 조사·수사 종료 후 10일 이내에 조사결과 또는 수사결과를 위원회에 통보하여야 한다.

③ 제2항에 따른 통보는 다음 각 호의 내용이 포함된 문서로 하여야 한다.

1. 형사처분 및 행정처분 등 신고사항에 대한 처리결과 및 처리 경위와 이유
2. 조사·수사 종료 후 처리 방향
3. 법 제26조 제1항 및 제27조 제1항에 따른 보상금 및 구조금의 지급대상에 해당하거나 해당할 것으로 예측되는 경우 그 사실
4. 공익신고와 관련하여 제도 개선이 필요하다고 인정되는 경우 그 요지
5. 그 밖에 공익신고와 관련하여 위원회 또는 공익신고자가 알아야 할 필요가 있는 사항

④ 위원회는 조사기관 등으로 이첩한 신고내용의 처리 상황에 대한 자료를 조사기관 등에 요청할 수 있다. 이 경우 조사기관 등은 특별한 사유가 없으면 처리 상황을 위원회에 통보하여야 한다.

제11조의2(의견제시) 위원회는 법 제9조 제5항에 따라 의견을 제시하는 경우에는 그 의견제시의 내용 및 의견제시에 대한 처리 결과의 회신기한 등의 사항을 명시한 서면으로 하여야 한다.

그리고 이때 통지를 받은 공익신고자는 대통령령으로 정하는 바에 따라 위원회에 조사결과 또는 수사결과에 대한 이의신청을 할 수 있다(동조 제6항). 또한 위원회는 조사기관이나 수사기관의 조사·수사가 충분하지 아니하였다고 인정하거나 제6항에 따른 이의신청에 이유가 있다고 인정하는 경우 조사기관이나 수사기관에 재조사·재수사를 요구할 수 있다(동조 제7항). 이때 재조사·재수사를 요구받은 조사기관이나 수사기관은 재조사·재수사 종료 후 그 결과를 위원회에 통보하여야 하고, 위원회는 공익신고자에게 재조사·재수사 결과의 요지를 통지하여야 한다(동조 제8항).

〈참고〉 시행령 제11조의3(이의신청 및 재조사·재수사 요구 등) ① 공익신고자는 법 제9조 제6항에 따라 이의신청을 하려는 경우에는 조사결과 또는 수사결과의 요지를 통지받은 날부터 7일 이내에 이의신청의 취지 및 이유를 적고 관련 자료를 첨부한 서면으로 하여야 한다.

② 위원회는 법 제9조 제7항에 따라 조사기관이나 수사기관에 재조사·재수사를 요구하는 경우에는 다음 각 호의 구분에 따른 기간 이내에 하여야 한다.

1. 조사기관이나 수사기관의 조사·수사가 충분하지 아니하였다고 인정하는 경우: 조사결과 또는 수사결과를 통보받은 날부터 60일
2. 법 제9조 제6항에 따른 공익신고자의 이의신청이 이유가 있다고 인정하는 경우: 이의신청을 받은 날부터 60일

③ 위원회는 제1항에 따른 이의신청을 받은 날부터 60일 이내에 제2항 제2호에 따라 재조사·재수사를 요구하였는지 여부 등 이의신청에 대한 처리결과를 공익신고자에게 통지하여야 한다.

(2) 보호·지원 안내

위원회는 다음 각 호의 사항에 관한 안내 방안을 마련하여 시행하여야 한다(제9조의2 제1항). 안내의 대상, 방법 및 그 밖에 필요한 사항은 대통령령으로 정한다(동조 제2항).

1. 제12조에 따른 비밀보장에 관한 사항
2. 제13조에 따른 신변보호조치 요구에 관한 사항
3. 제16조에 따른 인사조치 요구에 관한 사항
4. 제17조에 따른 보호조치 신청에 관한 사항
5. 제22조에 따른 불이익조치 금지 신청에 관한 사항
6. 제26조에 따른 보상금 지급 신청에 관한 사항
7. 제26조의2에 따른 포상금 지급에 관한 사항
8. 제27조에 따른 구조금 지급 신청에 관한 사항

〈참고〉 시행령 제11조의4(보호·지원 안내) ① 법 제9조의2에 따른 보호·지원 안내 대상자는 공익신고자와 법 제19조 제2항 제1호에 따른 보호조치를 신청한 사람(공익신고자는 제외하며, 이하 이 조에서 "신청인"이라 한다) 및 같은 항 제3호에 따른 참고인(이하 이 조에서 "참고인"이라 한다)으로 한다.

② 위원회는 다음 각 호의 어느 하나에 해당하는 때에는 공익신고자에게 법 제9조의2 제1항 각 호에 관한 사항을 안내하여야 한다. 다만, 이미 안내를 한 경우에는 그러하지 아니하다.

1. 법 제8조에 따른 공익신고를 접수할 때
2. 법 제9조 제3항에 따라 조사기관·수사기관에 이첩한 사실을 통보하거나 제10조 제1항 후단에 따라 공공기관에 송부한 사실을 통지할 때
3. 법 제9조 제4항 후단에 따라 조사기관·수사기관의 조사·수사 결과의 요지를 통지하거나 같은 조 제8항 후단에 따라 조사기관·수사기관의 재조사·재수사 결과의 요지를 통지할 때

③ 위원회는 신청인 및 참고인에게 법 제19조 제2항에 따라 관련 자료의 제출을 요구하거나 같은 조 제3항에 따라 출석을 요구하여 진술을 청취하거나 진술서의 제출을 요구할 때에는 법 제9조의2 제1항 각 호에 관한 사항을 안내하여야 한다.

④ 위원회는 제2항 및 제3항에 따른 안내를 하는 경우에는 문서(전자문서를 포함한다)로 하여야 한다. 다만, 안내 대상자의 동의가 있는 경우에는 구술 또는 전화로 안내할 수 있다.

⑤ 위원회는 법 제9조의2 제1항 각 호에 관한 사항을 인터넷 홈페이지에 게시하여야 한다.

5. 공익신고의 처리

(1) 공익신고 처리

조사기관은 공익신고를 받은 때와 위원회로부터 공익신고를 이첩받은 때에는 그 내용에 관하여 필요한 조사를 하여야 한다(제10조 제1항). 그러나 조사기관은 공익신고가 다음 각 호의 어느 하나에 해당하는 경우에는 조사를 하지 아니하거나 중단하고 끝낼 수 있다(동조 제2항).

1. 공익신고의 내용이 명백히 거짓인 경우
2. 공익신고자의 인적사항을 알 수 없는 경우
3. 공익신고자가 신고서나 증명자료 등에 대한 보완 요구를 2회 이상 받고도 보완 기간에 보완하지 아니한 경우
4. 공익신고에 대한 처리 결과를 통지받은 사항에 대하여 정당한 사유 없이 다시 신고한 경우
5. 공익신고의 내용이 언론매체 등을 통하여 공개된 내용에 해당하고 공개된 내용 외에 새로운 증거가 없는 경우
6. 다른 법령에 따라 해당 공익침해행위에 대한 조사가 시작되었거나 이미 끝난 경우
7. 그 밖에 공익침해행위에 대한 조사가 필요하지 아니하다고 대통령령으로 정하는 경우

※ 법 제10조 제2항 제7호에서 "대통령령으로 정하는 경우"란 다음 각 호의 어느 하나에 해당하는 경우를 말한다(시행령 제12조).
1. 신고 내용이 공익침해행위와 관련성이 없는 경우
2. 공익침해행위를 증명할 수 있는 증거가 없는 경우
3. 다른 법령 또는 그 위임에 따라 해당 공익침해행위에 대한 조사를 하지 아니할 수 있도록 한 경우

이때 조사기관은 조사하지 아니하기로 하거나 조사를 중단하고 끝낸 때에는 바로 그 사실을 공익신고자에게 통보하여야 하며(동조 제3항), 공익신고에 대한 조사를 끝냈을 때에는 조사결과에 따라 필요한 조치를 취하고 그 결과를 공익신고자에게 통보하여야 한다(동조 제4항). 그러나 조사기관이 그 관할에 속하지 아니하는 공익신고를 접수하였거나 이송 또는 이첩받은 때에는 바로 해당 조사기관에 이송하여야 하고 그 사실을 공익신고자에게 통지하여야 한다(동조 제6항).

한편, 공익신고를 접수한 기관의 종사자 등은 공익신고에 대한 조사결과 공익침해행위가 발견되기 전에는 피신고자의 인적사항 등을 포함한 신고내용을 공개하여서는 아니 된다(동조 제5항).[2][3]

(2) 공익신고 통합정보시스템 구축·운영

위원회는 공익신고의 접수·처리 현황 등을 관리하는 통합정보시스템(이하 "통합정보시스템"이라 한다)을 구축·운영할 수 있다(제10조의2 제1항). 이때 위원회는 통합정보시스템의 구축·운영을 위하여 필요한 경우에는 제6조 각 호의 기관에게 공익신고의 접수 및 처리 등에 관한 자료·정보의 제공을 요청하고 제공받은 목적의 범위에서 그 자료·정보를 보유·이용할 수 있다. 이 경우 자료·정보의 제공을 요청받은 자는 특별한 사유가 없으면 이에 협조하여야 하며(동조 제2항), 제공받은 정보에 관해 위원회는 보유·이용하는 자료·정보의 보호를 위하여 필요한 조치를

2) 피신고자의 인적사항 등을 포함한 신고내용을 공개한 자는 5년 이하의 징역 또는 5천만 원 이하의 벌금에 처한다(제30조 제1항 제1호).

3) 법인의 대표자나 법인 또는 개인의 대리인, 사용인, 그 밖의 종업원이 그 법인 또는 개인의 업무에 관하여 제30조의 위반행위를 하면 그 행위자를 벌하는 외에 그 법인 또는 개인에게도 해당 조문의 벌금형을 과(科)한다. 다만, 법인 또는 개인이 그 위반행위를 방지하기 위하여 해당 업무에 관하여 상당한 주의와 감독을 게을리하지 아니한 경우에는 그러하지 아니하다(제30조의2).

하여야 한다(동조 제3항).

제 3 절 공익신고자 등의 보호

1. 인적사항의 기재 생략 등

공익신고자 등이나 그 친족 또는 동거인이 공익신고 등을 이유로 피해를 입거나 입을 우려가 있다고 인정할 만한 상당한 이유가 있는 경우에 조사 및 형사절차에서 「특정범죄신고자 등 보호법」 제7조, 제9조부터 제12조까지의 규정을 준용한다(제11조 제1항). 이때 공익신고자 등이나 그 법정대리인은 조사기관 또는 수사기관에 이 조치를 하도록 신청할 수 있으며, 이 경우 조사기관 또는 수사기관은 특별한 사유가 없으면 이에 따라야 한다(동조 제2항).

2. 공익신고자 등의 비밀보장 의무

누구든지 공익신고자 등이라는 사정을 알면서 그의 인적사항이나 그가 공익신고자 등임을 미루어 알 수 있는 사실을 다른 사람에게 알려주거나 공개 또는 보도하여서는 아니 된다. 다만, 공익신고자 등이 동의한 때에는 그러하지 아니하다(제12조 제1항).[4] 위원회는 이를 위반하여 공익신고자 등의 인적사항이나 공익신고자 등임을 미루어 알 수 있는 사실을 다른 사람에게 알려주거나 공개 또는 보도한 사람의 징계권자에게 그 사람에 대한 징계 등 필요한 조치를 요구할 수 있다(동조 제4항).

또한 위원회는 이를 위반하여 공익신고자 등의 인적사항이나 공익신고자 등임을 미루어 알 수 있는 사실이 공개 또는 보도되었을 때에는 그 경위를 확인할 수 있다(동조 제2항). 이 과정에서 위원회는 그 경위를 확인하는 데 필요하다고 인

4) 공익신고자 등의 인적사항이나 공익신고자 등임을 미루어 알 수 있는 사실을 다른 사람에게 알려주거나 공개 또는 보도한 자는 5년 이하의 징역 또는 5천만원 이하의 벌금에 처한다(제30조 제1항 제2호).

정하면 해당 공익신고자 등이 공익신고 등을 한 기관에 관련 자료의 제출이나 의견의 진술 등을 요청할 수 있다. 이 경우 자료의 제출이나 의견의 진술을 요청받은 해당 기관은 특별한 사유가 없으면 그 요청에 협조하여야 한다(동조 제3항).

3. 신변보호조치

공익신고자 등과 그 친족 또는 동거인은 공익신고 등을 이유로 생명·신체에 중대한 위해를 입었거나 입을 우려가 명백한 경우에는 위원회에 신변보호에 필요한 조치(이하 "신변보호조치"라 한다)를 요구할 수 있다. 이 경우 위원회는 필요하다고 인정되면 경찰관서의 장에게 신변보호조치를 하도록 요청할 수 있다(제13조 제1항). 이때 신변보호조치를 요청받은 경찰관서의 장은 대통령령(시행령 제14조 참조)으로 정하는 바에 따라 즉시 신변보호조치를 하여야 한다(동조 제2항).

4. 책임의 감면 등

공익신고 등과 관련하여 공익신고자 등의 범죄행위가 발견된 경우에는 그 형을 감경하거나 면제할 수 있다(제14조 제1항). 또한 공익신고 등과 관련하여 발견된 위법행위 등을 이유로 공익신고자 등에게 징계를 하거나 불리한 행정처분을 하는 경우 위원회는 공익신고자 등의 징계권자나 행정처분권자에게 그 징계나 행정처분의 감경 또는 면제를 요구할 수 있다. 이 경우 요구를 받은 자는 정당한 사유가 있는 경우 외에는 그 요구에 따라야 한다(동조 제2항). 또한 공익신고 등의 내용에 직무상 비밀이 포함된 경우에도 공익신고자 등은 다른 법령, 단체협약, 취업규칙 등에 따른 직무상 비밀준수 의무를 위반하지 아니한 것으로 본다(동조 제3항). 그리고 단체협약, 고용계약 또는 공급계약 등에 공익신고 등을 금지하거나 제한하는 규정을 둔 경우 그 규정은 무효로 한다(동조 제5항).

또한 피신고자는 공익신고 등으로 인하여 손해를 입은 경우에도 공익신고자 등에게 그 손해배상을 청구할 수 없다. 다만, 제2조 제2호 가목 및 나목에 해당하는 경우에는 손해배상을 청구할 수 있다(동조 제4항).

한편, 위원회는 제2항에 따른 징계나 행정처분의 감경 또는 면제를 요구하는 데 필요하다고 인정하면 징계권자나 행정처분권자 또는 해당 공익신고자 등이 공익신고 등을 한 기관에 관련 자료의 제출이나 의견의 진술 등을 요청할 수 있다. 이 경우 자료의 제출이나 의견의 진술을 요청받은 해당 기관은 특별한 사유가 없으면 그 요청에 협조하여야 한다(동조 제6항).

5. 인사조치의 우선적 고려

공익신고자 등의 사용자 또는 인사권자는 공익신고자 등이 전직 또는 전출·전입, 파견근무 등 인사에 관한 조치를 요구하는 경우 그 요구내용이 타당하다고 인정할 때에는 이를 우선적으로 고려하여야 한다(제16조).

6. 보호조치

(1) 보호조치 신청

공익신고자 등은 공익신고 등을 이유로 불이익조치를 받은 때(공익침해행위에 대한 증거자료의 수집 등 공익신고를 준비하다가 불이익조치를 받은 후 공익신고를 한 경우를 포함한다)에는 위원회에 원상회복이나 그 밖에 필요한 조치(이하 "보호조치"라 한다)를 신청할 수 있다(제17조 제1항). 이때 보호조치는 불이익조치가 있었던 날(불이익조치가 계속된 경우에는 그 종료일)부터 1년 이내에 신청하여야 한다. 다만, 공익신고자 등이 천재지변, 전쟁, 사변, 그 밖에 불가항력의 사유로 1년 이내에 보호조치를 신청할 수 없었을 때에는 그 사유가 소멸한 날부터 14일(국외에서의 보호조치 요구는 30일) 이내에 신청할 수 있다(동조 제2항).

또한 다른 법령에 공익신고 등을 이유로 받은 불이익조치에 대한 행정적 구제(救濟)절차가 있는 경우 공익신고자 등은 그 절차에 따라 구제를 청구할 수 있다. 다만, 공익신고자 등이 위의 보호조치를 신청한 경우에는 그러하지 아니하다(동조 제3항). 보호조치의 신청 방법 및 절차에 필요한 사항은 대통령령으로 정한다(동조 제4항).

〈참고〉 시행령 제15조(보호조치의 신청 및 조사) ① 공익신고자 등이 법 제17조 제1항에 따라 원상회복이나 그 밖에 필요한 조치(이하 "보호조치"라 한다)를 신청하는 경우에는 신청인의 인적사항, 신청사유 및 신청내용 등을 적은 문서를 위원회에 제출하여야 한다.
② 위원회는 법 제19조 제3항에 따라 법 제19조 제2항 제1호부터 제3호까지에 해당하는 자에게 출석을 요구하는 경우에는 출석일 7일 전까지 출석 일시 및 장소 등을 기재한 문서로 통지하여야 한다. 다만, 긴급한 사유가 있거나 조사목적을 침해할 우려가 있는 경우에는 미리 문서로 통지하지 아니할 수 있다.

(2) 보호조치 신청의 각하

위원회는 보호조치의 신청이 다음 각 호의 어느 하나에 해당하는 경우에는 결정으로 신청을 각하(却下)할 수 있다(제18조).

1. 공익신고자 등 또는 「행정절차법」 제12조 제1항에 따른 대리인이 아닌 사람이 신청한 경우
2. 공익신고가 제10조 제2항 각 호의 어느 하나에 해당하는 경우
3. 제17조 제2항에 따른 신청기간이 지나 신청한 경우
4. 각하결정, 제20조 제1항에 따른 보호조치결정 또는 기각결정을 받은 동일한 불이익조치에 대하여 다시 신청한 경우
5. 제20조 제2항에 따라 위원회가 보호조치를 권고한 사항에 대하여 다시 신청한 경우
6. 다른 법령에 따른 구제절차를 신청한 경우
7. 다른 법령에 따른 구제절차에 의하여 이미 구제받은 경우

〈참고〉 행정절차법 제12조(대리인) ① 당사자 등은 다음 각 호의 어느 하나에 해당하는 자를 대리인으로 선임할 수 있다.
1. 당사자 등의 배우자, 직계 존속·비속 또는 형제자매
2. 당사자 등이 법인 등인 경우 그 임원 또는 직원
3. 변호사
4. 행정청 또는 청문 주재자(청문의 경우만 해당한다)의 허가를 받은 자
5. 법령 등에 따라 해당 사안에 대하여 대리인이 될 수 있는 자

(3) 보호조치 신청에 대한 조사

위원회는 보호조치를 신청받은 때에는 바로 공익신고자 등이 공익신고 등을 이유로 불이익조치를 받았는지에 대한 조사를 시작하여야 한다. 이 경우 위원회는

공익신고자 등이 보호조치를 신청한 사실을 조사기관에 통보할 수 있다(제19조 제1항). 이때 위원회는 공익신고자 등이 보호조치를 신청한 사실을 조사기관에 통보하면서 공익침해행위 조사와 관련된 자료의 제출 등의 협조를 요청할 수 있으며, 이 경우 조사기관은 정당한 사유가 없으면 이에 협조하여야 한다(동조 제5항).

또한 위원회는 보호조치의 신청에 대한 조사에 필요하다고 인정하면 다음 각 호의 어느 하나에 해당하는 자에게 관련 자료의 제출을 요구할 수 있으며(동조 제2항), 제1호부터 제3호까지의 자에게 출석을 요구하여 진술을 청취하거나 진술서의 제출을 요구할 수 있다(동조 제3항).[5]

1. 보호조치를 신청한 사람(이하 "신청인"이라 한다)
2. 불이익조치를 한 자
3. 참고인
4. 관계 기관·단체 또는 기업

한편, 위원회는 조사 과정에서 관계 당사자에게 충분한 소명(疏明) 기회를 주어야 한다(동조 제4항).

(4) 보호조치결정 등

위원회는 조사 결과 신청인이 공익신고 등을 이유로 불이익조치(제2조 제6호 아목 및 자목에 해당하는 불이익조치는 제외한다)를 받았다고 인정될 때에는 불이익조치를 한 자에게 30일 이내의 기간을 정하여 다음 각 호의 보호조치를 취하도록 요구하는 결정(이하 "보호조치결정"이라 한다)을 하여야 하며, 신청인이 공익신고 등을 이유로 불이익조치를 받았다고 인정되지 아니하는 경우에는 보호조치 요구를 기각하는 결정(이하 "기각결정"이라 한다)을 하여야 한다(제20조 제1항). 이때 제2호에 따른 차별 지급되거나 체불된 보수 등의 지급 기준 및 산정방법 등에 관하여 필요한 사항은 대통령령(시행령 제17조 참조)으로 정한다(동조 제6항).

---

5) 제19조 제2항 및 제3항(제22조 제3항에서 준용하는 경우를 포함한다)을 위반하여 자료 제출, 출석, 진술서의 제출을 거부한 자에게는 3천만원 이하의 과태료를 부과한다(제31조 제1항).

1. 원상회복 조치
2. 차별 지급되거나 체불(滯拂)된 보수 등(이자를 포함한다)의 지급
3. 그 밖에 불이익조치에 대한 취소 또는 금지

▪ **판례** ▪ 제20조 제1항에 따라 신청인이 공익신고로 인하여 불이익조치를 받았다고 인정받기 위해서는 ① 공익신고 등이 있고 ② 이를 이유로 한 불이익조치가 있어야 하며 ③ 공익신고 등과 불이익조치 사이에 인과관계가 있을 것을 요한다(서울행정법원 2013구합13723).

또한 위원회는 조사 결과 신청인이 공익신고 등을 이유로 제2조 제6호 아목 또는 자목에 해당하는 불이익조치를 받았다고 인정될 때에는 불이익조치를 한 자에게 30일 이내의 기간을 정하여 인허가 또는 계약 등의 효력 유지 등 필요한 보호조치를 취할 것을 권고(이하 "권고"라 한다)할 수 있다(동조 제2항).

〈참고〉 시행령 제16조(보호조치결정 등) ① 위원회는 법 제17조 제1항에 따라 보호조치 신청을 받은 경우에는 그 신청을 접수한 날부터 60일 이내에 법 제20조 제1항에 따른 보호조치결정 및 같은 조 제2항에 따른 보호조치 권고(이하 "보호조치결정 등"이라 한다)를 하여야 한다. 다만, 필요한 경우에는 그 기간을 30일 이내에서 연장할 수 있다.

② 위원회는 보호조치결정 등에 따라 불이익조치를 받은 공익신고자 등에 대한 보호조치가 이루어질 수 있도록 불이익조치를 한 자가 소속된 기관의 장 등에게 불이익조치를 한 자에 대한 지도·감독 등 필요한 조치를 할 것을 권고할 수 있다.

③ 위원회는 보호조치결정 등에 따른 보호조치를 하기가 어렵다고 인정되는 특별한 사정이 있는 경우에는 전직(轉職) 등 보호조치에 상응하는 조치를 할 것을 공익신고자 등이 소속된 기관의 장 등에게 권고할 수 있다.

④ 위원회는 제2항 또는 제3항에 따른 권고 사실을 보호조치를 신청한 자에게 통지하여야 한다.

제17조(체불된 보수 등의 지급 기준 등) ① 법 제20조 제1항 제2호에 따른 보수 등은 「소득세법」 제20조 제1항에 따른 근로소득으로 하고, 이자는 「근로기준법」 제37조에 따른 지연이자로 한다.

② 제1항에 따른 보수 및 이자의 산정기간은 차별 지급되거나 체불(滯拂)된 날부터 법 제20조 제1항에 따른 위원회의 결정일까지로 한다.

③ 위원회는 제1항의 보수 등을 확인하기 위하여 필요한 경우에는 법 제19조 제2항에 따라 관계 기관·단체 또는 기업 등에 관련 자료의 제출을 요구할 수 있다.

이때 위원회가 보호조치결정을 하는 경우에는 공익신고 등을 이유로 불이익조치를 한 자의 징계권자에게 그에 대한 징계를 요구할 수 있으며(동조 제4항), 대통령령으로 정하는 바에 따라 보호조치결정 이후 2년 동안 불이익조치를 한 자의 보호조치 이행 여부 및 추가적인 불이익조치의 발생 여부를 주기적으로 점검하여야 한다(동조 제5항).

※ 위원회는 법 제20조 제5항에 따라 해당 보호조치결정 이후 2년 동안 6개월마다 불이익조치를 한 자(불이익조치를 한 자가 소속된 기관·단체·기업 등을 포함한다) 및 보호조치를 신청한 사람에 대하여 보호조치 이행 여부 및 추가적인 불이익조치의 발생 여부를 점검·확인하여야 한다(시행령 제17조의2).

한편, 보호조치의 신청에 대한 각하결정, 보호조치결정과 기각결정 및 위의 권고는 서면으로 하여야 하며, 신청인과 불이익조치를 한 자에게 모두 통보하여야 한다(동조 제3항).

(5) 특별보호조치

내부 공익신고자가 신고 당시 공익침해행위가 발생하였다고 믿을 합리적인 이유를 가지고 있는 경우 위원회는 보호조치결정을 할 수 있다(제20조의2 제1항).[6] 특별보호조치결정에 대하여는 제20조, 제21조, 제21조의2를 준용한다(동조 제2항).

(6) 보호조치결정 등의 확정

신청인과 불이익조치를 한 자는 보호조치결정, 기각결정 또는 각하결정에 대하여 그 결정서를 받은 날부터 30일 이내에 「행정소송법」에서 정하는 바에 따라 행정소송을 제기할 수 있고(제21조 제1항). 이 기간까지 행정소송을 제기하지 아니하면 보호조치결정, 기각결정 또는 각하결정은 확정된다(동조 제2항). 이때 보호조치결정, 기각결정 또는 각하결정은 행정소송의 제기에 의하여 그 효력이 정지되지 아니한다(동조 제4항). 그러나 보호조치결정, 기각결정 또는 각하결정에 대하여는 「행정심판법」에 따른 행정심판을 청구할 수 없다(동조 제3항).

---

6) 이러한 특별보호조치결정을 이행하지 아니한 자에게는 2천만원 이하의 과태료를 부과한다(제31조 제2항). 한편, 과태료는 대통령령으로 정하는 바에 따라 위원회가 부과·징수한다(동조 제3항).

(7) 이행강제금

위원회는 보호조치결정을 받은 후 그 정해진 기한까지 보호조치를 취하지 아니한 자에게는 3천만원 이하의 이행강제금을 부과한다. 다만, 국가 또는 지방자치단체는 제외한다(제21조의2 제1항). 위원회는 이 이행강제금을 부과하기 30일 전까지 이행강제금을 부과·징수한다는 뜻을 미리 문서로 알려 주어야 하며(동조 제2항), 이행강제금을 부과할 때에는 이행강제금의 금액, 부과 사유, 납부기한, 수납기관, 이의제기 방법 및 이의제기 기관 등을 명시한 문서로 하여야 한다(동조 제3항). 이행강제금의 부과기준, 징수절차 등에 필요한 사항은 대통령령(시행령 제17조의3 참조)으로 정한다(동조 제7항).

그리고 위원회는 보호조치결정을 한 날을 기준으로 매년 2회의 범위에서 보호조치가 이루어질 때까지 반복하여 이행강제금을 부과·징수할 수 있다(동조 제4항). 다만, 위원회는 불이익조치를 한 자가 보호조치를 하면 새로운 이행강제금을 부과하지 아니하되, 이미 부과된 이행강제금은 징수하여야 한다(동조 제5항). 위원회는 이행강제금 납부의무자가 납부기한까지 이행강제금을 내지 아니하면 기간을 정하여 독촉을 하고 지정된 기간에 이행강제금을 내지 아니하면 국세 체납처분의 예에 따라 징수할 수 있다(동조 제6항).

7. 불이익조치

(1) 불이익조치 등의 금지

누구든지 공익신고자 등에게 공익신고 등을 이유로 불이익조치를 하여서는 아니 된다(제15조 제1항).[7] 또한 누구든지 공익신고 등을 하지 못하도록 방해하거나 공익신고자 등에게 공익신고 등을 취소하도록 강요하여서는 아니 된다(동조 제2항).[8]

7) 공익신고자 등에게 제2조 제6호 가목에 해당하는 불이익조치를 한 자는 3년 이하의 징역 또는 3천만원 이하의 벌금에 처한다(제30조 제2항 제1호). 또한 공익신고자 등에게 제2조 제6호 나목부터 사목까지 중 어느 하나에 해당하는 불이익조치를 한 자는 2년 이하의 징역 또는 2천만원 이하의 징역에 처한다(동조 제3항 제1호).

8) 공익신고 등을 방해하거나 공익신고 등을 취소하도록 강요한 자는 2년 이하의 징역 또는 2천만원 이하의 벌금에 처한다(제30조 제3항 제2호).

(2) 불이익조치 금지 신청

공익신고자 등은 공익신고 등을 이유로 불이익조치를 받을 우려가 명백한 경우(공익침해행위에 대한 증거자료의 수집 등 공익신고의 준비 행위를 포함한다)에는 위원회에 불이익조치 금지를 신청할 수 있다(제22조 제1항). 불이익조치 금지 신청에 관하여는 제18조, 제19조 및 제20조 제1항부터 제3항까지의 규정을 준용한다(동조 제3항).

위원회가 불이익조치 금지 신청을 받은 때에는 바로 공익신고자 등이 받을 우려가 있는 불이익조치가 공익신고 등을 이유로 한 불이익조치에 해당하는지에 대한 조사를 시작하여야 한다(동조 제2항). 이때 위원회는 조사 결과 공익신고자 등이 공익신고 등을 이유로 불이익조치를 받을 우려가 있다고 인정될 때에는 불이익조치를 하려는 자에게 불이익조치를 하지 말 것을 권고하여야 한다(동조 제4항).

(3) 불이익조치 추정(제23조)

다음 각 호의 사유가 있는 경우 공익신고자 등이 해당 공익신고 등을 이유로 불이익조치를 받은 것으로 추정한다.

1. 공익신고자 등을 알아내려고 하거나 공익신고 등을 하지 못하도록 방해하거나 공익신고 등의 취소를 강요한 경우
2. 공익신고 등이 있은 후 2년 이내에 공익신고자 등에 대하여 불이익조치를 한 경우
3. 제22조 제4항에 따른 불이익조치 금지 권고를 받고도 불이익조치를 한 경우
4. 공익신고자 등이 이 법에 따라 공익신고 등을 한 후 제17조 제1항에 따라 위원회에 보호조치를 신청하거나 법원에 원상회복 등에 관한 소를 제기하는 경우

* 보호조치결정처분의 적법 여부

(사안) 어린이집 원장에게서 원아의 출석 일수를 조작하라는 지시를 받은 보육교사 甲이 이를 해당 지방자치단체에 신고하였고, 출석 일수 조작을 통해 보조금 부당 수령한 사실을 확인한 관할 군수가 어린이집 원장을 대상으로 보조금 환수와 원장 자격정지 처분을 하였다. 이후 같은 어린이집에는 원장 乙이 새로 부임하게 되었고, 마침 근로계약이 끝나가던 甲이 어린이집 보육교사 채용 절차에 응시하였으나 불합격하자 공익신고자에 대한 불이익조치에 해당한다며 국민권익위원회에 공익신고자 보호조치를 신청하였다. 이에 국민권익위원회가 乙에게 甲과 1년간 근로계약을 체

결하라는 내용 등의 보호조치 결정을 하였다. 이 결정에 불복한 원장 乙은 국민권익위원회를 상대로 보호조치결정처분 취소소송을 제기하였다.

(판결) 공익신고와 면접 탈락의 시간적 간격이 매우 짧음을 고려하면 甲이 어린이집 보육교사로 채용될 수 없는 결정적인 사유가 존재하지 않는 한 공익신고가 탈락에 영향을 미쳤다고 볼 수 있는 점, 乙의 진술 취지와 내용에 비추어 보면 乙이 공익신고를 한 보육교사들에게 불이익을 줄 의사를 가지고 있었던 것으로 보이는 점 등을 종합해 보면, 甲은 공익신고를 원인으로 어린이집 보육교사 채용과정에서 탈락하는 신분상의 불이익조치를 당한 것으로 보이므로, 甲에게 불이익조치를 한 乙에게 보호조치를 한 위 처분은 적법하다(서울행정법원 2014.5.15. 선고 2013구합26507 판결).

8. 화해의 권고 등

위원회는 보호조치의 신청을 받은 경우에는 보호조치결정, 기각결정 또는 권고를 하기 전까지 직권으로 또는 관계 당사자의 신청에 따라 보호조치와 손해배상 등에 대하여 화해를 권고하거나 화해안을 제시할 수 있다. 이 경우 화해안에는 이 법의 목적을 위반하는 조건이 들어 있어서는 아니 된다(제24조 제1항). 위원회는 화해안을 작성함에 있어 관계 당사자의 의견을 충분히 들어야 한다(동조 제2항).

관계 당사자가 위원회의 화해안을 수락한 경우에는 화해조서를 작성하여 관계 당사자와 화해에 관여한 위원회 위원 전원이 서명하거나 도장을 찍도록 하여야 한다(동조 제3항). 화해조서가 작성된 경우에는 관계 당사자 간에 화해조서와 동일한 내용의 합의가 성립된 것으로 보며, 화해조서는 「민사소송법」에 따른 재판상 화해와 같은 효력을 갖는다(동조 제4항).

9. 협조 등의 요청

(1) 협조 요청

공익신고를 접수한 기관이나 위원회는 신고내용에 대한 조사·처리 또는 보호조치에 필요한 경우 관계 행정기관, 상담소 또는 의료기관, 그 밖의 관련 단체 등에 대하여 협조와 원조를 요청할 수 있다(제25조 제1항). 이 요청을 받은 관계 행정기관, 상담소 또는 의료기관, 그 밖의 관련 단체 등은 정당한 사유가 없는 한 이에 응하여야 한다(동조 제2항).

(2) 정치운동 등 신고의 특례

「국가공무원법」 및 「지방공무원법」에 따른 공무원(「국가정보원직원법」 제2조에 따른 국가정보원직원을 제외한다. 이하 이 조에서 "국가공무원 등"이라 한다)은 다음 각 호의 어느 하나에 해당하는 행위를 지시받은 경우 대통령령으로 정하는 절차에 따라 이의를 제기할 수 있으며, 시정되지 않을 경우 그 직무의 집행을 거부할 수 있다(제25조의2 제1항).

1. 「국가공무원법」 제65조에 따른 정치 운동
2. 「지방공무원법」 제57조에 따른 정치 운동
3. 「군형법」 제94조 제1항에 따른 정치 관여

〈참고〉 시행령 제20조의2(정치운동 등의 지시에 대한 이의제기) ① 법 제25조의2 제1항에 따라 국가공무원 등은 같은 항 각 호의 어느 하나에 해당하는 행위(이하 이 조에서 "정치운동 등"이라 한다)를 지시 받은 경우에는 다음 각 호의 어느 하나에 해당하는 사람에게 이의제기를 할 수 있다.

1. 정치운동 등의 지시를 한 사람
2. 제1호에 따른 사람이 소속된 기관의 장

② 제1항에 따른 이의제기는 서면(전자문서를 포함한다. 이하 같다)으로 하여야 한다. 다만, 긴급하거나 부득이한 사유가 있는 경우에는 먼저 구술로 이의제기를 한 후 서면을 제출할 수 있다.

③ 제2항에 따른 서면에는 다음 각 호의 사항이 구체적으로 기재되어야 한다.

1. 이의제기를 한 사람의 이름, 소속, 직위 등 인적사항
2. 정치운동 등의 지시를 한 사람의 이름, 소속, 직위 등 인적사항
3. 정치운동 등의 지시를 한 일시 및 장소
4. 정치운동 등의 지시 내용
5. 이의제기의 취지와 이유

④ 제1항에 따라 이의제기를 받은 사람은 이의제기가 이유 있는 것으로 인정하는 경우에는 이의제기 내용에 따라 즉시 시정하고 이를 이의제기를 한 사람에게 서면으로 통지하여야 하며, 이의제기가 이유 없는 것으로 인정하는 경우에는 그 사실과 이유를 구체적으로 적어 이의제기를 한 사람에게 서면으로 통지하여야 한다.

국가공무원 등이 이 이의제기 절차를 거친 후 시정되지 않을 경우, 오로지 공익을 목적으로 위의 각 호에 해당하는 행위를 지시받은 사실을 수사기관에 신고

하는 경우에는 「형법」 제127조(공무상비밀의 누설) 및 「군형법」 제80조(군사기밀 누설)를 적용하지 아니한다(동조 제2항). 이때 누구든지 신고자에게 그 신고를 이유로 불이익조치를 하여서는 아니 된다(동조 제3항).

제 4 절 보상금, 포상금 및 구조금

1. 보상금

내부 공익신고자는 공익신고로 인하여 다음 각 호의 어느 하나에 해당하는 부과 등을 통하여 국가 또는 지방자치단체에 직접적인 수입의 회복 또는 증대를 가져오거나 그에 관한 법률관계가 확정된 때에는 위원회에 보상금의 지급을 신청할 수 있다(제26조 제1항).

1. 벌칙 또는 통고처분
2. 몰수 또는 추징금의 부과
3. 과태료 또는 이행강제금의 부과
4. 과징금(인허가 등의 취소·정지 처분 등을 갈음하는 과징금 제도가 있는 경우에 인허가 등의 취소·정지 처분 등을 포함한다)의 부과
5. 그 밖에 대통령령으로 정하는 처분이나 판결

※ 법 제26조 제1항 제5호에서 "대통령령으로 정하는 처분이나 판결"이란 다음 각 호의 어느 하나에 해당하는 처분·판결을 말한다(시행령 제21조).

1. 국세 또는 지방세의 부과
2. 부담금 또는 가산금 부과 등의 처분
3. 손해배상 또는 부당이득 반환 등의 판결

위원회는 보상금의 지급신청을 받은 때에는 「부패방지 및 국민권익위원회의 설치와 운영에 관한 법률」 제69조에 따른 보상심의위원회(이하 "보상심의위원회"라 한다)의 심의·의결을 거쳐 대통령령(시행령 제22조－제25조 참조)으로 정하는 바에 따라 보상금을 지급하여야 한다. 다만, 공익침해행위를 관계 행정기관 등에 신고할 의무를 가진 자 또는 공직자가 자기 직무와 관련하여 공익신고를 한 사항에 대

하여는 보상금을 감액하거나 지급하지 아니할 수 있다(동조 제2항).

보상금의 지급신청은 국가 또는 지방자치단체에 수입의 회복이나 증대에 관한 법률관계가 확정되었음을 안 날부터 2년 이내, 그 법률관계가 확정된 날부터 5년 이내에 하여야 한다. 다만, 정당한 사유가 있는 경우에는 그러하지 아니하다(동조 제3항). 위원회는 보상금의 지급신청이 있는 때에는 특별한 사유가 없는 한 신청일부터 90일 이내에 그 지급 여부 및 지급금액을 결정하여야 한다(동조 제4항). 이때 위원회는 보상금 지급결정이 있은 때에는 즉시 이를 보상금 지급 신청인과 관련 지방자치단체(지방자치단체의 직접적인 수입의 회복이나 증대 및 그에 관한 법률관계의 확정을 이유로 보상금을 지급한 경우에 한정한다)에 통지하여야 한다(동조 제6항).

한편, 위원회는 보상금 지급과 관련하여 조사가 필요하다고 인정되는 때에는 보상금 지급 신청인, 참고인 또는 관계 기관 등에 출석, 진술 및 자료의 제출 등을 요구할 수 있다. 보상금 지급 신청인, 참고인 또는 관계 기관 등은 위원회로부터 출석, 진술 및 자료제출 등을 요구받은 경우 정당한 사유가 없는 한 이에 따라야 한다(동조 제5항).

〈표〉 보상금 지급기준

보상대상가액*	지급기준
a ≤ 1억원	20%
1억원 < a ≤ 5억원	2천만원 + 1억원 초과금액의 14%
5억원 < a ≤ 20억원	7천6백만원 + 5억원 초과금액의 10%
20억원 < a ≤ 40억원	2억2천6백만원 + 20억원 초과금액의 6%
40억원 < a	3억4천6백만원 + 40억원 초과금액의 4%

출처: 국민권익위원회 홈페이지

* 부과 또는 환수 등을 통하여 국가 또는 지방자치단체의 직접적인 수입의 회복 또는 증대를 가져오거나 그에 관한 법률관계가 확정된 금액

** 개별 공익침해행위로 인하여 산정된 보상금이 20만원 이하인 경우에는 지급하지 않는다. 보상금의 지급 한도액은 30억원

2. 포상금 등

위원회는 공익신고 등으로 인하여 다음 각 호의 어느 하나에 해당되는 사유로 현저히 국가 및 지방자치단체에 재산상 이익을 가져오거나 손실을 방지한 경우 또는 공익의 증진을 가져온 경우에는 포상금을 지급하거나 「상훈법」 등의 규정에 따라 포상을 추천할 수 있다. 다만, 포상금은 제26조에 따른 보상금이나 다른 법령에 따른 보상금과 중복하여 지급할 수 없다(제26조의2 제1항). 포상금 지급기준, 지급대상, 절차 등에 관한 사항은 대통령령(시행령 제25조의3 참조)으로 정한다(동조 제2항).

1. 공익침해행위를 한 자에 대하여 기소유예, 형의 선고유예·집행유예 또는 형의 선고 등이 있는 경우
2. 시정명령 등 특정한 행위나 금지를 명하는 행정처분이 있는 경우
3. 공익침해행위 예방을 위한 관계 법령의 제정 또는 개정 등 제도개선에 기여한 경우
4. 그 밖에 대통령령으로 정하는 사유

※ 법 제26조의2 제1항 제4호에서 "대통령령으로 정하는 사유"란 다음 각 호의 어느 하나에 해당하는 경우를 말한다(시행령 제25조의2).
  1. 과태료 또는 과징금의 부과처분이 있는 경우
  2. 사회재난의 예방 및 확산방지 등에 기여한 경우

3. 구조금

공익신고자 등과 그 친족 또는 동거인은 공익신고 등으로 인하여 다음 각 호의 어느 하나에 해당하는 피해를 받았거나 비용을 지출한 경우 위원회에 구조금의 지급을 신청할 수 있다(제27조 제1항).

1. 육체적·정신적 치료 등에 소요된 비용
2. 전직·파견근무 등으로 소요된 이사비용
3. 원상회복 관련 쟁송절차에 소요된 비용
4. 불이익조치 기간의 임금 손실액
5. 그 밖에 중대한 경제적 손해(제2조 제6호 아목 및 자목은 제외한다)

위원회는 구조금의 지급신청을 받은 때에는 보상심의위원회의 심의·의결을 거쳐 대통령령(시행령 제27조 참조)으로 정하는 바에 따라 구조금을 지급할 수 있다. 다만, 피해의 구조를 위하여 긴급한 필요가 인정되는 경우에는 보상심의위원회의 심의·의결 이전에 대통령령(시행령 제26조 참조)으로 정하는 바에 따라 구조금을 우선 지급할 수 있다(동조 제2항). 이때 위원회는 구조금 지급과 관련하여 구조금 지급신청인과 이해관계인을 조사하거나 행정기관 또는 관련 단체에 필요한 사항을 조회할 수 있다. 이 경우 행정기관 또는 관련 단체는 특별한 사유가 없는 한 이에 따라야 한다(동조 제3항).

공익신고자 등과 그 친족 또는 동거인이 위 각 호의 피해 또는 비용 지출을 원인으로 하여 손해배상을 받았으면 그 금액의 범위에서 구조금을 지급하지 아니하며(동조 제4항), 위원회가 구조금을 지급한 때에는 그 지급한 금액의 범위에서 해당 구조금을 지급받은 사람이 위 각 호의 피해 또는 비용 지출을 원인으로 가지는 손해배상청구권을 대위한다(동조 제5항).

4. 보상금 및 구조금의 중복 지급 금지 등

동법에 의하여 보상금 또는 구조금을 지급받을 자는 다른 법령에 따라 보상금 또는 구조금 등을 청구하는 것이 금지되지 아니한다(제28조 제1항). 다만, 보상금 또는 구조금을 지급받을 자가 동일한 원인에 기하여 이 법에 따른 포상금을 받았거나 다른 법령에 따라 보상금 또는 구조금 등을 받은 경우 그 보상금, 포상금 또는 구조금 등의 액수가 이 법에 따라 받을 보상금 또는 구조금의 액수와 같거나 이를 초과하는 때에는 보상금 또는 구조금을 지급하지 아니하며, 그 보상금, 포상금 또는 구조금 등의 액수가 이 법에 따라 지급받을 보상금 또는 구조금의 액수보다 적은 때에는 그 금액을 공제하고 보상금 또는 구조금의 액수를 정하여야 한다(동조 제2항).

또한, 다른 법령에 따라 보상금 또는 구조금 등을 받을 자가 동일한 원인에 기하여 이 법에 따른 보상금, 포상금 또는 구조금을 지급받았을 때에는 그 보상금, 포상금 또는 구조금의 액수를 공제하고 다른 법령에 따른 보상금 또는 구조금 등의 액수를 정하여야 한다(동조 제3항).

5. 보상금과 구조금의 환수 등

위원회 또는 다른 법령에 따라 보상금 또는 구조금을 지급한 기관은 다음 각 호의 어느 하나에 해당하는 사실이 발견된 경우에는 해당 보상금 또는 구조금 신청인에게 반환할 금액을 통지하여야 하고, 그 보상금 또는 구조금 신청인은 이를 납부하여야 한다(제29조 제1항).

1. 보상금 또는 구조금 신청인이 거짓, 그 밖의 부정한 방법으로 보상금 또는 구조금을 지급받은 경우
2. 구조금 신청인이 제27조 제2항 단서에 따라 구조금을 지급받았으나 보상심의위원회가 구조금을 지급하지 아니하기로 심의·의결한 경우
3. 구조금 신청인이 제27조 제2항 단서에 따라 지급받은 구조금이 보상심의위원회가 심의·의결한 지급금액을 초과하는 경우
4. 제28조 제2항 및 제3항을 위반하여 보상금 또는 구조금이 지급된 경우
5. 그 밖에 착오 등의 사유로 보상금 또는 구조금이 잘못 지급된 경우

위원회로부터 보상금 지급결정을 통지받은 지방자치단체는 그 통지를 받은 날부터 3개월 이내에 위원회가 보상금 지급 신청인에게 지급한 보상금에 상당하는 금액을 위원회에 상환하여야 한다(동조 제2항). 반환 또는 상환하여야 할 보상금 또는 구조금 신청인과 지방자치단체가 납부기한까지 그 금액을 납부하지 아니한 때에는 위원회는 국세 또는 지방세 체납처분의 예에 따라 징수할 수 있다(동조 제3항).

6. 손해배상책임

공익신고 등을 이유로 불이익조치를 하여 공익신고자 등에게 손해를 입힌 자는 공익신고자 등에게 발생한 손해에 대하여 3배 이하의 범위에서 배상책임을 진다. 다만, 불이익조치를 한 자가 고의 또는 과실이 없음을 입증한 경우에는 그러하지 아니하다(제29조의2 제1항).

법원은 이 배상액을 정할 때에는 다음 각 호의 사항을 고려하여야 한다(동조 제2항).

1. 고의 또는 손해 발생의 우려를 인식한 정도
2. 불이익조치로 인하여 공익신고자 등이 입은 피해 규모
3. 불이익조치로 인하여 불이익조치를 한 자가 취득한 경제적 이익
4. 불이익조치를 한 자가 해당 불이익조치로 인하여 받은 형사처벌의 정도
5. 불이익조치의 유형·기간·횟수 등
6. 불이익조치를 한 자의 재산상태
7. 불이익조치를 한 자가 공익신고자 등의 피해구제를 위하여 노력한 정도

[탐정으로서 고려할 점]

1. 탐정의 업무로서 보상금, 포상금, 구조금 신청을 위한 근거 자료의 확보를 위한 역할 : 공익신고자에 대한 보상금, 포상금, 구조금의 지급기준과 산정기준의 복잡함을 고려할 때 그 기준이 되는 자료들을 수집·확보하는데 있어서 탐정의 역할을 기대할 수 있으므로 채권추심업법에 대한 정확한 이해가 필요하다.
2. 탐정의 업무로서 공익신고자에 대한 불이익조치에 대한 구제 및 손해배상청구를 위한 증거의 확보 : 탐정의 경우 내부신고자에 의한 공익신고에 직접 개입하는 경우는 많지 않을 것이지만 공익신고자에 대한 불이익조치가 행하여진 경우나 이로 인해 손해가 발생한 경우에 그 증거자료의 확보를 위해 탐정의 역할을 기대할 수 있으므로 법적 요건과 절차 등에 대하여 정확하게 숙지할 필요가 있다.

제11장

변호사법

제 1 절　변호사의 사명과 직무
제 2 절　변호사의 자격
제 3 절　변호사의 등록과 개업
제 4 절　변호사의 권리와 의무
제 5 절　법무법인 [생략]
제5절의2　법무법인(유한) [생략]
제5절의3　법무조합 [생략]
제 6 절　지방변호사회 [생략]
제 7 절　대한변호사협회 [생략]
제 8 절　법조윤리협의회 및 수임자료 제출
제 9 절　징계 및 업무정지

제11장 변호사법

동법은 1949년 11월 7일 제정(법률 제63호, 1949.11.7. 시행)된 후, 수차례의 개정을 거쳐 현재에 이르고 있다.1)

제1장	변호사의 사명과 직무	제1조－제3조
제2장	변호사의 자격	제4조－제6조
제3장	변호사의 등록과 개업	제7조－제20조
제4장	변호사의 권리와 의무	제21조－제39조
제5장	법무법인	제40조－제58조
제5장의2	법무법인(유한)	제58조의2－제58조의17
제5장의3	법무조합	제58조의18－제58조의31
제6장	삭 제	제59조－제63조(삭제)
제7장	지방변호사회	제64조－제77조
제8장	대한변호사협회	제78조－제87조
제9장	법조윤리협의회 및 수임자료 제출	제88조－제89조
제10장	징계 및 업무정지	제90조－제108조
제11장	벌칙	제109조－제117조
부칙		제1조－제3조

제 1 절 변호사의 사명과 직무

1. 변호사의 사명

변호사는 기본적 인권을 옹호하고 사회정의를 실현함을 사명으로 하며, 그 사

1) 법률 제15974호, 2018.12.18. 일부개정, 시행 2018.12.18.

명에 따라 성실히 직무를 수행하고 사회질서 유지와 법률제도 개선에 노력하여야 한다(제1조).

2. 변호사의 지위와 직무

변호사는 공공성을 지닌 법률 전문직으로서 독립하여 자유롭게 그 직무를 수행한다(제2조).

또한 변호사는 당사자와 그 밖의 관계인의 위임이나 국가·지방자치단체와 그 밖의 공공기관(이하 "공공기관"이라 한다)의 위촉 등에 의하여 소송에 관한 행위 및 행정처분의 청구에 관한 대리행위와 일반 법률 사무를 하는 것을 그 직무로 한다(제3조).

제 2 절 변호사의 자격

1. 변호사의 자격

다음 각 호의 어느 하나에 해당하는 자는 변호사의 자격이 있다(제4조).

1. 사법시험에 합격하여 사법연수원의 과정을 마친 자
2. 판사나 검사의 자격이 있는 자
3. 변호사시험에 합격한 자

2. 변호사의 결격사유

다음 각 호의 어느 하나에 해당하는 자는 변호사가 될 수 없다(제5조).

1. 금고 이상의 형(刑)을 선고받고 그 집행이 끝나거나 그 집행을 받지 아니하기로 확정된 후 5년이 지나지 아니한 자
2. 금고 이상의 형의 집행유예를 선고받고 그 유예기간이 지난 후 2년이 지나지 아니

한 자
3. 금고 이상의 형의 선고유예를 받고 그 유예기간 중에 있는 자
4. 탄핵이나 징계처분에 의하여 파면되거나 이 법에 따라 제명된 후 5년이 지나지 아니한 자
5. 징계처분에 의하여 해임된 후 3년이 지나지 아니한 자
6. 징계처분에 의하여 면직된 후 2년이 지나지 아니한 자
7. 공무원 재직 중 징계처분에 의하여 정직되고 그 정직기간 중에 있는 자 (이 경우 정직기간 중에 퇴직하더라도 해당 징계처분에 의한 정직기간이 끝날 때까지 정직기간 중에 있는 것으로 본다)
8. 피성년후견인 또는 피한정후견인
9. 파산선고를 받고 복권되지 아니한 자
10. 이 법에 따라 영구제명된 자

제 3 절 변호사의 등록과 개업

1. 자격등록

변호사로서 개업을 하려면 대한변호사협회에 등록을 하여야 하며(제7조 제1항), 이 등록을 하려는 자는 가입하려는 지방변호사회를 거쳐 등록신청을 하여야 한다(동조 제2항).[2] 이때 지방변호사회는 이 등록신청을 받으면 해당 변호사의 자격 유무에 관한 의견서를 첨부할 수 있으며(동조 제3항), 대한변호사협회는 이 등록신청을 받으면 지체 없이 변호사 명부에 등록하고 그 사실을 신청인에게 통지하여야 한다(동조 제4항).

2. 등록거부

대한변호사협회는 변호사 등록을 신청한 자가 다음 각 호의 어느 하나에 해당하면 등록심사위원회의 의결을 거쳐 등록을 거부할 수 있다. 이 경우 제4호에

2) 대한변호사협회에 등록을 하지 아니하고 변호사의 직무를 수행한 변호사(제112조 제4호) 또는 변호사의 자격이 없이 대한변호사협회에 그 자격에 관하여 거짓으로 신청하여 등록을 한 자(동조 제2호)는 3년 이하의 징역 또는 2천만원 이하의 벌금에 처한다.

해당하여 등록을 거부할 때에는 등록심사위원회의 의결을 거쳐 1년 이상 2년 이하의 등록금지기간을 정하여야 한다(제8조 제1항).

> 1. 제4조에 따른 변호사의 자격이 없는 자
> 2. 제5조에 따른 결격사유에 해당하는 자
> 3. 심신장애로 인하여 변호사의 직무를 수행하는 것이 현저히 곤란한 자
> 4. 공무원 재직 중의 위법행위로 인하여 형사소추(과실범으로 공소제기되는 경우는 제외한다) 또는 징계처분[파면, 해임, 면직 및 정직(해당 징계처분에 의한 정직기간이 끝나기 전인 경우에 한정한다)은 제외한다]을 받거나 그 위법행위와 관련하여 퇴직한 자로서 변호사 직무를 수행하는 것이 현저히 부적당하다고 인정되는 자
> 5. 제4호에 해당하여 등록이 거부되거나 제4호에 해당하여 제18조 제2항에 따라 등록이 취소된 후 등록금지기간이 지나지 아니한 자

대한변호사협회는 변호사 등록을 거부한 경우 지체 없이 그 사유를 명시하여 신청인에게 통지하여야 한다(동조 제2항). 대한변호사협회가 변호사 등록신청을 받은 날부터 3개월이 지날 때까지 등록을 하지 아니하거나 등록을 거부하지 아니할 때에는 등록이 된 것으로 본다(동조 제3항). 이때 등록이 거부된 자는 위의 통지를 받은 날부터 3개월 이내에 등록거부에 관하여 부당한 이유를 소명하여 법무부장관에게 이의신청을 할 수 있다(동조 제4항). 또한 법무부장관은 이 이의신청이 이유 있다고 인정할 때에는 대한변호사협회에 그 변호사의 등록을 명하여야 한다(동조 제5항).

3. 등록심사위원회

(1) 등록심사위원회의 설치

다음 각 호의 사항을 심사하기 위하여 대한변호사협회에 등록심사위원회를 둔다(제9조 제1항).

> 1. 제8조 제1항에 따른 등록거부에 관한 사항
> 2. 제18조 제1항·제2항에 따른 등록취소에 관한 사항

대한변호사협회의 장은 제8조 제1항, 제18조 제1항 제2호 또는 동조 제2항에 따라 등록거부나 등록취소를 하려면 미리 그 안건을 등록심사위원회에 회부하여야 한다(동조 제2항).

(2) 등록심사위원회의 구성

등록심사위원회는 다음 각 호의 위원으로 구성한다(제10조 제1항)

1. 법원행정처장이 추천하는 판사 1명
2. 법무부장관이 추천하는 검사 1명
3. 대한변호사협회 총회에서 선출하는 변호사 4명
4. 대한변호사협회의 장이 추천하는, 법학 교수 1명 및 경험과 덕망이 있는 자로서 변호사가 아닌 자 2명

등록심사위원회에 위원장 1명과 간사 1명을 두며, 위원장과 간사는 위원 중에서 호선한다(동조 제2항). 위의 위원을 추천하거나 선출할 때에는 위원의 수와 같은 수의 예비위원을 함께 추천하거나 선출하여야 한다(동조 제3항). 위원 중에 사고나 결원이 생기면 위원장이 명하는 예비위원이 그 직무를 대행하며(동조 제4항), 위원과 예비위원의 임기는 각각 2년으로 한다(동조 제5항).

(3) 등록심사위원회의 심사와 의결

등록심사위원회는 심사에 관하여 필요하다고 인정하면 당사자, 관계인 및 관계 기관·단체 등에 대하여 사실을 조회하거나 자료 제출 또는 위원회에 출석하여 진술하거나 설명할 것을 요구할 수 있다(제11조 제1항). 이 사실 조회, 자료 제출 등을 요구받은 관계 기관·단체 등은 그 요구에 협조하여야 한다(동조 제2항). 또한 등록심사위원회는 당사자에게 위원회에 출석하여 의견을 진술하고 자료를 제출할 기회를 주어야 한다(동조 제3항).

등록심사위원회의 회의는 재적위원 과반수의 찬성으로 의결한다(제12조 제1항). 대한변호사협회는 이 등록심사위원회의 의결이 있으면 이에 따라 등록이나 등록거부 또는 등록취소를 하여야 한다(동조 제2항).

(4) 등록심사위원회의 운영규칙

등록심사위원회의 심사 절차와 운영에 관하여 필요한 사항은 대한 변호사협회가 정한다(제13조).

4. 소속 변경등록

변호사는 지방변호사회의 소속을 변경하려면 새로 가입하려는 지방변호사회를 거쳐 대한변호사협회에 소속 변경등록을 신청하여야 한다(제14조 제1항). 이때 소속이 변경된 변호사는 지체 없이 종전 소속 지방변호사회에 신고하여야 한다(동조 제2항). 이 경우 제7조 제4항(자격등록)과 제8조(등록거부)를 준용한다(동조 제3항).

5. 개업신고 등과 휴업 및 폐업

변호사가 개업하거나 법률사무소를 이전한 경우에는 지체 없이 소속 지방변호사회와 대한변호사협회에 신고하여야 한다(제15조). 또한 변호사가 일시 휴업하려면 소속 지방변호사회와 대한변호사협회에 신고하여야 하며(제16조), 변호사가 폐업하려면 소속 지방변호사회를 거쳐 대한변호사협회에 등록취소를 신청하여야 한다(제17조).

6. 등록취소 및 등록취소명령

대한변호사협회는 변호사가 다음 각 호의 어느 하나에 해당하면 변호사의 등록을 취소하여야 한다. 이 경우 지체 없이 등록취소 사유를 명시하여 등록이 취소되는 자(제1호의 경우는 제외한다)에게 통지하여야 하며, 제2호에 해당하여 변호사의 등록을 취소하려면 미리 등록심사위원회의 의결을 거쳐야 한다(제18조 제1항).

1. 사망한 경우
2. 제4조에 따른 변호사의 자격이 없거나 제5조에 따른 결격사유에 해당하는 경우
3. 제17조에 따른 등록취소의 신청이 있는 경우
4. 제19조에 따른 등록취소의 명령이 있는 경우

대한변호사협회는 변호사가 제8조 제1항 제3호·제4호에 해당하면 등록심사위원회의 의결을 거쳐 변호사의 등록을 취소할 수 있다. 이 경우 제8조 제1항 제4호에 해당하여 등록을 취소할 때에는 등록심사위원회의 의결을 거쳐 1년 이상 2년 이하의 등록금지기간을 정하여야 한다(동조 제2항). 또한 대한변호사협회는 제2항에 따라 등록을 취소하는 경우 지체 없이 그 사유를 명시하여 등록이 취소되는 자에게 통지하여야 한다(동조 제3항). 위의 등록취소(제1항과 제2항)의 경우에는 제8조(등록거부) 제4항 및 제5항을 준용한다(동조 제4항). 지방변호사회는 소속 변호사에게 취소사유(제1항)의 사유가 있다고 인정하면 지체 없이 대한변호사협회에 이를 보고하여야 한다(동조 제5항).

한편, 법무부장관은 변호사 명부에 등록된 자가 제4조에 따른 변호사의 자격이 없거나 제5조에 따른 결격사유에 해당한다고 인정하는 경우 대한변호사협회에 그 변호사의 등록취소를 명하여야 한다(제19조).

7. 보고 등

대한변호사협회는 변호사의 등록 및 등록거부, 소속 변경등록 및 그 거부, 개업, 사무소 이전, 휴업 및 등록취소에 관한 사항을 지체 없이 소속 지방변호사회에 통지하고 법무부장관에게 보고하여야 한다(제20조).

제 4 절 변호사의 권리와 의무

1. 법률사무소

변호사는 법률사무소를 개설할 수 있다(제21조 제1항). 변호사의 법률사무소는 소속 지방변호사회의 지역에 두어야 한다(동조 제2항). 변호사는 어떠한 명목으로도 둘 이상의 법률사무소를 둘 수 없다. 다만, 사무공간의 부족 등 부득이한 사유가 있어 대한변호사협회가 정하는 바에 따라 인접한 장소에 별도의 사무실을 두고 변호사가 주재(駐在)하는 경우에는 본래의 법률사무소와 함께 하나의 사무소로 본다(동조 제3항).[3)]

2. 법률사무소 개설 요건 등

(1) 변호사시험 합격 변호사의 개설 요건

변호사시험에 합격한 변호사(제4조 제3호)는 통산(通算)하여 6개월 이상 다음 각 호의 어느 하나에 해당하는 기관 등(이하 "법률사무종사기관"이라 한다)에서 법률사무에 종사하거나 연수(제6호에 한정한다)를 마치지 아니하면 단독으로 법률사무소를 개설하거나 법무법인, 법무법인(유한) 및 법무조합의 구성원이 될 수 없다. 다만, 제3호 및 제4호는 통산하여 5년 이상 「법원조직법」 제42조 제1항 각 호의 어느 하나에 해당하는 직에 있었던 자 1명 이상이 재직하는 기관 중 법무부장관이 법률사무에 종사가 가능하다고 지정한 곳에 한정한다(제21조의2 제1항).[4)]

---

3) 변호사가 아니면서 변호사나 법률사무소를 표시 또는 기재하거나 이익을 얻을 목적으로 법률 상담이나 그 밖의 법률사무를 취급하는 뜻을 표시 또는 기재한 자는 3년 이하의 징역 또는 2천만원 이하의 벌금에 처한다(제112조 제3호).

4) 이를 위반하여 법률사무소를 개설하거나 법무법인·법무법인(유한) 또는 법무조합의 구성원이 된 자는 1년 이하의 징역 또는 1천만원 이하의 벌금에 처한다(제113조 제1호).

1. 국회, 법원, 헌법재판소, 검찰청
2. 「법률구조법」에 따른 대한법률구조공단, 「정부법무공단법」에 따른 정부법무공단
3. 법무법인, 법무법인(유한), 법무조합, 법률사무소, 「외국법자문사법」 제2조 제9호에 따른 합작법무법인
4. 국가기관, 지방자치단체와 그 밖의 법인, 기관 또는 단체
5. 국제기구, 국제법인, 국제기관 또는 국제단체 중에서 법무부장관이 법률사무에 종사가 가능하다고 지정한 곳
6. 대한변호사협회

대한변호사협회는 제3호에 따라 지정된 법률사무종사기관에 대하여 대한변호사협회 회칙으로 정하는 바에 따라 연수를 위탁하여 실시할 수 있다(동조 제2항). 위 변호사가 단독으로 법률사무소를 최초로 개설하거나 법무법인, 법무법인(유한) 또는 법무조합의 구성원이 되려면 법률사무종사기관에서 제1항의 요건에 해당한다는 사실을 증명하는 확인서(제6호의 연수는 제외한다)를 받아 지방변호사회를 거쳐 대한변호사협회에 제출하여야 한다(동조 제3항).[5]

한편, 대한변호사협회(제6호)의 연수의 방법, 절차, 비용과 그 밖에 필요한 사항은 대한변호사협회의 회칙으로 정하고 법무부장관의 인가를 받아야 한다(동조 제9항). 법무부장관은 대통령령(시행령 제5조 참조)으로 정하는 바에 따라 대한변호사협회가 실시하는 연수과정에 대한 지원을 할 수 있다(동조 제10항).

(2) 법률사무종사기관

법률사무종사기관은 제1항에 따른 종사 또는 연수의 목적을 달성하기 위하여 종사하거나 연수를 받는 변호사의 숫자를 적정하게 하는 등 필요한 조치를 하여야 한다(동조 제4항). 법무부장관은 제1항 단서에 따라 지정된 법률사무종사기관에 대하여 필요하다고 인정하면 종사 현황 등에 대한 서면조사 또는 현장조사를 실시할 수 있고, 조사 결과 원활한 법률사무 종사를 위하여 필요하다고 인정하면 개선 또는 시정을 명령할 수 있다(동조 제5항).[6] 이때 법무부장관은 이 서면조사 또

5) 확인서를 거짓으로 작성하거나 거짓으로 작성된 확인서를 제출한 자(제31조의2 제2항에 따라 준용하는 경우를 포함한다)는 1년 이하의 징역 또는 1천만원 이하의 벌금에 처한다(제113조 제2호).

6) 위의 개선 또는 시정 명령을 받고(제6항에 따라 위탁하여 사무를 처리하는 경우를 포함한다) 이에 따르지 아니한 자에게는 1천만원 이하의 과태료를 부과한다(제117조 제2항

는 현장조사를 대한변호사협회에 위탁하여 실시할 수 있고, 대한변호사협회의 장은 그 조사 결과를 법무부장관에게 보고하고 같은 항에 따른 개선 또는 시정을 건의할 수 있다. 이 경우 수탁 사무의 처리에 관한 사항은 대한변호사협회의 회칙으로 정하고 법무부장관의 인가를 받아야 한다(동조 제6항).

법무부장관은 제1항 단서에 따라 지정된 법률사무종사기관이 다음 각 호의 어느 하나에 해당하면 그 지정을 취소할 수 있다. 다만, 제1호에 해당하는 경우에는 취소하여야 한다(동조 제7항). 다만, 법무부장관은 이 지정을 취소하려면 청문을 실시하여야 한다(동조 제8항).

1. 거짓이나 그 밖의 부정한 방법으로 지정받은 경우
2. 제1항 단서의 지정 요건을 갖추지 못한 경우로서 3개월 이내에 보충하지 아니한 경우. 이 경우 제4조 제3호에 따른 변호사가 법률사무에 계속하여 종사한 경우 보충될 때까지의 기간은 법률사무종사기관에서 법률사무에 종사한 기간으로 본다.
3. 거짓으로 제3항의 확인서를 발급한 경우
4. 제5장의 개선 또는 시정 명령을 통산하여 3회 이상 받고 이에 따르지 아니한 경우

또한 제1항 단서에 따라 지정된 같은 항 제3호의 법률사무종사기관은 같은 항 제6호에 따른 대한변호사협회의 연수에 필요한 요구에 협조하여야 한다(동조 제11항). 이외에 법률사무종사기관의 지정 및 취소의 절차와 방법, 지도·감독 등 필요한 사항은 대통령령(시행령 제2조 참조)으로 정한다(동조 제12항).

3. 사무직원

변호사는 법률사무소에 사무직원을 둘 수 있다(제22조 제1항). 다만, 변호사는 다음 각 호의 어느 하나에 해당하는 자를 사무직원으로 채용할 수 없다(동조 제2항).[7]

제1호). 한편, 과태료는 대통령령으로 정하는 바에 따라 지방검찰청검사장이 부과·징수한다(동조 제4항).

7) 위 제2항 제1호(제57조, 제58조의16 또는 제58조의30에 따라 준용되는 경우를 포함한다)를 위반한 자에게는 1천만원 이하의 과태료를 부과한다(제117조 제2항 제1호의2).

1. 이 법 또는 「형법」 제129조부터 제132조까지, 「특정범죄가중처벌 등에 관한 법률」 제2조 또는 제3조, 그 밖에 대통령령으로 정하는 법률에 따라 유죄 판결을 받은 자로서 다음 각 목의 어느 하나에 해당하는 자
   가. 징역 이상의 형을 선고받고 그 집행이 끝나거나 그 집행을 받지 아니하기로 확정된 후 3년이 지나지 아니한 자
   나. 징역형의 집행유예를 선고받고 그 유예기간이 지난 후 2년이 지나지 아니한 자
   다. 징역형의 선고유예를 받고 그 유예기간 중에 있는 자
2. 공무원으로서 징계처분에 의하여 파면되거나 해임된 후 3년이 지나지 아니한 자
3. 피성년후견인 또는 피한정후견인

사무직원의 신고, 연수(研修), 그 밖에 필요한 사항은 대한변호사협회가 정한다(동조 제3항). 또한 지방변호사회의 장은 관할 지방검찰청 검사장에게 소속 변호사의 사무직원 채용과 관련하여 전과(前科) 사실의 유무에 대한 조회를 요청할 수 있으며(동조 제4항), 이 요청을 받은 지방검찰청 검사장은 전과 사실의 유무를 조회하여 그 결과를 회신할 수 있다(동조 제5항).

4. 광 고

변호사·법무법인·법무법인(유한) 또는 법무조합(이하 이 조에서 "변호사 등"이라 한다)은 자기 또는 그 구성원의 학력, 경력, 주요 취급 업무, 업무 실적, 그 밖에 그 업무의 홍보에 필요한 사항을 신문·잡지·방송·컴퓨터통신 등의 매체를 이용하여 광고할 수 있다(제23조 제1항). 다만, 변호사 등은 다음 각 호의 어느 하나에 해당하는 광고를 하여서는 아니 된다(동조 제2항).[8)]

1. 변호사의 업무에 관하여 거짓된 내용을 표시하는 광고
2. 국제변호사를 표방하거나 그 밖에 법적 근거가 없는 자격이나 명칭을 표방하는 내용의 광고
3. 객관적 사실을 과장하거나 사실의 일부를 누락하는 등 소비자를 오도(誤導)하거나 소비자에게 오해를 불러일으킬 우려가 있는 내용의 광고
4. 소비자에게 업무수행 결과에 대하여 부당한 기대를 가지도록 하는 내용의 광고

8) 제1호 및 제2호를 위반하여 광고를 한 자는 1년 이하의 징역 또는 1천만원 이하의 벌금에 처한다(제113조 제3호).

> 5. 다른 변호사 등을 비방하거나 자신의 입장에서 비교하는 내용의 광고
> 6. 부정한 방법을 제시하는 등 변호사의 품위를 훼손할 우려가 있는 광고
> 7. 그 밖에 광고의 방법 또는 내용이 변호사의 공공성이나 공정한 수임(受任) 질서를 해치거나 소비자에게 피해를 줄 우려가 있는 것으로서 대한변호사협회가 정하는 광고

변호사 등의 광고에 관한 심사를 위하여 대한변호사협회와 각 지방변호사회에 광고심사위원회를 둔다(동조 제3항). 광고심사위원회의 운영과 그 밖에 광고에 관하여 필요한 사항은 대한변호사협회가 정한다(동조 제4항).

5. 변호사의 의무

(1) 품의유지의무 등

변호사는 그 품위를 손상하는 행위를 하거나(제24조 제1항), 그 직무를 수행할 때에 진실을 은폐하거나 거짓 진술을 하여서는 아니 된다(동조 제2항).

(2) 회칙준수의무 및 비밀유지의무 등

변호사는 소속 지방변호사회와 대한변호사협회의 회칙을 지켜야 한다(제25조). 또한 변호사 또는 변호사였던 자는 그 직무상 알게 된 비밀을 누설하여서는 아니 된다. 다만, 법률에 특별한 규정이 있는 경우에는 그러하지 아니하다(제26조).

(3) 공익활동 등 지정업무 처리의무

변호사는 연간 일정 시간 이상 공익활동에 종사하여야 하며(제27조 제1항), 법령에 따라 공공기관, 대한변호사협회 또는 소속 지방변호사회가 지정한 업무를 처리하여야 한다(동조 제2항). 이때 공익활동의 범위와 그 시행 방법 등에 관하여 필요한 사항은 대한변호사협회가 정한다(동조 제3항).

(4) 장부의 작성·보관의무와 수임사건의 건수 및 수임액의 보고

변호사는 수임에 관한 장부를 작성하고 보관하여야 한다(제28조 제1항). 이 장부에는 수임받은 순서에 따라 수임일, 수임액, 위임인 등의 인적사항, 수임한 법률

사건이나 법률사무의 내용, 그 밖에 대통령령(시행령 제7조 제2항 참조)으로 정하는 사항을 기재하여야 한다(동조 제2항). 이 장부의 보관 방법, 보존 기간, 그 밖에 필요한 사항은 대통령령(대한변호사협회가 정한다(시행령 제7조 제3항))으로 정한다(동조 제3항).[9]

또한 변호사는 매년 1월 말까지 전년도에 처리한 수임사건의 건수와 수임액을 소속 지방변호사회에 보고하여야 한다(제28조의2).[10]

(5) 변호사선임서 등 지방변호사회 경유 및 변호인선임서 등의 미제출 변호 금지

변호사는 법률사건이나 법률사무에 관한 변호인선임서 또는 위임장 등을 공공기관에 제출할 때에는 사전에 소속 지방변호사회를 경유하여야 한다. 다만, 사전에 경유할 수 없는 급박한 사정이 있는 경우에는 변호인선임서나 위임장 등을 제출한 후 지체 없이 공공기관에 소속 지방변호사회의 경유확인서를 제출하여야 한다(제29조).[11]

또한 변호사는 법원이나 수사기관에 변호인선임서나 위임장 등을 제출하지 아니하고는 다음 각 호의 사건에 대하여 변호하거나 대리할 수 없다(제29조의2).[12]

1. 재판에 계속(係屬) 중인 사건 2. 수사 중인 형사사건[내사(內査) 중인 사건을 포함한다]

(6) 연고 관계 등의 선전금지

변호사나 그 사무직원은 법률사건이나 법률사무의 수임을 위하여 재판이나

9) 장부를 작성하지 아니하거나 보관하지 아니한 자에게는 1천만원 이하의 과태료를 부과한다(제117조 제2항 제2호).

10) 이 규정(제57조, 제58조의16 또는 제58조의30에 따라 준용되는 경우를 포함한다)을 위반한 자에게는 1천만원 이하의 과태료를 부과한다(제117조 제1항 제1의2호).

11) 이 규정(제57조, 제58조의16 또는 제58조의30에 따라 준용되는 경우를 포함한다)을 위반한 자에게는 1천만원 이하의 과태료를 부과한다(제117조 제1항 제1의2호).

12) 조세를 포탈하거나 수임제한 등 관계 법령에 따른 제한을 회피하기 위하여 이 규정(제57조, 제58조의16 또는 제58조의30에 따라 준용되는 경우를 포함한다)를 위반하여 변호하거나 대리한 자는 1년 이하의 징역 또는 1천만원 이하의 벌금에 처한다(제113조 제4항).

수사업무에 종사하는 공무원과의 연고(緣故) 등 사적인 관계를 드러내며 영향력을 미칠 수 있는 것으로 선전하여서는 아니 된다(제30조).

(7) 수임제한 및 변호사시험합격자의 수임제한

변호사는 다음 각 호의 어느 하나에 해당하는 사건에 관하여는 그 직무를 수행할 수 없다. 다만, 제2호 사건의 경우 수임하고 있는 사건의 위임인이 동의한 경우에는 그러하지 아니하다(제31조 제1항).

1. 당사자 한쪽으로부터 상의(相議)를 받아 그 수임을 승낙한 사건의 상대방이 위임하는 사건
2. 수임하고 있는 사건의 상대방이 위임하는 다른 사건
3. 공무원·조정위원 또는 중재인으로서 직무상 취급하거나 취급하게 된 사건

제1호 및 제2호를 적용할 때 법무법인·법무법인(유한)·법무조합이 아니면서도 변호사 2명 이상이 사건의 수임·처리나 그 밖의 변호사 업무 수행 시 통일된 형태를 갖추고 수익을 분배하거나 비용을 분담하는 형태로 운영되는 법률사무소는 하나의 변호사로 본다(동조 제2항).

또한 법관, 검사, 장기복무 군법무관, 그 밖의 공무원 직에 있다가 퇴직(재판연구원, 사법연수생과 병역의무를 이행하기 위하여 군인·공익법무관 등으로 근무한 자는 제외한다)하여 변호사 개업을 한 자(이하 "공직퇴임변호사"라 한다)는 퇴직 전 1년부터 퇴직한 때까지 근무한 법원, 검찰청, 군사법원, 금융위원회, 공정거래위원회, 경찰관서 등 국가기관(대법원, 고등법원, 지방법원 및 지방법원 지원과 그에 대응하여 설치된 「검찰청법」 제3조 제1항 및 제2항의 대검찰청, 고등검찰청, 지방검찰청, 지방검찰청 지청은 각각 동일한 국가기관으로 본다)이 처리하는 사건을 퇴직한 날부터 1년 동안 수임할 수 없다. 다만, 국선변호 등 공익목적의 수임과 사건당사자가 「민법」 제767조에 따른 친족인 경우의 수임은 그러하지 아니하다(동조 제3항). 이때 법원 또는 검찰청 등 국가기관의 범위, 공익목적 수임의 범위 등 필요한 사항은 대통령령(시행령 제7조의2 참조)으로 정한다(동조 제5항).

한편, 이때 수임할 수 없는 경우(제3항)는 다음 각 호를 포함한다(동조 제4항).[13]

1. 공직퇴임변호사가 법무법인, 법무법인(유한), 법무조합 또는 「외국법자문사법」 제2조 제9호에 따른 합작법무법인(이하 이 조에서 "법무법인 등"이라 한다)의 담당변호사로 지정되는 경우
2. 공직퇴임변호사가 다른 변호사, 법무법인 등으로부터 명의를 빌려 사건을 실질적으로 처리하는 등 사실상 수임하는 경우
3. 법무법인 등의 경우 사건수임계약서, 소송서류 및 변호사의견서 등에는 공직퇴임변호사가 담당변호사로 표시되지 않았으나 실질적으로는 사건의 수임이나 수행에 관여하여 수임료를 받는 경우

또한 변호사시험 합격 변호사(제4조 제3호)는 법률사무종사기관에서 통산하여 6개월 이상 법률사무에 종사하거나 연수를 마치지 아니하면 사건을 단독 또는 공동으로 수임(제50조 제1항, 제58조의16 또는 제58조의30에 따라 법무법인·법무법인(유한) 또는 법무조합의 담당변호사로 지정하는 경우나 「외국법자문사법」 제35조의20에 따라 합작법무법인의 담당변호사로 지정하는 경우를 포함한다)할 수 없다(제31조의2 제1항). 변호사시험 합격 변호사(제4조 제3호)가 최초로 단독 또는 공동으로 수임하는 경우에 관하여는 제21조의2(법률사무소 개설요건 등) 제3항을 준용한다(동조 제 2항).[14)]

(8) 계쟁권리의 양수 금지 및 독직행위의 금지

변호사는 계쟁권리(係爭權利)를 양수하여서는 아니 되며(제32조)[15)], 수임하고 있는 사건에 관하여 상대방으로부터 이익을 받거나 이를 요구 또는 약속하여서는 아니 된다(제33조).[16)]

13) 제3호(제57조, 제58조의16 또는 제58조의30에 따라 준용되는 경우를 포함한다)에 따른 사건을 수임한 변호사는 1년 이하의 징역 또는 1천만원 이하의 벌금에 처한다(제113조 제5항).

14) 이를 위반하여 사건을 단독 또는 공동으로 수임한 자는 1년 이하의 징역 또는 1천만원 이하의 벌금에 처한다(제113조 제6항).

15) 이 규정(제57조, 제58조의16 또는 제58조의30에 따라 준용되는 경우를 포함한다)를 위반하여 계쟁권리를 양수한 자는 3년 이하의 징역 또는 2천만원 이하의 벌금에 처한다(제112조 제5항).

16) 이 규정(제57조, 제58조의16 또는 제58조의30에 따라 준용되는 경우를 포함한다)를 위반한 자는 7년 이하의 징역 또는 5천만원 이하의 벌금에 처한다. 이 경우 벌금과 징역은 병과할 수 있다(제109조 제2호).

〈**용어설명**〉 계쟁권리(係爭權利)란 소송 당사자들이 다루는 목적물에 대한 권리를 말한다.

(9) 변호사가 아닌 자와의 동업 금지 등

누구든지 법률사건이나 법률사무의 수임에 관하여 다음 각 호의 행위를 하여서는 아니 된다(제34조 제1항).

1. 사전에 금품·향응 또는 그 밖의 이익을 받거나 받기로 약속하고 당사자 또는 그 밖의 관계인을 특정한 변호사나 그 사무직원에게 소개·알선 또는 유인하는 행위
2. 당사자 또는 그 밖의 관계인을 특정한 변호사나 그 사무직원에게 소개·알선 또는 유인한 후 그 대가로 금품·향응 또는 그 밖의 이익을 받거나 요구하는 행위

변호사나 그 사무직원은 법률사건이나 법률사무의 수임에 관하여 소개·알선 또는 유인의 대가로 금품·향응 또는 그 밖의 이익을 제공하거나 제공하기로 약속하여서는 아니 된다(동조 제2항). 변호사나 그 사무직원은 제109조 제1호, 제111조 또는 제112조 제1호에 규정된 자로부터 법률사건이나 법률사무의 수임을 알선받거나 이러한 자에게 자기의 명의를 이용하게 하여서는 아니 된다(동조 제3항).[17)]

17) 공무원이 취급하는 사건 또는 사무에 관하여 청탁 또는 알선을 한다는 명목으로 금품·향응, 그 밖의 이익을 받거나 받을 것을 약속한 자 또는 제3자에게 이를 공여하게 하거나 공여하게 할 것을 약속한 자는 5년 이하의 징역 또는 1천만원 이하의 벌금에 처한다. 이 경우 벌금과 징역은 병과할 수 있다(제111조 제1항). 이때 다른 법률에 따라 「형법」 제129조부터 제132조까지의 규정에 따른 벌칙을 적용할 때에 공무원으로 보는 자는 위의 공무원으로 본다(동조 제2항). 다만, 상습적으로 이 죄를 지은 자는 10년 이하의 징역에 처한다(제114조). 또한 제34조의 규정(제57조, 제58조의16 또는 제58조의30에 따라 준용되는 경우를 포함한다)을 위반한 자는 7년 이하의 징역 또는 5천만원 이하의 벌금에 처한다. 이 경우 벌금과 징역은 병과할 수 있다(제109조 제2호). 그리고 타인의 권리를 양수하거나 양수를 가장하여 소송·조정 또는 화해, 그 밖의 방법으로 그 권리를 실행함을 업(業)으로 한 자는 3년 이하의 징역 또는 2천만원 이하의 벌금에 처한다(제112조 제1호).

한편, 제34조(제57조, 제58조의16 또는 제58조의30에 따라 준용되는 경우를 포함한다)를 위반하거나 제109조 제1호, 제110조, 제111조 또는 제114조의 지은 자 또는 그 사정을 아는 제3자가 받은 금품이나 그 밖의 이익은 몰수한다. 이를 몰수할 수 없을 때에는 그 가액을 추징한다(제116조).

* 법률사무의 의미

▪ **판례 1** ▪ [1] 변호사법 제109조 제1호는 소송사건 등에 관하여 법률사무를 하는 행위에 대한 벌칙을 규정하고 있는데, 위 조문은 금지되는 법률사무의 유형으로서 감정, 대리, 중재, 화해, 청탁, 법률상담, 법률관계 문서 작성을 나열한 다음 '그 밖의 법률사무'라는 포괄적인 문구를 두고 있다. 위 조문에서 규정한 '그 밖의 법률사무'는 법률상의 효과를 발생·변경·소멸시키는 사항의 처리와 법률상의 효과를 보전하거나 명확하게 하는 사항의 처리를 의미하는데, 직접적으로 법률상의 효과를 발생·변경·소멸·보전·명확화하는 행위는 물론이고, 위 행위와 관련된 행위도 '그 밖의 법률사무'에 해당한다.

[2] 변호사법 제109조 제1호는 변호사가 아닌 사람이 금품·향응 또는 그 밖의 이익을 받거나 받을 것을 약속하고 법률사무를 하는 행위에 대한 벌칙을 규정하고 있는데, 단순히 법률사무와 관련한 실비를 변상받았을 때에는 위 조문상의 이익을 수수하였다고 볼 수 없다. 그러나 위 조문은 변호사가 아닌 사람이 유상으로 법률사무를 하는 것을 금지하는 데 입법목적이 있으므로, 법률사무의 내용, 비용의 내역과 규모, 이익 수수 경위 등 여러 사정을 종합하여 볼 때 실비변상을 빙자하여 법률사무의 대가로서 경제적 이익을 취득하였다고 볼 수 있는 경우에는, 이익 수수가 외형상 실비변상의 형식을 취하고 있더라도 그와 같이 이익을 수수하고 법률사무를 하는 행위가 변호사법 위반죄에 해당한다. 이때 일부 비용을 지출하였다고 하더라도 비용이 변호사법위반죄의 범행을 위하여 지출한 비용에 불과하다면 수수한 이익 전부를 법률사무의 대가로 보아야 하고, 이익에서 지출한 비용을 공제한 나머지 부분만을 법률사무의 대가로 볼 수는 없다(2014도16204).

▪ **판례 2** ▪ 법적 분쟁에 관련되는 실체적, 절차적 사항에 관하여 조언 또는 정보를 제공하거나 그 해결에 필요한 법적, 사실상의 문제에 관하여 조언, 조력을 하는 행위는 변호사법 제109조 제1호의 법률상담에 해당한다. 따라서 민사소송의 당사자로부터 소송에 관한 법률적인 지원을 부탁받고 당사자를 만나 변호사선임 문제 등을 논의한 후 소송 관련 서류와 함께 착수금 명목의 금원을 교부받은 경우가 변호사법 제109조 제1호 위반죄에 해당한다(2004도6676).

* 변호사 사무직원의 법률사무 취급의 적법성 여부

▪ **판례** ▪ [1] 변호사가 아니면서 금품·향응 또는 그 밖의 이익을 받거나 받을 것을 약속하고 또는 제3자에게 이를 공여하게 하거나 공여하게 할 것을 약속하고 법률사건에 관하여 감정·대리·중재·화해·청탁·법률상담 또는 법률관계 문서 작성, 그 밖의 법률사무를 취급하거나 이러한 행위를 알선하는 변호사법 제109조 제1호 위반행위에서 당사자와 내용을 달리하는 법률사건에 관한 법률사무 취급은 각기 별개의 행위라고 할 것이므로, 변호사가 아닌 사람이 각기 다른 법률사건에 관한 법률사무를 취급하여 저지르는 위 변호사법위반의 각 범행은 특별한 사정이 없는 한 실체적 경합범이 되는 것이지 포괄일죄가 되는 것이 아니다.

[2] 변호사가 자신의 명의로 개설한 법률사무소 사무직원('비변호사'를 뜻한다. 이하 같다)에게 자신의 명의를 이용하도록 함으로써 변호사법 제109조 제2호 위반행위를 하고, 그 사무직원이 변호사의 명의를 이용하여 법률사무를 취급함으로써 변호사법 제109조 제1호 위반행위를 하였는지 판단하기 위하여는, 취급한 법률사건의 최초 수임에서 최종 처리에 이르기까지의 전체적인 과정, 법률사건의 종류와 내용, 법률사무의 성격과 처리에 필요한 법률지식의 수준, 법률상담이나 법률문서 작성 등의 업무처리에 대한 변호사의 관여 여부 및 내용·방법·빈도, 사무실의 개설 과정과 사무실의 운영방식으로서 직원의 채용·관리 및 사무실의 수입금 관리의 주체·방법, 변호사와 사무직원 사이의 인적 관계, 명의 이용의 대가로 지급된 금원의 유무 등 여러 사정을 종합하여, 그 사무직원이 실질적으로 변호사의 지휘·감독을 받지 않고 자신의 책임과 계산으로 법률사무를 취급한 것으로 평가할 수 있는지를 살펴보아야 한다(2011도14198).

* 제109조 제1항의 적용대상 여부

▪ **판례** ▪ 변호사법 제109조 제1호와 변호사법 제112조 제1호의 각 규정취지와 입법 연혁, 각 문언의 내용과 형식 등을 종합하면, 변호사 아닌 자가 금품·향응 또는 그 밖의 이익을 받거나 받을 것을 약속하고 타인의 법률사건에 관한 법률사무를 처리하기 위한 방편으로 그 타인으로부터 권리를 양수한 것과 같은 외관만 갖춘 뒤 마치 자신이 권리자인 양 해당 법률사무를 취급한 경우에는 변호사법 제109조 제1호의 구성요건에 해당한다고 보아야 한다(2013도13915).

* 알선의 의미

▪ **판례** ▪ [1] 구 변호사법(2000.1.28. 법률 제6207호로 전문 개정되기 전의 것) 제90조 제2호 후단에서 말하는 알선이라 함은 법률사건의 당사자와 그 사건에 관하여 대리 등의 법률사무를 취급하는 상대방 사이에서 양자 간에 법률사건이나 법률사무에 관한 위임계약 등의 체결을 중개하거나 그 편의를 도모하는 행위를 말하고, 따라서 현실적으로 위임계약 등이 성립하지 않아도 무방하며, (경찰관, 법원·검찰의 직원 등) 비변호사가 법률사건의 대리를 다른 비변호사에게 알선하는 경우는 물론 변호사에게 알선하는 경우도 이에 해당하고, 그 대가로서의 보수(이익)를 알선을 의뢰하는 자뿐만 아니라 그 상대방 또는 쌍방으로부터 받거나 받을 것을 약속한 경우도 포함하며, 이러한 보수의 지급에 관한 약속은 그 방법에 아무런 제한이 없고 반드시 명시적임을 요하는 것도 아니다.

[2] 변호사인 피고인이 소개인들로부터 법률사건의 수임을 알선 받으면 그 대가를 지급하는 관행에 편승하여 사례비를 지급하고 비변호사인 소개인들로부터 법률사건의 수임을 알선 받은 경우, 소개인들과 사이에 법률사건의 알선에 대한 대가로서의 금품지급에 관한 명시적이거나 적어도 묵시적인 약속이 있었다고 봄이 상당하다(2001도970).

* 추징대상 여부

▪판례▪ 구 변호사법(2000.1.28. 법률 제6207호로 전문 개정되기 전의 것) 제94조에 의한 필요적 추징은 같은 법 제27조의 규정 등을 위반한 사람이 그 위반행위로 인하여 취득한 부정한 이익을 보유하지 못하게 함에 그 목적이 있고, 변호사가 같은 법 제27조 제2항에 위반하여 법률사건을 수임하더라도 그 수임계약과 이에 따른 소송행위는 유효한데, 피고인이 법률사건을 수임하고 받은 수임료는 법률사건의 알선을 받은 대가가 아니고 사법상 유효한 위임계약과 그에 따른 대리행위의 대가이므로 같은 법 제27조 제2항 위반행위로 인하여 얻은 부정한 이익으로 볼 수 없고, 따라서 추징의 대상이 아니다(2000도5069).

(10) 사건 유치 목적의 출입금지 등

변호사나 그 사무직원은 법률사건이나 법률사무를 유상으로 유치할 목적으로 법원·수사기관·교정기관 및 병원에 출입하거나 다른 사람을 파견하거나 출입 또는 주재하게 하여서는 아니 된다(제35조).[18]

1. 판사·검사, 그 밖에 재판·수사기관의 공무원에게 제공하거나 그 공무원과 교제한다는 명목으로 금품이나 그 밖의 이익을 받거나 받기로 한 행위
2. 제1호에 규정된 공무원에게 제공하거나 그 공무원과 교제한다는 명목의 비용을 변호사 선임료·성공사례금에 명시적으로 포함시키는 행위

▪판례▪ 변호사법 제110조 제1호에서는 변호사가 "판사·검사 기타 재판·수사기관의 공무원에게 제공하거나 그 공무원과 교제한다는 명목으로 금품 기타 이익을 받거나 받기로 한 행위"를 처벌하고 있는바, 변호사는 공공성을 지닌 법률전문직으로서 독립하여 자유롭게 그 직무를 행하는 지위에 있음을 감안하면(변호사법 제2조), 위 처벌조항에서 '교제'라 함은 의뢰받은 사건의 해결을 위하여 접대나 향응은 물론 사적인 연고관계나 친분관계를 이용하는 등 이른바 공공성을 지닌 법률전문직으로서의 정상적인 활동이라고 보기 어려운 방법으로 당해 공무원과 직접·간접으로 접촉하는 것을 뜻하는 것이라고 해석되고, 변호사가 받은 금품 등이 정당한 변호활동에 대한 대가나 보수가 아니라 교제 명목으로 받은 것에 해당하는지 여부는 당해 금품 등의 수수 경위와 액수, 변호사선임계 제출 여부, 구체적인 활동내역 기타 제반 사정 등을 종합하여 판단하여야 할 것이다(2014도16204).

18) 이 규정(제57조, 제58조의16 또는 제58조의30에 따라 준용되는 경우를 포함한다)를 위반한 자에게는 1천만원 이하의 과태료를 부과한다(제117조 제2항 제1의2호). 또한 변호사나 그 사무직원이 다음 각 호의 어느 하나에 해당하는 행위를 한 경우에는 5년 이하의 징역 또는 3천만원 이하의 벌금에 처한다. 이 경우 벌금과 징역은 병과할 수 있다(제110조). 다만, 상습적으로 이 죄를 지은 자는 10년 이하의 징역에 처한다(제114조).

(11) 재판·수사기관 공무원 및 직무취급자 등의 사건 소개 금지

재판기관이나 수사기관의 소속 공무원은 대통령령으로 정하는 자기가 근무하는 기관에서 취급 중인 법률사건이나 법률사무의 수임에 관하여 당사자 또는 그 밖의 관계인을 특정한 변호사나 그 사무직원에게 소개·알선 또는 유인하여서는 아니 된다. 다만, 사건 당사자나 사무 당사자가 「민법」 제767조에 따른 친족인 경우에는 그러하지 아니하다(제36조).[19]

또한 재판이나 수사 업무에 종사하는 공무원은 직무상 관련이 있는 법률사건 또는 법률사무의 수임에 관하여 당사자 또는 그 밖의 관계인을 특정한 변호사나 그 사무직원에게 소개·알선 또는 유인하여서는 아니 된다(제37조 제1항).[20] 여기서 "직무상 관련"이란 다음 각 호의 어느 하나에 해당하는 경우를 말한다(동조 제2항).

> 1. 재판이나 수사 업무에 종사하는 공무원이 직무상 취급하고 있거나 취급한 경우
> 2. 제1호의 공무원이 취급하고 있거나 취급한 사건에 관하여 그 공무원을 지휘·감독하는 경우

(12) 겸직 제한 및 감독

변호사는 보수를 받는 공무원을 겸할 수 없다. 다만, 국회의원이나 지방의회 의원 또는 상시 근무가 필요 없는 공무원이 되거나 공공기관에서 위촉한 업무를 수행하는 경우에는 그러하지 아니하다(제38조 제1항). 또한 변호사는 소속 지방변호사회의 허가 없이 다음 각 호의 행위를 할 수 없다. 다만, 법무법인·법무법인(유한) 또는 법무조합의 구성원이 되거나 소속 변호사가 되는 경우에는 그러하지 아니하다(동조 제2항). 다만, 변호사가 휴업한 경우에는 이를 적용하지 아니한다(동조 제3항).

---

19) 이 규정(제57조, 제58조의16 또는 제58조의30에 따라 준용되는 경우를 포함한다)을 위반한 자에게는 1천만원 이하의 과태료를 부과한다(제117조 제2항 제1의2호).

20) 이 규정(제57조, 제58조의16 또는 제58조의30에 따라 준용되는 경우를 포함한다)을 위반한 자는 3년 이하의 징역 또는 2천만원 이하의 벌금에 처한다(제113조 제7호).

1. 상업이나 그 밖에 영리를 목적으로 하는 업무를 경영하거나 이를 경영하는 자의 사용인이 되는 것
2. 영리를 목적으로 하는 법인의 업무집행사원·이사 또는 사용인이 되는 것

또한 변호사 소속 지방변호사회, 대한변호사협회 및 법무부장관의 감독을 받는다(제39조).

제 5 절 법무법인 [생략]

제5절의2 법무법인(유한) [생략]

제5절의3 법무조합 [생략]

제 6 절 지방변호사회 [생략]

제 7 절 대한변호사협회 [생략]

제8절 법조윤리협의회 및 수임자료 제출

1. 법조윤리협의회

법조윤리를 확립하고 건전한 법조풍토를 조성하기 위하여 법조윤리협의회(이하 "윤리협의회"라 한다)를 둔다(제88조).

2. 윤리협의회의 기능 및 권한

윤리협의회는 다음 각 호의 업무를 수행한다(제89조 제1항).

1. 법조윤리의 확립을 위한 법령·제도 및 정책에 관한 협의
2. 법조윤리 실태의 분석과 법조윤리 위반행위에 대한 대책
3. 법조윤리와 관련된 법령을 위반한 자에 대한 징계개시(懲戒開始)의 신청 또는 수사 의뢰
4. 그 밖에 법조윤리의 확립을 위하여 필요한 사항에 대한 협의

윤리협의회는 제3호에 따른 징계개시의 신청 또는 수사 의뢰 등 업무수행을 위하여 필요하다고 인정하면 관계인 및 관계 기관·단체 등에 대하여 관련 사실을 조회하거나 자료 제출 또는 윤리협의회에 출석하여 진술하거나 설명할 것을 요구할 수 있으며, 관계인 및 관계 기관·단체 등이 정당한 이유 없이 이를 거부할 때에는 소속 직원으로 하여금 법무법인, 법무법인(유한), 법무조합, 법률사무소, 「외국법자문사법」 제2조 제9호에 따른 합작법무법인에 출입하여 현장조사를 실시하게 할 수 있다. 이 경우 요구를 받은 자 및 기관·단체 등은 이에 따라야 한다(동조 제2항).[21] 이때 출입·현장조사를 하는 사람은 그 권한을 표시하는 증표를 지니고 이를 관계인에게 내보여야 하며(동조 제3항), 사실조회·자료제출·출석요구 및 현장조사에 필요한 사항은 대통령령(시행령 제18조의2－제18조의5 참조)으로 정한다(동조 제4항).

3. 윤리협의회의 구성

윤리협의회는 다음 각 호의 어느 하나에 해당하는 자 중에서 법원행정처장, 법무부장관 및 대한변호사협회의 장이 각 3명씩 지명하거나 위촉하는 9명의 위원으로 구성한다. 이 경우 법원행정처장, 법무부장관 및 대한변호사협회의 장은 제4호나 제5호에 해당하는 자를 1명 이상 위원으로 위촉하여야 한다(제89조의2 제1항).

21) 윤리협의회의 요구에 정당한 이유 없이 따르지 아니하거나 같은 항에 따른 현장조사를 정당한 이유 없이 거부·방해 또는 기피한 자에게는 500만원 이하의 과태료를 부과한다(제117조 제3항 제2호).

1. 경력 10년 이상의 판사
2. 경력 10년 이상의 검사
3. 경력 10년 이상의 변호사
4. 법학 교수 또는 부교수
5. 경험과 덕망이 있는 자

위원장은 대한변호사협회의 장이 지명하거나 위촉하는 위원 중에서 재적위원 과반수의 동의로 선출한다(동조 제2항). 위원장과 위원의 임기는 2년으로 하되, 연임할 수 있으며(동조 제3항), 제1호부터 제4호까지의 요건에 따라 지명되거나 위촉된 위원이 임기 중 지명 또는 위촉의 요건을 상실하면 위원의 신분을 상실한다(동조 제4항).

4. 윤리협의회의 조직·운영 및 예산

윤리협의회의 사무를 처리하기 위하여 윤리협의회에 간사 3명과 사무기구를 둔다(제89조의3 제1항). 간사는 법원행정처장이 지명하는 판사 1명, 법무부장관이 지명하는 검사 1명, 대한변호사협회의 장이 지명하는 변호사 1명으로 한다(동조 제2항). 위원장은 효율적으로 업무를 처리하기 위하여 간사 중에서 주무간사를 임명할 수 있다(동조 제3항).

또한 정부는 윤리협의회의 업무를 지원하기 위하여 예산의 범위에서 윤리협의회에 보조금을 지급할 수 있으며(동조 제4항), 윤리협의회의 조직과 운영에 관하여 필요한 사항은 대통령령(시행령 제20조의7－제20조의10 참조)으로 정한다(동조 제5항).

5. 공직퇴임변호사의 수임 자료 등 제출

공직퇴임변호사는 퇴직일부터 2년 동안 수임한 사건에 관한 수임 자료와 처리 결과를 대통령령으로 정하는 기간마다 소속 지방변호사회에 제출하여야 한다(제89조의4 제1항). 공직퇴임변호사가 제50조·제58조의16 또는 제58조의30에 따라 법무법인·법무법인(유한) 또는 법무조합의 담당변호사로 지정된 경우나 「외국법자문사법」 제35조의20에 따라 합작법무법인의 담당변호사로 지정된 경우에도 같다(동조 제2항).[22] 이때 지방변호사회는 제1항에 따라 제출받은 자료를 윤리협의회에 제출하여야 한다(동조 제3항).

윤리협의회의 위원장은 공직퇴임변호사에게 제91조에 따른 징계사유나 위법의 혐의가 있는 것을 발견하였을 때에는 대한변호사협회의 장이나 지방검찰청 검사장에게 그 변호사에 대한 징계개시를 신청하거나 수사를 의뢰할 수 있다(동조 제4항). 공직퇴임변호사가 제출하여야 하는 수임 자료와 처리 결과의 기재사항, 제출 절차 등에 관하여 필요한 사항은 대통령령(시행령 제20조의11 참조)으로 정한다(동조 제5항).

6. 특정변호사의 수임 자료 등 제출

지방변호사회는 대통령령(시행령 제20조의12 참조)으로 정하는 수 이상의 사건을 수임한 변호사(제50조, 제58조의16 및 제58조의30에 따른 법무법인·법무법인(유한) 또는 법무조합의 담당변호사나 「외국법자문사법」 제35조의20에 따른 합작법무법인의 담당변호사를 포함하며, 이하 "특정변호사"라 한다)의 성명과 사건 목록을 윤리협의회에 제출하여야 한다(제89조의5 제1항).

또한 윤리협의회는 제30조, 제31조, 제34조 제2항·제3항 및 제35조 등 사건 수임에 관한 규정의 위반 여부를 판단하기 위하여 수임 경위 등을 확인할 필요가 있다고 인정되면 특정변호사에게 제1항의 사건 목록에 기재된 사건에 관한 수임 자료와 처리 결과를 제출하도록 요구할 수 있다. 이 경우 특정변호사는 제출을 요구받은 날부터 30일 이내에 제출하여야 한다(동조 제2항).[23] 특정변호사에 대하여는 제89조의4 제4항 및 제5항을 준용한다(동조 제3항).

---

22) 제1항·제2항을 위반하여 수임 자료와 처리 결과에 대한 거짓 자료를 제출한 자(제117조 제1항)와 제2항을 위반하여 수임 자료와 처리 결과를 제출하지 아니한 자(동조 제2항 제8호)에게는 각각 2천만원 이하의 과태료를 부과한다.

23) 제1항·제2항을 위반하여 수임 자료와 처리 결과에 대한 거짓 자료를 제출한 자(제117조 제1항)와 제2항을 위반하여 수임 자료와 처리 결과를 제출하지 아니한 자(동조 제2항 제8호)에게는 각각 2천만원 이하의 과태료를 부과한다.

〈참고〉 시행령 제20조의12(특정변호사의 수임자료 등 제출) ② 지방변호사회는 해당 기간마다 다음 각 호의 어느 하나에 해당하는 사람을 특정변호사로 선정하고, 그 선정의 근거를 제1항의 성명 및 사건목록과 함께 제출하여야 한다.

1. 형사사건(형사신청사건 및 내사사건을 포함한다. 이하 이 항에서 같다)의 수임건수가 30건 이상이고 소속 회원의 형사사건 평균 수임건수의 2.5배 이상인 변호사
2. 형사사건 외의 본안사건의 수임건수가 60건 이상이고 소속 회원의 형사사건 외의 본안사건 평균 수임건수의 2.5배 이상인 변호사
3. 형사사건 외의 신청사건의 수임건수가 120건 이상이고 소속 회원의 형사사건 외의 신청사건 평균 수임건수의 2.5배 이상인 변호사

7. 법무법인 등에서의 퇴직공직자 활동내역 등 제출

「공직자윤리법」 제3조에 따른 재산등록의무자 및 대통령령으로 정하는 일정 직급 이상의 직위에 재직했던 변호사 아닌 퇴직공직자(이하 이 조에서 "퇴직공직자"라 한다)가 법무법인·법무법인(유한)·법무조합 또는 「외국법자문사법」 제2조 제9호에 따른 합작법무법인(이하 이 조에서 "법무법인 등"이라 한다)에 취업한 때에는, 법무법인 등은 지체 없이 취업한 퇴직공직자의 명단을 법무법인 등의 주사무소를 관할하는 지방변호사회에 제출하여야 하고, 매년 1월 말까지 업무활동내역 등이 포함된 전년도 업무내역서를 작성하여 법무법인 등의 주사무소를 관할하는 지방변호사회에 제출하여야 한다(제89조의6 제1항). 이것은 법무법인 등이 아니면서도 변호사 2명 이상이 사건의 수임·처리나 그 밖의 변호사 업무 수행 시 통일된 형태를 갖추고 수익을 분배하거나 비용을 분담하는 형태로 운영되는 법률사무소에도 적용한다(동조 제3항). 여기의 취업이란 퇴직공직자가 근로 또는 서비스를 제공하고, 그 대가로 임금·봉급, 그 밖에 어떠한 명칭으로든지 금품 또는 경제적 이익을 받는 일체의 행위를 말한다(동조 제2항). 또한 이 업무내역서에는 퇴직공직자가 관여한 사건·사무 등 업무활동내역 및 그 밖에 대통령령(시행령 제20조의15 참조)으로 정하는 사항을 기재하여야 한다(동조 제6항).

한편, 지방변호사회는 제1항에 따라 제출받은 자료를 윤리협의회에 제출하여야 하며(동조 제4항), 윤리협의회의 위원장은 제출받은 자료를 검토하여 관련자들에 대한 징계사유나 위법의 혐의가 있는 것을 발견하였을 때에는 대한변호사협회

의 장에게 징계개시를 신청하거나 지방검찰청 검사장에게 수사를 의뢰할 수 있다(동조 제5항).

8. 수임사건 처리 결과 등의 통지

윤리협의회는 제89조의4 제3항과 제89조의5 제2항에 따라 자료를 제출받으면 지체 없이 그 사건 목록을 관할 법원·검찰청 등 사건을 관할하는 기관의 장에게 통지하여야 한다(제89조의7 제1항). 이때 각 기관의 장은 이 통지를 받은 날부터 1개월 이내에 통지받은 사건에 대한 처리 현황이나 처리 결과를 윤리협의회에 통지하여야 한다. 다만, 사건이 종결되지 아니한 경우에는 사건이 종결된 때부터 1개월 이내에 통지하여야 한다(동조 제2항).

9. 비밀누설 등의 금지

윤리협의회의 위원·간사·사무직원 또는 그 직에 있었던 자는 업무처리 중 알게 된 비밀을 누설하여서는 아니 된다(제89조의8).[24)]

10. 국회에 대한 보고

윤리협의회는 매년 제89조 제1항의 업무수행과 관련한 운영상황을 국회에 보고하여야 한다(제89조의9 제1항). 또한 윤리협의회는 제89조의8에도 불구하고 「인사청문회법」에 따른 인사청문회 또는 「국정감사 및 조사에 관한 법률」에 따른 국정조사를 위하여 국회의 요구가 있을 경우에는 제89조의4 제3항 및 제89조의5 제2항에 따라 제출받은 자료 중 다음 각 호의 구분에 따른 자료를 국회에 제출하여야 한다(동조 제2항).

1. 제89조의4 제3항에 따라 제출받은 자료: 공직퇴임변호사의 성명, 공직퇴임일, 퇴직 당시의 소속 기관 및 직위, 수임일자, 사건명, 수임사건의 관할 기관, 처리 결과

---

24) 비밀을 누설한 자는 3년 이하의 징역 또는 2천만원 이하의 벌금에 처한다(제112조 제7호).

2. 제89조의5 제2항에 따라 제출받은 자료: 변호사의 성명, 사건목록(수임일자 및 사건명에 한한다)

11. 벌칙 적용에서 공무원 의제

윤리협의회의 위원·간사·사무직원으로서 공무원이 아닌 사람은 그 직무상 행위와 관련하여 「형법」이나 그 밖의 법률에 따른 벌칙을 적용할 때에는 공무원으로 본다(제89조의10).

제 9 절 징계 및 업무정지

1. 징계의 종류

변호사에 대한 징계는 다음 다섯 종류로 한다(제90조).[25]

1. 영구제명
2. 제명
3. 3년 이하의 정직
4. 3천만원 이하의 과태료
5. 견책

2. 징계 사유

영구제명(제90조 제1호)에 해당하는 징계 사유는 다음 각 호와 같다(제91조 제1항).

1. 변호사의 직무와 관련하여 2회 이상 금고 이상의 형을 선고받아(집행유예를 선고받은 경우를 포함한다) 그 형이 확정된 경우(과실범의 경우는 제외한다)

25) 제3호에 따른 정직 결정을 위반하여 변호사의 직무를 수행한 변호사는 3년 이하의 징역 또는 2천만원 이하의 벌금에 처한다(제112조 제4호).

2. 이 법에 따라 2회 이상 정직 이상의 징계처분을 받은 후 다시 제2항에 따른 징계사유가 있는 자로서 변호사의 직무를 수행하는 것이 현저히 부적당하다고 인정되는 경우

기타의 징계사유는 다음 각 호와 같다(동조 제2항).

1. 이 법을 위반한 경우
2. 소속 지방변호사회나 대한변호사협회의 회칙을 위반한 경우
3. 직무의 내외를 막론하고 변호사로서의 품위를 손상하는 행위를 한 경우

3. 위원회의 설치

(1) 변호사징계위원회의 설치

변호사의 징계는 변호사징계위원회가 한다(제92조 제1항). 대한변호사협회와 법무부에 각각 변호사징계위원회를 둔다(동조 제2항).

(2) 조사위원회의 설치

변호사의 징계혐의사실에 대한 조사를 위하여 대한변호사협회에 조사위원회를 둔다(제92조의2 제1항). 조사위원회는 필요하면 관계 기관· 단체 등에 자료 제출을 요청할 수 있으며, 당사자나 관계인을 면담하여 사실에 관한 의견을 들을 수 있다(동조 제2항). 조사위원회의 구성과 운영 등에 관하여 필요한 사항은 대한변호사협회가 정한다(동조 제3항).

4. 변호사징계위원회의 구성과 심의권

(1) 대한변호사협회 변호사징계위원회의 구성

대한변호사협회 변호사징계위원회(이하 "변협징계위원회"라 한다)는 다음 각 호의 위원으로 구성한다(제93조 제1항).

1. 법원행정처장이 추천하는, 판사 1명과 변호사가 아닌 경험과 덕망이 있는 자 1명
2. 법무부장관이 추천하는, 검사 1명과 변호사가 아닌 경험과 덕망이 있는 자 1명
3. 대한변호사협회 총회에서 선출하는 변호사 3명
4. 대한변호사협회의 장이 추천하는, 변호사가 아닌 법학 교수 및 경험과 덕망이 있는 자 각 1명

변협징계위원회에 위원장 1명과 간사 1명을 두며, 위원장과 간사는 위원 중에서 호선한다(동조 제2항). 징계위원을 추천하거나 선출할 때에는 위원의 수와 같은 수의 예비위원을 함께 추천하거나 선출하여야 한다(동조 제3항). 다만, 변호사의 자격을 취득한 날부터 10년이 지나지 아니한 자는 위원장이나 판사·검사·변호사인 위원 또는 예비위원이 될 수 없다(동조 제4항). 위원과 예비위원의 임기는 각각 2년으로 하며(동조 제5항), 변협징계위원회의 위원 및 예비위원은 제94조에 따른 법무부징계위원회의 위원 및 예비위원을 겸할 수 없다(동조 제6항).

(2) 법무부 변호사징계위원회의 구성 등

법무부 변호사징계위원회(이하 "법무부징계위원회"라 한다)는 위원장 1명과 위원 8명으로 구성하며, 예비위원 8명을 둔다(제94조 제1항). 위원장은 법무부장관이 되고, 위원과 예비위원은 다음 각 호 구분에 따라 법무부장관이 임명 또는 위촉한다(동조 제2항).

1. 법원행정처장이 추천하는 판사 중에서 각 2명
2. 법무부차관, 검사 및 법무부의 고위공무원단에 속하는 일반직공무원 중에서 각 2명
3. 대한변호사협회의 장이 추천하는 변호사 중에서 각 1명
4. 변호사가 아닌 자로서 법학 교수 또는 경험과 덕망이 있는 자 각 3명

위원과 예비위원의 임기는 각각 2년으로 한다(동조 제3항). 법무부장관은 위원 또는 예비위원이 다음 각 호의 어느 하나에 해당하는 경우에는 해당 위원 또는 예비위원을 해임(解任)하거나 해촉(解囑)할 수 있다(동조 제6항).

1. 심신장애로 인하여 직무를 수행할 수 없게 된 경우
2. 직무와 관련된 비위사실이 있는 경우

> 3. 직무 태만, 품위 손상, 그 밖의 사유로 인하여 위원 또는 예비위원의 직을 유지하는 것이 적합하지 아니하다고 인정되는 경우

위원장은 법무부징계위원회의 업무를 총괄하고 법무부징계위원회를 대표하며 회의를 소집하고 그 의장이 되며(동조 제4항), 위원장이 부득이한 사유로 그 직무를 수행할 수 없을 때에는 위원장이 미리 지명하는 위원이 그 직무를 대행한다(동조 제5항).

한편, 법무부징계위원회의 위원 또는 예비위원으로서 공무원이 아닌 사람은 「형법」 제129조부터 제132조까지의 규정을 적용할 때에는 공무원으로 본다(동조 제7항).

(3) 변협징계위원회 및 법무부징계위원회의 심의권

변협징계위원회는 제91조에 따른 징계 사유에 해당하는 징계 사건을 심의하며(제95조 제1항), 이 심의를 위하여 필요하면 조사위원회에 징계혐의사실에 대한 조사를 요청할 수 있다(동조 제2항). 또한 법무부징계위원회는 변협징계위원회의 징계 결정에 대한 이의신청 사건을 심의한다(제96조).

5. 징계절차

(1) 징계개시의 청구와 신청

대한변호사협회의 장은 변호사가 제91조에 따른 징계 사유에 해당하면 변협징계위원회에 징계개시를 청구하여야 한다(제97조). 또한 지방검찰청검사장은 범죄수사 등 검찰 업무의 수행 중 변호사에게 제91조에 따른 징계 사유가 있는 것을 발견하였을 때에는 대한변호사협회의 장에게 그 변호사에 대한 징계개시를 신청하여야 한다(제97조의2 제1항). 지방변호사회의 장이 소속 변호사에게 제91조에 따른 징계 사유가 있는 것을 발견한 경우에도 같다(동조 제2항).

(2) 징계개시의 청원 및 재청원

의뢰인이나 의뢰인의 법정대리인·배우자·직계친족 또는 형제자매는 수임변

호사나 법무법인(제58조의2에 따른 법무법인(유한)과 제58조의18에 따른 법무조합을 포함한다)의 담당변호사에게 제91조에 따른 징계 사유가 있으면 소속 지방변호사회의 장에게 그 변호사에 대한 징계개시의 신청을 청원할 수 있다(제97조의3 제1항). 이때 지방변호사회의 장은 이 청원을 받으면 지체 없이 징계개시의 신청 여부를 결정하고 그 결과와 이유의 요지를 청원인에게 통지하여야 한다(동조 제2항).

한편, 청원인은 지방변호사회의 장이 제1항의 청원을 기각하거나 청원이 접수된 날부터 3개월이 지나도 징계개시의 신청 여부를 결정하지 아니하면 대한변호사협회의 장에게 재청원할 수 있다. 이 경우 재청원은 제2항에 따른 통지를 받은 날 또는 청원이 접수되어 3개월이 지난 날부터 14일 이내에 하여야 한다(동조 제3항).

(3) 대한변호사협회의 장의 결정

대한변호사협회의 장은 제89조의4 제4항(제89조의5 제3항에 따라 준용되는 경우를 포함한다) 또는 제97조의2에 따른 징계개시의 신청이 있거나 제97조의3 제3항에 따른 재청원이 있으면 지체 없이 징계개시의 청구 여부를 결정하여야 하며(제97조의4 제1항), 징계개시의 청구 여부를 결정하기 위하여 필요하면 조사위원회로 하여금 징계혐의사실에 대하여 조사하도록 할 수 있다(동조 제2항). 또한 대한변호사협회의 장은 징계개시 결정을 하였을 때에는 지체 없이 그 사유를 징계개시 신청인(징계개시를 신청한 윤리협의회 위원장이나 지방검찰청검사장을 말한다. 이하 같다)이나 재청원인에게 통지하여야 한다(동조 제3항).

(4) 이의신청

징계개시 신청인은 대한변호사협회의 장이 징계개시의 신청을 기각하거나 징계개시의 신청이 접수된 날부터 3개월이 지나도 징계개시의 청구 여부를 결정하지 아니하면 변협징계위원회에 이의신청을 할 수 있다. 이 경우 이의신청은 제97조의4 제3항에 따른 통지를 받은 날 또는 징계개시의 신청이 접수되어 3개월이 지난 날부터 14일 이내에 하여야 한다(제97조의5 제1항). 변협징계위원회는 이 이의신청이 이유 있다고 인정하면 징계절차를 개시하여야 하며, 이유 없다고 인정하면 이의신청을 기각하여야 하며(동조 제2항), 이 결정을 하였을 때에는 지체 없이 그 결과와 이유를 이의신청인에게 통지하여야 한다(동조 제3항).

(5) 징계 결정 기간 등

변협징계위원회는 징계개시의 청구를 받거나 제97조의5 제2항에 따라 징계 절차를 개시한 날부터 6개월 이내에 징계에 관한 결정을 하여야 한다. 다만, 부득이한 사유가 있을 때에는 그 의결로 6개월의 범위에서 기간을 연장할 수 있다(제98조 제1항). 또한 법무부징계위원회는 변협징계위원회의 결정에 대한 이의신청을 받은 날부터 3개월 이내에 징계에 관한 결정을 하여야 한다. 다만, 부득이한 사유가 있는 때에는 그 의결로 3개월의 범위에서 기간을 연장할 수 있다(동조 제2항).

한편, 징계개시의 청구를 받거나 징계 절차가 개시되면 위원장은 지체 없이 징계심의 기일을 정하여 징계혐의자에게 통지하여야 한다(동조 제3항).

(6) 징계혐의자의 출석·진술권 등

변협징계위원회의 위원장은 징계심의의 기일을 정하고 징계혐의자에게 출석을 명할 수 있다(제98조의2 제1항). 이때 징계혐의자는 징계심의기일에 출석하여 구술 또는 서면으로 자기에게 유리한 사실을 진술하거나 필요한 증거를 제출할 수 있다(동조 제2항).

또한 변협징계위원회는 징계심의기일에 심의를 개시하고 징계혐의자에 대하여 징계 청구에 대한 사실과 그 밖의 필요한 사항을 심문할 수 있다(동조 제3항). 이때 징계혐의자는 변호사 또는 학식과 경험이 있는 자를 특별변호인으로 선임하여 사건에 대한 보충 진술과 증거 제출을 하게 할 수 있다(동조 제4항). 다만, 변협징계위원회는 징계혐의자가 위원장의 출석명령을 받고 징계심의기일에 출석하지 아니하면 서면으로 심의할 수 있다(동조 제5항). 변협징계위원회의 위원장은 출석한 징계혐의자나 선임된 특별변호인에게 최종 의견을 진술할 기회를 주어야 하며(동조 제6항), 징계개시 신청인은 징계사건에 관하여 의견을 제시할 수 있다(동조 제7항).

(7) 제척 사유

위원장과 위원은 자기 또는 자기의 친족이거나 친족이었던 자에 대한 징계 사건의 심의에 관여하지 못한다(제98조의3).

(8) 징계 의결 등

변협징계위원회는 사건 심의를 마치면 위원 과반수의 찬성으로써 의결한다(제98조의4 제1항). 이때 변협징계위원회는 징계의 의결 결과를 징계혐의자와 징계 청구자 또는 징계개시 신청인에게 각각 통지하여야 하며(동조 제2항), 징계혐의자가 징계 결정의 통지를 받은 후 제100조 제1항에 따른 이의신청을 하지 아니하면 이의신청 기간이 끝난 날부터 변협징계위원회의 징계의 효력이 발생한다(동조 제3항).

(9) 징계의 집행

징계는 대한변호사협회의 장이 집행한다(제98조의5 제1항). 다만, 제90조 제4호의 과태료 결정은 「민사집행법」에 따른 집행력 있는 집행권원과 같은 효력이 있으며, 검사의 지휘로 집행한다(동조 제2항). 또한 대한변호사협회의 장은 징계처분을 하면 이를 지체 없이 대한변호사협회가 운영하는 인터넷 홈페이지에 3개월 이상 게재하는 등 공개하여야 하며(동조 제3항), 변호사를 선임하려는 자가 해당 변호사의 징계처분 사실을 알기 위하여 징계정보의 열람·등사를 신청하는 경우 이를 제공하여야 한다(동조 제4항). 징계처분의 공개 범위와 시행 방법, 제4항에 따른 변호사를 선임하려는 자의 해당 여부, 열람·등사의 방법 및 절차, 이에 소요되는 비용에 관하여 필요한 사항은 대통령령(시행령 제23조의2－제23조의3 참조)으로 정한다(동조 제5항).

(10) 징계 청구의 시효와 보고

징계의 청구는 징계 사유가 발생한 날부터 3년이 지나면 하지 못한다(제98조의6). 이때 대한변호사협회의 장은 변협징계위원회에서 징계에 관한 결정을 하면 지체 없이 그 사실을 법무부장관에게 보고하여야 한다(제99조).

(11) 징계 결정에 대한 불복

변협징계위원회의 결정에 불복하는 징계혐의자 및 징계개시 신청인은 그 통지를 받은 날부터 30일 이내에 법무부징계위원회에 이의신청을 할 수 있다(제100조 제1항). 법무부징계위원회는 이의신청이 이유 있다고 인정하면 변협징계위원회의 징계 결정을 취소하고 스스로 징계 결정을 하여야 하며, 이의신청이 이유 없다고 인정하면 기각하여야 한다. 이 경우 징계심의의 절차에 관하여는 제98조의2를 준용한다(동조 제2항). 이때의 결정은 위원 과반수의 찬성으로 의결한다(동조 제3항).

또한 법무부징계위원회의 결정에 불복하는 징계혐의자는 「행정소송법」으로 정하는 바에 따라 그 통지를 받은 날부터 90일 이내에 행정법원에 소(訴)를 제기할 수 있다(동조 제4항). 그러나 징계 결정이 있었던 날부터 1년이 지나면 소를 제기할 수 없다. 다만, 정당한 사유가 있는 경우에는 그러하지 아니하다(동조 제5항). 이때의 기간은 불변기간으로 한다(동조 제6항).

(12) 위임 및 형사소송법 등의 준용

법무부징계위원회의 운영이나 그 밖에 징계에 필요한 사항은 대통령령으로 정하며(제101조 제1항), 변협징계위원회의 운영 등에 필요한 사항은 대한변호사협회가 정한다(동조 제2항).

이외에 서류의 송달, 기일의 지정이나 변경 및 증인·감정인의 선서와 급여에 관한 사항에 대하여는 「형사소송법」과 「형사소송비용 등에 관한 법률」의 규정을 준용한다(제101조의2).

6. 업무정지명령

(1) 업무정지명령의 요건

법무부장관은 변호사가 공소 제기되거나 징계 절차(제97조)가 개시되어 그 재판이나 징계 결정의 결과 등록취소, 영구제명 또는 제명에 이르게 될 가능성이 매우 크고, 그대로 두면 장차 의뢰인이나 공공의 이익을 해칠 구체적인 위험성이 있는 경우에는 법무부징계위원회에 그 변호사의 업무정지에 관한 결정을 청구할 수 있다. 다만, 약식명령이 청구된 경우와 과실범으로 공소 제기된 경우에는 그러하지 아니하다(제102조 제1항).

법무부장관은 법무부징계위원회의 결정에 따라 해당 변호사에 대하여 업무정지를 명할 수 있다(동조 제2항).[26]

(2) 업무정지 결정기간 등

법무부징계위원회는 제102조 제1항에 따라 청구를 받은 날부터 1개월 이내에 업무정지에 관한 결정을 하여야 한다. 다만, 부득이한 사유가 있는 때에는 그 의결로 1개월의 범위에서 그 기간을 연장할 수 있다(제103조 제1항). 업무정지에 관하여는 제98조 제3항 및 제98조의2 제2항부터 제6항까지의 규정을 준용한다(동조 제2항).

(3) 업무정지 기간과 갱신

업무정지 기간은 6개월로 한다. 다만, 법무부장관은 해당 변호사에 대한 공판 절차 또는 징계 절차가 끝나지 아니하고 업무정지 사유가 없어지지 아니한 경우에는 법무부징계위원회의 의결에 따라 업무정지 기간을 갱신할 수 있다(제104조 제1항). 이때 갱신할 수 있는 기간은 3개월로 하며(동조 제2항), 업무정지 기간은 갱신 기간을 합하여 2년을 넘을 수 없다(동조 제3항).

(4) 업무정지명령의 해제

법무부장관은 업무정지 기간 중인 변호사에 대한 공판 절차나 징계 절차의 진행 상황에 비추어 등록취소·영구제명 또는 제명에 이르게 될 가능성이 크지 아니하고, 의뢰인이나 공공의 이익을 침해할 구체적인 위험이 없어졌다고 인정할 만한 상당한 이유가 있으면 직권으로 그 명령을 해제할 수 있다(제105조 제1항).

또한 대한변호사협회의 장, 검찰총장 또는 업무정지명령을 받은 변호사는 법

---

26) 업무정지명령을 위반하여 변호사의 직무를 수행한 변호사는 3년 이하의 징역 또는 2천만원 이하의 벌금에 처한다(제112조 제4호).

무부장관에게 업무정지명령의 해제를 신청할 수 있다(동조 제2항). 법무부장관은 이 신청을 받으면 직권으로 업무정지명령을 해제하거나 법무부징계위원회에 이를 심의하도록 요청하여야 하며, 법무부징계위원회에서 해제를 결정하면 지체 없이 해제하여야 한다(동조 제3항).

(5) 업무정지명령의 실효 및 업무정지 기간의 통산

업무정지명령은 그 업무정지명령을 받은 변호사에 대한 해당 형사 판결이나 징계 결정이 확정되면 그 효력을 잃는다(제106조). 이때 업무정지명령을 받은 변호사가 공소제기된 해당 형사사건과 같은 행위로 징계개시가 청구되어 정직 결정을 받으면 업무정지 기간은 그 전부 또는 일부를 정직 기간에 산입한다(제107조).

(6) 업무정지명령에 대한 불복

업무정지명령, 업무정지 기간의 갱신에 관하여는 제100조 제4항부터 제6항까지의 규정을 준용한다(제108조).

[탐정으로서 고려할 점]

1. 탐정업무와 변호사 업무의 경계 확인 : 탐정이 의뢰인의 의뢰를 받고 법률사무를 행하는 경우에는 변호사법(제109조) 위반으로 처벌될 수 있으므로 탐정업무를 함에 있어 '법률사무'의 범위를 명확하게 인지하여 그 경계를 지킬 필요가 있다.
2. 탐정업과 변호사업의 협조 : 변호사가 법률사무를 원활하게 처리하기 위해서는 의뢰받은 사건에 대한 충분한 증거확보가 필수적이므로 사실조사를 주된 업무로 하는 탐정과 협조관계를 유지하는 것은 매우 필요하다, 하지만 변호사의 위임이나 부탁을 받은 경우에도 탐정이 법률사무를 하는 경우에는 현행법상 법적 제재를 받을 수도 있으므로 변호사법은 물론 판례의 태도를 정확하게 이해하여야 한다. 따라서 탐정업과 변호사업의 제도적으로 협력관계를 구축할 수 있는 체계를 확보하는 것이 요구되므로 향후 이에 대한 연구 및 제도화가 요구된다.

제12장

소방기본법

제12장 소방기본법

동법은 2003년 5월 29일 제정(법률 제6893호, 2004.5.30. 시행)된 후, 수차례의 개정을 거쳐 현재에 이르고 있다.[1]

제1장	총칙	제1조－제7조
제2장	소방장비 및 소방용수시설 등	제8조－제11조의2
제3장	화제의 예방과 경계	제12조－제15조
제4장	소방활동 등	제16조－제28조
제5장	화재의 조사	제29조－제33조
제6장	구조 및 구급	제34조－제36조
제7장	의용소방대	제37조－제39조의2
제7장의2	소방산업의 육성 · 진흥 및 지원 등	제39조의3－제39조의7
제8장	한국소방안전원	제40조－제47조
제9장	보칙	제48조－제49조의3
제10장	벌칙	제50조－제57조
부칙		

제1절 총 칙

1. 목 적

이 법은 화재를 예방·경계하거나 진압하고 화재, 재난·재해, 그 밖의 위급한 상황에서의 구조·구급 활동 등을 통하여 국민의 생명·신체 및 재산을 보호함으로써 공공의 안녕 및 질서 유지와 복리증진에 이바지함을 목적으로 한다(제1조).

1) 법률 제15365호, 2018.2.9. 일부개정, 시행 2018.8.10.

2. 용어의 정의

이 법에서 사용하는 용어의 정의는 다음과 같다(제2조).

용어	정의
소방대상물 (제1호)	건축물, 차량, 선박(「선박법」 제1조의2 제1항에 따른 선박으로서 항구에 매어둔 선박만 해당한다), 선박 건조 구조물, 산림, 그 밖의 인공 구조물 또는 물건을 말한다.
관계지역 (제2호)	소방대상물이 있는 장소 및 그 이웃 지역으로서 화재의 예방 · 경계 · 진압, 구조 · 구급 등의 활동에 필요한 지역을 말한다.
관계인 (제3호)	소방대상물의 소유자 · 관리자 또는 점유자를 말한다.
소방본부장 (제4호)	특별시 · 광역시 · 특별자치시 · 도 또는 특별자치도(이하 "시 · 도"라 한다)에서 화재의 예방 · 경계 · 진압 · 조사 및 구조 · 구급 등의 업무를 담당하는 부서의 장을 말한다.
소방대 (제5호)	화재를 진압하고 화재, 재난 · 재해, 그 밖의 위급한 상황에서 구조 · 구급 활동 등을 하기 위하여 다음 각 목의 사람으로 구성된 조직체를 말한다. 가. 「소방공무원법」에 따른 소방공무원 나. 「의무소방대설치법」 제3조에 따라 임용된 의무소방원 다. 「의용소방대 설치 및 운영에 관한 법률」에 따른 의용소방대원
소방대장 (제6호)	소방본부장 또는 소방서장 등 화재, 재난 · 재해, 그 밖의 위급한 상황이 발생한 현장에서 소방대를 지휘하는 사람을 말한다.

▪ **판례** ▪ 소방법 및 그 시행령이 규정하고 있는 방화관리자의 처리업무의 내용에 비추어 그 업무처리는 현실적으로 건물을 사용하는 자가 따로 있는 경우에는 그 사용자(점유자)가 취하여야 할 조치라고 봄이 상당하고 이렇게 해석하는 것이 소방법 제2조 제3호에서 방화관리자를 선임할 관계인은 소방대상 건물의 소유자, 관리자 또는 점유자로 규정한 법의 취지에도 부합한다 할 것이므로, 소유자 이외에 현실적으로 소방대상 건물을 점유·사용하는 자가 따로 있는 경우에는 그 점유·사용자가 방화관리자를 선임하는 것이 마땅하고, 한편 이미 방화관리자가 선임되어 있는 상태에서 소방대상 건물의 소유권을 경매로 취득한 경우에는 그 방화관리자가 해임될 때까지는 그 방화관리자가 방화관리 업무를 수행하여야 하므로 소유자는 방화관리자를 새로 선임할 의무를 부담하지 않는다(2004도2682 판결).

3. 소방기관의 설치와 운영

(1) 소방기관의 설치

시·도의 화재 예방·경계·진압 및 조사, 소방안전교육·홍보와 화재, 재난·재해, 그 밖의 위급한 상황에서의 구조·구급 등의 업무(이하 "소방업무"라 한다)를 수행하는 소방기관의 설치에 필요한 사항은 대통령령으로 정한다(제3조 제1항).

소방업무를 수행하는 소방본부장 또는 소방서장은 그 소재지를 관할하는 특별시장·광역시장·특별자치시장·도지사 또는 특별자치도지사(이하 "시·도지사"라 한다)의 지휘와 감독을 받는다(동조 제2항).

(2) 119종합상황실의 설치와 운영

소방청장, 소방본부장 및 소방서장은 화재, 재난·재해, 그 밖에 구조·구급이 필요한 상황이 발생하였을 때에 신속한 소방활동(소방업무를 위한 모든 활동을 말한다. 이하 같다)을 위한 정보의 수집·분석과 판단·전파, 상황관리, 현장 지휘 및 조정·통제 등의 업무를 수행하기 위하여 119종합상황실을 설치·운영하여야 한다(제4조 제1항). 119종합상황실의 설치·운영에 필요한 사항은 행정안전부령(시행규칙 제2조－제3조 참조)으로 정한다(동조 제2항).

(3) 소방박물관 등의 설립과 운영

소방의 역사와 안전문화를 발전시키고 국민의 안전의식을 높이기 위하여 소방청장은 소방박물관을, 시·도지사는 소방체험관(화재 현장에서의 피난 등을 체험할 수 있는 체험관을 말한다. 이하 이 조에서 같다)을 설립하여 운영할 수 있다(제5조 제1항). 소방박물관의 설립과 운영에 필요한 사항은 행정안전부령(시행규칙 제4조 참조)으로 정하고, 소방체험관의 설립과 운영에 필요한 사항은 행정안전부령으로 정하는 기준에 따라 시·도의 조례로 정한다(동조 제2항).

〈참고〉 동법 시행규칙 제4조의2(소방체험관의 설립 및 운영) ① 소방청장은 소방박물관을 설립·운영하는 경우에는 소방박물관에 소방박물관장 1인과 부관장 1인을 두되, 소방박물관장은 소방공무원 중에서 소방청장이 임명한다.

② 소방박물관은 국내·외의 소방의 역사, 소방공무원의 복장 및 소방장비 등의 변천 및 발전에 관한 자료를 수집·보관 및 전시한다.
③ 소방박물관에는 그 운영에 관한 중요한 사항을 심의하기 위하여 7인 이내의 위원으로 구성된 운영위원회를 둔다.
④ 제1항의 규정에 의하여 설립된 소방박물관의 관광업무·조직·운영위원회의 구성 등에 관하여 필요한 사항은 소방청장이 정한다.

4. 소방업무에 관한 종합계획의 수립·시행

소방청장은 화재, 재난·재해, 그 밖의 위급한 상황으로부터 국민의 생명·신체 및 재산을 보호하기 위하여 소방업무에 관한 종합계획(이하 이 조에서 "종합계획"이라 한다)을 5년마다 수립·시행하여야 하고, 이에 필요한 재원을 확보하도록 노력하여야 한다(제6조 제1항). 이때 종합계획에는 다음 각 호의 사항이 포함되어야 한다(동조 제2항).

1. 소방서비스의 질 향상을 위한 정책의 기본방향
2. 소방업무에 필요한 체계의 구축, 소방기술의 연구·개발 및 보급
3. 소방업무에 필요한 장비의 구비
4. 소방전문인력 양성
5. 소방업무에 필요한 기반조성
6. 소방업무의 교육 및 홍보(제21조에 따른 소방자동차의 우선 통행 등에 관한 홍보를 포함한다)
7. 그 밖에 소방업무의 효율적 수행을 위하여 필요한 사항으로서 대통령령으로 정하는 사항

※ 법 제6조 제2항 제7호에서 "대통령령으로 정하는 사항"이란 다음 각 호의 사항을 말한다(시행령 제1조의2 제2항).
  1. 재난·재해 환경 변화에 따른 소방업무에 필요한 대응 체계 마련
  2. 장애인, 노인, 임산부, 영유아 및 어린이 등 이동이 어려운 사람을 대상으로 한 소방활동에 필요한 조치

또한 소방청장은 수립한 종합계획을 관계 중앙행정기관의 장, 시·도지사에게 통보하여야 한다(동조 제3항). 그리고 시·도지사는 관할 지역의 특성을 고려하여 종합계획의 시행에 필요한 세부계획(이하 이 조에서 "세부계획"이라 한다)을 매년 수

립하여 소방청장에게 제출하여야 하며, 세부계획에 따른 소방업무를 성실히 수행하여야 한다(동조 제4항). 이때 소방청장은 소방업무의 체계적 수행을 위하여 필요한 경우 시·도지사가 제출한 세부계획의 보완 또는 수정을 요청할 수 있다(동조 제5항). 그 밖에 종합계획 및 세부계획의 수립·시행에 필요한 사항은 대통령령으로 정한다(동조 제6항).

〈참고〉 시행령 제1조의2(소방업무에 관한 종합계획 및 세부계획의 수립·시행) ① 소방청장은 법 제6조 제1항에 따른 소방업무에 관한 종합계획을 관계 중앙행정기관의 장과의 협의를 거쳐 계획 시행 전년도 10월 31일까지 수립하여야 한다.
③ 특별시장·광역시장·특별자치시장·도지사 또는 특별자치도지사(이하 "시·도지사"라 한다)는 법 제6조 제4항에 따른 종합계획의 시행에 필요한 세부계획을 계획 시행 전년도 12월 31일까지 수립하여 소방청장에게 제출하여야 한다.

5. 소방의 날 제정과 운영

국민의 안전의식과 화재에 대한 경각심을 높이고 안전문화를 정착시키기 위하여 매년 11월 9일을 소방의 날로 정하여 기념행사를 한다(제7조 제1항). 소방의 날 행사에 관하여 필요한 사항은 소방청장 또는 시·도지사가 따로 정하여 시행할 수 있다(동조 제2항). 한편, 소방청장은 다음 각 호에 해당하는 사람을 명예직 소방대원으로 위촉할 수 있다(동조 제3항).

1. 직무 외의 행위로서 구조행위를 하다가 사망(의상자가 그 부상으로 인하여 사망한 경우를 포함한다)하여 보건복지부장관이 의사자로 인정한 사람 및 신체상의 부상을 입어 보건복지부장관이 의상자로 인정한 사람을 의미하는 의사상자(義死傷者)로서 천재지변, 수난(水難), 화재, 건물·축대·제방의 붕괴 등으로 위해에 처한 다른 사람의 생명·신체 또는 재산을 구하다가 사망하거나 부상을 입는 구조행위를 한 때 또는 불특정 다수인의 위해를 방지하기 위하여 긴급한 조치를 하다가 사망하거나 부상을 입는 구조행위를 한 때에 해당하는 사람
2. 소방행정 발전에 공로가 있다고 인정되는 사람

〈참고〉 「의사상자 등 예우 및 지원에 관한 법률 시행령」 제2조 및 제3조 제3호, 제4호
제2조(정의) 이 법에서 사용하는 용어의 정의는 다음과 같다.
1. "구조행위"란 자신의 생명 또는 신체상의 위험을 무릅쓰고 급박한 위해에 처

한 다른 사람의 생명·신체 또는 재산을 구하기 위한 직접적·적극적 행위를 말한다.

2. "의사자(義死者)"란 직무 외의 행위로서 구조행위를 하다가 사망(의상자가 그 부상으로 인하여 사망한 경우를 포함한다)하여 보건복지부장관이 이 법에 따라 의사자로 인정한 사람을 말한다.
3. "의상자(義傷者)"란 직무 외의 행위로서 구조행위를 하다가 대통령령으로 정하는 신체상의 부상을 입어 보건복지부장관이 이 법에 따라 의상자로 인정한 사람을 말한다.

제3조(적용범위) ① 이 법은 다음 각 호의 어느 하나에 해당하는 때에 적용한다.

1. 강도·절도·폭행·납치 등의 범죄행위를 제지하거나 그 범인을 체포하다가 사망하거나 부상을 입는 구조행위를 한 때
2. 자동차·열차, 그 밖의 운송수단의 사고로 위해에 처한 다른 사람의 생명·신체 또는 재산을 구하다가 사망하거나 부상을 입는 구조행위를 한 때
3. 천재지변, 수난(水難), 화재, 건물·축대·제방의 붕괴 등으로 위해에 처한 다른 사람의 생명·신체 또는 재산을 구하다가 사망하거나 부상을 입는 구조행위를 한 때
4. 천재지변, 수난, 화재, 건물·축대·제방의 붕괴 등으로 일어날 수 있는 불특정 다수인의 위해를 방지하기 위하여 긴급한 조치를 하다가 사망하거나 부상을 입는 구조행위를 한 때
5. 야생동물 또는 광견 등의 공격으로 위해에 처한 다른 사람의 생명·신체 또는 재산을 구하다가 사망하거나 부상을 입는 구조행위를 한 때
6. 해수욕장·하천·계곡, 그 밖의 장소에서 물놀이 등을 하다가 위해에 처한 다른 사람의 생명 또는 신체를 구하다가 사망하거나 부상을 입는 구조행위를 한 때
7. 국가 또는 지방자치단체의 요청에 따라 구조행위를 위하여 대통령령으로 정하는 통상적인 경로와 방법으로 이동하던 중에 사망하거나 부상을 입은 때
8. 그 밖에 제1호부터 제6호까지와 유사한 형태의 위해에 처한 다른 사람의 생명·신체 또는 재산을 구하다가 사망하거나 부상을 입는 구조행위를 한 때

② 제1항에도 불구하고 다음 각 호의 어느 하나에 해당하는 사람에 대하여는 이 법을 적용하지 아니한다.

1. 자신의 행위로 인하여 위해에 처한 사람에 대하여 구조행위를 하다가 사망하거나 부상을 입은 사람
2. 구조행위 또는 그와 밀접한 행위와 관련 없는 자신의 중대한 과실이 직접적인 원인이 되어 사망하거나 부상을 입은 사람

제 2 절 소방장비 및 소방용수시설 등

1. 소방력의 기준

소방기관이 소방업무를 수행하는 데에 필요한 인력과 장비 등[이하 "소방력"(消防力)이라 한다]에 관한 기준은 행정안전부령(소방력 기준에 관한 규칙)으로 정한다(제8조 제1항). 시·도지사는 이른 소방력의 기준에 따라 관할구역의 소방력을 확충하기 위하여 필요한 계획을 수립하여 시행하여야 한다(동조 제2항). 소방자동차 등 소방장비의 분류·표준화와 그 관리 등에 필요한 사항은 따로 법률(소방장비관리법)에서 정한다(동조 제3항).

2. 소방장비 등에 대한 국고보조

국가는 소방장비의 구입 등 시·도의 소방업무에 필요한 경비의 일부를 보조한다(제9조 제1항). 보조 대상사업의 범위와 기준보조율은 대통령령으로 정한다(제9조 제2항).

※ 법 제9조 제2항에 따른 국고보조 대상사업의 범위는 다음 각 호와 같다(시행령 제2조 제1항).
  1. 다음 각 목의 소방활동장비와 설비의 구입 및 설치(소방활동장비 및 설비의 종류와 규격은 행정안전부령으로 정한다)
    가. 소방자동차
    나. 소방헬리콥터 및 소방정
    다. 소방전용통신설비 및 전산설비
    라. 그 밖에 방화복 등 소방활동에 필요한 소방장비
  2. 소방관서용 청사의 건축(「건축법」 제2조 제1항 제8호에 따른 건축을 말한다)

※ 국고보조 대상사업의 기준보조율은 「보조금 관리에 관한 법률 시행령」에서 정하는 바에 따른다(동조 제3항).

3. 소방용수시설의 설치 및 관리

시·도지사는 소방활동에 필요한 소화전(消火栓)·급수탑(給水塔)·저수조(貯水槽)(이하 “소방용수시설”이라 한다)를 설치하고 유지·관리하여야 한다. 다만, 「수도법」 제45조에 따라 소화전을 설치하는 일반수도사업자는 관할 소방서장과 사전협의를 거친 후 소화전을 설치하여야 하며, 설치 사실을 관할 소방서장에게 통지하고, 그 소화전을 유지·관리하여야 한다(제10조 제1항).

또한 시·도지사는 소방자동차의 진입이 곤란한 지역 등 화재발생 시에 초기대응이 필요한 지역으로서 대통령령으로 정하는 지역에 소방호스 또는 호스 릴 등을 소방용수시설에 연결하여 화재를 진압하는 시설이나 장치를 설치하고 유지·관리할 수 있다(동조 제2항).

※ 법 제10조 제2항에서 “대통령령으로 정하는 지역”이란 다음 각 호의 어느 하나에 해당하는 지역을 말한다(시행령 제2조의2).
1. 법 제13조 제1항에 따라 지정된 화재경계지구
2. 시·도지사가 법 제10조 제2항에 따른 비상소화장치의 설치가 필요하다고 인정하는 지역

이때의 소방용수시설과 비상소화장치의 설치기준은 행정안전부령으로 정한다(동조 제3항).

〈참고〉 동법 시행규칙 제6조(소방용수시설 및 비상소화장치의 설치기준) ① 특별시장·광역시장·특별자치시장·도지사 또는 특별자치도지사(이하 “시·도지사”라 한다)는 법 제10조 제1항의 규정에 의하여 설치된 소방용수시설에 대하여 별표 2의 소방용수표지를 보기 쉬운 곳에 설치하여야 한다.
② 법 제10조 제1항에 따른 소방용수시설의 설치기준은 별표 3과 같다.
③ 법 제10조 제2항에 따른 비상소화장치의 설치기준은 다음 각 호와 같다.
1. 비상소화장치는 비상소화장치함, 소화전, 소방호스(소화전의 방수구에 연결하여 소화용수를 방수하기 위한 도관으로서 호스와 연결금속구로 구성되어 있는 소방용 릴호스 또는 소방용 고무내장호스를 말한다), 관창(소방호스용 연결금속구 또는 중간연결금속구 등의 끝에 연결하여 소화용수를 방수하기 위한 나사식 또는 차입식 토출기구를 말한다)을 포함하여 구성할 것
2. 소방호스 및 관창의 형상·구조·재질·성분·성능 등의 형식승인 및 제품검사

의 기술기준 등에 관한 사항은 소방청장이 정하여 고시하는 형식승인 및 제품검사의 기술기준에 적합한 것으로 설치할 것
3. 비상소화장치함의 성능인증 및 제품검사의 기술기준 등에 관한 사항은 소방청장이 정하여 고시하는 성능인증 및 제품검사의 기술기준에 적합한 것으로 설치할 것

④ 제3항에서 규정한 사항 외에 비상소화장치의 설치기준에 관한 세부 사항은 소방청장이 정한다.

4. 소방업무의 응원

소방본부장이나 소방서장은 소방활동을 할 때에 긴급한 경우에는 이웃한 소방본부장 또는 소방서장에게 소방업무의 응원(應援)을 요청할 수 있다(제11조 제1항). 이때 소방업무의 응원 요청을 받은 소방본부장 또는 소방서장은 정당한 사유 없이 그 요청을 거절하여서는 아니 되며(동조 제2항), 소방업무의 응원을 위하여 파견된 소방대원은 응원을 요청한 소방본부장 또는 소방서장의 지휘에 따라야 한다(동조 제3항).

또한 시·도지사는 소방업무의 응원을 요청하는 경우를 대비하여 출동 대상지역 및 규모와 필요한 경비의 부담 등에 관하여 필요한 사항을 행정안전부령(시행규칙 제8조 참조)으로 정하는 바에 따라 이웃하는 시·도지사와 협의하여 미리 규약(規約)으로 정하여야 한다(동조 제4항).

5. 소방력의 동원

소방청장은 해당 시·도의 소방력만으로는 소방활동을 효율적으로 수행하기 어려운 화재, 재난·재해, 그 밖의 구조·구급이 필요한 상황이 발생하거나 특별히 국가적 차원에서 소방활동을 수행할 필요가 인정될 때에는 각 시·도지사에게 행정안전부령(시행규칙 제8조의2 참조)으로 정하는 바에 따라 소방력을 동원할 것을 요청할 수 있다(제11조의2 제1항). 이때 동원 요청을 받은 시·도지사는 정당한 사유 없이 요청을 거절하여서는 아니 된다(동조 제2항). 또한 소방청장은 시·도지사에게 동원된 소방력을 화재, 재난·재해 등이 발생한 지역에 지원·파견하여 줄 것

을 요청하거나 필요한 경우 직접 소방대를 편성하여 화재진압 및 인명구조 등 소방에 필요한 활동을 하게 할 수 있다(동조 제3항).

또한 동원된 소방대원이 다른 시·도에 파견·지원되어 소방활동을 수행할 때에는 특별한 사정이 없으면 화재, 재난·재해 등이 발생한 지역을 관할하는 소방본부장 또는 소방서장의 지휘에 따라야 한다. 다만, 소방청장이 직접 소방대를 편성하여 소방활동을 하게 하는 경우에는 소방청장의 지휘에 따라야 한다(동조 제4항). 위의 소방활동을 수행하는 과정에서 발생하는 경비 부담에 관한 사항, 소방활동을 수행한 민간 소방 인력이 사망하거나 부상을 입었을 경우의 보상주체·보상기준 등에 관한 사항, 그 밖에 동원된 소방력의 운용과 관련하여 필요한 사항은 대통령령으로 정한다(동조 제5항).

〈참고〉 시행령 제2조의3(소방력의 동원) ① 동원된 소방력의 소방활동 수행 과정에서 발생하는 경비는 화재, 재난·재해 또는 그 밖의 구조·구급이 필요한 상황이 발생한 특별시·광역시·도 또는 특별자치도(이하 "시·도"라 한다)에서 부담하는 것을 원칙으로 하되, 구체적인 내용은 해당 시·도가 서로 협의하여 정한다.
② 법 제11조의2 제3항 및 제4항에 따라 동원된 민간 소방 인력이 소방활동을 수행하다가 사망하거나 부상을 입은 경우 화재, 재난·재해 또는 그 밖의 구조·구급이 필요한 상황이 발생한 시·도가 해당 시·도의 조례로 정하는 바에 따라 보상한다.
③ 제1항 및 제2항에서 규정한 사항 외에 법 제11조의2에 따라 동원된 소방력의 운용과 관련하여 필요한 사항은 소방청장이 정한다.

제 3 절 화재의 예방과 경계(警戒)

1. 화재의 예방조치

소방본부장이나 소방서장은 화재의 예방상 위험하다고 인정되는 행위를 하는 사람이나 소화(消火) 활동에 지장이 있다고 인정되는 물건의 소유자·관리자 또는 점유자에게 다음 각 호의 명령을 할 수 있다(제12조 제1항).[2)]

2) 정당한 사유없이 각 호의 어느 하나에 따른 명령에 따르지 아니하거나 이를 방해한 자는 200만원 이하의 벌금에 처한다(제53조 제1항).

1. 불장난, 모닥불, 흡연, 화기(火氣) 취급, 풍등 등 소형 열기구 날리기, 그 밖에 화재 예방상 위험하다고 인정되는 행위의 금지 또는 제한
2. 타고 남은 불 또는 화기가 있을 우려가 있는 재의 처리
3. 함부로 버려두거나 그냥 둔 위험물, 그 밖에 불에 탈 수 있는 물건을 옮기거나 치우게 하는 등의 조치

또한 소방본부장이나 소방서장은 제3호에 해당하는 경우로서 위험물 또는 물건의 소유자·관리자 또는 점유자의 주소와 성명을 알 수 없어서 필요한 명령을 할 수 없을 때에는 소속 공무원으로 하여금 그 위험물 또는 물건을 옮기거나 치우게 할 수 있다(동조 제2항). 이때 소방본부장이나 소방서장은 옮기거나 치운 위험물 또는 물건을 보관하여야 하며(동조 제3항), 이 위험물 또는 물건을 보관하는 경우에는 그 날부터 14일 동안 소방본부 또는 소방서의 게시판에 그 사실을 공고하여야 한다(동조 제4항). 기타 소방본부장이나 소방서장이 보관하는 위험물 또는 물건의 보관기간 및 보관기간 경과 후 처리 등에 대하여는 대통령령으로 정한다(동조 제5항).

〈참고〉 시행령 제3조(위험물 또는 물건의 보관기간 및 보관기간 경과후 처리 등) ① 위험물 또는 물건의 보관기간은 법 제12조 제4항의 규정에 의하여 소방본부 또는 소방서의 게시판에 공고하는 기간의 종료일 다음 날부터 7일로 한다.
② 소방본부장 또는 소방서장은 제1항의 규정에 의한 보관기간이 종료되는 때에는 보관하고 있는 위험물 또는 물건을 매각하여야 한다. 다만, 보관하고 있는 위험물 또는 물건이 부패·파손 또는 이와 유사한 사유로 소정의 용도에 계속 사용할 수 없는 경우에는 폐기할 수 있다.
③ 소방본부장 또는 소방서장은 보관하던 위험물 또는 물건을 제2항의 규정에 의하여 매각한 경우에는 지체없이 「국가재정법」에 의하여 세입조치를 하여야 한다.
④ 소방본부장 또는 소방서장은 제2항의 규정에 의하여 매각되거나 폐기된 위험물 또는 물건의 소유자가 보상을 요구하는 경우에는 보상금액에 대하여 소유자와 협의를 거쳐 이를 보상하여야 한다.

2. 화재경계지구의 지정

시·도지사는 다음 각 호의 어느 하나에 해당하는 지역 중 화재가 발생할 우려가 높거나 화재가 발생하는 경우 그로 인하여 피해가 클 것으로 예상되는 지역

을 화재경계지구(火災警戒地區)로 지정할 수 있다(제13조 제1항). 이때 시·도지사가 화재경계지구로 지정할 필요가 있는 지역을 화재경계지구로 지정하지 아니하는 경우 소방청장은 해당 시·도지사에게 해당 지역의 화재경계지구 지정을 요청할 수 있다(동조 제2항).

1. 시장지역
2. 공장·창고가 밀집한 지역
3. 목조건물이 밀집한 지역
4. 위험물의 저장 및 처리 시설이 밀집한 지역
5. 석유화학제품을 생산하는 공장이 있는 지역
6. 「산업입지 및 개발에 관한 법률」 제2조 제8호에 따른 산업단지
7. 소방시설·소방용수시설 또는 소방출동로가 없는 지역
8. 그 밖에 제1호부터 제7호까지에 준하는 지역으로서 소방청장·소방본부장 또는 소방서장이 화재경계지구로 지정할 필요가 있다고 인정하는 지역

〈용어의 정의〉 1. 산업단지 : 「산업입지 및 개발에 관한 법률」 제2조 제7호의2에 따른 시설과 이와 관련된 교육·연구·업무·지원·정보처리·유통 시설 및 이들 시설의 기능 향상을 위하여 주거·문화·환경·공원녹지·의료·관광·체육·복지 시설 등을 집단적으로 설치하기 위하여 포괄적 계획에 따라 지정·개발되는 일단(一團)의 토지로서 다음 각 목의 것을 말한다(동법 제2조 제8호).

가. 국가산업단지: 국가기간산업, 첨단과학기술산업 등을 육성하거나 개발 촉진이 필요한 낙후지역이나 둘 이상의 특별시·광역시·특별자치시 또는 도에 걸쳐 있는 지역을 산업단지로 개발하기 위하여 제6조에 따라 지정된 산업단지

나. 일반산업단지: 산업의 적정한 지방 분산을 촉진하고 지역경제의 활성화를 위하여 제7조에 따라 지정된 산업단지

2. 소방시설 : 소화설비, 경보설비, 피난구조설비, 소화용수설비, 그 밖에 소화활동설비로서 대통령령으로 정하는 것을 말한다(화재예방, 소방시설 설치·유지 및 안전관리에 관한 법률 제2조 제1호). 여기서 '대통령령으로 정하는 것'은 시행령 제3조 [별표 1] 참조.

한편, 소방본부장이나 소방서장은 대통령령(시행령 제4조 참조)으로 정하는 바에 따라 화재경계지구 안의 소방대상물의 위치·구조 및 설비 등에 대하여 「화재예방, 소방시설 설치·유지 및 안전관리에 관한 법률」 제4조에 따른 소방특별조사를 하여야 한다(동조 제3항).[3]

3) 화재경계지구 안의 소방대상물에 대한 소방특별조사를 거부 혹은 방해 또는 기피한 자

〈참고〉「화재예방, 소방시설 설치·유지 및 안전관리에 관한 법률」 제4조(소방특별조사) ① 소방청장, 소방본부장 또는 소방서장은 관할구역에 있는 소방대상물, 관계 지역 또는 관계인에 대하여 소방시설 등이 이 법 또는 소방 관계 법령에 적합하게 설치·유지·관리되고 있는지, 소방대상물에 화재, 재난·재해 등의 발생 위험이 있는지 등을 확인하기 위하여 관계 공무원으로 하여금 소방안전관리에 관한 특별조사(이하 "소방특별조사"라 한다)를 하게 할 수 있다. 다만, 개인의 주거에 대하여는 관계인의 승낙이 있거나 화재발생의 우려가 뚜렷하여 긴급한 필요가 있는 때에 한정한다.

② 소방특별조사는 다음 각 호의 어느 하나에 해당하는 경우에 실시한다.

1. 관계인이 이 법 또는 다른 법령에 따라 실시하는 소방시설 등, 방화시설, 피난시설 등에 대한 자체점검 등이 불성실하거나 불완전하다고 인정되는 경우
2. 「소방기본법」 제13조에 따른 화재경계지구에 대한 소방특별조사 등 다른 법률에서 소방특별조사를 실시하도록 한 경우
3. 국가적 행사 등 주요 행사가 개최되는 장소 및 그 주변의 관계 지역에 대하여 소방안전관리 실태를 점검할 필요가 있는 경우
4. 화재가 자주 발생하였거나 발생할 우려가 뚜렷한 곳에 대한 점검이 필요한 경우
5. 재난예측정보, 기상예보 등을 분석한 결과 소방대상물에 화재, 재난·재해의 발생 위험이 높다고 판단되는 경우
6. 제1호부터 제5호까지에서 규정한 경우 외에 화재, 재난·재해, 그 밖의 긴급한 상황이 발생할 경우 인명 또는 재산 피해의 우려가 현저하다고 판단되는 경우

③ 소방청장, 소방본부장 또는 소방서장은 객관적이고 공정한 기준에 따라 소방특별조사의 대상을 선정하여야 하며, 소방본부장은 소방특별조사의 대상을 객관적이고 공정하게 선정하기 위하여 필요하면 소방특별조사위원회를 구성하여 소방특별조사의 대상을 선정할 수 있다.

④ 소방청장은 소방특별조사를 할 때 필요하면 대통령령으로 정하는 바에 따라 중앙소방특별조사단을 편성하여 운영할 수 있다.

⑤ 소방청장은 중앙소방특별조사단의 업무수행을 위하여 필요하다고 인정하는 경우 관계 기관의 장에게 그 소속 공무원 또는 직원의 파견을 요청할 수 있다. 이 경우 공무원 또는 직원의 파견요청을 받은 관계 기관의 장은 특별한 사유가 없으면 이에 협조하여야 한다.

⑥ 소방청장, 소방본부장 또는 소방서장은 소방특별조사를 실시하는 경우 다른 목적을 위하여 조사권을 남용하여서는 아니 된다.

⑦ 소방특별조사의 세부 항목, 제3항에 따른 소방특별조사위원회의 구성·운영에 필요한 사항은 대통령령으로 정한다. 이 경우 소방특별조사의 세부 항목에는 소방시설 등의 관리 상황 및 소방대상물의 화재 등의 발생 위험과 관련된 사항이 포함되어야 한다.

는 100만원 이하의 벌금에 처한다(제54조 제1항).

한편, 소방본부장이나 소방서장은 소방특별조사를 한 결과 화재의 예방과 경계를 위하여 필요하다고 인정할 때에는 관계인에게 소방용수시설, 소화기구, 그 밖에 소방에 필요한 설비의 설치를 명할 수 있다(동조 제4항).[4] 또한 소방본부장이나 소방서장은 화재경계지구 안의 관계인에 대하여 대통령령으로 정하는 바에 따라 소방에 필요한 훈련 및 교육을 실시할 수 있다(동조 제5항). 또한 시·도지사는 대통령령으로 정하는 바에 따라 화재경계지구의 지정 현황(제1항), 소방특별조사의 결과(제3항), 소방설비 설치 명령 현황(제4항), 소방교육의 현황(제5항) 등이 포함된 화재경계지구에서의 화재예방 및 경계에 필요한 자료를 매년 작성·관리하여야 한다(동조 제6항).

〈참고〉 시행령 제4조(화재경계지구의 관리) ① 삭제

② 소방본부장 또는 소방서장은 화재경계지구 안의 소방대상물의 위치·구조 및 설비 등에 대한 소방특별조사를 연 1회 이상 실시하여야 한다.

③ 소방본부장 또는 소방서장은 화재경계지구 안의 관계인에 대하여 소방상 필요한 훈련 및 교육을 연 1회 이상 실시할 수 있다.

④ 소방본부장 또는 소방서장은 제3항의 규정에 의한 소방상 필요한 훈련 및 교육을 실시하고자 하는 때에는 화재경계지구 안의 관계인에게 훈련 또는 교육 10일 전까지 그 사실을 통보하여야 한다.

⑤ 시·도지사는 다음 각 호의 사항을 행정안전부령으로 정하는 화재경계지구 관리대장에 작성하고 관리하여야 한다.

1. 화재경계지구의 지정 현황
2. 소방특별조사의 결과
3. 소방설비의 설치 명령 현황
4. 소방교육의 실시 현황
5. 소방훈련의 실시 현황
6. 그 밖에 화재예방 및 경계에 필요한 사항

3. 화재에 관한 위험경보

소방본부장이나 소방서장은 일반인을 위한 예보 및 특보에 따른 이상기상의

4) 화재의 예방과 경계를 위한 소방용수시설, 소화기구 및 설비 등의 설피 명령을 위반한 자에게는 200만원 이하의 과태료를 부과한다(제56조 제1항 제1호). 동법에서 정한 과태료는 대통령령으로 정하는 바에 따라 관할 시·도지사, 소방본부장 또는 소방서장이 부과·징수한다(제56조 제3항).

예보 또는 특보가 있을 때에는 화재에 관한 경보를 발령하고 그에 따른 조치를 할 수 있다(제14조).

4. 불을 사용하는 설비 등의 관리와 특수가연물의 저장·취급

보일러, 난로, 건조설비, 가스·전기시설, 그 밖에 화재 발생 우려가 있는 설비 또는 기구 등의 위치·구조 및 관리와 화재 예방을 위하여 불을 사용할 때 지켜야 하는 사항은 대통령령으로 정한다(제15조 제1항).5)

※ 법 제15조 제1항의 규정에 의한 보일러, 난로, 건조설비, 가스·전기시설 그 밖에 화재발생의 우려가 있는 설비 또는 기구 등의 위치·구조 및 관리와 화재예방을 위하여 불의 사용에 있어서 지켜야 하는 사항은 별표 1과 같다. 이외에 불을 사용하는 설비의 세부관리기준은 시·도의 조례로 정한다(시행령 제5조).

화재가 발생하는 경우 불길이 빠르게 번지는 고무류·면화류·석탄 및 목탄 등 대통령령으로 정하는 특수가연물(特殊可燃物)의 저장 및 취급 기준은 대통령령으로 정한다(동조 제2항).

※ 법 제15조 제2항에 따른 특수가연물의 저장 및 취급의 기준은 다음 각 호와 같다(시행령 제7조).

1. 특수가연물을 저장 또는 취급하는 장소에는 품명·최대수량 및 화기취급의 금지표지를 설치할 것
2. 다음 각 목의 기준에 따라 쌓아 저장할 것. 다만, 석탄·목탄류를 발전(發電)용으로 저장하는 경우에는 그러하지 아니하다.
   가. 품명별로 구분하여 쌓을 것
   나. 쌓는 높이는 10미터 이하가 되도록 하고, 쌓는 부분의 바닥면적은 50제곱미터(석탄·목탄류의 경우에는 200제곱미터) 이하가 되도록 할 것. 다만, 살수설비를 설치하거나, 방사능력 범위에 해당 특수가연물이 포함되도록 대형수동식소화기를 설치하는 경우에는 쌓는 높이를 15미터 이하, 쌓는 부분의 바닥면적을 200제곱미터(석탄·목탄류의 경우에는 300제곱미터) 이하로 할 수 있다.
   다. 쌓는 부분의 바닥면적 사이는 1미터 이상이 되도록 할 것

---

5) 이를 위반하여 불을 사용할 때 지켜야 하는 사항 및 특수가연물의 저장 및 취급 기준을 위반한 자에게는 200만원 이하의 과태료를 부과한다(제56조 제1항 제2호).

제 4 절 소방활동 등

1. 소방활동 등

(1) 소방활동

소방청장, 소방본부장 또는 소방서장은 화재, 재난·재해, 그 밖의 위급한 상황이 발생하였을 때에는 소방대를 현장에 신속하게 출동시켜 화재진압과 인명구조·구급 등 소방에 필요한 활동을 하게 하여야 한다(제16조 제1항). 이때 누구든지 정당한 사유 없이 출동한 소방대의 화재진압 및 인명구조·구급 등 소방활동을 방해하여서는 아니 된다(동조 제2항).[6)][7)]

(2) 소방지원활동

소방청장·소방본부장 또는 소방서장은 공공의 안녕질서 유지 또는 복리증진을 위하여 필요한 경우 소방활동 외에 다음 각 호의 활동(이하 "소방지원활동"이라 한다)을 하게 할 수 있다(제16조의2 제1항).

---

6) 다음 각 목의 어느 하나에 해당하는 행위를 한 사람은 5년 이하의 징역 또는 5천만원 이하의 벌금에 처한다(제50조 제1호).
   가. 위력(威力)을 사용하여 출동한 소방대의 화재진압·인명구조 또는 구급활동을 방해하는 행위
   나. 소방대가 화재진압·인명구조 또는 구급활동을 위하여 현장에 출동하거나 현장에 출입하는 것을 고의로 방해하는 행위
   다. 출동한 소방대원에게 폭행 또는 협박을 행사하여 화재진압·인명구조 또는 구급활동을 방해하는 행위
   라. 출동한 소방대의 소방장비를 파손하거나 그 효용을 해하여 화재진압·인명구조 또는 구급활동을 방해하는 행위

7) 법인의 대표자나 법인 또는 개인의 대리인, 사용인, 그 밖의 종업원이 그 법인 또는 개인의 업무에 관하여 제50조부터 제54조까지의 어느 하나에 해당하는 위반행위를 하면 그 행위자를 벌하는 외에 그 법인 또는 개인에게도 해당 조문의 벌금형을 과(科)한다. 다만, 법인 또는 개인이 그 위반행위를 방지하기 위하여 해당 업무에 관하여 상당한 주의와 감독을 게을리하지 아니한 경우에는 그러하지 아니하다(제55조).

1. 산불에 대한 예방·진압 등 지원활동
2. 자연재해에 따른 급수·배수 및 제설 등 지원활동
3. 집회·공연 등 각종 행사 시 사고에 대비한 근접대기 등 지원활동
4. 화재, 재난·재해로 인한 피해복구 지원활동
5. 그 밖에 행정안전부령으로 정하는 활동
   * "그 밖에 행정안전부령으로 정하는 활동"이란 다음 각 호의 어느 하나에 해당하는 활동을 말한다(동법 시행규칙 제8조의4).
1. 군·경찰 등 유관기관에서 실시하는 훈련지원 활동
2. 소방시설 오작동 신고에 따른 조치활동
3. 방송제작 또는 촬영 관련 지원활동

다만, 소방지원활동은 소방활동(제16조) 수행에 지장을 주지 아니하는 범위에서 할 수 있다(동조 제2항). 이때 유관기관·단체 등의 요청에 따른 소방지원활동에 드는 비용은 지원요청을 한 유관기관·단체 등에게 부담하게 할 수 있다. 다만, 부담금액 및 부담방법에 관하여는 지원요청을 한 유관기관·단체 등과 협의하여 결정한다(동조 제3항).

(3) 생활안전활동

소방청장·소방본부장 또는 소방서장은 신고가 접수된 생활안전 및 위험제거 활동(화재, 재난·재해, 그 밖의 위급한 상황에 해당하는 것은 제외한다)에 대응하기 위하여 소방대를 출동시켜 다음 각 호의 활동(이하 "생활안전활동"이라 한다)을 하게 하여야 한다(제16조의3 제1항).

1. 붕괴, 낙하 등이 우려되는 고드름, 나무, 위험 구조물 등의 제거활동
2. 위해동물, 벌 등의 포획 및 퇴치 활동
3. 끼임, 고립 등에 따른 위험제거 및 구출 활동
4. 단전사고 시 비상전원 또는 조명의 공급
5. 그 밖에 방치하면 급박해질 우려가 있는 위험을 예방하기 위한 활동

이때 누구든지 정당한 사유 없이 출동하는 소방대의 생활안전활동을 방해하여서는 아니 된다(동조 제2항).[8]

8) 정당한 사유 없이 소방대의 생활안전활동을 방해한 자는 100만원 이하의 벌금에 처한다

2. 소방활동에 대한 지원

(1) 소방자동차의 보험 가입과 소방활동에 대한 면책

시·도지사는 소방자동차의 공무상 운행 중 교통사고가 발생한 경우 그 운전자의 법률상 분쟁에 소요되는 비용을 지원할 수 있는 보험에 가입하여야 한다(제16조의4 제1항). 이때 국가는 보험 가입비용의 일부를 지원할 수 있다(동조 제2항). 또한 소방공무원이 소방활동(제16조 제1항)으로 인하여 타인을 사상(死傷)에 이르게 한 경우 그 소방활동이 불가피하고 소방공무원에게 고의 또는 중대한 과실이 없는 때에는 그 정상을 참작하여 사상에 대한 형사책임을 감경하거나 면제할 수 있다(제16조의5).

(2) 소송지원

소방청장, 소방본부장 또는 소방서장은 소방공무원이 소방활동(제16조 제1항), 소방지원활동(제16조의2 제1항), 생활안전활동(제16조의3 제1항)으로 인하여 민·형사상 책임과 관련된 소송을 수행할 경우 변호인 선임 등 소송수행에 필요한 지원을 할 수 있다(제16조의 6).

3. 소방교육·훈련

(1) 소방교육의 실시

소방청장, 소방본부장 또는 소방서장은 소방업무를 전문적이고 효과적으로 수행하기 위하여 소방대원에게 필요한 교육·훈련을 실시하여야 한다(제17조 제1항). 이때 소방청장, 소방본부장 또는 소방서장은 화재를 예방하고 화재발생 시 인명과 재산피해를 최소화하기 위하여 다음 각 호에 해당하는 사람을 대상으로 행정안전부령으로 정하는 바에 따라 소방안전에 관한 교육과 훈련을 실시할 수 있다. 이 경우 소방청장, 소방본부장 또는 소방서장은 해당 어린이집·유치원·학교의 장과 교육일정 등에 관하여 협의하여야 한다(동조 제2항). 이때 교육·훈련의 종

(제54조 제1의2호).

류 및 대상자, 그 밖에 교육·훈련의 실시에 필요한 사항은 행정안전부령(동법 시행규칙 제9조 참조)으로 정한다(동조 제4항).

1. 어린이집의 6세 미만의 취학 전 아동 즉, 영유아
2. 유치원의 3세부터 초등학교 취학 전까지의 어린이 즉, 유아
3. 초등학교, 공민학교, 중학교, 고등공민학교, 고등학교, 고등기술학교, 특수학교, 각종 학교의 학생

또한 소방청장, 소방본부장 또는 소방서장은 국민의 안전의식을 높이기 위하여 화재발생 시 피난 및 행동 방법 등을 홍보하여야 한다(동조 제3항).

(2) 소방안전교육사

소방청장은 소방안전교육을 위하여 소방청장이 실시하는 시험에 합격한 사람에게 소방안전교육사 자격을 부여한다(제17조의2 제1항). 소방안전교육사는 소방안전교육의 기획·진행·분석·평가 및 교수업무를 수행한다(동조 제2항). 소방안전교육사 시험의 응시자격, 시험방법, 시험과목, 시험위원, 그 밖에 소방안전교육사 시험의 실시에 필요한 사항은 대통령령(시행령 제7조의2－제7조의8 참조)으로 정하며(동조 제3항), 소방안전교육사 시험에 응시하려는 사람은 대통령령(시행령 제7조의7 참조)으로 정하는 바에 따라 수수료를 내야 한다(동조 제4항).

(3) 소방안전교육사의 결격사유 및 부정행위자에 대한 조치

다음 각 호의 어느 하나에 해당하는 사람은 소방안전교육사가 될 수 없다(제17조의3 제1항).

1. 피성년후견인 또는 피한정후견인
2. 금고 이상의 실형을 선고받고 그 집행이 끝나거나(집행이 끝난 것으로 보는 경우를 포함한다) 집행이 면제된 날부터 2년이 지나지 아니한 사람
3. 금고 이상의 형의 집행유예를 선고받고 그 유예기간 중에 있는 사람
4. 법원의 판결 또는 다른 법률에 따라 자격이 정지되거나 상실된 사람

한편, 소방청장은 소방안전교육사 시험에서 부정행위를 한 사람에 대하여는

해당 시험을 정지시키거나 무효로 처리한다(제17조의4 제1항). 이에 따라 시험이 정지되거나 무효로 처리된 사람은 그 처분이 있은 날부터 2년간 소방안전교육사 시험에 응시하지 못한다(동조 제2항).

(4) 소방안전교육사의 배치

소방안전교육사를 소방청, 소방본부 또는 소방서, 그 밖에 대통령령으로 정하는 대상에 배치할 수 있다(제17조의5 제1항).

※ 법 제17조의5 제1항에서 “그 밖에 대통령령으로 정하는 대상”이란 다음 각 호의 어느 하나에 해당하는 기관이나 단체를 말한다(제7조의10).
1. 소방기술과 안전관리기술의 향상 및 홍보, 그 밖의 교육·훈련 등 행정기관이 위탁하는 업무의 수행과 소방관계 종사자의 기술 향상을 위하여 소방청장의 인가를 받아 설립된 한국소방안전원
2. 소방산업의 진흥·발전을 효율적으로 지원하기 위하여 설립된 한국소방산업기술원

이때 소방안전교육사의 배치대상 및 배치기준, 그 밖에 필요한 사항은 시행령 제7조의11에 따라 [별표 2의 3]과 같이 정한다(동조 제2항).

[별표 2의 3] 소방안전교육사의 배치대상별 배치기준

배치대상	배치기준(단위 : 명)	비고
1. 소방청	2 이상	
2. 소방본부	2 이상	
3. 소방서	1 이상	
4. 한국소방안전협회	본회 : 2 이상/시 · 도지부 : 1 이상	
5. 한국소방산업기술법	2 이상	

4. 소방신호

(1) 소방신호

화재예방, 소방활동 또는 소방훈련을 위하여 사용되는 소방신호의 종류와 방

법은 행정안전부령(동법 시행규칙 제10조 참조)으로 정한다(제18조).

(2) 화재 등의 통지

화재 현장 또는 구조·구급이 필요한 사고 현장을 발견한 사람은 그 현장의 상황을 소방본부, 소방서 또는 관계 행정기관에 지체 없이 알려야 한다(제19조 제1항).[9] 또한 다음 각 호의 어느 하나에 해당하는 지역 또는 장소에서 화재로 오인할 만한 우려가 있는 불을 피우거나 연막(煙幕) 소독을 하려는 자는 시·도의 조례로 정하는 바에 따라 관할 소방본부장 또는 소방서장에게 신고하여야 한다(동조 제2항).[10]

1. 시장지역
2. 공장·창고가 밀집한 지역
3. 목조건물이 밀집한 지역
4. 위험물의 저장 및 처리시설이 밀집한 지역
5. 석유화학제품을 생산하는 공장이 있는 지역
6. 그 밖에 시·도의 조례로 정하는 지역 또는 장소

(3) 관계인의 소방활동

관계인은 소방대상물에 화재, 재난·재해, 그 밖의 위급한 상황이 발생한 경우에는 소방대가 현장에 도착할 때까지 경보를 울리거나 대피를 유도하는 등의 방법으로 사람을 구출하는 조치 또는 불을 끄거나 불이 번지지 아니하도록 필요한 조치를 하여야 한다(제20조).[11]

---

9) 화재 또는 구조 및 구급이 필요한 상황을 거짓으로 알린 자에게는 200만원 이하의 과태료를 부과한다(제56조 제1항 제3호).

10) 이에 따른 신고를 하지 아니하여 소방자동차를 출동하게 한 자에게는 20만원 이하의 과태료를 부과한다(제57조 제1항). 한편, 동법에 따른 과태료는 조례로 정하는 바에 따라 관할 소방본부장 또는 소방서장이 부과·징수한다(동조 제2항).

11) 정당한 사유 없이 소방대가 현장에 도착할 때까지 사람을 구출하는 조치 또는 불을 끄거나 불이 번지지 아니하도록 하는 조치를 하지 아니한 자는 100만원 이하의 벌금에 처한다(제54조 제2호).

* 동법 제20조의 적용범위

(사안) 甲은 대전 동구 정동 소재 3층 건물의 2층 전부 및 1층, 3층 일부씩을 임차하여 운영되는 인쇄업소인 A 주식회사 소속 실장으로 직원 및 사무실 관리를 책임지고 있는 점유자인바, 2005.3.25. 17:05경 위 A 주식회사 2층 소재 코팅실에서 A 주식회사 소속불상의 직원이 피운 담배의 불씨가 원인이 되어 발화된 것으로 추정되는 화재가 발생하여 그 불이 건물의 2층과 3층 전체에 옮겨 붙을 상황에 처하였음에도 그 곳 3층 B 업소사무실에서 업무를 보고 있던 乙과 丙에게 그와 같은 사실을 알리지 아니하고 자신만 건물에서 빠져나가는 바람에 결국 乙과 丙이 대피하지 못하여 乙은 호흡 부전 등으로 사망하게 하고, 丙은 허벅지 등에 6%의 화상을 입게 함으로써 위 건물의 점유자로서 정당한 사유 없이 사람을 구출하는 등의 필요한 조치를 하지 아니한 것이다.

(판결) [1] 소방기본법 제54조 제2호는 '제20조의 규정을 위반하여 정당한 사유 없이 소방대가 현장에 도착할 때까지 사람을 구출하는 조치 또는 불을 끄거나 불이 번지지 아니하도록 하는 조치를 하지 아니한 자'를 처벌하도록 규정하고 있는바, 소방기본법 제20조에서 소방대상물의 관계인에게 선택적으로 인명구출조치 또는 화재진압조치를 취하도록 규정하고 있는 취지에 더하여 위 법규정의 문리적 해석에 의하더라도 '사람을 구출하는 조치 또는 불을 끄거나 불이 번지지 아니하도록 하는 조치'를 하지 아니한 자를 처벌하는 것으로 보일 뿐 '사람을 구출하는 조치를 하지 아니한 자' 또는 '불을 끄거나 불이 번지지 아니하도록 하는 조치를 하지 아니한 자'를 처벌하는 것으로 보이지는 않으므로, 소방대상물의 관계인이 위와 같은 조치를 전혀 이행하지 아니한 경우에 한하여 소방기본법상의 조치위반을 이유로 형사처벌을 하도록 규정하고 있다고 해석하여야 한다.

[2] 소방대상물의 관계인이 화재 당시 자신의 판단에 따라 화재진압조치를 이행하였다면, 비록 화재진압조치에 성공하지 못하였고 또 그와 같은 과정에서 더 높은 가치의 의무인 인명구출조치를 이행하지 못하여 결과적으로 건물 안에 남아 있던 사람들이 사망하거나 상해를 입었다고 하더라도 이에 대한 도의적 책임을 별론으로 하고, 소방기본법 제54조 제2호, 제20조에 의하여 처벌할 수는 없다.

[3] 소방기본법 제20조는 소방대상물의 관리자·소유자 또는 점유자에 대하여 인명구출조치 또는 화재진압조치를 할 것으로 규정하고 있는데, 소방기본법의 목적 및 위 규정이 위급한 재해의 발생원인과 관련있는지 여부와는 무관하게 관계인에 대하여 인명구출조치 또는 화재진압조치를 부과하고 있는 취지에 비추어 보면, 위 법조항 소정의 점유자는 소방대상물을 사실상 지배하면서 소방대상물을 보존, 관리할 권한과 책임이 있는 자로 한정하여 해석하여야 한다(대전지법 2007.5.2. 선고 2006고정1527 판결).

5. 소방자동차의 출동 등

(1) 소방자동차의 우선 통행

모든 차와 사람은 소방자동차(지휘를 위한 자동차와 구조·구급차를 포함한다. 이하 같다)가 화재진압 및 구조·구급 활동을 위하여 출동을 할 때에는 이를 방해하여서는 아니 된다(제21조 제1항).12)

한편, 소방자동차가 화재진압 및 구조·구급 활동을 위하여 출동하거나 훈련을 위하여 필요할 때에는 사이렌을 사용할 수 있다(동조 제2항). 이때 모든 차와 사람은 소방자동차가 화재진압 및 구조·구급 활동을 위하여 사이렌을 사용하여 출동하는 경우에는 다음 각 호의 행위를 하여서는 아니 된다(동조 제3항).13) 이 경우를 제외하고 소방자동차의 우선 통행에 관하여는 「도로교통법」에서 정하는 바에 따른다(동조 4항).

1. 소방자동차에 진로를 양보하지 아니하는 행위
2. 소방자동차 앞에 끼어들거나 소방자동차를 가로막는 행위
3. 그 밖에 소방자동차의 출동에 지장을 주는 행위

(2) 소방자동차 전용구역

「건축법」 제2조 제2항 제2호에 따른 공동주택 중 대통령령으로 정하는 공동주택의 건축주는 소방활동의 원활한 수행을 위하여 공동주택에 소방자동차 전용구역(이하 "전용구역"이라 한다)을 설치하여야 한다(제21조의2 제1항). 이때 누구든지 전용구역에 차를 주차하거나 전용구역에의 진입을 가로막는 등의 방해행위를 하여서는 아니 된다(동조 제2항). 전용구역의 설치 기준·방법, 방해행위의 기준, 그 밖의 필요한 사항은 대통령령(시행령 제7조의13－제7조의14 참조)으로 정한다(동조 제3항).14)

---

12) 소방자동차의 출동을 방해한 사람은 5년 이하의 징역 또는 5천만원 이하의 벌금에 처한다(제50조 제2호).

13) 소방자동차의 출동에 지장을 준 자에게는 200만원 이하의 과태료를 부과한다(제56조 제1항 제3의2호).

14) 전용구역에 차를 주차하거나 전용구역에의 진입을 가로막는 등의 방해행위를 한 자에게

(3) 소방대의 긴급통행

소방대는 화재, 재난·재해, 그 밖의 위급한 상황이 발생한 현장에 신속하게 출동하기 위하여 긴급할 때에는 일반적인 통행에 쓰이지 아니하는 도로·빈터 또는 물 위로 통행할 수 있다(제22조).

6. 소방활동의 지원 등

(1) 소방활동구역의 설정

소방대장은 화재, 재난·재해, 그 밖의 위급한 상황이 발생한 현장에 소방활동구역을 정하여 소방활동에 필요한 사람으로서 대통령령으로 정하는 사람 외에는 그 구역에 출입하는 것을 제한할 수 있다(제23조 제1항). 또한 경찰공무원은 소방대가 위의 소방활동구역에 있지 아니하거나 소방대장의 요청이 있을 때에는 이 조치를 할 수 있다(동조 제2항).[15]

※ 법 제23조 제1항에서 "대통령령으로 정하는 사람"이란 다음 각 호의 사람을 말한다(시행령 제8조).

1. 소방활동구역 안에 있는 소방대상물의 소유자·관리자 또는 점유자
2. 전기·가스·수도·통신·교통의 업무에 종사하는 사람으로서 원활한 소방활동을 위하여 필요한 사람
3. 의사·간호사 그 밖의 구조·구급업무에 종사하는 사람
4. 취재인력 등 보도업무에 종사하는 사람
5. 수사업무에 종사하는 사람
6. 그 밖에 소방대장이 소방활동을 위하여 출입을 허가한 사람

(2) 소방활동 종사 명령

소방본부장, 소방서장 또는 소방대장은 화재, 재난·재해, 그 밖의 위급한 상황이 발생한 현장에서 소방활동을 위하여 필요할 때에는 그 관할구역에 사는 사

는 100만원 이하의 과태료를 부과한다(제56조 제2항).

15) 이를 위반하여 소방활동구역을 출입한 사람에게는 200만원 이하의 과태료를 부과한다(제56조 제1항 제4호).

람 또는 그 현장에 있는 사람으로 하여금 사람을 구출하는 일 또는 불을 끄거나 불이 번지지 아니하도록 하는 일을 하게 할 수 있다. 이 경우 소방본부장, 소방서장 또는 소방대장은 소방활동에 필요한 보호장구를 지급하는 등 안전을 위한 조치를 하여야 한다(제24조 제1항).[16] 이때 이에 따른 명령에 따라 소방활동에 종사한 사람은 시·도지사로부터 소방활동의 비용을 지급받을 수 있다. 다만, 다음 각 호의 어느 하나에 해당하는 사람의 경우에는 그러하지 아니하다(동조 제3항).

1. 소방대상물에 화재, 재난·재해, 그 밖의 위급한 상황이 발생한 경우 그 관계인
2. 고의 또는 과실로 화재 또는 구조·구급 활동이 필요한 상황을 발생시킨 사람
3. 화재 또는 구조·구급 현장에서 물건을 가져간 사람

(3) 강제처분

소방본부장, 소방서장 또는 소방대장은 사람을 구출하거나 불이 번지는 것을 막기 위하여 필요할 때에는 화재가 발생하거나 불이 번질 우려가 있는 소방대상물 및 토지를 일시적으로 사용하거나 그 사용의 제한 또는 소방활동에 필요한 처분을 할 수 있다(제25조 제1항).[17] 또한 소방본부장, 소방서장 또는 소방대장은 사람을 구출하거나 불이 번지는 것을 막기 위하여 긴급하다고 인정할 때에는 위의 소방대상물 또는 토지 외의 소방대상물과 토지에 대하여 이 처분을 할 수 있으며(동조 제2항), 소방활동을 위하여 긴급하게 출동할 때에는 소방자동차의 통행과 소방활동에 방해가 되는 주차 또는 정차된 차량 및 물건 등을 제거하거나 이동시킬 수 있다(동조 제3항).[18]

그리고 소방본부장, 소방서장 또는 소방대장은 소방활동(제3항)에 방해가 되는 주차 또는 정차된 차량의 제거나 이동을 위하여 관할 지방자치단체 등 관련 기관에 견인차량과 인력 등에 대한 지원을 요청할 수 있고, 요청을 받은 관련 기관의 장은 정당한 사유가 없으면 이에 협조하여야 한다(동조 제4항). 이때 시·도지사

16) 사람을 구출하는 일 또는 불을 끄거나 불이 번지지 아니하도록 하는 일을 방해한 자는 5년 이하의 징역 또는 5천만원 이하의 벌금에 처한다(제50조 제3호).

17) 이를 위반하여 처분을 방해한 자 또는 정당한 사유 없이 그 처분에 따르지 아니한 자는 3년 이하의 징역 또는 3천만원 이하의 벌금에 처한다(제51조).

18) 이에 따른 처분을 방해한 자 또는 정당한 사유 없이 그 처분에 따르지 아니한 자에게는 300만원 이하의 벌금에 처한다(제52조 제1호).

는 견인차량과 인력 등을 지원한 자에게 시·도의 조례로 정하는 바에 따라 비용을 지급할 수 있다(동조 제5항).

(4) 피난 명령

소방본부장, 소방서장 또는 소방대장은 화재, 재난·재해, 그 밖의 위급한 상황이 발생하여 사람의 생명을 위험하게 할 것으로 인정할 때에는 일정한 구역을 지정하여 그 구역에 있는 사람에게 그 구역 밖으로 피난할 것을 명할 수 있다(제26조 제1항).[19] 이때 소방본부장, 소방서장 또는 소방대장은 이에 따른 명령을 할 때 필요하면 관할 경찰서장 또는 자치경찰단장에게 협조를 요청할 수 있다(동조 제2항).

(5) 위험시설 등에 대한 긴급조치

소방본부장, 소방서장 또는 소방대장은 화재 진압 등 소방활동을 위하여 필요할 때에는 소방용수 외에 댐·저수지 또는 수영장 등의 물을 사용하거나 수도(水道)의 개폐장치 등을 조작할 수 있다(제27조 제1항).[20] 또한 소방본부장, 소방서장 또는 소방대장은 화재 발생을 막거나 폭발 등으로 화재가 확대되는 것을 막기 위하여 가스·전기 또는 유류 등의 시설에 대하여 위험물질의 공급을 차단하는 등 필요한 조치를 할 수 있다(동조 제2항).[21]

(6) 소방용수시설 또는 비상소화장치의 사용금지

누구든지 다음 각 호의 어느 하나에 해당하는 행위를 하여서는 아니 된다(제28조).[22]

---

19) 피난 명령을 위반한 자는 100만원 이하의 벌금에 처한다(제54조 제3호).

20) 정당한 사유 없이 물의 사용이나 수도의 개폐장치의 사용 또는 조작을 하지 못하게 하거나 방해한 자는 100만원 이하의 벌금에 처한다(제54조 제4호).

21) 이 조치를 정당한 사유 없이 방해한 자는 100만원 이하의 벌금에 처한다(제54조 제5호).

22) 정당한 사유 없이 소방용수시설 또는 비상소화장치를 사용하거나 소방용수시설 또는 비상소화장치의 효용을 해치거나 그 정당한 사용을 방해한 사람은 5년 이하의 징역 또는 5천만원 이하의 벌금에 처한다(제50조 제4호).

1. 정당한 사유 없이 소방용수시설 또는 비상소화장치를 사용하는 행위
2. 정당한 사유 없이 손상·파괴, 철거 또는 그 밖의 방법으로 소방용수시설 또는 비상소화장치의 효용(效用)을 해치는 행위
3. 소방용수시설 또는 비상소화장치의 정당한 사용을 방해하는 행위

제 5 절 화재의 조사

1. 화재의 원인 및 피해 조사

소방청장, 소방본부장 또는 소방서장은 화재가 발생하였을 때에는 화재의 원인 및 피해 등에 대한 조사(이하 "화재조사"라 한다)를 하여야 한다(제29조 제1항). 이에 따른 화재조사의 방법 및 전담조사반의 운영과 화재조사자의 자격 등 화재조사에 필요한 사항은 행정안전부령(동법 시행규칙 제11조－제13조 참조)으로 정한다(동조 제2항).

2. 출입·조사

소방청장, 소방본부장 또는 소방서장은 화재조사를 하기 위하여 필요하면 관계인에게 보고 또는 자료 제출을 명하거나 관계 공무원으로 하여금 관계 장소에 출입하여 화재의 원인과 피해의 상황을 조사하거나 관계인에게 질문하게 할 수 있다(제30조 제1항).[23] 이때 화재조사를 하는 관계 공무원은 그 권한을 표시하는 증표를 지니고 이를 관계인에게 보여 주어야 하며(동조 제2항), 관계인의 정당한 업무를 방해하거나 화재조사를 수행하면서 알게 된 비밀을 다른 사람에게 누설하여서는 아니 된다(동조 제3항).[24]

---

23) 정당한 사유 없이 관계 공무원의 출입 또는 조사를 거부·방해 또는 기피한 자는 200만원 이하의 벌금에 처한다(제53조 제2호). 또한 명령을 위반하여 보고 또는 자료 제출을 하지 아니하거나 거짓으로 보고 또는 자료 제출을 한 자에게는 200만원 이하의 과태료를 부과한다(제56조 제1항 제5호).

24) 이를 위반하여 관계인의 정당한 업무를 방해하거나 화재조사를 수행하면서 알게 된 비밀을 다른 사람에게 누설한 사람은 300만원 이하의 벌금에 처한다(제52조 제2호).

3. 수사기관에 체포된 사람에 대한 조사

소방청장, 소방본부장 또는 소방서장은 수사기관이 방화(放火) 또는 실화(失火)의 혐의가 있어서 이미 피의자를 체포하였거나 증거물을 압수하였을 때에 화재조사를 위하여 필요한 경우에는 수사에 지장을 주지 아니하는 범위에서 그 피의자 또는 압수된 증거물에 대한 조사를 할 수 있다. 이 경우 수사기관은 소방청장, 소방본부장 또는 소방서장의 신속한 화재조사를 위하여 특별한 사유가 없으면 조사에 협조하여야 한다(제31조).

4. 소방공무원과 국가경찰공무원의 협력 및 소방기관과 관계 보험회사의 협력

소방공무원과 국가경찰공무원은 화재조사를 할 때에 서로 협력하여야 한다(제32조 제1항). 또한 소방본부장이나 소방서장은 화재조사 결과 방화 또는 실화의 혐의가 있다고 인정하면 지체 없이 관할 경찰서장에게 그 사실을 알리고 필요한 증거를 수집·보존하여 그 범죄수사에 협력하여야 한다(동조 제2항). 또한 소방본부, 소방서 등 소방기관과 관계 보험회사는 화재가 발생한 경우 그 원인 및 피해상황을 조사할 때 필요한 사항에 대하여 서로 협력하여야 한다(제33조).

제 6 절 구조 및 구급 [생략]

제 7 절 의용소방대 [생략]

제 7 절의2 소방산업의 육성·진흥 및 지원 등 [생략]

제 8 절 한국소방안전원 [생략]

제9절 보 칙

1. 감 독

소방청장은 안전원의 업무를 감독하며(제48조 제1항), 안전원에 대하여 업무·회계 및 재산에 관하여 필요한 사항을 보고하게 하거나, 소속 공무원으로 하여금 안전원의 장부·서류 및 그 밖의 물건을 검사하게 할 수 있다(동조 제2항). 이때 소방청장은 보고 또는 검사의 결과 필요하다고 인정되면 시정명령 등 필요한 조치를 할 수 있다(동조 제3항).

2. 권한의 위임

소방청장은 이 법에 따른 권한의 일부를 대통령령으로 정하는 바에 따라 시·도지사, 소방본부장 또는 소방서장에게 위임할 수 있다(제49조).

3. 손실보상

소방청장 또는 시·도지사는 다음 각 호의 어느 하나에 해당하는 자에게 제3항의 손실보상심의위원회의 심사·의결에 따라 정당한 보상을 하여야 한다(제49조의2 제1항).

1. 붕괴, 낙하 등이 우려되는 고드름, 나무, 위험 구조물 등의 제거활동에 따른 조치로 인하여 손실을 입은 자
2. 소방본부장, 소방서장 또는 소방대장은 화재, 재난·재해, 그 밖의 위급한 상황이 발생한 현장에서의 소방활동 종사로 인하여 사망하거나 부상을 입은 자
3. 동법 제25조 제2항 또는 제3항에 따른 처분으로 인하여 손실을 입은 자. 다만, 같은 조 제3항에 해당하는 경우로서 법령을 위반하여 소방자동차의 통행과 소방활동에 방해가 된 경우는 제외한다.
4. 동법 제27조 제1항 또는 제2항에 따른 조치로 인하여 손실을 입은 자
5. 그 밖에 소방기관 또는 소방대의 적법한 소방업무 또는 소방활동으로 인하여 손실을 입은 자

다만, 손실보상을 청구할 수 있는 권리는 손실이 있음을 안 날부터 3년, 손실이 발생한 날부터 5년간 행사하지 아니하면 시효의 완성으로 소멸한다(동조 제2항). 이때 손실보상의 기준, 보상금액, 지급절차 및 방법, 손실보상심의위원회의 구성 및 운영, 그 밖에 필요한 사항은 대통령령(시행령 제11조-제18조 참조)으로 정한다(동조 제4항).

4. 벌칙 적용에서 공무원 의제

소방업무에 관하여 행정기관이 위탁하는 업무(제41조 제4호)에 종사하는 안전원의 임직원은 「형법」 제129조부터 제132조까지를 적용할 때에는 공무원으로 본다(제49조의3).

〈참고〉 「형법」 제129조-제132조

제129조(수뢰, 사전수뢰) ① 공무원 또는 중재인이 그 직무에 관하여 뇌물을 수수, 요구 또는 약속한 때에는 5년 이하의 징역 또는 10년 이하의 자격정지에 처한다.

② 공무원 또는 중재인이 될 자가 그 담당할 직무에 관하여 청탁을 받고 뇌물을 수수, 요구 또는 약속한 후 공무원 또는 중재인이 된 때에는 3년 이하의 징역 또는 7년 이하의 자격정지에 처한다.

제130조(제3자뇌물제공) 공무원 또는 중재인이 그 직무에 관하여 부정한 청탁을 받고 제3자에게 뇌물을 공여하게 하거나 공여를 요구 또는 약속한 때에는 5년 이하의 징역 또는 10년 이하의 자격정지에 처한다.

제131조(수뢰후부정처사, 사후수뢰) ① 공무원 또는 중재인이 전2조의 죄를 범하여 부정한 행위를 한 때에는 1년 이상의 유기징역에 처한다.

② 공무원 또는 중재인이 그 직무상 부정한 행위를 한 후 뇌물을 수수, 요구 또는 약속하거나 제삼자에게 이를 공여하게 하거나 공여를 요구 또는 약속한 때에도 전항의 형과 같다.

③ 공무원 또는 중재인이었던 자가 그 재직 중에 청탁을 받고 직무상 부정한 행위를 한 후 뇌물을 수수, 요구 또는 약속한 때에는 5년 이하의 징역 또는 10년 이하의 자격정지에 처한다.

④ 전3항의 경우에는 10년 이하의 자격정지를 병과할 수 있다.

제132조(알선수뢰) 공무원이 그 지위를 이용하여 다른 공무원의 직무에 속한 사항의 알선에 관하여 뇌물을 수수, 요구 또는 약속한 때에는 3년 이하의 징역 또는 7년 이하의 자격정지에 처한다.

[탐정으로서 고려할 점]

1. 화재사건 조사를 위한 탐정업무의 효율적인 수행을 위해 소방기본법에 대한 이해의 필요성 : 화재사건에 대한 탐정업무를 함에 있어서 화재의 원인을 조사함에 있어서 소방관서의 화재예방 및 화재진압을 위한 조치에 대한 법적 권한 및 한계 등, 소방업무에 대한 기본적 이해가 필요하다.
2. 화재사건에 있어서 피해자의 권익구제를 위한 탐정업무의 확대 : 화재발생 시 화재발생 또는 그 진압활동으로 인해 발생하는 피해구제를 위해 현행법상의 규정을 정확히 이해하여 피해자의 손해배상과 손실보상 및 보험의 청구 등을 위한 효율적인 조사내용 및 방법을 강구해 볼 필요가 있다.

〈집필대표〉

강동욱

동국대학교 법무대학원 탐정법무전공 교수
동국대학교 법과대학 교수
한국탐정학회 회장
한국법정책학회/한국아동보호학회 고문
일반사단법인 일본조사업협회(JISA) 특별인정탐정업무종사자 자격획득

〈집필진〉

김민수
동국대학교 법무대학원 탐정법무전공

김홍필
동국대학교 법무대학원 탐정법무전공

도정현
동국대학교 법무대학원 탐정법무전공

안지현
동국대학교 법무대학원 탐정법무전공

윤덕영
동국대학교 법무대학원 탐정법무전공

이병훈
동국대학교 법무대학원 탐정법무전공

이영수
동국대학교 법무대학원 탐정법무전공

전수향
동국대학교 법무대학원 탐정법무전공

최필립
동국대학교 법무대학원 탐정법무전공

탐정학 시리즈 1

탐정과 법

초판 발행 2019년 1월 30일

지은이 한국탐정학회
집필대표 강동욱
펴낸이 안종만

편 집 우석진
기획/마케팅 오치웅
표지디자인 권효진
제 작 우인도 · 고철민

펴낸곳 (주) 박영사
서울특별시 종로구 새문안로3길 36, 1601
등록 1959. 3. 11. 제300-1959-1호(倫)
전 화 02)733-6771
f a x 02)736-4818
e-mail pys@pybook.co.kr
homepage www.pybook.co.kr
ISBN 979-11-303-3369-4 94360
979-11-303-3368-7 (세트)

정 가 25,000원